Andrea Stoll

Ingeborg Bachmann

Andrea Stoll

Ingeborg Bachmann

Der dunkle Glanz der Freiheit

C. Bertelsmann

Verlagsgruppe Random House FSC® N001967
Das für dieses Buch verwendete FSC®-zertifizierte Papier *EOS*
liefert Salzer Papier, St. Pölten, Austria.

1. Auflage
© 2013 by C. Bertelsmann Verlag, München,
in der Verlagsgruppe Random House GmbH
Umschlaggestaltung: buxdesign, München
Bildredaktion: Dietlinde Orendi
Satz: Uhl + Massopust, Aalen
Druck und Bindung: GGP Media GmbH, Pößneck
Printed in Germany
ISBN 978-3-570-10123-0

www.cbertelsmann.de

Dieses Buch widme ich meinem Mann Christoph Stoll, der mich bei meiner jahrzehntelangen Beschäftigung mit dem Werk Ingeborg Bachmanns und den damit verbundenen Recherchen und Reisen immer unterstützt hat. Meine inzwischen erwachsenen Kinder Victoria und Julius haben so erfahren dürfen, welche Leidenschaft ein Lebensthema entzünden kann, aber auch gesehen, wie viel Unbeirrbarkeit und Durchhaltevermögen die damit verbundenen Aufgaben erfordern. Für das persönliche Glück, meine Bücher und Filme mit einem erfüllten Familienleben verbinden zu können, danke ich meinen Lieben von Herzen.

Inhalt

1. Diva im Niemandsland –
warum eine Biografie?

Wer sich heute Person und Werk der Schriftstellerin Ingeborg Bachmann zu nähern versucht, wird mit einem widersprüchlichen Bild konfrontiert. Eine moderne, selbstständige Frau scheint uns da anzuschauen, weltgewandt und voller Lebensfreude. Doch die glanzvolle Erscheinung der österreichischen Autorin, die vor allem mit ihrer Lyrik im Nachkriegsdeutschland außergewöhnliche Erfolge feierte, repräsentative Ansprachen zur Lage der deutschen Dichtung hielt, als Covergirl der *Gruppe 47* die Titelseite des *Spiegel* zierte und von den Medien zum literarischen Fräuleinwunder stilisiert wurde, war nur die eine Seite ihrer Existenz. Die andere, von unauslöschlicher Angst und immer wiederkehrender Verzweiflung geprägte Seite gehörte genauso dazu. Auf Fotografien scheint uns manchmal im Abstand weniger Wochen oder Monate das Antlitz zweier völlig verschiedener Menschen zu begegnen: eine strahlende, entschlossene Person, die ihre Rolle als Dichterin mit Eleganz und Grandezza auszufüllen vermochte, und der in sich zurückgenommene Ausdruck eines Menschen, dem das Martyrium ins Gesicht geschrieben stand, unsicher, scheu und voller Zweifel.

Seit frühester Jugend hatte Ingeborg Bachmann davon geträumt, als freie Schriftstellerin leben und arbeiten zu dürfen, und mit dem ihr eigenen Ehrgeiz und unbedingten Willen alles darangesetzt, diesen Traum Wirklichkeit werden zu lassen. Doch der Preis für ihre Freiheit war hoch, ja, er überstieg im Lauf der Jahre ihre Kraft – und doch hielt sie daran fest, auch dann, als sie längst krank und von den Anstrengungen ihrer freien Autorenexistenz körperlich und seelisch gezeichnet war. Schon bald hatte sie alle bürgerlichen Schutzräume hinter sich gelassen, jung und arm war sie von Kärnten aus nach Wien gegangen, suchte und fand wechselnde Wohnstätten in Italien, die sie wegen Geldmangels nicht selten schon nach wenigen Monaten wieder aufgeben musste. Jahrzehntelang haben die Bedeutung ihres Werkes und der sorgfältig inszenierte Glamour ihrer persönlichen Erscheinung über die regelmäßig wiederkehrenden materiellen Nöte ihres Lebens hinweggetäuscht und den Fokus auf die historische, intellektuelle und ästhetische Dimension ihres Schreibens gelenkt. Auch die daran anschließende Genderdebatte blieb fast ausschließlich an die Motive ihres Werkes gebunden.

Wenn wir heute nach den Bedingungen von Bachmanns Autorenexistenz fragen, so müssen wir den Besonderheiten nachgehen, die eine freie Autorenexistenz in den 50er- und 60er-Jahren für eine Frau bereithielt, die ihre Weiblichkeit nicht verstecken wollte, die sich aber mit jedem Schritt im Dickicht der damals noch festgeschriebenen Geschlechterrollen behaupten musste. Eine Frau, die im deutschen Kulturraum der 50er-Jahre ihren Ehrgeiz offen zeigte, galt als anmaßend. Inszenierte sie darüber hinaus noch ihre Weiblichkeit, galt sie als Femme fatale. Wenn sie sich gar daranmachte, die Welt der Kunst oder der Literatur für sich zu erobern, ohne wie etwa Marie Luise Kaschnitz oder Christa Wolf aus dem bürgerlichen Schutzraum eines Ehe- und Familienlebens heraus zu agieren, betrachtete man sie nicht selten als Freiwild, als eine Frau, die ihre moderne Lebensauffassung doch sicher problemlos mit sexuellen Freizügigkeiten unter Beweis stellen konnte und sich deshalb auch nicht hinter Konventionen verstecken würde.

Die Begehrlichkeiten, die ein frei geführtes Frauenleben in jenen Jahren mit sich brachte, und die Fantasien, die eine solche Frau für die Männer ihrer Umgebung in Gang setzte, waren im persönlichen Leben anstrengend genug. Was aber schwerer wog, waren die beruflichen Auswirkungen, die Maßstäbe, mit denen die Arbeit dieser Frauen beurteilt, ihre Ziele bewertet und deren Realisierung gefördert wurden. Wenn auch die Herausforderungen in bürgerlichen Brotberufen für alleinstehende Frauen hier nicht unterschätzt werden sollen, so bleibt festzustellen, dass die freie künstlerische Lebensform, wenn sie ohne materielle Sicherheiten gelebt wurde, das Ausgeliefertsein an männliche Bewertungsmuster enorm verschärfte. Das Netzwerk an männlichen Freunden und Förderern, das sich gerade bei einer jungen, begabten und darüber hinaus auch attraktiven Autorin wie Bachmann rasch einstellte, agierte selten uneigennützig, fast nie ohne Eifersucht auf mögliche Nebenbuhler und unverhohlen besitzergreifend, was die Person und die Lebensform der Geförderten betraf. Für einen freiheitsliebenden Menschen wie Bachmann muss das ein Albtraum gewesen sein – daher auch ihre Phobie vor privater Vereinnahmung und ihr lebenslanges Ringen um die für sie notwendige Distanz: »Haltet Abstand von mir, oder ich sterbe, oder ich morde, oder ich morde mich selber. Abstand, um Gottes willen!«[1]

Was aber trieb sie an? Warum hat sie all das gewollt, sich dem ausgesetzt, warum nicht auf der Grundlage eines Brotberufes, etwa als Rundfunkredakteurin oder Lektorin wie andere Autoren und Autorinnen jener Jahre auch, eine existenziell gesichertere Verbindung von Literatur und Leben gesucht?[2] Die Auslöser dafür, dass ihr Schreiben nicht nur ein Schreibenwollen, sondern immer auch ein Schreibenmüssen war, lagen in ihrer Kindheit und Jugend. Nur von hier aus ist ihre ebenso ekstatisch wie ehrgeizig, unbedingt wie ungesichert gelebte Künstlerexistenz zu verstehen, erschließen sich der übermächtige Ehrgeiz wie auch die namenlose Angst, dem eigenen Anspruch nicht wirklich genügen zu können. Ihr Schreibenmüssen hat ihr neben qualvoll erfahrener Agonie auch eine Fülle von Schreibschüben beschert, die jeglichen soziablen Rahmen sprengten, ihren Nachtrhythmus zerstörten und sie in jenen verhängnisvollen Teufelskreis von Aufputsch-, Schlaf-, Beruhigungsmitteln und Alkohol trieben, der ihr letztes Lebensjahrzehnt dunkel überschatten sollte.

Sie vermochte sich nicht zu schützen, ihr Leben war ihrem eigenen Anspruch schutzlos preisgegeben, es gab keine Grenze zwischen Alltag und Kunst, zwischen Leben und Schreiben. Ein Jahr vor ihrem frühen Tod 1973 konstatierte sie:»Eine Stunde wie diese hat absolut nichts zu tun mit allen meinen anderen Stunden, meine Existenz ist eine andere, ich existiere nur, wenn ich schreibe, ich bin nichts, wenn ich nicht schreibe, ich bin mir selbst vollkommen fremd, aus mir herausgefallen, wenn ich nicht schreibe.«[3]

Als ich vor vielen Jahren das erste Mal Ingeborg Bachmanns literarischen Nachlass in der Wiener Nationalbibliothek sichtete und dabei dem Prozess seiner Entstehung nachspürte, war ich schockiert. Manuskript- und Typoskriptfassungen ihrer Werke legten die hochemotionalen Nervenströme ihres Schreibens offen. Die Nachtseite der schreibenden Existenz, die Ingeborg Bachmann sowohl in ihren Frankfurter Poetikvorlesungen im Wintersemester 1959/60 als auch in ihrer Rede zur Verleihung des Anton-Wildgans-Preises 1971 angesprochen hatte, trat im Nachlass mit einer Wucht zutage, die mich als Leserin überwältigte. Fragmentarisch und eruptiv, nicht domestizierbar und ungeschützt flossen da autobiografische Erinnerungen der Autorin in ihr Schreiben ein und legten in den Rohmanuskripten die Lebensader ihrer poetischen Existenz offen. Was durch die moderne Hirnforschung inzwischen bestätigt wird, hat mich vor mehr als zwanzig Jahren als aufregende Lektüreerfahrung beschäftigt und meine eigenen

Studien zu Bachmann initiiert. Denn in den von Bachmann wieder und wieder bearbeiteten kompositorischen Stufen ihrer Lyrik- und Prosafassungen entfernte sich die Erinnerung von ihrem ursprünglichen, ihrem autobiografischen Ort. Die Erinnerungsmotive veränderten sich, neue Bilder und Szenen ersetzten das Erlebte, das »moralische« Gedächtnis, das sich selbst bewerten könnte, gab es nicht. Textstufe um Textstufe waren diese Veränderungen ablesbar, sie dokumentierten und strukturierten den poetischen Weg zwischen Erinnerungsschub und literarischer Komposition. Die subjektiven Erinnerungsausschläge waren für eine hoch reflektierte Autorin wie Bachmann nur das Material, an dem die eigentliche poetische Arbeit geleistet werden konnte. Die Nervenströme der Erinnerung bildeten den Fließtext, der nach allen Möglichkeiten der ästhetischen Komposition bearbeitet werden konnte.[4]

Nein, das Schreiben Ingeborg Bachmanns war nicht nur in der Sprache zu Hause. Das Fundament dieser Sprachheimat blieb das Leben, das Erlebte, Erlittene, Erhoffte, Erwünschte und Verlorene ihrer Existenz. In ihren Gedichten wie in ihrer Prosa schrieb sich die Spannung zwischen der eindringlichen Präsenz und der vehementen Abwehr persönlichster Erinnerungen als Strukturmerkmal ihres Schreibens ein, ein ästhetischer Moment des Widerstandes, der sich von den frühen Gedichten bis zur *Todesarten*-Prosa ihres Werkes verfolgen lässt. Beheimatet in der Sprache und im Leben doch heimatlos, zwischen Ländern, verschiedenen Domizilen, streng separierten Freundeskreisen und zerstörerischen Partnerschaften wechselnd, eine Reisende im Grenzland des Sprechens, traumwandlerisch am Abgrund des Schweigens verortet und doch schon längst darüber hinaus. In Bachmanns Lyrik wie in ihrer Prosa tritt ein pulsierendes Nervengeflecht von topografisch geführten Erinnerungen zutage, das sie im Prozess ihres Schreibens mit ihrem hohen artistischen Formbewusstsein vernetzt.[5]

Seit frühester Jugend hatte sie geschrieben, mit den ersten Erfolgen wuchs auch ihr Selbstwertgefühl und verfestigte sich zu einem entschiedenen Schreibbewusstsein, das auf seinem ureigensten Qualitätsempfinden bestand. Ihre Begegnung mit Paul Celan im Mai 1945 wurde zur Initialzündung ihrer schriftstellerischen Existenz, in der die Differenz zwischen der Erinnerungsarbeit der Tochter eines österreichischen Mitglieds der NSDAP und der Erinnerungsarbeit eines in Czernowitz, Bukowina, geborenen, nach der Ermordung seiner Familie und Freunde staatenlos lebenden Juden den hohen Anspruch an eine Dichtung nach Auschwitz begründete. Ihre über Jahre andauernde, mehrfach abgebrochene und 1957 wiederaufgenommene Liebesbeziehung sollte zu einem der dramatischsten Kapitel der neueren Literaturgeschichte werden. Das durch die literarische wie geschichtliche Dimension ihrer Beziehung zutage tretende »Exemplarische« ist beiden Schriftstellern bewusst gewesen und führte von der poetisch chiffrierten Korrespondenz ihrer Gedichte über den oft gegenseitig Wunden schlagenden Briefwechsel bis zum zentralen Motiv des Briefgeheimnisses im letzten Kapitel von Bachmanns *Malina*-Roman. Der erst nach Jahrzehnten veröffentlichte Briefwechsel zwischen Ingeborg Bachmann und Paul Celan, *Herzzeit*[6], dokumentiert nicht nur das intensive Ringen beider Seiten um eine trotz aller Verluste »unverloren« geglaubte Sprache, sondern auch den psychischen und physischen Preis, den die wechselseitig gestellten Fragen des Lebens und Schreibens nach Auschwitz forderten.

Es bleibt Spekulation, ob Bachmann auch ohne ihre Begegnung mit Celan 1952 ihren ersten Roman, *Stadt ohne Namen*, von der geplanten Veröffentlichung zurückgezogen hätte, obwohl sich nach widrigem Beginn sowohl ein Verlag als auch prominente Fürsprecher aus der Wiener Literatenszene dafür einsetzten.[7] Der gewachsenen Tiefenschärfe ihres eigenen Sprachbewusstseins genügte das Manuskript zu diesem Zeitpunkt schon längst nicht mehr, sie war ihm entwachsen, so wie sie auch ihren Wiener Förderern, allen voran Hans Weigel, zu entwachsen drohte, was lebenslange Empfindlichkeiten und Kränkungen nach sich zog. Doch der große Erfolg ihres literarischen Debüts, des Gedichtbandes *Die gestundete Zeit*, und der mit der *Spiegel*-Titelstory[8] einsetzende mediale Hype um die junge Diva der deutschen Literatur bewiesen, dass ihr Instinkt sie nicht getrogen hatte. Sie hatte sich für ihren eigenen Qualitätsmaßstab entschieden, und sie würde ihm treu bleiben, auch dann, als die literarische Öffentlichkeit von ihr abrückte und auf ihren überwältigenden schriftstellerischen Erfolg in den 50er-Jahren ein quälendes Jahrzehnt in den Sechzigern folgte. Die bereits angekündigte Veröffentlichung des neuen Bachmann-Romans musste dann Jahr um Jahr verschoben und schließlich ganz aufgegeben werden, um einem neuen Prosatext Platz zu machen, der präziser als frühere Entwürfe das zu fassen suchte, worum es der Autorin tatsächlich ging: der Roman *Malina*, veröffentlicht 1971.

Zweifellos paarte sich schon bei der jungen Ingeborg Bachmann eine ausgeprägte poetische Sensibilität mit einem unbestechlichen Geist, beides gehörte im Verbund mit einer beeindruckenden Energie und Zielstrebigkeit zu den großen Antriebskräften ihrer Persönlichkeit. Doch die Allianz aus sprühender Energie und schriftstellerischem Ehrgeiz führte sie nicht nur aus ihrem Geburtsland Kärnten hinaus in die Welt und ließ sie nach Promotion und literarischen Anfängen in Wien zielstrebig mit der *Gruppe 47* den literarischen Olymp der 50er-Jahre ansteuern, sie gab ihr auch den Mut, nur wenige Monate nach ihrem frühen literarischen Erfolg in Deutschland alle Sicherheiten hinter sich zu lassen, um sich in ihrem »erstgeborenen Land« Italien neu zu erfinden.[9]

Doch wäre dieser Schritt ohne die Funken schlagende Begegnung mit dem jungen Komponisten Hans Werner Henze 1952 auf der Herbsttagung der *Gruppe 47* kaum vorstellbar gewesen. Nach der niederschmetternden Erfahrung mit

Paul Celan, bei der zwei Liebende, ein jeder mit seiner Herkunft und seiner Geschichte geschlagen, aneinander und miteinander verzweifelten, muss die Begegnung mit Henze, der Bachmann an künstlerischem Sense, Begabung, Geist und Esprit ebenbürtig war, eine Erlösung gewesen sein. Zwei Königskinder fassten sich da ins Auge und erkannten einander. Da brach sich etwas Bahn, das die künstlerische Arbeit, aber auch Lebensstil und Lebenshaltung der beiden kaum dreißigjährigen Künstler über mehr als fünfzehn Jahre beeinflussen sollte. Was sich da auf Burg Berlepsch bei Göttingen ereignete, war nichts weniger als ein *Coup de foudre* zweier seelenverwandter Schönheitssucher. Er sollte sich mit ungebremster Geschwindigkeit auf ein geschwisterliches Pas de deux zubewegen, das in Literatur- und Musikgeschichte seinesgleichen suchte und das über ein phasenweises Zusammenleben hinaus in einen sprachlich furiosen Briefwechsel mündete.

Gleichermaßen traumatisiert und abgestoßen von den Erfahrungen einer nationalsozialistischen Jugend, hatten beide unter den Bekenntnissen ihrer Väter zur nationalsozialistischen Diktatur gelitten und strebten nun mit aller Macht danach, »das Muffige und Rückwärtsgewandte« des deutschen Geschichtsraums zu überwinden[10], um sich in der ersehnten Freiheit eines ungebundenen Künstlertums neu zu erfinden. An die Stelle der mit Celan so lähmend empfundenen Differenz ihrer Herkunft und der damit einhergehenden Einsamkeit ihrer historischen Verortung in Sprache und Leben trat ein gemeinsamer Künstlertraum, der sich mit Verve und Ironie daranmachte, die von Elternhaus und väterlichem Mitläufertum »übriggebliebenen Eierschalen der Kleinbürgermoral«[11] abzustreifen, um sich mit strategischem Geschick in einer sich neu positionierenden Künstlerszene zu verankern.

Mit Hans Werner Henze gelangte ein vor Produktionslust nur so sprühendes, Glanz und Erfolg verkündendes Kraftfeld in ihr Leben, das sie mit erotisierender Verführungskunst

alten Hemmnissen entriss und ihr die ganze Welt als Lebensbühne zu Füßen legte. Vorbei die Zeit, in der die quälenden
Sorgen um Stipendien und Zimmermieten die junge Frau um
ihre Schaffenskraft bringen konnten. Henze ermunterte nicht
nur, er zwang sie mit aller Wortgewalt und einem stupenden
Charme, groß zu denken und Größe anzustreben. Eine neue
Zeitrechnung hatte begonnen, es zählten nicht länger die lau-
sigen Verhältnisse, in der sich beide durchaus noch befanden –
es zählte allein, was sein würde, ganz einfach, weil beide es
so beschlossen hatten. Der selbst ernannte Bruder, Seelenecho
und Schutzengel in einem, wurde zum Magier einer *self fulfil-
ling prophecy* und eines Erziehungsprogramms, bei dem nicht
recht klar war, wer hier eigentlich wem Mut machen sollte.
Doch die Beschwörungsformel wirkte: Von ihrer ersten Begegnung an inszenierten sie sich selbst, blähte sich beider Ego unter dem Segel einer unermüdlichen gegenseitigen Adoration.

Mit ihrem viel zitierten Ausspruch »Einmal muss das Fest
ja kommen«[12] begann nach Henzes Erinnerung auf der Insel
Ischia im Sommer 1953 die erste von mehreren gemeinsamen
Lebensphasen, in der Bachmann jedoch die überwunden ge-
glaubten Dämonen der bitterarmen Wiener Jahre unvermutet schnell wieder einholen sollten. Die junge Schriftstellerin
musste schmerzlich lernen, dass erste literarische Anerkennung noch lange keine Sicherheit für ihren Lebensunterhalt
bedeutete und dass sie die »hundertfache Hydra Armut«[13]
auch in den Folgejahren nur mit unzähligen Nebentätigkeiten in Schach halten konnte – ein Umstand, der ihrer Gesundheit und einem für die schöpferische Arbeit wünschenswerten
Gleichgewicht der Kräfte nicht eben zuträglich war.

Mit dem renommierten Literaturpreis der *Gruppe 47* im
Herbst 1953 und den damit einhergehenden Verlockungen von
Rundfunkaufträgen zur Produktion von Hörspielen und Le-
sungen begann auch der Reigen eines nahezu ungebremsten
Verausgabens ihrer kreativen Kräfte. Bachmann durchlitt des-

halb in den folgenden Jahren immer wieder schwere körperliche und seelische Erschöpfungszyklen, von denen sie sich oft über quälende Monate hin nur mühsam regenerieren konnte. So wechselte der von Henze entfachte produktive Furor, der gesellschaftliche Präsenz, Künstlerpartys und diskursiven Austausch mit gleichgesinnten Persönlichkeiten einschloss, mitunter abrupt mit eremitischen Phasen, in denen sie auch für engste Freunde unerreichbar bleib. Kehrten dann irgendwann die Kräfte zurück, freute sie sich auch wieder auf Begegnungen mit Schriftstellerkollegen, Künstlern und Intellektuellen, verbrachte viel Zeit bei freundschaftlichen Zusammenkünften und gesellschaftlichen Unternehmungen. Dank ihrer viel gerühmten Mehrsprachigkeit – sie sprach neben ihrer Muttersprache auch Englisch, Französisch und Italienisch – genoss sie den Umgang mit kosmopolitischen Persönlichkeiten und ließ sich weder von Titeln noch von demonstrativ zur Schau gestelltem Reichtum einschüchtern. Ein spontan arrangiertes Wochenende in Paris, London oder Sankt Moritz konnte sie durchaus verlocken, so wie sie auch die Vergnügungen der römischen Society mit unverkennbarem Amüsement zu genießen wusste.

In der Wahrnehmung von Person und Werk Ingeborg Bachmanns findet sich scheinbar Unvereinbares auf das Engste miteinander verbunden. Strategisch angestrebte Publizität und öffentlichkeitswirksam inszenierte literarische Auftritte folgten auf Augenblicke äußerster Zurückgezogenheit und dringlich eingeforderter Distanz. Dass Alleinsein für einen Autor letztlich »eine gute Sache« ist, wusste Ingeborg Bachmann.[14] Alleinsein für ein Schreiben, das oft bis mitten in die Nacht ging, Alleinsein für einen nie zu stillenden Lektürehunger, ungezählte Reisen, strikt getrennt gehaltene Freundeskreise, die nichts voneinander wussten, obwohl sie auch untereinander bekannt waren. Die Freiheit des Alleinseins wurde vor allem dann wichtig, wenn es galt, die Inszenierung einer entschlosse-

nen Dichterin für die literarische Öffentlichkeit auch dann aufrechtzuerhalten, wenn die Fragen um das Warum der eigenen
dichterischen Existenz überhandnahmen und das Schreiben
von einem überlebensgroßen Anspruch an sich selbst erdrückt
zu werden drohte.

Die Kluft zwischen der lebensvollen jungen Frau und einer
tiefernst verschlossenen, von Ängsten gequälten Autorenexistenz wurde im Lauf der Jahre immer größer und nahm nach
der mit einem »totalen und fast tödlichen Zusammenbruch«[15]
einhergehenden Trennung von ihrem Schriftstellerkollegen
Max Frisch im Jahr 1963 immer dramatischere Ausmaße an.
Die Ambivalenz in Erscheinung und Haltung Bachmanns beschäftigte auch ihre Zeitgenossen und rief bei ihren Freunden
und literarischen Weggefährten widersprüchliche Eindrücke
hervor. Als »Diva der Dichtkunst«[16] wurde sie gleichermaßen verehrt wie gefürchtet; Martin Walser erinnerte sich dabei vor allem an ihren »frösteln machenden Vollkommenheitsanspruch«[17]. Für Autoren wie Thomas Bernhard oder Marie
Luise Kaschnitz hingegen war sie immer auch eine ebenso an-
spruchsvolle wie verlässliche Freundin, die allerdings »wie eine
Sektionschefin«[18] über ihre verschiedenen Freundschaften und
Beziehungen wachte und eine Vermischung der Ebenen nicht
duldete.

Ingeborg Bachmann hatte ein ausgeprägtes Empfinden für
die Grenzen, die zwischen einem Ich und einem Du liegen,
die ihr eigene Sensibilität machte sie wachsam für die Gefährdung, die aus der Nähe zwischen zwei Menschen erwachsen
konnte. Dass gerade die künstlerische Existenz immer um den
ihr notwendigen Abstand zu persönlichen Verstrickungen ringen muss, war ihr dabei bewusst. »Ich brauche Freiheit. Viel
Freiheit. Man müßte aber sehr viel Geld haben, um wie Karl
Kraus zu leben. Ich will nicht mundtot gemacht werden. Vielleicht kann man sogar sagen, daß ich eine Kämpfernatur bin.
Vor allem aber möchte ich in Ruhe arbeiten. Ungestört sein.«[19]

Wer je in der Wiener Nationalbibliothek den umfangreichen Nachlass Ingeborg Bachmanns in Händen hielt und dabei Einblick in unveröffentlichte Entwürfe, verschiedene Textfassungen und Textfragmente nehmen konnte, dem öffnet sich der Blick für das Drama einer Frau und Künstlerin, die zeit ihres Lebens um die Unverwechselbarkeit ihrer poetischen Stimme gerungen hat. Leicht hat sie es sich nie gemacht, dazu war ihr eigener Anspruch zu groß. Das letztlich veröffentlichte Werk ist bei Bachmann immer das Ergebnis eines über beachtliche Textstufen gefilterten Kompositionsprozesses, in dem sie ihre Entwürfe zu Lyrik und Prosa wieder und wieder überarbeitete, bis sie endlich den eigenen Ansprüchen standhielten oder endgültig verworfen wurden. Der daraus erwachsende Schreibdruck konnte qualvoll sein und drohte sie mitunter zu erdrücken. Doch vielleicht ist gerade dieser Vollkommenheitsanspruch auch die Ursache dafür, dass Bachmanns Werk bis heute zahllose Leser fasziniert und beständig neue dazugewinnt.

Anders als viele ihrer literarischen Zeitgenossen, an deren Namen sich heute kaum mehr einer erinnert, war Ingeborg Bachmann ihrer Zeit weit voraus und ist deshalb in ihren Texten auch so lebendig geblieben. Bachmann zu lesen ist ein Abenteuer, das herausfordert und süchtig machen kann. Schon zu ihren Lebzeiten gab es Leser, die sich von ihren Texten abgestoßen fühlten, sie gar für eine Zumutung hielten, und andere, die sich faszinieren ließen und der Dichterin wie einem Popstar huldigten. Die von vielen Zeitgenossen gerühmte Attraktivität ihrer Erscheinung verlieh ihr in Verbindung mit dem kehlig-dunklen Ton ihres Kärntner Idioms und einer unübersehbaren Scheu bei öffentlichen Auftritten eine rätselhafte Aura, die Literaturliebhaber in ihren Bann schlug und ihr die uneingeschränkte Aufmerksamkeit der vorwiegend männlichen Schriftstellerkollegen aus der *Gruppe 47* sicherte.

Kein Zweifel, sie nutzte ihre Weiblichkeit, um sich in unverwechselbarer Weise zu inszenieren. Schon bei ihrem ersten

Auftritt in Niendorf 1952 bediente sie geschickt die Fantasien von einer Dichterin als Imago männlicher Sehnsüchte und verschaffte ihren Texten damit das Gehör, das sie benötigten, um von der literarischen Öffentlichkeit jener Jahre wahrgenommen zu werden. Paul Celan, dem es bei seinem, übrigens nur durch Ingeborg Bachmanns Initiative möglich gewordenen ersten Auftritt in der Gruppe ungleich schlechter erging, schäumte vor Eifersucht und Wut: »Inge hat mich wieder sehr enttäuscht. Sie hat mich nämlich wieder verleugnet und es sogar so weit gebracht, sich gegen mich ausspielen zu lassen: ihre Gedichte, nicht die meinen, blieben die gültigen, und sie ließ es sich, lächelnd vor Glück, gefallen, als die Dichterin angesprochen zu werden. ... Und dieser Erfolg hat nun keineswegs rein literarische Ursachen.«[20]

Schneller als andere Autoren ihrer Generation wusste Ingeborg Bachmann auch die Chancen des Hörfunks und später des Fernsehens für sich zu nutzen. Dabei verschwieg sie ihren wie sie um die existenzsichernden Lesungs- und Hörspielaufträge buhlenden Kollegen in der *Gruppe 47* gerne, dass sie in Wien längst eine vielfach erprobte Meisterin des neuen Genres war und als Dramaturgin und Autorin für die Entwicklung und Ausführung der überaus erfolgreichen Rundfunkreihe *Die Radiofamilie* mitverantwortlich zeichnete.[21] Sie bewies einen untrüglichen Instinkt dafür, wann es geboten schien, ihr Licht unter den sprichwörtlichen Scheffel zu stellen, und hielt damit – mal mehr und mal weniger verdeckt – humorvoll ihre Freunde und Kollegen zum Narren. So hinreißend kokett, wie sie Hans Werner Henze nach ihrer ersten Begegnung glauben machen wollte, dass sie als Heimatdichterin gerade dabei sei, »ein Libretto für eine ländliche Oper ›Hiasls Abenteuer beim Fasslrutschen‹ zu schreiben«[22], so lustvoll inszenierte sie sich in der Erinnerung an ihr Entree bei der *Gruppe 47* in Niendorf und den Besuch beim Nordwestdeutschen Rundfunk in Hamburg als unschuldiges Wiener Mädel, das in Sachen

Rundfunk nicht bis drei zählen konnte. »In Hamburg ging das Treffen weiter, man spielte Bänder vor, eine Funkoper, ›Der Landarzt‹, es gab also Funkopern, ein Feature, es gab also Features, ein Hörspiel »Träume«, es gab also Hörspiele, und dies ›das gab es also‹ ist auch nicht mehr nachzuvollziehen in der Erinnerung, wie die Neuigkeiten Freundschaft, eine Wolke von Freundschaft, Lachen, Ernst, jetzt schon verklärt, längst modifiziert, längst verschoben.«[23]

Nein, sie ließ sich nicht in die Karten schauen, dafür war ihr eigener Aufstieg viel zu entbehrungsreich und ungeschützt verlaufen, dafür hatte sie als junge Studentin in Wien nicht nur die Macht einflussreicher literarischer Gönner, sondern auch die Macht der Intrigen zu spüren bekommen. Auch wenn aus heutiger Sicht Ingeborg Bachmanns immer wieder zu beobachtender Wille zur Selbstinszenierung mitunter befremdlich anmutet, so bot dieses Maskenspiel doch auch die Möglichkeit, die Kontrolle über das eigene Bild in der Öffentlichkeit zu behalten und sich vor allzu privat anmutenden Begehrlichkeiten zu schützen. Viele, die sich an ihrem »Divengehabe«[24] gerieben haben, übersahen dabei völlig, dass es in ihrer Generation für die Existenz einer erfolgreich schreibenden Frau kaum Vorbilder gab und sie ihren Weg zuallererst und allein finden musste. Auch gute Freundinnen, wie Ilse Aichinger, mit der sie sich vor allem in jungen Jahren eng verbunden fühlte, oder Marie Luise Kaschnitz, mit der sie bis zu ihrem Tod eng befreundet blieb, boten keine Orientierung, da beide, wenn auch von unterschiedlichsten gesellschaftlichen Bedingungen aus, in einem Familienverbund lebten, der Bachmann zeitlebens versagt blieb.

Ihr immer wieder artikuliertes Selbstgefühl, dem eigenen schriftstellerischen Auftrag schutzlos »ausgesetzt zu sein«[25], spiegelte sich bei öffentlichen Auftritten wider. Ihre überwältigende physische Präsenz paarte sich mit einer frappierenden psychischen Durchlässigkeit, die manchen Zeitgenossen Angst machte und ihnen mitunter die Sprache verschlug.»Den Ausdruck ihrer Augen kann ich nicht beschreiben. Selbst wenn ich es wollte, ich könnte es nicht. Mir fehlen die Worte dafür.«[26] Schon in den ersten Fernsehaufzeichnungen ihrer Lesungen zeigte sich, dass die Kamera diese Aura einzufangen vermochte, ja, dass es gerade das ostentativ Schüchterne und Zurückgenommene war, das den Wunsch des Betrachters nach mehr entfachte, nach mehr Nähe, nach mehr Begreifen, nach einem Verschlingen des Bildes, das die Dichterin ihm bot. In den späteren Jahren machte Bachmann dann keinen Hehl mehr daraus, dass sie die mediale Ikonografie ihrer Zeit zu lesen verstand und die Sprache ihrer Ikonen zu dechiffrieren wusste. So mühelos, wie sie die Bühnenaura einer Maria Callas zu entschlüsseln vermochte, so sehr war ihr mit Sicherheit auch die massenhypnotische Wirkung von Jackie Kennedys Flüsterstimme nicht entgangen. In ihrem späten Erzählband *Simultan* hat sie die ganze Skala weiblicher Inszenierungsformen beißend ironisch und hinreißend komisch durchbuchstabiert – und ihre auch damals noch vorwiegend männlichen Rezensenten aufs Neue überfordert.

Bei ihrem Publikum verfehlte Bachmann ihre Wirkung nicht. Du wirst»die wunderbarsten Skandale kriegen«[27], orakelte der Komponistenfreund Henze unter Vorwegnahme eigener Wünsche schon 1954, und er behielt recht. Mit den öffentlichen Auftritten Ingeborg Bachmanns wurden die bis dahin im separierten Raum von Akademien und Volkshochschulen gehaltenen Autorenlesungen zum inszenierten Event, bei dem die anwesenden Vertreter von Presse, Rundfunk und Fernsehen das Ereignis zu potenzieren wussten. Mit ihren Aufnahmen davon dokumentierten sie Literaturgeschichte. Bei der am 13. November 1961 live vom SFB aufgezeichneten Lesung im Großen Saal der Berliner Kongresshalle waren mehr als 1500 Menschen anwesend – so etwas hatte es bis dahin in Deutschland nicht gegeben.[28]

Doch die Sogwirkung, die von ihren öffentlichen Auftritten ausging und die Bachmann eine Fülle neuer Aufträge und Anfragen bescherte, machte ihren Alltag nicht einfacher. Wie sollte sie leben, wie wollte sie als *Frau* leben und gleichzeitig ihrem unbedingten Qualitätsanspruch als Künstlerin gerecht werden? Die Kluft zwischen einem übermächtigen Kunstanspruch und weiblichen Sehnsüchten schien für ihre Generation unüberbrückbar. »Zwei Menschen sind in mir, einer versteht den andren nicht«, erkannte sie schon als junges Mädchen. »Ich fürchte den das Leben so alles liebenden sehr. Er wird übermächtig. Und ich weiß, daß doch für den andren die Zeit kurz werden könnte.«[29]

Ihren nach den ersten literarischen Erfolgen häufig wechselnden Lebensstationen, die sie von Österreich nach Italien und Frankreich, Deutschland und in die Schweiz führten, setzte sie in ihrem literarischen Schaffen zunehmend das Kontinuum eines literarischen Heimatlandes entgegen, in dem ihr jeder Zungenschlag und jede Geste vertraut erschienen. Es war der Kulturraum des politisch längst untergegangenen Vielvölkerstaates der Habsburger-Monarchie, jenes »Haus Österreich«, das sie liebte und in dem sie sich blind zu Hause fühlte. Im Dreiländereck ihrer Kärntner Heimat hatte sie von Kindheit an das alltägliche Miteinander von Slowenen und Österreichern erfahren, und dieser Gemeinschaft galt ihre politische Sehnsucht, nachdem Nationalsozialismus und Krieg diese Völkergemeinschaft grausam zerschlagen hatten. Die »mythenreiche Vorstellungswelt« ihrer Heimat, »die ein Stück echtes kaum realisiertes Österreich ist«, beschäftigte sie, denn diese »Welt, in der viele Sprachen gesprochen werden und viele Grenzen verlaufen«[30], hatte ihr die Augen geöffnet für die unterschiedlichen Mentalitäten der europäischen Staaten. Aus ihrem unbestechlichen Blick auf das alte Europa, seine Verstrickungen und sein Gewaltpotenzial, erwuchs ihre Auffassung von der Kraft des Wortes und der Verantwortung des Schriftstellers.

Mit ihrer damals wie heute nicht selbstverständlichen Vielsprachigkeit knüpfte und pflegte sie literarische Freundschaften und politische Überzeugungen über Landesgrenzen hinweg und engagierte sich offen und kompromisslos da, wo sie es für nötig hielt. Zu einer Zeit, als noch niemand davon sprach, hat die österreichische Schriftstellerin einen Typus verkörpert, der heute so oft beschworen wird und im kulturellen und politischen Alltag fast überall fehlt. Ingeborg Bachmann war *Europäerin* aus tiefer Überzeugung, denn sie wusste um den Reichtum, der in der Begegnung mit dem vermeintlich Fremden, dem anderen liegt.

Doch nicht nur in ihrem europäischen Bewusstsein war Ingeborg Bachmann ihrer Zeit weit voraus. Auch die Schärfe ihrer gesellschaftskritischen Beobachtung wurde von ihren Lesern aufgrund ihrer souveränen Handhabung lyrischer und erzählerischer Formen nicht immer wahrgenommen. Der Mantel kompositorischer Eleganz kam dem Verdrängungsbedürfnis mancher Zeitgenossen entgegen, die den enervierenden Abgrund hinter der Schönheit der Formen gerne übersehen wollten.

Der Prosazyklus *Todesarten*, der das Schreiben ihres letzten Lebensjahrzehnts beherrschte, legt wie kaum ein anderes Werk dieser Generation die inwendigen Verbindungen von faschistischem Erbe und einer latenten Gewaltbereitschaft des Einzelnen in demokratischen Gesellschaften offen. Dass der Krieg zwischen den Geschlechtern und Rassen sich nicht nur auf den offen erklärten Krieg beschränkte, sondern gerade im vermeintlich friedlichen Zusammenleben seine monströse Sprengkraft behielt, hat Ingeborg Bachmann in beklemmender Bildkraft offengelegt.

Kaum ein anderes literarisches Werk wird auch noch Jahrzehnte nach seiner Entstehung so leidenschaftlich gelesen und so kontrovers diskutiert wie das von Ingeborg Bachmann. Ihre Gedichte, ihre Erzählungen und ihr einziger zu Lebzeiten veröffcntlichter Roman *Malina* lassen niemanden kalt. Sie verweigern sich der emotionslosen Lektüre und fordern den Leser dazu heraus, Position zu beziehen. Gerade weil dieses Werk von seinen Betrachtern mit den Mitteln der Distanz und einem analytischen Blick allein nicht zu erfassen ist und auf die emotionale Intelligenz des Lesers zielt, zieht es diesen in seinen Bann. Der Aufregung um das Werk, den leidenschaftlichen Debatten in der Rezeptions- und Forschungsgeschichte[31], die bis heute anhalten, ging eine emotional gefärbte Betrachtung der Autorin voraus. Der junge Star am deutschsprachigen Autorenhimmel, der 1954 mit seinem ersten Gedichtband *Die gestundete Zeit* einen Gegenentwurf zur vornehmlich realistischen Nachkriegsliteratur zu bieten schien, polarisierte von Anfang an.[32]

Ingeborg Bachmanns unübersehbarer Schüchternheit bei öffentlichen Auftritten stand eine zielstrebige Verwirklichung ihrer Träume von einer freien Autorenexistenz gegenüber. Ihrem persönlichen Unabhängigkeitsstreben entsprach in ihrem Schreiben ein freier und mutiger Umgang mit literarischen Gattungen und Formen, der all jene ratlos machte, die ihre literarischen Etikettierungen plötzlich nicht mehr anwenden konnten und die sich gegen die Herausforderungen des Bachmann'schen Schreibens nur mit Schmähungen zu helfen wussten. Von den Küss-die-Hand-Kavalieren der Wiener Literaturpatriarchen bis zur poststrukturalistischen Literaturdebatte und den Zuschreibungen einer streng feministisch ausgerichteten Literaturrezeption – sie alle wollten das Werk dieser außergewöhnlichen Schriftstellerin für sich vereinnahmen und mussten doch erkennen, dass dem Schreiben Ingeborg Bachmanns auch mit einer noch so gut fundierten Perspektive allein nicht beizukommen ist.

Über das Verdikt von der »gefallenen Lyrikerin«, die abschätzige Klassifikation des *Malina*-Romans als »Kitsch«[33] und andere vorschnelle Urteile ist nicht nur die Geschichte, sondern auch der anhaltende internationale Erfolg dieser Schriftstellerin hinweggegangen. Die Bedeutung, die Ingeborg Bachmann noch heute bei jungen Schriftstellern, bildenden Künstlern, Musikern und Filmemachern genießt, spricht für sich. In ihrem leidenschaftlich geführten Künstlerleben finden sich die geistigen Koordinaten ihres außergewöhnlichen Werkes vorgezeichnet: Anspruch und Abgrund, Verzweiflung und Mut – diese scheinbaren Gegensätze werden bei ihr von einem unbeirrbaren künstlerischen Ausdruckswillen zusammengehalten, der bis heute nichts von seiner Faszination eingebüßt hat.

Wer sich auf die Spurensuche ihrer Lebenserzählung begibt, findet in ihrem Werk ein engmaschiges Netz biografischer Fährten, dem jedoch eine nicht minder bedeutsame Anzahl dezidierter antibiografischer Gebote entgegensteht. Das frühe Diktum des Erzählers in *Das dreißigste Jahr,* »Haltet Abstand von mir!«, hat – wie auch der bei Erscheinen des *Malina*-Romans geäußerte Vorbehalt gegen allzu voreilige biografische Schlussfolgerungen – in der Bachmann-Forschung zu einem nicht selten verkrampften Umgang mit der biografischen Perspektive geführt. Persönliche Missverständnisse und biografische Mutmaßungen, die Sperrung von Teilen des literarischen wie auch des persönlichen Nachlasses durch die Erben und eine hoch differenzierte Forschungsdebatte ließen es auf Jahrzehnte nicht zu, dass eine vielschichtig fundierte Biografie Bachmanns entstand, die eine detaillierte Werkkenntnis mit den persönlichen Aussagen von Familie und Freunden, den Korrespondenzen und literarischen Erinnerungen hätte verbinden können.

Die biografischen Fragestellungen der letzten Jahrzehnte bleiben oft auffallend eng an einzelne Motive und Topografien ihres Schreibens gebunden oder erstarren bis zur Unlesbarkeit in der inquisitorischen Verwerfung jedes persönlich erinnerten Gedächtnisraumes zugunsten einer strikt antibiografischen Konstruktion.[34] Was aber wäre eine Autorschaft wert, die sich allein aus einer historischen Traumafixierung oder ausschließlich von ihren intellektuellen Vorbildern her legitimieren ließe? Gerade am Werk Ingeborg Bachmanns lässt sich das unaufhörliche Zusammenspiel von schriftstellerischen Ideen mit historischen und lebensgeschichtlichen Erinnerungen bis in die Komposition von Themen, Motiven und Metaphern nachweisen, reflektieren doch ihre Essays, Reden und Vorlesungen das eigene schriftstellerische Handeln im Blick auf den Geschichtsraum, aus dem heraus sie entstanden sind. Das schließt intertextuelle Referenzen auf geschätzte Philosophen und Schriftstellerkollegen nicht aus, doch Bachmann̆ suchte sich diese geistigen Wahlverwandtschaften aus ihrem eigenen Wahrnehmungsradius heraus aus, der, wie hier zu zeigen sein wird, in unzähligen Fällen von konkreten, mitunter schockartigen Erfahrungen ausgeht, für die sie mit den Mitteln der ihr zu Gebote stehenden Sprache ihre literarische Entsprechung sucht.

So wie die topografische Fülle des Bachmann'schen Werkes mit verengenden Zuschreibungen nicht zu fassen ist, so entzieht sich auch ihr leidenschaftliches, in ihrem literarischen Anspruch kompromissloses und in ihren Beziehungen Unbedingtheit einforderndes Künstlerleben allen subjektiven Erklärungsversuchen. Die Weltbürgerin Bachmann erholte sich regelmäßig in der Heimat ihrer österreichischen Provinz, auch wenn sie darin nicht mehr dauerhaft leben konnte. Die kapriziöse Autorin konnte sehr handfest handeln, wenn es ihr menschlich oder politisch geboten schien. Sie lebte nicht nur im Dickicht literarischer Freundschaften und hochkomplizierter Liebesbeziehungen, sie suchte und fand in ihrer Familie auch jene selbstverständliche Vertrautheit, in der sich Liebeswirren beichten ließen, seelische Entspannung möglich war und eine sehr bürgerliche Form des Zuhausefühlens gelebt wurde. Ja, sie hat Freunde und Familie, Liebhaber und literarische Weggefährten meist streng voneinander separiert und ließ sich auch hier nicht in die Karten schauen. Sie allein entschied, wer ihr wichtig war, wann und wie oft sie wen sehen wollte, und verbat sich dazu jede Einmischung von außen. Und so verwundert es nicht, dass einige der ihr Nahestehenden in ihrer Erinnerung an Bachmann auf jeweils ihrer Perspektive als der allein zutreffenden beharren, einfach weil ihnen die andere Seite des Erlebens fehlte, wie auch jeder Austausch dazu unterblieb. Die daraus erwachsenen Konflikte haben sich in der Rezeptions- und Forschungsgeschichte fortgeschrieben und einen freien und offenen Diskurs auf Jahrzehnte behindert.

Ingeborg Bachmann selbst aber hat in ihrer Künstlerexistenz die unterschiedlichsten Perspektiven vereint. Was sie an Gegensätzlichkeit in ihrem Leben nicht aushalten mochte, fließt als Spannungselement in ihr Schreiben ein, es markiert das Widerständige und Widerspruchsvolle ihres Werkes. Es ist eine zutiefst künstlerische Aneignung des Lebens und der Lebenswidersprüche. Wir finden diese Haltung in unzähligen anderen künstlerischen Werken, es gehört zu den konstituierenden Bedingungen von Literatur, Musik, bildender Kunst und Film über Zeit und Ort hinaus. Für die biografische Perspektive ergibt sich daraus folgende Konsequenz:

Erkennen wir die lebensgeschichtliche Weite und topografische Fülle, aus der Bachmanns Dichtung entstanden ist. Verabschieden wir uns von der Vorstellung einer einzigen zielführenden Perspektive. Bekennen wir uns zu der Vielstimmigkeit des biografischen Erzählens, die sich durch Einsicht in aufschlussreiche private Korrespondenzen gut belegen lässt.

Auch wenn noch längst nicht alle Quellen offenliegen, erschließt uns die überwältigende Fülle der werkgeschichtlichen Spuren, die einsehbaren Briefwechsel, die vorliegenden persönlichen Erinnerungen von Familie, Freunden und Weggefährten, die literarischen Erinnerungsbilder ihrer Schriftstellerkollegen, einen vielgestaltigen biografischen Raum, von dem aus die Lebensgeschichte Ingeborg Bachmanns und die Suche nach den kultur- und sozialgeschichtlichen Bedingungen ihres Schreibens zusammengedacht und kritisch erörtert werden können.

Wie kaum ein anderer Schriftsteller ihrer Generation hat Bachmann ihr eigenes Schreiben unermüdlich reflektiert und analysiert. Die erste und letzte Frage, die sie dabei zeit ihres Lebens beschäftigte, betraf die Rechtfertigung ihrer schriftstellerischen Existenz: »Warum schreiben? Wozu?«[35] Dieser Gedanke hat sie gequält und herausgefordert, sie ist ihm in ihren dunkelsten Stunden genauso nachgegangen, wie sie das obsessive Leiden an ihrer Existenz öffentlich zu machen wusste.

Und so folgen wir mit unserer biografischen Spurensuche nicht zuletzt ihrem eigenen Maßstab, einer Aufgabe, die sie vor langer Zeit ihren Zuhörern im Hörsaal der Frankfurter Universität auf den Weg gab, der Frage, was uns eigentlich veranlasst, »einen Dichter als unausweichlich zu sehen«. Dieser Überlegung nachzugehen heißt, den historischen wie persönlichen Ursprüngen einer »unverwechselbare[n] Wortwelt, Gestaltenwelt und Konfliktwelt«[36] nachzuspüren, die Bachmanns Werk so einzigartig macht.

Wie kaum ein anderer Schriftsteller des 20. Jahrhunderts hat Ingeborg Bachmann das Schreiben als existenziellen Auftrag erfahren und als Passionsgeschichte erlebt. Sie fühlte sich durch ihre künstlerische Berufung ausgezeichnet, doch der Mensch Ingeborg Bachmann war dem auch ausgesetzt. Die Spuren eines frühen traumatischen Erlebens durchziehen ihr ganzes Werk und weisen doch in der Vielfalt der von ihr entwickelten Motive und Kompositionsstrategien unablässig auch darüber hinaus. Immer wieder reflektieren die Lyrik und Prosa beherrschenden subjektiven und kollektiven Erinnerungsmotive einen Moment des Widerstandes, der die sinnlich-unmittelbare Wahrnehmung aufbricht und weit zurückliegende Erfahrungen zur Maßgabe des gegenwärtigen Bewusstseins bestimmt. Die verschiedenen Erinnerungsebenen des *Malina*-Romans bereiten sich schon in den Gedichten und unveröffentlichten Entwürfen vor. Eine enorme Unruhe geht von diesem Schreiben aus, eine Anstrengung, die sich nicht mit dem Gesehenen begnügt, sondern tiefer bohrt, um mit jedem neuen Text weiter und weiter zu gehen. Das Schreiben wird so zu einem Abenteuer mit ungewissem Ausgang, das umso gefährlicher erscheint, je mehr es sich seinem Anfang nähert. Wann aber hat das angefangen? Gibt es einen Anfang? Und wo können wir sie verorten, die Geburtsstunde der Schriftstellerin Ingeborg Bachmann?

2. Erinnernwollen und Erinnernmüssen – eine österreichische Kindheit und Jugend

Am 16. März 1945 wusste die damals Achtzehnjährige, dass sie nicht länger mitspielen würde. Keinen Tag länger wollte sie den wahnhaften Anordnungen der NS-Kriegsgesellschaft Folge leisten. Die Deutungshoheit auf das, was gemeinhin als »vernünftig« gelten musste, hatten die »Herren Erzieher, die uns umbringen lassen wollen«[1], in ihren Augen längst verspielt. In ihrem Tagebuch jener Wochen nahm sie kein Blatt vor den Mund und legte den völkischen Wahn der NS-Funktionäre in ihrer grausamen Absurdität offen. Mit scharfem Blick und spitzer Feder gab sie die Autoritäten ihrer Jugend, die bei Luftangriffen schleunigst das Weite suchten, aber nicht die geringsten Skrupel zeigten, Schüler und angehende Lehrerinnen auf den ungeschützten Feldern Gräben ausheben zu lassen, um Klagenfurt im Angesicht der näher rückenden Alliierten »bis zum letzten Mann und zur letzten Frau«[2] zu verteidigen, der Lächerlichkeit preis.

Einen Tag bevor die junge Ingeborg Bachmann ihren Widerstand zum ersten Mal formulieren würde, am 15. März 1945, hatten die Alliierten einen verheerenden Bombenangriff auf ihre Heimatstadt Klagenfurt gestartet, der nach dem ersten schweren Bombardement vom 16. Januar 1944 die zweite folgenreiche Zerstörung vertrauter Straßen und Plätze nach sich zog. Die Nachbarsfamilie Tschörner und der Nachbarshund Ali kamen dabei ums Leben. In der Henselstraße 26, in der die

Familie Bachmann in einem biedermeierlich anmutenden Reihenhaus mit Ausblick auf die Klagenfurter Kaserne gewohnt hatte[3], lebte außer ihr niemand mehr. Seit Monaten war sie nun ohne Nachricht von ihrer Familie. Ihr Vater Matthias befand sich als Soldat im Krieg, ihre Mutter Olga war mit den beiden jüngeren Geschwistern Isolde und Heinz ins Gailtal geflüchtet, wo die Familie im väterlichen Herkunftsort Obervellach bei Hermagor ein kleines Haus besaß, das sie in den Jahren zuvor als Sommerfrische benutzt hatte. Allein die älteste Tochter sah sich gezwungen, im Klagenfurter Bombenhagel auszuharren: Sie hatte sich schweren Herzens dazu entschlossen, nach der wegen des Krieges schon am 22. Februar 1944 abgelegten Matura eine Ausbildung an der »verhasste[n] Lehrerbildungsanstalt«[4] zu beginnen, um ihrer Einberufung zum Reichsarbeitsdienst nach Polen zu entgehen. »Ich habe einen Augenblick gezögert und dann unterschrieben. Nein, ich bin sicher, in diesem Land werde ich nicht mehr studieren, in diesem Krieg nicht mehr.«[5] Der März 1945 hielt frühlingshaft sonnige Tage bereit. Die junge Ingeborg Bachmann stellte sich einen Sessel in den Garten, holte Baudelaires Gedichte und Rilkes *Stundenbuch* zu sich ins Freie und beobachtete den Himmel. Wenn der Tod unausweichlich schien, dann wollte sie ihm klaren Bewusstseins und offenen Auges entgegensehen. Sie würde ihn begrüßen – aber zu ihren Bedingungen.

Vielleicht ist es sündhaft, einfach sitzen zu bleiben und in die Sonne zu schauen. Aber ich kann nicht mehr in den Bunker gehen, stundenlang wenn das Wasser an den Felswänden herunterrinnt und die Luft so schlecht wird, dass man halb ohnmächtig wird. Es ist zwar Sprechverbot wegen der Luft, aber diese stumpfen, stummen Massen sind auch unerträglich. Der Gedanke, dort womöglich mit allen wie in einer Viehherde zugrundezugehen, ist mir schauerlich. Wenigstens im Garten. Wenigstens in der Sonne.[6]

So heftig, wie sie sich dem kriegerischen Vernünftigsein verweigerte, so entschieden drängte sie auch ihre aufkommenden Angstgefühle zurück. Inmitten verwaister Häuser auf sich selbst und nur auf sich selbst zurückgeworfen, konstatierte Bachmann unsentimental und schnörkellos:»Nein, mit den Erwachsenen kann man nicht mehr reden.«[7] Inmitten einer überwältigenden physischen wie psychischen Leere besann sie sich auf die Triebkräfte ihrer eigenen jungen Persönlichkeit: einen unkorrumpierbaren Geist und einen unbeugsamen Willen. Dem hohlen NS-Pathos hielt sie das von ihr schon ganz zerdrückte und verschmierte *Stundenbuch* Rilkes entgegen. Baudelaires *Fleurs du Mal* wusste sie auswendig zu deklamieren.»Bientot nous tomberons dans les froides tenebres, adieu vivre clarte ich brauche nicht mehr ins Buch zu sehen.«[8] Den todbringenden Bombengeschwadern trat sie mit der Macht der Literatur entgegen, in ihr fand sie das»Rüstzeug«, um über alle inneren und äußeren Grenzen dieser Situation hinauszugehen. Eine stärkere Antiszene zu den bildungsbürgerlichen Idyllen einer *éducation sentimentale* lässt sich kaum vorstellen. In einer ins Absurde gewendeten Gartenszenerie offenbart sich die literarische wie biografische Urszene der Schriftstellerin Ingeborg Bachmann.

Hoffnungslos allein und unrettbar getrennt von allen ihr nahestehenden und vertrauten Menschen, entdeckte sie die ganze Macht des lesenden und schreibenden Ichs. Von diesem Märztag 1945 an wusste Ingeborg Bachmann, dass sie sich beim Reden und beim Schreiben nur auf eines verlassen konnte: auf sich selbst. Ihr durch ihre Hörspielpreisrede 1959 berühmt gewordenes Credo »Die Wahrheit ist dem Menschen zumutbar«[9] hat die Achtzehnjährige in einer Situation äußerster Ausweglosigkeit zuallererst an sich selbst exerziert. Ungeachtet aller NS-Verordnungen bereitete sie im Frühling 1945 ihre Flucht ins Gailtal vor. Die Sorge einer Altersgenossin, dass sie»wegen Desertation erschossen werden könnte[n]«[10], berührte sie nicht länger. Sie wusste zu handeln.

Die großen Motive ihres Werkes, die die Rezeption ihrer Zeitgenossen wie die umfangreiche Bachmann-Forschung beschäftigen, nehmen in dieser Gartenszene ihren Anfang. Auch wenn Bachmann bereits als Schülerin mit ersten Schreibversuchen begonnen hatte und in Jugenderzählungen und frühen Gedichten mehr als respektable Anstrengungen unternahm, war es gerade die »Sprachlosigkeit und Stummheit« der historischen Ausweglosigkeit, die sie zum Äußersten zwingen sollte – zum Suchen und Finden einer eigenen Sprache, die die Vernichtungserfahrung ihrer Jugend in sich aufnahm und sich mit den zentralen Motiv- und Kompositionssträngen ihres Werkes verknüpfen würde: »Wir, befaßt mit der Sprache, haben erfahren, was Sprachlosigkeit und Stummheit sind – unsre, wenn man so will, reinsten Zustände! –, und sind aus dem Niemandsland wiedergekehrt mit Sprache, die wir fortsetzen werden, solang Leben unsre Fortsetzung ist.«[11] Von ihrem ersten veröffentlichten Gedichtband *Die gestundete Zeit* 1953 bis zum Roman *Malina* 1971 wird sie mit ihren »Herren Erzieher[n]« abrechnen, indem sie wie etwa in dem Gedicht »Früher Mittag« populäre Volksliedzeilen aufspaltet und mit verfremdeten biblischen Motiven und paradox gewendeten Nationalsymbolen dunkle Geschichtsräume mit poetischer Präzision seziert. Auf beklemmende Weise zielt das Traumkapitel von *Malina* in das Herz eines Tochter-Vater-Traumas, indem es die mörderischen Konsequenzen der völkischen Heimatkultur im Topografischen der Kärntner Landschaft verortet[12] und das patriarchalische Schreckensregime von NS-Erziehern und Nazi-Funktionären in einer monströsen Vaterfigur zusammenführt, über deren familiengeschichtliche Hintergründe viel spekuliert wurde.

Es wäre jedoch fatal, die hohe biografische Spurendichte in Bachmanns Werk, die zu zahlreichen Kontroversen unter ihren

Zeitgenossen und Interpreten führte, isoliert zu betrachten. Das Biografische ist immer nur ein, wenn auch bedeutsames Element ihres Schreibens, zu dem sich eine Vielzahl von kompositorischen wie literatur- und philosophiegeschichtlichen Bezügen dazugesellen. Es hieße die Schriftstellerin Ingeborg Bachmann in mehr als einer Weise zu unterschätzen, wenn ihre Leser eine einmal gemachte Entdeckung für bare Münze nehmen wollten, ohne ihre Texte zugleich im Spiegel weiterer inhaltlicher Motive und formaler Elemente zu betrachten. Wer sich wie die damals Achtzehnjährige einer mörderischen Vernichtungserfahrung so entschlossen entgegenstellt, hat sich von der bürgerlichen Vorstellung historischer Sinnhaftigkeit verabschiedet. Wen wundert es da, dass das unter Lebensgefahr in Stellung gebrachte Ich auch in ihrem Verständnis von Dichtung keine »Gewähr« mehr beanspruchen mag?

In ihren im Wintersemester 1959/60 gehaltenen Poetikvorlesungen an der Frankfurter Goethe-Universität – die ersten übrigens, die ein Schriftsteller in Deutschland halten durfte – ist sie diesem historisch schwer beschädigten Ich nachgegangen und hat ihre Zweifel öffentlich gemacht.

Es ist das Wunder des Ich, daß es, wo immer es spricht, lebt; es kann nicht sterben – ob es geschlagen ist oder im Zweifel, ohne Glaubwürdigkeit und verstümmelt – dieses Ich ohne Gewähr! Und wenn keiner ihm glaubt, und wenn es sich selbst nicht glaubt – man muß ihm glauben, es muß sich glauben, sowie es einsetzt, sowie es zu Wort kommt, sich löst aus dem uniformen Chor, aus der schweigenden Versammlung, wer es auch sei, was es auch sei. Und es wird seinen Triumph haben, heute wie eh und je – als Platzhalter der menschlichen Stimme.[13]

Der hier formulierte Anspruch erschließt sich vor dem Hintergrund der eingangs beschriebenen Gartenszene unmissverständlich. Wenn die Dichtung die letzte Statthalterschaft des

Humanen beanspruchen will, muss sie sich aus dem Heer der Konformität lösen und dem uniformen Denken eine Absage erteilen. Solange das Schweigen die historische Last des Verschweigens in sich trägt, kann es auch nur mit den Mitteln der Sprache überwunden werden.[14] Mit dieser Haltung befand sich Ingeborg Bachmann in Opposition zu dem Philosophen Theodor W. Adorno, der der Auffassung war, dass es nach Auschwitz keine Gedichte mehr geben dürfe.[15] Den Anspruch, den Bachmann ihrer schriftstellerischen Arbeit und damit sich selbst auferlegte, war ungeheuer. Er hat sie zur dichterischen Stimme ihrer Generation gemacht, zur preisgekrönten, öffentlichkeitsverwöhnten *poetessa assoluta*, er hat sie aber auch in die Abgründe des Zweifelns geführt, des Verzweifelns an sich selbst und den Möglichkeiten ihrer Sprache. Die früh und machtvoll erfahrene Triebfeder der Einsamkeit schließlich hat schwer auf all ihren persönlichen Beziehungen gelastet und ein Miteinander, ein gemeinsames Leben mit ihr ebenbürtigen Partnern unmöglich gemacht. Doch auch hier gilt es, einseitige Zuordnungen zu vermeiden. Denn neben der zurückgezogenen Schreibexistenz gab es immer auch die andere, die Geselligkeit schätzende, an familiären und persönlichen Bindungen festhaltende Ingeborg Bachmann, die Nähe suchte und Nähe zu geben verstand.

Zu einer der wichtigsten Konstanten ihres Lebens zählte der über alle Lebensstationen hinweg in regem Austausch gehaltene Kontakt zu ihrer Familie. Ungeachtet ihres klaren Blickes auf die politischen Verstrickungen und die von ihr als bedrückend empfundene geistige Enge ihrer Heimatstadt Klagenfurt, die sie in ihren Erzählungen wie auch in ihren Korrespondenzen und Essays schonungslos offenlegte, hat sich die Schriftstellerin stets um das familiäre Miteinander bemüht. Sowohl die an ihre Eltern und Geschwister geschriebenen Briefe als auch die Erinnerungen ihrer Schwester Isolde und ihres Bruders Heinz belegen, wie offen sich Ingeborg Bachmann über ihre jeweiligen Befindlichkeiten, Lieben, Nöte und Lebensumstände austauschte und bei privatesten Dingen im Kreis ihrer Angehörigen kein Blatt vor den Mund nahm. Vor allem der Mutter wurde über die Jahre hin vieles anvertraut, die Räume des Klagenfurter Hauses blieben trotz ihres allen bürgerlichen Idyllen so entgegengesetzten Lebensentwurfes ein ersehnter und hin und wieder wohl auch dringend benötigter Rückzugsort.[16] Dabei war sie sich der Ambivalenz ihres Verhaltens durchaus bewusst. An den Freund und Schriftstellerkollegen Uwe Johnson schrieb sie am 5. Juli 1970 aus Klagenfurt: »Man müsste überhaupt ein Fremder sein, um einen Ort wie Kl länger als eine Stunde erträglich zu finden, oder immer hier leben«, um mit der Erkenntnis abzuschließen: »Vor allem dürfte man nicht hier aufgewachsen sein und ich sein und dann auch noch wiederkommen.«[17]

Wie frei in der Familie Bachmann gedacht und wie offen über die Dinge des Lebens gesprochen wurde, lässt sich für diejenigen erkennen, die die Geschwister Ingeborg Bachmanns im privaten Umgang erleben dürfen. Mag aus der Angst um die öffentliche Vereinnahmung der toten Schwester auch manch missverständliches Signal in die Welt gegangen sein, so beeindrucken ihr Bruder Heinz Bachmann und ihre Schwester Isolde Moser doch in der persönlichen Begegnung und durch das unprätentiöse Verantwortungsbewusstsein, mit dem sie sich einer lebenslangen Aufgabe stellen, die sich beide nicht ausgesucht haben, die ihnen das Schicksal jedoch zugedacht hat: der Verwaltung des literarischen und privaten Nachlasses der Dichterschwester. In jedem Gespräch mit ihren Geschwistern wird der Geist persönlicher Toleranz und aufrichtiger Anteilnahme spürbar. Kein Zweifel: Ingeborg Bachmann ist in einer liebevollen Familie aufgewachsen. »Bei uns gab es nie ein böses Wort, es wurde nicht geschrieen«, erinnert sich Isolde Moser noch heute. Ihr elf Jahre jüngerer Bruder Heinz Bachmann bestätigt das: »Vater achtete darauf.«[18] In jedem

Gespräch über die tote Schwester tritt eine zutiefst humane Grundhaltung zutage, die diese Familie über die Wechselfälle des Lebens, über unterschiedliche Lebensentwürfe, Länder und Kontinente hinweg getragen hat und trägt.

Es gab sie wohl bis zuletzt: die Sehnsucht der Weltbürgerin Bachmann nach jener lebensgeschichtlich erfahrenen Einheit der frühen Jahre, die sie so oft in ihren Gedichten, aber auch in ihren Prosatexten beschworen hat. Die Topografien des Kärntner Dreiländerecks, der Straßen, Plätze und Häuser ihrer Heimatstadt Klagenfurt, vor allem aber auch des am Grenzfluss Gail liegenden väterlichen Geburtsortes Obervellach und seiner Gehöfte bestimmen die Erinnerungsräume ihrer weiblichen Hauptfiguren und prägen zahlreiche Motive ihres lyrischen und erzählenden Sprechens. So entschieden die Autorin zeit ihres Lebens in biografischen Notizen und Interviews auf die Bedeutung ihrer Kindheitslandschaft verwiesen hat, so verzweifelt lässt sie die weiblichen Hauptfiguren ihrer Prosa nach ebenjenen identitätsstiftenden Orten ihrer Kindheit suchen. Allein der verschwiegene Mythos der unversehrten Kindheit vermag jene Magie und Aura zu bewahren, die den vom Leben gebeutelten Heldinnen längst abhanden gekommen ist. Erst die Begegnung mit der Kindheitslandschaft gibt den Bachmann-Frauen jene Würde zurück, die sie im erbittert geführten Kampf um Liebes- und Lebensbindungen verloren haben. Und so ist es kein Zufall, dass die Schriftstellerin selbst in einer von ihr als äußerst problematisch empfundenen Lebensphase die identitätsstiftende Einheit ihrer frühen Kindheitslandschaft beschreibt.

In diesem Kindheitsmythos scheint all das Trennende aufgehoben zu sein, was sonst die menschliche Existenz bestimmt. Das Nahe und das Ferne, das Ich und das Du – hier ist es eins, das eine ist ohne das andere nicht zu denken. Das friedliche Nebeneinander der Gegensätze hat seine konkrete Verortung im biografisch erlebten Kindheitsraum, von hier aus bestimmt sich der utopische Impetus ihrer Dichtung, der sich mit aller Kraft gegen die deutschnationale Vereinnahmung einer seit Jahrhunderten bestehenden kulturellen Vielfalt und Vielsprachigkeit wendet.

Ich habe meine Jugend in Kärnten verbracht, im Süden, an der Grenze, in einem Tal, das zwei Namen hat – einen deutschen und einen slowenischen. Und das Haus, in dem meine Vorfahren wohnten – Österreicher und Windische –, trägt noch heute einen fremd klingenden Namen. So fand ich, nahe der Grenze noch eine Grenze: die Grenze der Sprache – und ich war hüben und drüben zuhause, mit den Geschichten von guten und bösen Geistern zweier und dreier Länder; denn über den Bergen, ein paar Wegstunden weit, liegt schon Italien.[19]

Ingeborg Bachmann war fest überzeugt, dass ihr die Erfahrung der »Enge des Tals und das Bewußtsein von Grenzen« das »Fernweh« eingetragen hätten und dass genau aus dieser Spannung heraus Kulturen erst erfahrbar werden.

Von ihren frühen Gedichten bis zu dem Romanfragment *Das Buch Franza* hat sie ihrem Werk die Kindheitserinnerungen an ein persönliches Freiheitsgefühl eingeschrieben, in dem sich die Reste des alten Habsburger-Mythos spiegeln und die Utopie des längst untergegangenen Vielvölkerstaates heraufbeschworen wird.

Die lebensgeschichtlichen Ursprünge des Bachmann'schen Kindheitsmythos liegen klar auf der Hand. Ihre Schwester Isolde erinnert sich noch gut daran, wie sehr die beiden Mädchen nach der städtischen Enge Klagenfurts das ungebundene Umherstreifen auf dem großväterlichen Tobai-Hof in Obervellach genossen und wie überwältigend das Gefühl persönlicher Freiheit erlebt wurde. Demgegenüber wurde das Leben in Klagenfurt als ungleich reglementierter empfunden. Nicht nur in der von der Familie Bachmann bis 1933 bewohnten Mietwohnung in der Durchlaßstraße wurden die beiden Mädchen so lange zum Leisesein angehalten, bis sie sich »das Flüstern nicht mehr abgewöhnen« konnten, auch nach dem Bezug des kleinen Siedlungshauses in der Henselstraße schien das Leisetreten oberstes Gebot. Die beiden Schwestern erfanden eine Geheimsprache, um sich auch während der Mahlzeiten, bei denen das kindliche Dazwischenreden als ungehörig galt, verständigen zu können. Isolde Moser erinnert sich an ein der Taubstummensprache ähnliches Fingerspiel, mit dem man die wichtigsten Signale wie »Lass uns gehen«, »Ja« oder »Nein« mitteilen konnte. In ihrer mit autobiografischen Elementen durchsetzten Erzählung *Jugend in einer österreichischen Stadt* greift Bachmann das Motiv der verschwiegenen Kinderkommunikation auf und lässt die Kinder »still« am häuslichen Esstisch sitzen, während es vor kriegstreibenden Parolen »im Radio gewittert« und auf den Straßen die Marschierenden singen: »bis alles in Scherben fällt«.[20] Schon vor dem Kriegsausbruch 1939 durften die Mädchen ihr Elternhaus, das gegenüber der Klagenfurter Kaserne lag, nicht ohne Begleitung verlassen. Nur selten ließ man sie in dem hinter dem Haus gelegenen kleinen Nutzgarten, in dem Apfelbäumchen und Johannisbeersträucher gepflanzt wurden, spielen. In ihren freien Stunden blieben die Schwestern fast immer im Haus und vertrieben sich die Zeit mit Lesen. »In der Schule sagen die Lehrer zu ihnen: Schlagen sollte man euch, bis ihr den Mund auftut. Schlagen … Zwischen dem Vorwurf, zu laut zu sein, und dem Vorwurf, zu leise zu sein, richten sie sich schweigend ein.«[21]

Während der Vater Matthias Bachmann, der als Lehrer an der Hauptschule in Klagenfurt unterrichtete, später Fachlehrer und schließlich Direktor wurde, sehr viel Wert auf eine gute Ausbildung legte – sein Sohn Heinz Bachmann bescheinigt dem 1898 in einer Bauernfamilie in Obervellach bei Hermagor Geborenen »einen unglaublichen Ehrgeiz sich weiterzubilden«[22] –, oblag der Mutter Olga Bachmann die sparsame

Haushaltsführung. Sie selbst wurde 1901 in Heidenreich-stein in Niederösterreich geboren, wo ihre Eltern eine Strick-warenmanufaktur unterhielten. Ihre hohe Musikalität und ihre schöne Stimme hatten ihr in jungen Jahren Engagements bei einer Amateur-Operngruppe beschert und ließen sie von einer professionellen Gesangsausbildung träumen. Doch ihre Familie weigerte sich, solche »Flausen« zu unterstützen.

Hatte schon Olga Bachmanns Vater seiner Tochter jeglichen Mut zu eigenen Lebensentscheidungen ausgetrieben, so führte sie dieses Rollenmuster in ihrer Ehe fort. Noch heute wundert sich Isolde Moser, wie wenig eigenen Willen die Mutter ihrem Leben entgegenbrachte. Demgegenüber wurde die offenkun-dige Begabung der ältesten Tochter von ihrem Vater Matthias engagiert befördert. Auf dem Ursulinengymnasium lernte das sprachbegabte Mädchen Latein, Englisch und Französisch. Zu Hause gab der Vater, der selbst das Italienische durch wie-derholte Besuche einer Sommerschule in Siena, »wo ja das beste Italienisch gesprochen wird«, bis »zur Perfektion« erlernt hatte, Privatstunden. Heinz Bachmann vermutet heute, dass seine Schwester da sehr genau hingehört haben muss: »Denn als sie später in Rom und Neapel lebte und ihr Italienisch per-fektionierte, waren ihre italienischen Freunde sehr von ihrem schönen Toskanaakzent beeindruckt, obwohl sie dort nie gelebt hatte.«[23]

Der ungeheure Bildungsehrgeiz des Vaters hinterließ seine Spuren, sein Vorbild spornte die älteste Tochter an, ihre er-worbenen Kenntnisse selbstständig zu verbessern. »Aufgaben: Unter- und Oberlängen, steilschriftig, Übungen im Horizont-gewinn und Traumverlust, auswendig Gelerntes auf Gedächt-nisstützen.«[24] Doch auch die Liebe zur Musik wurde an die Kinder weitergegeben, die Hausmusik nahm einen hohen Stel-lenwert ein. Der Vater spielte Geige, die Mutter Klavier. Beide Schwestern erhielten Klavierunterricht, auch wenn das Spiel des am Konservatorium unterrichteten Nachbarmädchens, das ebenfalls Ingeborg hieß, so beeindruckend durch die dünnen Reihenhauswände klang, dass Ingeborg Bachmann die Lust am eigenen Spiel bald verlor und sich lieber der Gitarre zuwandte. Der sportliche Vater hatte seinen Töchtern schon früh das Schwimmen beigebracht, Eltern und Kinder schwammen gemeinsam in den Kärntner Seen, und im Winter lief die ganze Familie auf einfachen Holzbrettern Ski. Vor allem der Vater verwendete viel Mühe auf die Koordinaten einer sorgfältigen Erziehung, auch wenn einzelne Aufgaben, wie etwa Schularbeiten, nicht kontrolliert wurden. Beide Töchter galten als »Leseratten«, im gemeinsamen Kinderzimmer gab es eine Taschenlampe, mit deren Hilfe die Älteste auch dann noch unter der Bettdecke weiterlas, wenn die Mutter das Licht längst ausgedreht hatte.

Irgendwann zwischen dem zehnten und dem zwölften Lebensjahr entstand in Bachmann der Wunsch, für das, was sie ausdrücken wollte, auch ihre eigene Sprache zu finden. Der Klavierunterricht hatte sie zu ersten kleinen Kompositionen angeregt und bestärkte sie in dem Entschluss, dass es wohl das Beste sei, diese Worte selbst zu finden. Ingeborg Bachmann hat später ausdrücklich betont, dass der Impuls zu schreiben von ihr selbst ausgegangen sei. Das zurückgezogene Familienleben, eine auf sich und ihre Werte bezogene Lebenswelt, ließ Raum für Sprachfantasien und Entdeckungsreisen in die verführerische Welt der eigenen Imagination. »Der Antrieb dazu, der war mit mir selber da. […] Ich weiß nur, daß ich einfach immerzu geschrieben habe, unter dem Vorwand, Hausaufgaben machen zu müssen. Die waren in fünf Minuten erledigt, und dann habe ich so getan, als hätte ich noch unendlich viel zu arbeiten…«[25]

Bürgerliche und geistige Werte galten viel in dieser Familie, die ihren Kindern eine umfassende Lebensorientierung vermitteln wollte. Das Familienarchiv Isolde Mosers zeigt eine für die damalige Zeit in bürgerlichen Familien ungewöhnliche

Fülle von Kinderfotos. Die Entwicklung der beiden Töchter und des jüngeren Bruders Heinz, ihre sportlichen Hobbys und musischen Aktivitäten wurde mit fotografischer Akribie und unübersehbarem Elternstolz festgehalten. Diese Kinder waren keine Anhängsel ihrer Eltern, sie waren deren Lebensaufgabe. Kindlicher Eifer, Stolz und mitunter auch eine unbändige Lebensfreude sprechen aus ihren Gesichtern. In »vieler Hinsicht könnte man unsere Erziehung vorbildlich nennen«, stellte Ingeborg Bachmann in ihrem zu Lebzeiten unveröffentlichten *Versuch einer Autobiographie* fest, »der Mangel an Luxus, aber nicht an Freude, nie ein ordinäres Wort, fast keine Spielsachen, keine Verwöhnung, keine Hilfe in Schuldingen, keine Beachtung der Noten.«[26] Während Isolde eher als anschmiegsam galt, war das Verhältnis von Ingeborg zu ihrem Vater früh durch eine große geistige Nähe geprägt. Sie war seine gelehrigste Schülerin.

Auch wenn beide Töchter die sonntäglichen »Bestimmungsspaziergänge« am Klagenfurter Kreuzberg nicht besonders schätzten und das Hersagen von Pflanzen- und Vogelnamen als langweilig empfanden, legten die vielen Gespräche mit dem Vater und dessen Freude an der Vermittlung von Wissen den Grundstein für Ingeborg Bachmanns weitgespanntes Lektüreinteresse. Für eine »begabte, selbständige Denkerin« wurde sie schon in der siebten Klasse des katholischen Ursulinengymnasiums in Klagenfurt gehalten, das Ingeborg Bachmann, wenn auch aus einer protestantischen Familie stammend, von 1936 bis 1944 besuchte.[27] Obwohl die Schule nach dem »Anschluss« an Hitler-Deutschland in »Oberschule für Mädchen« umbenannt und in das NS-Bildungssystem eingegliedert wurde, bewiesen die Ordensschwestern Haltung und sorgten dafür, dass so manche damals als verboten geltende Lektüre den Weg zu den Schülerinnen fand. »Die haben sich was getraut«, kommentierte Olga Bachmann dann, ein Ausspruch, an den sich Ingeborg Bachmanns Geschwister bis heute gut erinnern. Eine

Hausaufgabenkontrolle gab es vonseiten der Eltern nicht, was gefördert wurde, war das selbstständige Lesen und Denken. Und so tat sich Ingeborg Bachmann auch keineswegs als Musterschülerin hervor, ihre Noten waren meist gut bis durchschnittlich. Ihre »außergewöhnliche Belesenheit« aber fiel auf und erfuhr in ihrem Maturazeugnis eine besondere Würdigung. Sie kränkelte häufig, einige Mitschülerinnen nennen das zarte Mädchen »Elfchen« oder geben ihr den Spitznamen L'hibou – die Eule, jener Vogel, der in der Mythologie für Weisheit steht und dem sie später mit »Mein Vogel« eines ihrer schönsten Gedichte widmen sollte:

Mein eisgrauer Schultergenoß, meine Waffe,
mit jener Feder besteckt, meiner einzigen Waffe!
Mein einziger Schmuck: Schleier und Feder von dir.[28]

In Ingeborg Bachmanns gesamtem Werk nimmt der Stolz auf den in ihrer Kindheit vermittelten hohen moralischen Anspruch – der gleichzeitig auch Bürde war – breiten Raum ein. Vor allem das Motiv der Wahrheit hat sie in zahlreichen Variationen thematisiert, als Thema ist es genauso präsent wie die gefährdete und gefährdende Grenzerfahrung der modernen Existenz in einem von Weltkriegen und gesellschaftlicher Gewalt erschütterten 20. Jahrhundert. Und so wie die biografischen Schlüsselszenen ihres Tagebuchs die Ausgesetztheit eines jungen Mädchens in einer allgegenwärtigen Vernichtungserfahrung dokumentieren, so hat auch der überlebensgroße moralische Anspruch des Vaters Eingang in ihr Schreiben gefunden, lässt sich das Motiv der Wahrheit von dem Gedicht »Was wahr ist« über ihre Rede zur Verleihung des Hörspielpreises »Die Wahrheit ist dem Menschen zumutbar« und ihre Erzählungen bis in die Prosa des Todesarten-Zyklus verfolgen.

So weit ich zurückdenken kann, hat sich mein Vater, der sich um die Erziehung so vieler Kinder bekümmern mußte, nie sonderlich mit meiner Schwester und mir beschäftigt, doch hielt er gerne im Zeitungslesen oder im Heftekorrigieren inne, wenn einer von uns etwas erzählte oder die Mutter ihm von einer Unart, einem Streit oder dergleichen vermittelnd berichtete, und dann fragte er unweigerlich: Ist das wahr? Er war der Erfinder des Wortes »wahr« in allen seinen Bereitschaften, mit allen seinen Verbindungs- und Verknüpfungsmöglichkeiten. ›Wahrhaftig‹, ›Wahrhaftigkeit‹, ›Wahrheit‹, ›das Wahre‹, ›wahrheitsgetreu‹, ›Wahrheitsliebe‹ und ›wahrheitsliebend‹ – diese Worte kamen von ihm, und er war der Urheber der Verwunderung, die diese Worte in mir auslösten von kleinauf. Noch ehe ich diese Worte begreifen konnte, bekamen sie eine Faszination für mich, der ich erlag.[29]

Die fast idealtypische Heranbildung eines Ichs, das so sehr bemüht war, den hohen moralischen Standards der elterlichen Erziehung zu entsprechen, erfuhr erste Erschütterungen durch das Aufkommen des Nationalsozialismus. Ingeborg Bachmanns Vater trat als junger Kärntner Lehrer erst der Sozialistischen Partei bei und ersuchte dann im Jahre 1932 um die Mitgliedschaft in der österreichischen NSDAP. Sein Ausweis wurde am 11. Juni 1932 ausgestellt. Olga Bachmann zeigte sich auf spätere Nachfragen ihres Sohnes hin ahnungslos. Da Heinz Bachmann seine Mutter als eine Frau erinnert, die ihren Kindern gegenüber »nie zum Beschönigen von Tatsachen tendierte«, scheint Matthias Bachmann seine Frau über seine eigenen Verbindungen zu dem NS-Regime nicht vollständig informiert zu haben. Vielleicht spürte er, dass Olga Bachmann an einer allzu großen Nähe zu den Nationalsozialisten nicht gelegen war. Trotzdem räumt Heinz Bachmann ein, dass wohl beide Eltern den Anschluss positiv bewerteten und sich davon sowohl politische als auch wirtschaftliche Vorteile erhofften. Die Familie Bachmann reagierte da nicht anders als große Teile des österreichischen Bürgertums, die den Staat Österreich nach dem Kollaps des Habsburger-Reiches als nicht überlebensfähiges Gebilde betrachteten.[30]

Trotz der immensen politischen Umwälzungen waren politische Themen am Familientisch in den Kindheitsjahren Ingeborg Bachmanns so gut wie tabu. »Über Sex und Politik wurde am Familientisch nicht gesprochen.«[31] Die Haltung des Vaters zu vielen Aspekten des politischen und gesellschaftlichen Zusammenlebens im Vielvölkerstaat teilte sich den Kindern trotzdem mit. Beide Bachmann-Geschwister weisen die These vom unbeirrbaren Nazi-Vater entschieden zurück.

Was die Slowenenfrage betrifft, war mein Vater immer für eine großzügige Lösung, ein richtiger Nazi hätte nie so eine Meinung gehabt, er hat immer betont, dass in der Monarchie ja auch slowenische Tafeln in deutschsprachigen Gebieten standen. Da mein Vater ab September 1939 als Oberleutnant zuerst an die deutsche Ostseeküste einberufen, dann in Dänemark stationiert und schließlich bis Kriegsende an der Ostfront gegen die Sowjetunion eingesetzt war, war er fast nie mehr zuhause. Was in Kärnten während der Kriegszeit mit den Slowenen passierte, dürfte er zu diesem Zeitpunkt kaum gewusst haben.[32]

Matthias Bachmanns Frontbriefe aus jenen Jahren, sofern er sie nicht über die von der Zensur kontrollierte offizielle Heerespost, sondern über Freunde und Bekannte der Familie übermitteln konnte, belegen aufkommende Zweifel am herrschenden Regime. Er spricht offen von der »geistigen Verödung« des Soldatenlebens und dem »unselige[n] Krieg«. Unumwunden gibt er zu: »Der Anblick, der mich hier in Russland immer wieder erschüttert, beherrscht nun auch das Stadtbild in der Heimat.« Seiner Frau rät er für den Fall, dass der Krieg näher kommt, »einen sicheren Zufluchtsort« in seiner »engere[n] Heimat«, dem Gailtal, aufzusuchen – ein Rat, den Olga Bachmann nach dem ersten schweren Bombenangriff auf Klagenfurt auch befolgen wird.[33] Doch diese privat geäußerte Skepsis kann nicht darüber hinwegtäuschen, dass nicht nur von dem NSDAP-Mitglied Matthias Bachmann im unmittelbaren Kriegseinsatz, sondern auch von der Familie in Klagenfurt linientreues Verhalten erwartet wurde. Nach den Erinnerungen Olga Bachmanns kamen ab 1940 regelmäßig BDM-Führerinnen ins Haus, um die älteste Tochter Ingeborg für eine Mitgliedschaft anzuwerben. Der Druck war immens, doch die damals Vierzehnjährige weigerte sich, zu den Treffen zu gehen. Sie täuschte Krankheiten und Unwohlsein vor, die BDM-Initiatorinnen drohten bald offen damit, dass man der Tochter eines deutschen Offiziers eine fehlende politische Betätigung schwer anlasten und ihr das Studium verweigern könnte. Heinz Bachmann ist sich sicher, dass solche die Familie betreffenden Konflikte auch bei den kurzen Heimaturlauben des Vaters zur Sprache kamen. Die Tatsache, dass Ingeborg Bachmann dem BDM auch später nicht beigetreten ist, wertet er als Indiz dafür, dass auch Matthias Bachmann auf einem Beitritt seiner Tochter nicht bestanden hat.[34]

Vom September 1939 bis zu seiner Rückkehr aus einer kurzen amerikanischen Kriegsgefangenschaft im August 1945 war Ingeborg Bachmanns Vater für die Familie fast nicht greifbar. Die klassische Rollenaufteilung zerfiel, anders als früher blieb Olga Bachmann gar nichts anderes übrig, als viele Entscheidungen alleine zu treffen. Ganz offensichtlich fand sie immer wieder Mittel und Wege, um ihre Älteste vor dem nationalsozialistischen Gruppenzwang zu bewahren – und doch konnte sie nicht verhindern, dass die moralische Eindeutigkeit in Ingeborg Bachmanns frühen Kindheitsjahren hier erste Risse erfuhr. Die elterliche Erziehung spaltete sich auf in jenen früh vermittelten hohen Anspruch des Vaters, der mit seinem

Einzug als österreichischer Offizier zu Kriegsbeginn 1939 nicht nur physisch unerreichbar wurde, und die unmittelbare lebenspraktische Bewältigung der Alltagssorgen durch die Mutter. Der Einmarsch der Nationalsozialisten hinterließ eine unübersehbare Verstörung im Welt- und Sprachverständnis des Mädchens. In ihrem Kindheitsland Kärnten war ihr das friedliche Zusammenleben von Slowenen und Österreichern stets selbstverständlich erschienen. Bachmanns Wahrnehmung ihrer Kindheitswelt aber, in der viele Sprachen gesprochen wurden und viele Grenzen verliefen, sah sich durch den aufkommenden Nationalsozialismus, der auch vor ihrer eigenen Familie nicht haltmachte, bedroht. Es waren genau die Jahre, in denen das Mädchen Ingeborg Bachmann mit dem Schreiben begann. Von Anfang an wurde ihr Sprache zur Maßgabe einer gefährdeten Identität, schon in der Unmittelbarkeit ihrer ersten Schreibbewegungen hatte sie das »Vertrauensverhältnis zwischen Ich und Sprache und Ding als schwer erschüttert« erfahren.[35] Für das Mädchen wurde das Schreiben zur Fluchtbewegung aus einer immer bedrohlicher empfundenen Realität, der Traum von der Fremde wuchs sich aus zu einer schützenden Utopie im Angesicht der sich in unmittelbarer Nachbarschaft vollziehenden Militarisierung.

Manchmal werde ich gefragt, wie ich als Kind in einem Dorf groß geworden, zur Literatur gefunden hätte. – Genau weiß ich es nicht zu sagen; ich weiß nur, daß ich in einem Alter, in dem man Grimms Märchen liest, zu schreiben anfing, daß ich ungern arbeitete und gern am Bahndamm lag, meine Gedanken auf Reisen schickte, in fremde Städte und Länder und an das unbekannte Meer, das irgendwo mit dem Himmel den Erdkreis schließt. Immer waren es Meere, Sand und Schiffe, von denen ich träumte, aber dann kam der Krieg und schob vor die traumverhangene, phantastische Welt die wirkliche, in der man nicht zu träumen, sondern sich zu entscheiden hat.[36]

Auch wenn heute als gesichert gelten kann, dass Bachmann am 12. März 1938, dem Tag des deutschen Einmarsches, überhaupt nicht in ihrer Heimatstadt, sondern mit ihren Eltern und Geschwistern beim Skifahren war[37], hat sich die bedrohliche Atmosphäre dieser Okkupation in ihre Erinnerung unverrückbar eingeschrieben.

Es hat einen bestimmten Moment gegeben, der hat meine Kindheit zertrümmert. Der Einmarsch von Hitlers Truppen in Klagenfurt. Es war etwas so Entsetzliches, daß mit diesem Tag meine Erinnerung anfängt: durch einen zu frühen Schmerz, wie ich ihn in dieser Stärke vielleicht später überhaupt nie mehr hatte. Natürlich habe ich das alles nicht verstanden in dem Sinn, in dem es ein Erwachsener verstehen würde. Aber diese ungeheure Brutalität, die spürbar war, dieses Brüllen, Singen und Marschieren – das Aufkommen meiner ersten Todesangst. Ein ganzes Heer kam da in unser stilles, friedliches Kärnten ...[38]

Die Herrschaft des Nationalsozialismus und ihre Folgen zerschlugen die räumliche, soziale und psychische Identität der Heranwachsenden. Der autoritäre Duktus nationalsozialistischer Parolen führte ihr unmissverständlich vor Augen, dass Sprache in gleicher Weise Identität zu stiften wie Identität zu zerstören vermag. Dass die Anfänge einer künstlerischen Sprachwahrnehmung bei Ingeborg Bachmann nicht im Licht eines unbefangenen Kindheitsempfindens, sondern im Dunkel einer schockartig erfahrenen Sprach- und Identitätsbedrohung lagen, hat in ihrem poetischen Sprach- und Werkverständnis tiefe Spuren hinterlassen.[39] Wie kaum ein anderer Schriftsteller ihrer Generation ist Bachmann in ihrem Schreiben der Verknüpfung von traumatischer Erfahrung und utopischer Antizipation nachgegangen. Die Ursachen dafür lagen in ihrer Kindheit, in der sie noch Reste der gelebten Utopie eines Vielvölkerstaates erleben durfte, aber auch als kindliche Zeugin die

furchtbaren Folgen von dessen endgültiger Zerschlagung hautnah miterleben musste.

Im Familiären wurde die mit dem Kriegsausbruch schmerzlich empfundene Abwesenheit des Vaters zumindest phasenweise durch ein unerwartetes Glücksgefühl kompensiert, aus
dem eine lebenslang zärtliche Bindung erwachsen sollte: die
Geburt von Ingeborg Bachmanns Bruder Heinz im Jahr 1939.
In der Erinnerung ihrer Schwester Isolde vergötterte die Drei-
zehnjährige das Neugeborene über alle Maßen. Ingeborg, die
damals und später nie häusliche Neigungen zeigte, wusch und
sorgte für den Bruder mit einer Hingabe, die bald zu einem
Konkurrenzkampf mit der Mutter führte. Der bis dahin enge
schwesterliche Bund mit Isolde blieb davon nicht unberührt,
auch wenn beide Mädchen nach wie vor stark aufeinander
bezogen waren.

Als die Mutter im Januar 1944 den in Schlesien in einem
Fronturlaub befindlichen Vater besuchte, gerieten ihre beiden
Töchter zusammen mit dem kleinen Bruder bei den am 16. Januar geflogenen Luftangriffen auf Klagenfurt in einen Bombenhagel, dem sie nur mühsam entkamen. Die Lage in ihrer
Heimatstadt wurde unhaltbar. Die Mutter flüchtete mit Isolde
und dem kleinen Heinz vor dem weiteren Bombardement ins
südkärntnerische Gailtal nach Obervellach, wo die Familie im
ehemaligen Austragshaus der Großeltern unterkam. Der Hof
der Großeltern wurde traditionsgemäß vom ältesten Sohn der
Familie Bachmann bewirtschaftet. Olga Bachmann war also
mit ihren beiden jüngeren Kindern nicht allein, sondern von
einer Großfamilie umgeben. Um nicht für den Kriegsdienst
eingezogen zu werden, machte Isolde dort eine Landwirt-
schaftslehre, während Ingeborg, ein Jahr vor der Matura stehend, völlig auf sich allein gestellt in Klagenfurt zurückbleiben musste, wenn sie ihren Abschluss nicht aufs Spiel setzen
wollte.

An der Schwelle zum Erwachsenwerden erfuhr die Siebzehnjährige so am eigenen Leib das existenzielle Ausgeliefertsein an ein mörderisches System, das alle humanen Werte ihrer Kindheit und Jugend in Staub zerfallen ließ. Bis in die Albtraumsequenzen ihres 1971 veröffentlichten *Malina*-Romans hinein wird sie auf diese lebensgeschichtlichen Urszenen zurückkommen. Aus der unmittelbaren Not rettete sie allein das Schreiben, schreibend bewegte sie sich aus dem Untergang ihrer Lebenswelt hin zu dem, was in ihr war und was zu diesem Zeitpunkt nur sie allein vernehmen konnte. Das Bewusstsein einer eigenen Stimme, die Suche nach einer Sprache, die sie aus der allgegenwärtigen Zerstörung herausführen könnte. Nach den Erinnerungen der Familie muss das Klagenfurter Haus über Monate hinweg fast unbewohnbar gewesen sein, der Luftdruck der Detonationen hatte Fenster und Türen herausgerissen und die Dachziegel wegfliegen lassen. Ein Onkel der Familie half schließlich dabei, das Haus so weit herzurichten, dass es Ingeborg Bachmann wenigstens notdürftig Unterschlupf bieten konnte.[40] In den einsamen Monaten des Jahres 1944 wurde ihr das abgedunkelte Elternhaus mit seinen zerborstenen Fensterscheiben zum täglichen Sinnbild eines in Stücke geschlagenen Lebens. Die Welt der väterlichen Werte, der hohen Moralbegriffe hatte sie und unzählige andere ins Verderben geführt, hier allein im Dunkel, völlig auf sich gestellt, zählte nur das tägliche Überleben.

In der entscheidenden Phase ihres Heranwachsens machte Ingeborg Bachmann die Entdeckung, dass sie sich inmitten einer zusammenbrechenden Lebenswelt nur auf zwei Dinge verlassen konnte: auf ihre Sprache und auf sich selbst. Für Bachmann, getrennt von Eltern und Geschwistern, wurde die Sprache zum alleinigen Hoffnungsträger, in der Vergangenheit und Zukunft in einem dramatischen Zusammenspiel der vernichtenden Gegenwartserfahrung standhalten mussten. Wer den utopischen Impuls der Bachmann'schen Dichtung verstehen will, muss sich dessen Geburtsstunde in der historischen

Not vor Augen führen: »Mein Wort, errette mich!«[41] In dieser lebensgeschichtlich so bedrückenden Situation erwuchs aus der Erinnerung an die Utopie eines friedvollen und freudigen Miteinanders im Angesicht der erfahrenen Trauer und des erlebten Verlustes der rettende Impuls. Das alles verschlingende Lesen half ihr über die Stunden voller Einsamkeit hinweg, vor allem aber das eigene Schreiben gab ihr Halt in einer Zeit, in der die Bomben auf ihre Heimatstadt Klagenfurt niedergingen.

In ihrer Erzählung *Jugend in einer österreichischen Stadt* hat sie ihre mörderische Einsamkeit fast beiläufig gestreift, kryptisch verdichtet hören wir von »frühe[r] Dunkelhaft mit den Flügen über Wolken in Weißglut«. In den Kriegsjahren führte sie nicht nur ihr Tagebuch, darüber hinaus entstanden auch Gedichtentwürfe und erste Erzählfassungen. In ihren Jugendgedichten ist die Todeserfahrung omnipräsent. Ihr aus der konkreten geschichtlichen und persönlichen Situation erwachsenes Todesbewusstsein weist schon früh über den traditionellen Kanon etablierter lyrischer Motive von Tod und Sterblichkeit hinaus, in ihrer Lyrik reflektiert sie ihre konkrete subjektive Erinnerung an die erfahrene Todesnähe als das kollektive Trauma ihrer Generation: »Ich bin das Immerzu-ans-Sterben-Denken.«[42]

1942 hatte sie das historische Drama *Carmen Ruidera* entworfen, in dem die Tochter eines spanischen Kaufmanns während des antinapoleonischen Befreiungskampfes im Jahre 1808 in Konflikt zwischen nationalem Freiheitsstreben und ihrer Liebe zu einem Obersten der Besatzungsmacht gerät. Ein Jahr später nutzte die Primanerin Bachmann in der vermutlich im Sommer 1943 geschriebenen Erzählung *Das Honditschkreuz* einen regional geprägten Konflikt über den 1813 stattgefundenen Aufstand gegen die napoleonischen Truppen im Gailtal, um ihre Vorstellung von »Heimat im Aneinandergrenzen« zu entwickeln. Olga Bachmann erinnerte sich später daran, wie ihr Mann bei einem Heimaturlaub seiner ältesten Tochter geraten hatte, ins Stadtarchiv nach Hermagor zu gehen, um ihre Geschichte historisch zu untermauern.[43] Auch wenn Sprache und Schreibweise des Jugendwerkes noch weit entfernt von ihrer sowohl in der Lyrik als auch in den Hörspielen und der Prosa immer unverwechselbarer werdenden Stimme sind, so führen diese ersten dichterischen Unternehmungen doch ihr Bemühen um die literarische Bewältigung einer katastrophisch erfahrenen geschichtlichen Situation vor Augen. Wie zahlreiche andere Schriftsteller im deutschsprachigen Raum griff auch die Schülerin Ingeborg Bachmann historische Themen auf, um ihre Vorstellungen von Freiheit und Verantwortlichkeit in der Zeit der NS-Diktatur zu artikulieren. Instinktsicher entzog sich das junge Mädchen damit der Gefahr einer unheilvollen Vereinnahmung durch die herrschende Ideologie und wählte einen Weg der inneren Emigration vor den Zumutungen einer als unerträglich empfundenen Gewaltherrschaft. Mit unbestechlichem Blick legt die lange unterschätzte Jugenderzählung *Das Honditschkreuz* die unter dem Deckmantel vaterländischer Heimatideologie verborgene mörderische Gewalt des Krieges offen. An keiner Stelle ist die Primanerin Bachmann zu Zugeständnissen an die der NS-Ideologie entsprechende Kriegsverherrlichung oder zur Abwertung des Slawentums bereit.[44] Im Gegenteil, sie bezieht Stellung: Aus der Perspektive des jungen männlichen Theologiestudenten Franz Brandstetter beschreibt sie die mörderische Kehrseite eines propagierten Heldentums, von dem auch er sich hat anstecken lassen. Sein Dilemma ist das der jungen Bachmann, die sich gezwungen sah, allein in Klagenfurt auszuharren, obwohl der Bombentod täglich näher rückte: »wenn er nur die Kraft hätte, sich aus dem erzwungenen Schicksal zu lösen, diese Bande hier zu brechen und sich so im letzten Augenblick zu retten«.[45]

Die aus dem alten Österreich hinübergerettete Utopie des Aneinandergrenzens der Sprachen und Völker wird vom

Schlachtfeld des Krieges zerstört. Der entfesselte »Mordschauplatz« verschlingt Mensch und Natur in einem vernichtenden Kampf.[46] Mit *Das Honditschkreuz* wagte sich die junge Bachmann aus dem Schutzraum privaten Sprechens hinaus und artikulierte nun auch auf literarischer Ebene ihren Widerstand gegen die ihre österreichische Heimat beherrschende NS-Ideologie.

Der Bruch zwischen der als »vorbildlich« empfundenen Erziehung in ihrer Kindheit und der Zerschlagung des deutschsprachigen Kultur- und Lebensraumes durch ein in Terror und Gewaltherrschaft abstürzendes Nationalbewusstsein, das von der Generation ihres Vaters so überzeugend verkörpert wurde, hat Ingeborg Bachmann auch später nie losgelassen:

Es ist wohl möglich, die fremden Familien ihrer Verbrechen und Defekte zu zeihen, aber die eigene, mit ihren schwärenden Eiterbeulen, nie, die werde ich nie verraten. Und doch ist mir mehr erlaubt, an unserer Familie zu sehen als an jeder anderen. Ein großes Aug ist mir für unsere Familie gewachsen, ein großes Ohr geworden für ihre Sprachen, ein großes Schweigen mir geworden über soviel, das aus großer Nähe zu verschweigen ist.[47]

Bis die Schriftstellerin die verschwiegene Erinnerung ihrer Kindheit und Jugend aus dem privaten Tagebuchschreiben und dem historischen Deckmantel früher Prosa lösen und zum offen erzählten Gegenstand ihrer Literatur machen konnte, vergingen Jahrzehnte. Erst im Albtraumkapitel ihres Romans *Malina* rechnet sie literarisch mit den Erwachsenen ab, denen sie als junges Mädchen so ohnmächtig gegenüberstand. Sie konfrontiert jene »Herren Erzieher, die uns umbringen lassen wollen«[48], mit dem »Friedhof der ermordeten Töchter«[49] und wählt damit ein Bild, das »zum Fürchterlichsten gehört, das jemals in der Literatur geschrieben wurde«, ein riesiger dunkler Saal, in dem ein Vater seine Tochter in einer Gaskammer zurücklässt. Diese »Urszene der Literatur nach 45« umreißt das ganze Drama, dem sich Bachmann als ein »Kind der Tätergeneration« ausgesetzt sah. Einen »Ausweg aus der Welt des Holocaust« gab es nicht, die Auseinandersetzung der Tochter mit dem Vater wurde zurückgedrängt.[50] Was war, weiß sich verschlossen und verschwiegen, es gehört zu jenem Spektrum der *verschwiegenen Erinnerung*, die dem weiblichen Ich des *Malina*-Romans das Schreiben und das Leben so schwer macht:

Mein Vater nimmt ruhig einen ersten Schlauch von der Wand ab, ich sehe ein rundes Loch, durch das es hereinbläst, und ich ducke mich, mein Vater geht weiter, nimmt einen Schlauch nach dem anderen ab, und eh ich schreien kann, atme ich schon das Gas ein, immer mehr Gas. Ich bin in der Gaskammer, das ist sie, die größte Gaskammer der Welt, und ich bin allein darin. Man wehrt sich nicht im Gas. Mein Vater ist verschwunden, er hat gewußt, wo die Türe ist und hat sie mir nicht gezeigt, und während ich sterbe, stirbt mein Wunsch, ihn noch einmal zu sehen und ihm das Eine zu sagen. Mein Vater, sage ich ihm, der nicht mehr da ist, ich hätte dich nicht verraten, ich hätte es niemand gesagt. Man wehrt sich hier nicht.[51]

3. Der »schönste Sommer meines Lebens« – Aufbruch und Unterwerfung

Mit dem lang ersehnten Kriegsende im Jahr 1945 kam die Familie endlich wieder zusammen. Die Matura und der verhasste Kurs an der Klagenfurter Lehrerbildungsanstalt lagen endlich hinter ihr. Ingeborg Bachmann erlebte ihren ersten Friedenssommer mit ihrer Mutter und ihren Geschwistern in Obervellach. Im südkärntnerischen Gailtal bearbeitete sie das 1943 entstandene *Honditschkreuz* und schrieb an weiteren Gedicht- und Prosaentwürfen, in denen sie unterschiedliche Themen, Motive, Topografien und Erzählverfahren erprobte. Einige Gedichtentwürfe aus diesem Sommer konnte sie erst 1948 veröffentlichen, doch hier, in diesem Sommer 1945, bereitete sie alles vor.[1] Zum ersten Mal wird bei Bachmann ein eigener poetischer Ton hörbar, der die Erschütterungen der geschichtlichen Situation im persönlichen Erleben reflektiert. So heißt es in dem Gedicht »Entfremdung«:

Was soll nur werden?
Vor meinen Augen flieht der Wald,
vor meinem Ohr schließen die Vögel den Mund,
für mich wird keine Wiese zum Bett.
Ich bin satt vor der Zeit
und hungre nach ihr.
Was soll nur werden?

Auf den Bergen werden nachts die Feuer brennen.
Soll ich mich aufmachen, mich allem wieder nähern?
Ich kann in keinem Weg mehr einen Weg sehen.[2]

Nach Jahren der »Dunkelhaft« und Kriegserfahrung war
das Erlebnis von Frieden und Freiheit für das junge Mädchen überwältigend. Sie schrieb in ihr Tagebuch: »Das ist
der schönste Sommer meines Lebens, und wenn ich hundert
Jahre alt werde – das wird der schönste Frühling und Sommer bleiben. Vom Frieden merkt man nicht viel, sagen alle,
aber für mich ist Frieden, Frieden!«[3] Als Motiv des »schönsten Frühlings« ging die Erfahrung des Kriegsendes noch zwei
Jahrzehnte später in ihr Romanfragment *Das Buch Franza* ein,
in dem Bachmann auch die reale Begegnung mit einem englischen Offizier fiktionalisiert.[4]

Der ein Meter neunzig lange dürre Frieden sagte, er werde sie
im Jeep nach Villach mitnehmen, nicht sofort, aber morgen oder
übermorgen, denn er hatte noch mehr zu tun, als Mütter in Spitä-
lern zu suchen. Franza war schon glücklich, daß sie einander verstanden, obwohl das hart war mit dem Englischen. Wochen danach sagte sie noch immer Sire zu ihm, obwohl er sie ein paarmal
aufforderte, Percy zu ihm zu sagen, aber das war ihr unmöglich,
das hätte sie nie herausgebracht. Abends, wenn die Großeltern
und Martin schliefen, endlich niemand mehr in der Küche war,
zog sie sich vor dem Spiegel, der über dem Lavoir hing, aus und
betrachtete ihren Körper ganz genau, mit Betrübnis, sie rieb mit
einem Lappen die raue Haut an den Armen und die Beine, aber
sie war so mager, Haut und Knochen, obwohl sie auf einmal genug zu essen hatte, aber es setzte so schnell nichts an, es war hoffnungslos, keine Hüften, nur zwei heraustretende Kugeln an der
Stelle und zwei zu kleine Brüste, und er hatte soviele Knochen,
wie würde das gutgehen, er bestand bestimmt aus lauter losen
Knochen und wurde nur von der Uniform, dem festen Stoff, auf-

recht gehalten und zusammengehalten; in einem Anzug konnte sie ihn sich nicht vorstellen.[5]

Die achtzehn Jahre alte Ingeborg Bachmann hatte sich verliebt, und das ausgerechnet in einem Mann, dem sie im Büro der Field Security Section (FSS) in Hermagor Rede und Antwort hinsichtlich ihrer Mitgliedschaft im Bund Deutscher Mädel (BDM), dem weiblichen Zweig der Hitlerjugend, stehen musste. Auf den ersten Blick erschien ihr der Besatzungssoldat aus der 8. Britischen Armee zwar »klein und eher hässlich«, auf den zweiten Blick aber war sie fasziniert von der Bildung und dem Denken eines Mannes, dem die historischen Umstände ein Studium unmöglich gemacht hatten, seine Liebe zur deutschen Literatur und Sprache jedoch nicht zerstören konnten. Die Vorurteile des englischen Besatzungssoldaten Jack Hamish, der als nach England emigrierter Wiener Jude das errötende junge Mädchen in perfektem Deutsch nach den Kriegsjahren ausfragte, legten sich schnell, als er aus den Unterlagen ersehen konnte, dass die Tochter eines Nazi-Offiziers tatsächlich nie dem BDM beigetreten war. Als ihm darüber hinaus in den Gesprächen bald klar wurde, dass dieses Mädchen so ziemlich alles gelesen hatte, was im Nationalsozialismus verboten war, brach das Eis. Hofmannsthal und Schnitzler, Thomas Mann und Stefan Zweig – in ihren Gesprächen fanden sie eine gemeinsame geistige Heimat in der Sprache und Literatur ihres so tief korrumpierten Landes.[6] »Noch nie hat mir jemand die Hand geküsst. Ich bin so verdreht und glücklich, und wie er fort war, bin ich auf den Wallischbaum gestiegen, es war schon dunkel, und ich hab geheult und mir gedacht, ich möchte mir nie mehr die Hand waschen.«[7] Für beide ereignete sich dieses Zusammentreffen in einem geschichtlich unwiederbringlichen Augenblick, und er hat das Denken der jungen Ingeborg Bachmann für immer verändert. Aller äußerlichen Ausgelassenheit zum Trotz – man verabredete sich zum Tanzen und zu zwanglosen Zusammentreffen mit anderen Jugendlichen – ging es bei beiden um viel mehr. Bald nach ihrer ersten Begegnung besuchte Jack Hamish die junge Kärntnerin ungeachtet des Fraternisierungsverbots im väterlichen Haus in Obervellach, ihre Beziehung vertiefte sich: »Jack kommt jetzt jeden Tag, und ich habe noch nie im Leben soviel geredet.«[8]

Der englische Besatzungsoffizier brachte Bachmann und ihrer Familie Geschenke mit, doch dem jungen Mädchen ging es nicht wie vielen anderen Frauen ihrer Generation um Seidenstrümpfe und Schokolade. Sie suchte und fand die geistige Auseinandersetzung mit einem Mann, der als Jude mit einem der letzten Kindertransporte nach England gebracht worden war und der das Trauma des Nationalsozialismus aufseiten der Verfolgten erlebt hatte. Wissbegierig und lesehungrig stürzte sie sich in die Flut ihr bis dato nicht zugänglicher Lektüren und las von Frank Wedekind bis Karl Marx alles, an was sie über Bibliotheken und die Beziehungen ihres neuen Freundes herankommen konnte.[9] Der verloren geglaubte Traum eines Studiums schien auf einmal in greifbare Nähe zu rücken, nun wollte sie keine Zeit mehr verlieren.

Im August kehrte Ingeborg Bachmanns Vater aus kurzer amerikanischer Kriegsgefangenschaft zur Familie zurück. Die späte Einsicht in die verbrecherischen Zusammenhänge des NS-Regimes und die demütigenden Umstände eines verlorenen Krieges hatten den einst so energiegeladenen Pater Familias verändert. Isolde Moser erinnert sich an die große Bedrückung des Vaters, der es kaum verwinden konnte, was für eine Welt er seinen Kindern hinterlassen hatte. Olga Bachmann klagte manchmal über die nächtlichen Schreie ihres Mannes, er litt an Albträumen und konnte die Grausamkeiten des Krieges nie mehr vergessen. Wann immer ihn sein Sohn Heinz in den folgenden Jahren auf seine Erfahrungen mit Nationalsozialismus und Krieg ansprach, entgegnete Matthias Bachmann, das sei alles so fürchterlich gewesen, er könne nicht darüber sprechen.[10] Heinz Bachmann hat das Entsetzen seines Vaters über die Verbrechen der Nazis als ehrlich empfunden – für ihn war das die Voraussetzung, die die in den folgenden Jahrzehnten so gute Beziehung der Bachmann-Kinder zu ihrem Vater erst möglich machte. Vor allem Ingeborg stand ihm nah. Wenn sie ungestört sprechen wollten, wechselten sie oft ins Italienische. Eine besondere Belastungsprobe stand dieser Beziehung bevor, als die Schriftstellerin die monströse Vaterfigur ihres *Malina*-Romans entwickelte, mit der sie als Kind der Tätergeneration die Welt des Vaters als Schreckenslandschaft des Holocaust in nie dagewesener Weise kennzeichnete. Die literarische Zeitenwende, die Bachmann damit 1971 einläutete, haben viele ihrer Zeitgenossen nicht verstanden oder nicht verstehen wollen. Aus heutiger Sicht aber ist unzweifelhaft klar: Mit ihrem Roman *Malina* hat Bachmann dem Drama der Töchter im 20. Jahrhundert zu einer unverwechselbaren Stimme verholfen und in ihrer Radikalität die literarisch tradierten Vater-Sohn-Konflikte weit hinter sich gelassen.

Im Klagenfurter Haus in der Henselstraße wurde Bachmanns Schwester Isolde 1970 vorgeschickt, um den Vater auf diese dramatische Figurenkonstellation vorzubereiten. »Ich brauche diese Figur«, hatte Ingeborg Bachmann ihrer Schwester gesagt. »Ohne sie geht es nicht.« Isolde vermittelte, später sprach auch Ingeborg mit Matthias Bachmann über die Bedeutung der Vaterfigur für ihren Roman. Was immer Matthias Bachmann dabei auch empfunden haben mag – er hat es mitgetragen. Der Stolz auf die längst berühmte Schriftstellertochter überwog.

Im Spätsommer 1945 fehlte ihm die Kraft, das Leben der Familie wie in früheren Jahren nach seinen Plänen zu formen. Er ließ seine Töchter gewähren; die alten Fragen danach, was sich schickt oder nicht, waren auch für ihn bedeutungslos geworden. In die Beziehung seiner Ältesten zu Jack Hamish mischte er sich auch dann nicht ein, als das Gerede im Dorf bald nur noch einen Gegenstand kannte: »Sie geht mit dem Juden.« Den Andeutungen ihrer deutlich nervöser reagierenden Mutter, die sich vor der bei vielen Nachbarn ja noch vorherrschenden Nazi-Mentalität fürchtete, trat die junge Ingeborg Bachmann mit großer Entschiedenheit entgegen. »Und ich habe zu ihr gesagt, ich werde mit ihm zehnmal auf und ab durch Vellach und durch Hermagor gehen, und wenn alles Kopf steht, jetzt erst recht.«[11] Wenn Olga Bachmann auch im Hinblick auf das bäuerlich-kleinbürgerliche Umfeld mit widerstrebenden Empfindungen zu kämpfen hatte, so belegen Hamishs Briefe zweifelsfrei, wie freundlich sie ihm im eigenen Hause begegnete und wie offen und herzlich er in der Familie aufgenommen wurde.

Obwohl sich Bachmanns Eltern um eine neue familiäre Normalität bemühten, ist ihre eheliche Beziehung in diesen Monaten nach Kriegsende doch nicht frei von Spannungen gewesen. Wie viele Frauen ihrer Generation hatte Olga Bachmann ihre Kinder jahrelang allein durch widrigste Umstände bringen müssen. Isolde Moser erinnert sich noch gut daran, dass ihre Mutter in den ersten Monaten der Nachkriegszeit durchaus nicht immer bereit war, sich wie früher klaglos den Wünschen ihres Mannes unterzuordnen. Das wog umso schwerer, als auch Matthias Bachmann mit seiner neuen Lebenssituation zu kämpfen hatte. Aufgrund seiner frühen NSDAP-Mitgliedschaft war er nach seiner Rückkehr aus der Kriegsgefangenschaft mit einem vorläufigen Berufsverbot belegt worden und sah sich zur Untätigkeit verdammt. Sowohl das beschädigte Familienhaus in Klagenfurt als auch die dörfliche Bleibe in Obervellach waren mit Flüchtlingen belegt: Für das Klagenfurter Haus war der Familie durch das Verfahren gegen den Vater das Wohnrecht zu jener Zeit entzogen worden, drei Mietparteien wohnten gleichzeitig darin. Auf dem Land war das Leben der Familie auf zwei Zimmer beschränkt, ein weiterer Flüchtling, der sich in der drangvollen Enge auch noch Ziegen und Hasen hielt, hauste im Untergeschoss. »Es war chaotisch«, erinnert sich Heinz Bachmann.

Für einen Mann, dem Ordnung und bildungsbürgerlicher Aufstieg so viel bedeutet hatten wie Matthias Bachmann, müssen diese Umstände besonders demütigend gewesen sein. Abwartend herumzusitzen war seine Sache nicht, und so bemühte er sich umso mehr, sich auf die eine oder andere Weise nützlich zu machen. Eigenhändig setzte er das von den Bombenangriffen beschädigte und von den Alliierten besetzte Haus in der Henselstraße wieder instand, doch der Wegfall des Einkommens machte der Familie schwer zu schaffen. Allein die Unterstützung durch die bäuerliche Verwandtschaft in Obervellach half durch die karge Zeit. Die bedrückende Enge der familiären Situation ließ Ingeborg Bachmanns Begegnungen mit dem jungen Intellektuellen Jack Hamish umso faszinierender erscheinen. Mit ihm hatte Bachmann zum ersten Mal die Verheißungen eines freien Denkens gekostet. Alles in ihr fieberte nach Aufbruch, aber nicht etwa, um zu heiraten. Ihre Vorstellung vom Leben sah anders aus. In ihrem Tagebuch notierte sie: »Ich werde studieren, arbeiten, schreiben!«[12]

Was sie bei ihren Träumen aber völlig unterschätzte, war der emotionale Aufruhr, den ihre Offenheit und ihr glühendes Interesse bei dem exilierten Wiener Juden Jack entfacht hatten. Die junge Frau aus der österreichischen Provinz hatte das Weltbild des sechs Jahre älteren und lebenserfahreneren Mannes auf den Kopf gestellt. »Du liebe Inge aber«, schrieb er ihr am 16. Juni 1946, »hast mir aber in vielen geholfen. Denn ich hatte schon an vielen den Glauben verloren. Durch Dich aber sah ich dass man nicht alles durch die selbe Brille betrachten darf. Durch Dich erst sah ich dass es doch noch wert ist an Menschen zu glauben. Nicht an alle, an wenige an einzelne an Dich.«[13] Was schon in diesen Zeilen spürbar wird, macht der weitere Verlauf des über ein Jahr andauernden Briefwechsels überdeutlich. Auch der junge Exilant hatte sich verliebt – doch seine Liebe war tiefer und erfuhr bald eine alles durchdringende existenzielle Dimension, die Ingeborg Bachmann so nicht erwidern konnte. Für den exilierten Wiener Juden gewann die Beziehung zur Tochter eines ehemaligen Nazi-Offiziers eine exemplarische Bedeutung, sie war ihm »ein Beweis dass trotz allem was auch über unseren beiden Völker hereinbrach noch ein Weg gibt – den der Liebe und des Verständnisses«[14]. Fasziniert von ihrer Einsamkeit, die sie, obwohl sie »ein liebes zu Hause«, »Eltern und Geschwister« hatte, nie abzustreifen vermochte, gab er sich im Geheimen der Hoffnung auf ein gemeinsames Leben hin. »In dieser Einsamkeit glaube ich haben wir uns gefunden.«[15] Aus der gegenseitigen Schwärmerei und Bewunderung war für den Mann Liebe geworden. Ein Gefühl, das sich in seinen Briefen, wenn auch orthografisch unbeholfen, so doch mit unübersehbarer Heftigkeit artikulierte und dabei eine Ausschließlichkeit beanspruchte, die Ingeborg Bachmann erschreckte und zum Rückzug veranlassen musste.

Nun, nachdem der Krieg endlich vorbei war, ließ sie sich von nichts und niemandem mehr vom Studium abbringen. Noch waren die österreichischen Universitäten geschlossen, doch mit der Eröffnung der Innsbrucker Universität zum Wintersemester 1945/46 öffnete sich auch für sie eine erste Tür. Obwohl für das Studium der ältesten Tochter zu diesem Zeitpunkt in der Familie keine finanziellen Mittel vorhanden waren, setzte der Vater alles daran, ihr zu helfen. Um das Studium Ingeborgs zu finanzieren, nahm er eine neuerliche Hypothek auf das Haus in der Henselstraße auf. Und so verließ die junge Frau den familiären Rückzugsort Obervellach und damit auch ihren englischen Offizier schon nach wenigen Monaten, um ihren Traum von einem selbst bestimmten intellektuellen Leben endlich anzugehen. Ingeborg Bachmann sprach später selten darüber, dass sie ihr Studium nicht in der österreichischen Hauptstadt, sondern bereits im Wintersemester 1945/46 in Innsbruck begonnen hatte, um von dort aus im Sommer 1946 nach Graz zu wechseln, da diese beiden österreichischen Universitäten noch vor derjenigen in Wien den Lehrbetrieb wiederaufnahmen.

Bevor Jack Hamish nach seinem Abschied aus der Armee nach Palästina aufbrach, reiste sie auf sein Bitten hin im Juni 1946 noch einmal von Graz nach Obervellach, um sich endgültig von ihm zu verabschieden.[16] Er wusste nun, dass er von seinem Entlassungslager in Villach aus nach Neapel reisen würde, um sich von dort aus einzuschiffen. Ihr Weg würde sie zurück in ihr kleines Grazer Studentenzimmer führen. Beiden stand eine mehr als ungewisse Zukunft bevor.

Etwas in ihm hatte wohl bis zum Schluss gehofft, sie doch noch für sich gewinnen zu können. In der Stunde des Abschieds musste er endgültig erkennen, dass sie zu einem gemeinsamen Leben nicht bereit war. Die darauffolgenden Briefe geben Zeugnis von seiner Verzweiflung. Mit aller Wucht erlebte er das Trauma des in der Kindheit erfahrenen Heimatverlustes aufs Neue. Über die folgenden Monate hinweg sah er sich seinen Schmerz- und Angstzuständen hilflos ausgeliefert. »Meine Zukunft kommt mir vor wie ein grauenhaftes Labirynt, wo es kein heraus mehr gibt.«[17] Der hymnische Ton seiner ersten Briefe wandelte sich nun in eine einzige große Liebesklage. »Nur eines tut mir noch immer weh! Du sagtest kein einziges Wort vom Wiedersehen o vom dableiben oder vom wiedertreffen irgendwo irgend einmal.«[18] Von dem ihm noch unwirtlich anmutenden Tel Aviv aus erschienen ihm die Erinnerungen an die freundliche familiäre Aufnahme durch die Bachmanns in einem goldenen Licht. Nie vergaß Hamish in seinen Briefen an die angebetete Studentin, auch »Deine liebe Mutter und Deinem Vater« oder »Dein liebes Schwesterlein«[19] zu grüßen. Noch im November 1946 erkundigte er sich dezidiert nach der »Angelegenheit Deines Vaters«[20], was zu diesem Zeitpunkt nur das noch immer andauernde Berufsverbot durch die Alliierten gemeint haben konnte. Verzweifelt rief er sich die gemeinsamen Tage »in Deinen lieben netten Zimmer in Euren schönen Garten« vor Augen – und war doch außerstande, sich der »herrlichen Stunden« zu erinnern, ohne dass es ihm »die Tränen aus den Augen« trieb.[21]

All seine Versuche, in den Kreis der Bachmann-Familie aufgenommen zu werden, schienen obsolet, sein aufrichtiges Bemühen, die historische Kluft gerade gegenüber Ingeborg Bachmanns Vater vergessen zu machen, vergeblich. Der Sog der nun endgültig verlorenen Heimat erwies sich als übermächtig und machte ihm die Neuorientierung doppelt schwer. In seinem ersten Brief aus Palästina vom 24. Juli 1946 konnte er nicht umhin, ihr seine »völlige Entwurzelung« einzugestehen und »eine Haltlosigkeit« zu beklagen, die er so »noch nie zuvor miterlebt hatte«. Endgültig ohne Heimat und ohne Ingeborg Bachmann zu leben, erschien ihm als »das schrecklichste was ich je erleben musste«[22].

Ungeachtet der immer noch erschwerten Lebensverhältnisse im Nachkriegsösterreich hatte sich Ingeborg Bachmann mit großem Elan in ihr Studium an der philosophischen Fakultät der Universität Innsbruck gestürzt. Sie belegte gleich drei Fächer und schrieb sich in Philosophie, Germanistik und Kunstgeschichte ein.[23] Mit dem Wechsel nach Graz zum Sommersemester 1946 behielt sie die Philosophie als Hauptfach bei und wählte erneut Germanistik als Nebenfach, um darüber hinaus als ordentliche Hörerin juristische Vorlesungen mit Schwerpunkt Staatswissenschaft zu besuchen. Dem Interesse an juristischen Fragen ist sie nach Erinnerung von Isolde Moser lebenslang treu geblieben – auch wenn sie der Universität von Graz und damit auch dem Fachbereich der Jurisprudenz nach ebenfalls einem Semester Adieu sagte. Als mit dem Wintersemester 1946/47 endlich auch die Wiener Universität ihre Pforten öffnete, gab es für Ingeborg Bachmann in Graz kein

Halten mehr. Sie brannte darauf, in das geistige Zentrum ihrer Heimat vorzustoßen, wollte die alte Kapitale des Habsburger-Reiches genauso entdecken wie das ehemals bedeutende Zentrum der europäischen Moderne, auch wenn Nationalsozialismus, Krieg und Zerstörung Wien schwere Wunden zugefügt hatten. In ihrer Erinnerung würde der Weg aus dem Kärntner Tal ihrer Jugend »nach Wien [...] immer der längste bleiben«[24], doch abbringen konnte sie von dieser Entscheidung niemand mehr.

Jack Hamish aber, dem die junge Ingeborg Bachmann so entscheidende intellektuelle Impulse verdankte, konnte von solchen Möglichkeiten nur träumen: »Ich hätte wohl gerne studiert, das ist das leider hier ganz ausgeschlossen, doch lerne ich abends, lese viel, Bücher und Abendkurse gibt es und die Bildung und das Wissen ist nicht immer vom Besitz eines Titels abhängig, obwohl offengestanden, ich wie meine Mutter davon träumten.«[25]

Leider sind Ingeborg Bachmanns Briefe an Jack Hamish wohl nicht erhalten. Und so bleibt es Spekulation, wie weit sie ihn an ihren eigenen Ängsten vor einer ungewissen Zukunft hat teilhaben lassen oder nicht. Die tiefe Unsicherheit jedoch, die sie nach ihrem Weggang aus ihrer Kärntner Heimat überfiel, ist vielfach dokumentiert. Schlagartig ist es wieder da, das Gefühl des völligen Alleinseins. Sowohl in ihren Gedichtentwürfen als auch in ihren Briefen oder Prosafassungen aus den Jahren 1945/46 finden sich Erinnerungen an die früh erfahrene »Dunkelhaft« des poetischen Sprechens. Motive und Metaphern ihres Jugendwerks beschwören ein dem Leben abgewandtes Schattenreich, das dem in seiner Lebensfülle so überwältigend empfundenen ersten Nachkriegssommer dauerhaft entgegenstehen musste. Ingeborg Bachmann würde nie vergessen können, dass das erstmalige Empfinden persönlicher Freiheit aus den Schatten einer todbringenden Vernichtung erwuchs und ihr Bilder eingab, die sowohl ihr lyrisches als auch ihr erzählerisches Werk grundlegend prägen und die Motive und Themenkomplexe ihrer literarischen Arbeit zeitlebens beeinflussen sollten. Das im Nachlass befindliche Gedicht »Ängste« wird hier sehr deutlich.

Der dunkle Schatten,
dem ich schon seit Anfang folge,
führt mich in tiefe Wintereinsamkeiten.
Dort steh ich still [...].
Blaue Gespenster springen in den Raum.
Die Abgeschiednen, die vor mir irrten
Verlangen herrengleich ein altes Recht.[26]

Das Drama, das in ihrem Inneren aus diesem Wissen erwuchs, war gewaltig. Der Zwiespalt zwischen der im ersten Nachkriegssommer gekosteten Lebenslust und der »Kunst« als einer »harte[n] Herrin«[27] schien sie fast zu zerreißen. Ihre von Isolde Moser herausgegebenen *Briefe an Felician* spiegeln das ganze Ausmaß dieses jugendlichen Konfliktes. In einem biografisch ungeschützt anmutenden Sprechen imaginiert ein junges weibliches Ich ein dominierendes männliches Gegenüber, in dem Eros und Kunst, männliche Macht und autoritärer Kunstbegriff zusammenfallen.

Es gibt eine Reihe von biografischen Hinweisen, die belegen, dass sich hinter der Figur des *Felician* auf keinen Fall der Emigrant Jack Hamish verborgen hat – im Gegenteil. Das männliche Gegenüber, das die junge Studentin hier schwärmerisch anspricht, erscheint ungleich autoritärer und anmaßender als der jüdische Intellektuelle, von übermächtigem Wissen und unantastbarer Macht. Mit wem also spricht sie, mit wem korrespondiert sie, in den Anfängen sogar parallel zu ihrem Austausch mit Jack Hamish und dann, nach dem Weggang aus Obervellach, immer obsessiver und ausschließlicher? Je mehr sie ihre eigene Bewunderung zu steigern vermochte, desto rascher schwand ihr das Gefühl für das eigene Selbst, das ihr doch in diesem ersten Friedenssommer zum ersten Mal so klar und im Austausch mit Jack Hamish auch intellektuell fühlbar wurde. Wer also ist es, der ihre uneingeschränkte Bewunderung auf sich zieht und in ihr schließlich die Bereitschaft zu einer fast schrankenlosen Unterwerfung hervorruft?

Die langjährige Forschungsthese, dass sich hinter der imaginierten Figur des *Felician* der österreichische Heimatschriftsteller Josef Friedrich Perkonig verbergen könnte, kann heute nicht mehr als gesichert betrachtet werden. Perkonig unterrichtete an der Klagenfurter Lehrerbildungsanstalt zur Zeit von Ingeborg Bachmanns Abiturientenkurs, doch dass er tatsächlich ihr Deutschlehrer war, kann nicht belegt werden.[28] Bachmanns Geschwister erinnern sich jedoch noch gut an Ingeborgs Schwärmerei für diesen Mann, nichts Ungewöhnliches für eine Achtzehnjährige. »Sie mochte seine Stimme.«[29] Das wäre heute kaum von Belang, wenn es sich bei dem Lehrer und damals äußerst populären Kärntner Heimatdichter nicht um eine äußerst zwiespältige Persönlichkeit gehandelt hätte. Perkonig gehörte zweifellos zum kulturellen Establishment des Austrofaschismus und bezog daraus eine ganze Reihe gesellschaftlicher und materieller Vorteile während der Nazi-Zeit. Andererseits hatte er sich in einem offenen Brief gegen die Deportation der slowenischen Minderheit in Kärnten gewandt, was unter den damaligen Umständen als mutig bezeichnet werden muss. Als Indiz, dass sich hinter diesem Mann der geheime Adressat der *Felician*-Briefe verbergen könnte, wurde die Widmung »An JFr. Perkonig« auf einem Gedicht-Typoskript aus dem Nachlass gewertet. Auch scheint es, dass der Brief vom 30. März 1946 auf ebendieses Gedicht anspielt.[30] Bei einer neueren Bestandsaufnahme, die die langjährige Leiterin des Bachmann-Archivs in der Wiener Nationalbibliothek, Eva Irblich, gemeinsam mit Heinz Bachmann vornahm, sind Zweifel an der Widmung aufgekommen, die Handschrift

Bachmanns konnte nicht klar identifiziert werden.[31] Wenn hier also eine nachträgliche Zuweisung von fremder Hand stattgefunden haben sollte, kann nicht als erwiesen gelten, dass Perkonig der Adressat der *Felician*-Briefe war.

Es ist dennoch möglich, dass Züge seiner Erscheinung in die *Felician*-Figur eingeflossen sind, dessen autoritäre Herrenattitüden jedoch auf eine ganze Generation österreichischer Kulturträger verweisen. In der hochproblematischen Felician-Figur offenbart sich der heillose Zwiespalt der jungen Bachmann, die nach kulturellen Vorbildern hungerte und doch in jedem österreichischen Kulturrepräsentanten auch den Verräter humanistischer Werte im Dienste der Nazi-Ideologie identifizieren musste.

So unverblümt sie auch die »Herren Erzieher, die uns umbringen lassen wollen«, in ihrem Tagebuch gebrandmarkt hatte, so unausweichlich sah sich die ehrgeizige Jungschriftstellerin doch gezwungen, sich im Nachkriegsösterreich mit jenen Bildungsgrößen zu arrangieren, die nach der Kapitulation des österreichischen Nationalsozialismus fast bruchlos in die Führungspositionen der neu ausgerufenen Demokratie gewechselt waren und nun die Lehrstühle, Zeitungsredaktionen und Rundfunkpositionen besetzten. In der autoritär auftrumpfenden *Felician*-Figur schien das Gesetz des Vaters auf fatale Weise zurückzuwirken, denn der durch seine Kulturrepräsentanz im Nationalsozialismus nicht unumstrittene Kärntner Schriftsteller Perkonig war ein alter Bekannter von Matthias Bachmann und hatte von diesem die ersten literarischen Versuche seiner Tochter zur Begutachtung erhalten. 1942 wurde ihm das historische Drama *Carmen Ruidera* ausgehändigt, ein Jahr später erhielt Perkonig vom bemühten Vater die Erzählung *Das Honditschkreuz,* die er wiederum an seinen österreichischen Schriftstellerkollegen Franz Karl Ginzkey weiterempfahl. Wie Perkonig, so gehörte auch Ginzkey zu jenem traditionsbewussten Kreis österreichischer Kulturrepräsentanten, die den

nationalsozialistischen Machthabern im Dienste ihres eigenen
künstlerischen Fortkommens durchaus loyal begegnet waren.

Die Initialzündung eines freien Denkens aber, die die Achtzehnjährige in der Begegnung mit dem jüdischen Emigranten
Jack Hamish so befeuert hatte, verpuffte in dem Moment, als
sie sich aufmachte, ihren Traum von einem Studium in die
Tat umzusetzen. Ein Studium zu beginnen, hieß im Österreich
der 40er- und 50er-Jahre, Institutionen zu erobern, die von
männlichen Repräsentanten des gerade untergegangenen NS-
Regimes neu beherrscht wurden. Das alte autoritäre Gebaren
lebte in den Universitäten und Kulturinstitutionen auf selbstverständliche Weise fort, und damit auch ein gesellschaftliches
Geschlechterverständnis, das klugen Frauen noch immer die
Rollen der unterstützenden Gattin und umsichtigen Haus-
frau zuwies und für den Lebens- und Bildungshunger intellektuell interessierter Frauen bestenfalls Verachtung übrighatte.
Was für die wissenschaftlichen Ambitionen der jungen Studentin galt, traf die literarische Newcomerin umso mehr. Im
Angesicht dieser etablierten Herren, die es ganz sicher nicht an
Wohlwollen gegenüber der hübschen jungen Frau fehlen ließen, fühlte sich die angehende Autorin klein und hilflos. An
wen hätte sie sich wenden, wo hätte sie ein lebendiges Vorbild
für ihre Lebens- und Schreibhoffnungen finden können, das
ihr wirklich weitergeholfen hätte?

Noch schien der in ersten Schreibversuchen erkundete Weg
eines freien Schriftstellerlebens in unerreichbarer Ferne, noch
gab es für die eigene, die weibliche Stimme keine ernst zu neh-
menden Vorbilder. Das Gefühl der eigenen Minderwertigkeit
nahm oft überhand. Einen Tag nach ihrem neunzehnten Geburtstag schreibt sie: »Ich quäle mich nur um meine Arbeit,
um meine Gedanken. Immer diese Angst, daß ich den Weg
verlieren könnte, noch mehr, daß ich keinen finde.«[32]

Keine Frage: »Die Selbstbefreiung war mit dem Datum
der historischen Befreiung nicht zu Ende.«[33] In bestürzender

Demut schrieb sie ihrem *Felician*: »Ich wundre mich oft, woher ich die Anmut nehme einen schönen Gedanken zu sagen. Mein Geständnis von Armut und Not würde Dir eine endlose Leere zeigen. Ich bin so gewöhnlich und klein, ich werde irgendwo am Wege liegen bleiben.«[34] Wie sehr sich da ein Ich aufspaltete und sein Selbstbewusstsein wie auch seine Unterwerfungsgesten voneinander zu separieren wusste, macht betroffen und lenkt den biografischen Blick schon früh auf jene Abgründe hin, die in den folgenden Jahren immer wieder für überraschende Lebenswendungen, Beziehungsbrüche und dramatische Schreibprozesse sorgen sollten. An den monströsen Ansprüchen ihrer überlebensgroß entworfenen Figuren würde sie sich ein Leben lang abarbeiten und die behagliche Schreibroutine der hier so fatal angehimmelten Kulturrepräsentanten für sich nie kennenlernen. Doch es dauerte Jahrzehnte, bis sie ihr eigenes »grausame[s] Gesetz der Kunst«[35] endlich ungeschminkt öffentlich machte und der etablierten Wiener Kulturschickeria bei der Verleihung des von der österreichischen Industrie gestifteten Anton-Wildgans-Preises 1971 ihr persönliches Ausgeliefertsein vor die Füße warf.

Zum Zeitpunkt ihrer *Felician*-Imago war die Stimme des mit seinem enzyklopädischen Wissen und seiner Sprachbegabung in Kindheit und Jugend so dominierenden Vaters verstummt – und er blieb noch lange stumm, auch dann, als er aus Krieg und Kriegsgefangenschaft längst zu seiner Familie zurückgekehrt war. Mit der über seine Kinder hereinbrechenden historischen Katastrophe war auch seine väterliche Vorbildfunktion zerbrochen, doch wider besseres Wissen schien die junge Ingeborg Bachmann nicht in der Lage zu sein, die Rolle der lernenden Tochter abzustreifen. Sie suchte und fand neue männliche Vorbilder, zu denen sie aufschauen, die sie bewundern durfte und die in ihr die Lust zu bedingungsloser Unterwerfung hervorlocken konnten. In einer heillos das Heil suchenden Erlösungsmetaphorik beschwor die verunsicherte Jungautorin gerade jene monströsen Fantasien absoluter männlicher Macht herauf, die doch erst die Grundlage der NS-Hierarchien gebildet hatten und damit nicht nur Millionen Menschen in Tod und Verderben gestürzt, sondern auch die deutsche Sprache und Kultur diskreditiert und zerstört hatten.

Beim Aufbruch in die österreichischen Kulturbastionen konnten ihr Männer wie Jack Hamish, die ihre Bildung eben nicht mehr im deutschen Sprachraum, sondern im Exil bewältigen mussten, nicht weiterhelfen. Noch Jahre später hat sie dieses Täter-Opfer-Dilemma reflektiert und in ihrer Erzählung *Unter Mördern und Irren* resigniert festgehalten »Das ist das Furchtbare [...] die Opfer, die vielen, vielen Opfer zeigen gar keinen Weg! Und für die Mörder ändern sich die Zeiten.«[36]

Verunsichert, wie sie war, nahm sie sich ihre noch im Hochgefühl der ersten Friedensmonate entstandenen Gedicht- und Prosaentwürfe erneut vor – nicht alles, was sie da las, konnte ihrem eigenen kritischen Blick standhalten. Gut war der Vielbelesenen schon damals nicht gut genug, wieder und wieder überarbeitete sie ihre ersten Entwürfe, ein Verfahren, das sie auch in späteren Jahren konsequent beibehalten sollte. Der Widerspruch zwischen Wunsch und Wirklichkeit war für die junge Autorin jedoch nur schwer auszuhalten und stürzte sie, wie sie »Felician« gegenüber bekannte, in tiefe Depressionen.

Über die biografische Problematik hinaus erweist sich die lyrisch gestimmte *Felician*-Briefprosa als ein paradigmatisches Zeugnis der persönlichen und poetischen Ängste einer jungen Frau, die sich vorgenommen hatte, ihren Weg als Schriftstellerin zu beschreiten. Wie andere Frauen in ihrer Generation auch, konnte die junge Studentin in Innsbruck die Ideale von Kunst und Literatur nur durch die Vermittlung männlicher Repräsentanten erfahren. Die bedrückende und unübersehbare Ortlosigkeit der weiblichen Stimme führte die junge Schreibende in ein Niemandsland, in dem sich Kunst und Leben in einer dramatischen Konfrontation gegenüberstanden.[37] In ihren literarischen Anfängen erschienen die weibliche Perspektive und die weibliche Lebenserfahrung ohne Wert für die Gewinnung von Sprache und die Konstituierung eines literarischen Bewusstseins. Es ist genau dieser Bruch zwischen weiblichem Identitätsempfinden und der klaren Erkenntnis des Schreibenmüssens als Bedingung ihrer künstlerischen Existenz, der Ingeborg Bachmann von Jugend an in einen heillosen Zwiespalt führt, der bis in den *Todesarten*-Zyklus ihrer späten Prosa hinein das motivische Zentrum ihres Schreibens bestimmt.

Mehr als ein Jahr nach den väterlichen Vermittlungsversuchen erschien am Sonntag, dem 4. August 1946, ihre Erzählung *Die Fähre* in der *Kärntner Illustrierten*, »eingerahmt von der typischen Aufmachung einer regionalen Boulevardzeitschrift«.[38] Im September entschloss sie sich zur Übersiedlung nach Wien. Den Wiener Rundfunk- und Zeitschriftmitarbeiter Rudolf Felmayr hatte sie bereits im Sommer brieflich in ihre materiellen Sorgen hinsichtlich der Finanzierung ihres weiteren Studiums eingeweiht und gestanden, dass sie »an die Möglichkeit der Veröffentlichung literarischer Arbeiten« denke. »Allerdings zweifle ich sehr am Gelingen meiner Absicht – Ich bitte Sie nun sehr, mir einen Weg zu zeigen, den ich, auch jung und unbekannt, gehen kann.«[39]

Allen unübersehbaren Ängsten und Zweifeln zum Trotz hatte Ingeborg Bachmann begonnen, ihr Schicksal selbst in die Hand zu nehmen. Hinter einer mädchenhaften Erscheinung und einem schüchternen Habitus verbargen sich Selbstbewusstsein, Zähigkeit und Mut – Eigenschaften, die bis dahin nur ihre Familie kannte und die in der literarischen Welt für manche Überraschung sorgen sollten.

4. Die Dämonie der Gemütlichkeit – eine junge Frau in Wien

Die Ankunft der jungen Studentin in Wien im Oktober 1946, die mit ihrem Koffer durch die Ruine des Südbahnhofs die österreichische Hauptstadt betrat, muss alles andere als ermutigend gewesen sein. Das besetzte Wien lag in Trümmern, die wichtigsten nationalen Prachtbauten wie der Stephansdom, die Staatsoper und das Burgtheater standen allen Glanzes entkleidet als nackte Ruinen da. Täglich trafen unzählige Flüchtlinge und Menschenströme ein, die die ohnehin vorhandene soziale Not ins Uferlose trieben und den Schwarzhandel unüberschaubar anschwellen ließen. Längst konnte auch die sowjetische Besatzungsmacht die daraus erwachsene Kriminalität kaum mehr eindämmen, darüber hinaus ließ die besondere geopolitische Lage Wiens die österreichische Kapitale zu einem bevorzugten Aufenthaltsort westlicher und östlicher Spione werden – ein beklemmend düsterer szenischer Kosmos, wie ihn das Regiegenie Orson Welles in seinem Film *Der dritte Mann* 1949 auf unnachahmliche Weise eingefangen hat.[1]

Die prekäre soziale Lage, die Dunkelheit und Kälte in der Trümmerstadt machten den Nachkriegswinter 1946/47 für alle Wiener zu einer Herausforderung. Fließendes Wasser, warme Öfen oder gar funktionierende Heizungen fehlten fast überall. Für eine junge, nur mit knappen Mitteln ausgestattete Studentin war ein einigermaßen ordentliches Zimmer kaum zu kriegen. In den ersten Wochen nach ihrer Ankunft kam Bachmann bei Verwandten in der Severingasse unter und konnte sich von dort aus auf Wohnungssuche machen. Schließlich wurde die Zwanzigjährige in der im 3. Wiener Bezirk gelegenen Beatrixgasse 26 fündig. Ingeborg Bachmann hatte ihr erstes Wiener Quartier bezogen, das sie mit Unterbrechungen bis zum Juni 1949 bewohnen sollte.

Während sich seine Tochter in Wien immatrikulierte, blieb ihr Vater Matthias Bachmann aufgrund seiner frühen NS-Mitgliedschaft weiterhin vom Schuldienst ausgeschlossen. Die junge Studentin war sich bewusst, wie schwer die von den Eltern für ihr Studium aufgenommene Hypothek auf der ganzen Familie lastete. Ohne jede Bitterkeit erinnert sich Isolde Moser daran, dass ihr die Möglichkeit eines Universitätsstudiums verwehrt blieb, da die bescheidenen Mittel der Familie damals nur mit Müh und Not die Finanzierung eines einzigen Studiums erlaubten.

Ihre ältere Schwester hatte sich Philosophie als Hauptfach gewählt, in den Nebenfächern studierte sie Germanistik und Psychologie. Bereits im September 1947 absolvierte die junge Studentin ein Praktikum an der Wiener Nervenheilanstalt Am Steinhof. Zu ihren wichtigsten akademischen Lehrern gehörten der über Österreich hinaus anerkannte Spezialist für Psychotherapie Viktor E. Frankl und der Psychologieprofessor Hubert Rohracher. Der Psychotherapeut Frankl war in mehr als einer Hinsicht ein Pionier seiner Zunft, er gehörte zu den Ersten, die sich öffentlich mit den Konzentrationslagern des Nationalsozialismus auseinandersetzten. In Philosophie hörte Bachmann Vorlesungen vor allem bei den Professoren Alois Dempf, der sie mit theologischen Fragestellungen vertraut machte, bei Leo Gabriel, der ihr die Existenzialphilosophie Martin Heideggers nahebrachte, sowie bei Viktor Kraft, der sich in der Tradition Wittgensteins als Erbe des Wiener Neopositivismus verstand.

Mit dieser Ausrichtung geriet Bachmann zwischen die gegensätzlichen Lager zweier Lehrmeinungen, die das intellektuelle Klima der Wiener Universität in jenen Jahren prägten: Hier die auf die »Erfassung der Weltgesetzlichkeit«[2] hinzielende Ausrichtung des wertkonservativen Dempf, dort diejenige von Kraft als letztem Vertreter des »Wiener Kreises«, der jeder Art von Metaphysik abhold war und sein Selbstverständnis aus der Anerkennung der Philosophie als logisch-analytischer Wissenschaft bezog. Bachmann wählte schließlich Viktor Kraft zu ihrem Doktorvater, nachdem ihr erster Versuch, zum »Typus des Heiligen« bei Alois Dempf zu promovieren, durch nicht genau zu eruierende Umstände abgebrochen worden war. Die viele Jahre aufrechterhaltene Deutung, dass der im Wintersemester 1948/49 an Dempf ergangene Ruf nach München Grund für den Wechsel des Doktorvaters gewesen sei[3], kann so nicht verifiziert werden. Als Bachmann ihre inzwischen fertiggestellte Dissertation am 19. Dezember 1949 im Fachbereich Philosophie vorlegte, war Dempf noch unverändert als ordentlicher Professor in Wien tätig und wechselte erst zum Sommersemester 1950 nach München. Ihre Dissertation *Die kritische Aufnahme der Existentialphilosophie Martin Heideggers* wurde im Fachbereich Philosophie, vertreten durch die Gutachter Viktor Kraft und Hubert Rohracher, am 9. Januar 1950 angenommen.[4]

Wie ernst Bachmann diese Arbeit nahm und wie aufgeregt sie schließlich ihr Rigorosum absolvierte, hat sie in den Briefen an ihre Familie ausführlich beschrieben. Es frappiert, wie offen sie gegenüber den Eltern vom Verausgaben ihrer Kräfte sprach – fast scheint es, als wollte sie der Familie mit ihren drastischen Formulierungen beweisen, dass sie alles, aber auch alles für das große Ziel gegeben hatte. Ungeschönt sprach sie von den »nervenaufreibendsten Tage[n]« ihres Lebens und erzählte, dass sie »körperlich so am Hund« gewesen sei, »daß ich kaum mehr gehen konnte, kaum schlafen, am letzten Tag ist sogar das Essen retour gekommen dazu private Komplikatio-

nen«[5]. Der hohe Anspruch, den sie von den Bildungsbemü-
hungen ihres Vaters übernommen und tief verinnerlicht hatte,
war mit dem Abschluss ihrer Promotion zum ersten Mal auf
das Glänzendste befriedigt worden – doch zu einem hohen
Preis. Die »Nervenreaktion[en]«, die sie ihren Eltern so deutlich vor Augen führte, waren die Kehrseite ihres enormen Ehr-
geizes, und sie ahnte schon damals, dass das Glücksgefühl über
ihren Erfolg nur »ein paar Tage« anhalten würde.[6] Ohne Zweifel hatten die universitären Herausforderungen Bachmanns
Selbstbewusstsein gestärkt. Sie wusste nun, dass sie ihre Ziele
erreichen konnte, wenn sie nur wollte – eine Lektion, die sie
nie mehr vergessen würde.

In späteren Jahren betonte Bachmann mehrfach, dass sie
mit ihrer Doktorarbeit eigentlich »gegen Heidegger« dissertie-
ren wollte, und amüsierte sich noch 1973 darüber, dass sie mit
ihren damals zweiundzwanzig Jahren ernstlich überzeugt gewesen war, »diesen Mann werde ich jetzt stürzen!«[7]. Und doch hat
sie das Resümee dieser Auseinandersetzung viel länger beschäftigt, als sie sich damals eingestehen konnte, und zu einer dem
Heidegger'schen Denken durchaus entsprechenden Apotheose
von Kunst und Literatur als der eigentlichen Ausdrucksform
menschlicher Erfahrung geführt. Bachmann hat diese Position
in zahlreichen Reden, Schriften und Essays bekräftigt und last
but not least in ihren Frankfurter Poetikvorlesungen im Wintersemester 1959/60 dargelegt. In der Zeit zwischen dem Abschluss ihrer Dissertation 1949 und dem im September 1954
ausgestrahlten Rundfunkessay über den Philosophen Ludwig
Wittgenstein entwickelte sie ihre Überschreitung des rein lo-
gisch-analytisch ausgerichteten Philosophieverständnisses stetig weiter, um schließlich den denkerischen Ort ihrer eigenen
Dichtung genau aus dem Spannungsfeld der gegensätzlichen
Philosophen heraus zu bestimmen: »Wo Heidegggger zu philosophieren beginnt, hört Wittgenstein zu philosophieren auf.«[8]
Aus ihrer auch nach dem Studium fortgesetzten Beschäfti-

gung mit philosophischen Fragen sind eine Reihe von Essays entstanden, die ihr den Ruf einer Wittgenstein-Expertin eintrugen und wesentlichen Anteil daran hatten, den im Nachkriegsdeutschland nahezu unbekannten Philosophen in das Zentrum des intellektuellen Interesses zu rücken.[9] Im Austausch mit Joachim Moras und Hans Paeschke, den Redakteuren der Zeitschrift *Merkur*, entstanden 1954 noch Pläne zu einer Wittgenstein-Monografie, doch die sollte Bachmann nicht mehr realisieren.[10] Mit ihrem Entschluss, diesem Vorhaben abzuschwören, nahm Bachmann auch von der Vorstellung Abschied, sich parallel zu ihrem literarischem Schreiben auch als Autorin philosophischer Schriften betätigen zu können. In einem Interview hat sie dazu Jahre später lakonisch festgestellt: »Ich müsste mehr lesen, aber die Zeit ist zu knapp, um mehrere Berufe parallel ausüben zu können.«[11]

Da war aus der jungen Philosophiestudentin schon längst *die Bachmann* geworden, die sich das Terrain der Literatur mit der ihr eigenen Willensstärke und Unbeirrbarkeit Schritt für Schritt erschlossen hatte. Als Bachmann am 23. März 1950 im Rahmen einer feierlichen Promotion in der Aula der Wiener Universität ihren Doktorhut entgegennehmen konnte, war sie auch im literarischen Wien längst keine Unbekannte mehr. Wie nebenbei hatte sich die Fremden gegenüber oft schüchtern und unbeholfen wirkende junge Frau mit dem von der Wiener Gesellschaft mitunter verspotteten harten Akzent ihrer Kärntner Heimat ein dichtes Netz von literarischen Förderern und Gönnern aufgebaut, die sie für die Unterstützung ihrer literarischen Ambitionen dringend benötigte.

Die vorwiegend privat organisierten, anfänglich spontanen, dann zunehmend ritualisierten Treffen der Wiener Literaten nach dem Krieg sind vielfach beschrieben worden.[12] Lebenshunger und Daseinskampf dieser kalten Wintermonate hatten alle gesellschaftlichen Schranken niedergerissen, »jung und unbekannt« zu sein war in dieser historischen Situation keine Schande, es war ein Versprechen. Mit dem Journalisten Rudolf Felmayr, der als Journalist bei der RAVAG arbeitete, der Radio-Verkehrs-Gesellschaft, aus der später der ORF hervorging, hatte Ingeborg Bachmann schon von Graz aus Kontakt aufgenommen. Hier in Wien traf sie nun mit weiteren Journalisten und Literaten zusammen. Bei einem ungezwungenen abendlichen Zusammensein lernte sie den gerade aus dem amerikanischen Exil zurückgekehrten Schriftsteller Hans Weigel kennen. In seinem stark autobiografisch geprägten Roman *Unvollendete Symphonie,* den er 1950 veröffentlichte, hat Weigel die Umstände dieser Begegnung näher beschrieben. Auch wenn die Darstellung seiner Beziehung zu der jungen Ingeborg Bachmann, nicht zuletzt durch seinen sich allzu jovial gebärdenden Selbstdarstellungsdrang hinter der mitunter verrutschenden Maske einer weiblichen Erzählperspektive, mit Vorsicht zu betrachten ist, liefert der Roman doch menschlich wie historisch aufschlussreiche Einblicke in das Wiener Intellektuellenmilieu jener Zeit.

Als biografisch bemerkenswert erweist sich dabei vor allem das Interesse der jungen »Malerin« an seinem jüdischen Schicksal, da die fiktionalisierte Figur große Ähnlichkeiten mit der realen Bachmann aufweist und einzelne Fragen und Konflikte sowohl an ihre zurückliegende Beziehung mit Jack Hamish erinnern als auch bereits auf entscheidende Koordinaten ihrer späteren Beziehung mit Paul Celan vorausweisen. Natürlich ahnte Weigel zum Zeitpunkt seiner ersten Begegnung mit Ingeborg Bachmann nichts von ihrer Erfahrung mit Jack Hamish; er imaginierte seine überraschend schnell zutage tretende Bedeutung für die junge Frau als einzigartig und überhöhte sie zum existenziellen Erlösungstraum, indem er seine junge Icherzählerin sagen lässt: »Das ist der Augenblick, auf den ich zu warten angefangen habe, als ich ein kleines Mädchen war. Und der erst, für mich, die neue Zeit einleitet. Ich sehe zum erstenmal einen Juden.«[13] Im Kanon der Begrüßungsfloskeln, mit der die Zurückgebliebenen die Rückkehr ihrer Freunde aus Krieg, Exil und Vernichtungslagern kommentieren, die von »er ist wieder da« zu »er ist zurückgekommen« oder »er ist heimgekehrt« variieren, entlarvt sein Text das Schicksal des Juden hinter der Fassade einer unbekümmert anmutenden Wiener Geselligkeit.[14]

Zweifellos erwies sich das Wiener Künstler- und Intellektuellenmilieu mit seinen prononcierten Redewendungen und an exaltiert-nuancierten Gesten reichen Konversationsstrategien als echte Herausforderung für eine junge Frau aus der Kärntner Provinz. In der Geschwindigkeit, mit der die junge Bachmann in die Zirkel der Wiener Literaten vorstieß, begegnete ihr auch jene *Dämonie der Gemütlichkeit*[15], für die die österreichische Hauptstadt berühmt und berüchtigt war.

Doch Ingeborg Bachmann ließ sich davon nicht entmutigen. Zielstrebig und entschlossen machte sich die junge Studentin daran, die Patriarchen der österreichischen Literatur auf sich aufmerksam zu machen, was nicht in jedem Fall ohne Irritation vonstattenging. Zum Ersten gelang es der gut aussehenden jungen Dichterin bald, einen gewissen Konkurrenzkampf der Herren um ihre Gunst zu entfachen, der sich besonders zwischen Hermann Hakel und Hans Weigel abzuspielen schien. Zum Zweiten irritierte ihre scharfsinnige analytische Intelligenz, die sie in der Hitze der nächtlichen Diskussionen nicht immer hinter den Allüren tradierter Wiener Weiblichkeit zu verbergen wusste, die Patriarchen der älteren Generation wie Alexander Lernet-Holenia und Heimito von Doderer. Letzterer sah sich denn auch veranlasst, konsequent nur von »dem Bachmann«[16] zu sprechen, eine aus heutiger Sicht skurril anmutende Reaktion, die eindrucksvoll belegt, wie singulär und dem Frauenbild ihrer Zeit unangemessen ihre Intellektualität im Kreis der Wiener Schriftsteller gewirkt haben muss.

Im Literatenkreis war es bald kein Geheimnis mehr, dass aus dem jüdischen Emigranten Hans Weigel und der zielstrebigen

Studentin und Autorenhoffnung Bachmann ein Paar geworden war. Der gut vernetzte Journalist und Gelegenheitsdichter Weigel, der in Wien bald zum literarischen Impresario avancieren sollte, verwöhnte sie nicht nur mit Kaffee und Zigaretten. In seinem Schlüsselroman gab er denn auch mit »lachendem Behagen« preis, was er der Mittellosen alles vom Schwarzmarkt organisierte und zukommen ließ. »Du weißt meine Schuhnummer, Handschuhnummer und Hüftweite«, lässt er seine Icherzählerin sagen, »du kleidest mich völlig ein aus diesen Paketen mit Wunderkleidern, Zauberschuhen, Märchenwäsche und Legendenstrümpfen [...].«[17] So effektheischend, wie er all seine Zuwendungen ausführt, so ehrlich beschreibt er aber auch ihre Skrupel und ihr schlechtes Gewissen anderen Bedürftigen gegenüber, das sie mit heimlichen Zuwendungen an nicht so vom Schicksal Begünstigte abmilderte, so wie sie auch flüchtigen Bekannten und anderen Studenten ihre Wohnung in der Beatrixgasse tageweise überließ, wenn sie mal wieder in Weigels Wohnung in der Siebensterngasse 33 nächtigte.[18] Seine unübersehbare Verliebtheit hinderte ihn jedoch nicht daran, seine bis dato offen gelebte Promiskuität weiterzuführen und sich auf ihr stillschweigendes Einverständnis zu verlassen. In seinem Roman reflektiert er, wie sehr sein Verhalten sie irritiert haben muss und wie er damit wohl den Keim zu tiefgreifenden Missverständnissen legte, an denen die Beziehung schließlich scheitern sollte. Weigels junge Icherzählerin konstatiert dazu:

Ich habe zu beobachten angefangen. Ich bin ja nicht dein einziger Schützling gewesen. So viele sind aus und ein gegangen bei dir, du hast ihnen Briefe und Pakete vermittelt und sonst geholfen. Du hast immer, wenn scherzhaft von Flirt und galanten Abenteuern die Rede gewesen ist, von ›den Mädchen‹ oder ›den Damen‹, deinen Beziehungen zu ihnen und deinen Erfahrungen mit ihnen geredet. Und nun erst ist's mir recht bewußt geworden, daß es nie die wirkliche Liebeserklärung gegeben hat zwischen uns, daß sie vorausgesetzt gewesen ist als Anfang des Gesprächs, das schon weit über den Anfang hinaus gewesen ist, als wir es begonnen hatten.[19]

Von ihrer ersten Begegnung an suchte und fand die junge Bachmann in dem Emigranten Weigel das Andere, eine »lockende Fremdheit«, die sie auch in ihrer Jugendschwärmerei für Jack Hamish spürte und doch erst bei ihrer großen Liebe Paul Celan in einer für ihr Leben wie für ihre Dichtung existenziellen Weise finden würde. Doch ihre von Weigel aus der Perspektive eines *Roman à clef* beschriebenen Versuche, den umtriebigen Journalisten zu dem Mann zu überhöhen, der einer »Ausnahmestellung« würdig wäre, scheiterten auf geradezu exemplarische Weise an dem Dilemma, dass er als jüdischer Emigrant endlich auch dazugehören wollte und mit aller Kraft versuchte, die Vergangenheit, die ihn zwangsläufig zu einem anderen gemacht hatte, beiseitezuschieben. »Aber ich bin mit euch in die Schule gegangen, ich habe mit euch im Stadtpark und Volksgarten Drittabschlagen gespielt«, lässt er sein literarisches Alter Ego verzweifelt sagen. Das ganze Drama ihrer Liebesbeziehung verdichtet er in einem Dialog: »Ich will genau das von dir, was du selbst in dir verdrängst. Ich will sein wie du.« »Und ich will sein wie du.«[20]

Doch die Vergangenheit überwältigte beide. Er erzählte ihr oft von seinen »Toten«, und sie ahnte, was es für ihn bedeutete, »sie so mit mir lebendig zu machen«. Es schien ihr, als hätte er »dadurch das geschehene Grauenhafte auslöschen und rückgängig machen können«. Auch hier nahm die Beziehung mit Weigel Motive vorweg, die Bachmann erst in ihrer späteren Beziehung zu Paul Celan tiefergehend reflektieren und in ihren Folgen für das Miteinander auch analysieren lernte. Der deutlich ältere Weigel war sich darüber im Klaren, dass er aus ihrem Miteinander einen »Versuchsfall« konstruiert hatte; in seiner Beziehung zu der jungen Ingeborg Bachmann wollte er zeigen, »ob die ›einen‹ und die ›anderen‹ zusammen sein können.«[21]

Die aus der historischen Differenz erwachsene Beziehungsproblematik zwischen Täterkind und Shoah-Opfer entsprach genau dem Muster, das Bachmann bereits bei Jack Hamish erprobt hatte und bei Paul Celan aufs Neue versuchen würde. Ein nur im psychoanalytischen Sinne zu entschlüsselndes Verhaltensmuster ließ sie mehrfach aufs Neue in ihren Liebesobjekten Erlösung suchen von dem Kainsmal des schuldlos Schuldiggewordenseins, das sie mit anderen Angehörigen ihrer Generation teilte. In allen drei Beziehungen verbargen sich hinter der Geschlechterproblematik exemplarische Fragen. »Unsere Beziehung ist über das Persönliche hinaus zum großen Prüfstein und Symbol geworden«, heißt es in Weigels Roman. Seine Hoffnung, dass damit »zwei getrennte Welten zueinander wiederkehren und neu ineinander aufgehen«[22], erfüllte sich jedoch nicht.

Die Faszination, die Weigel und die junge Bachmann wohl eine Zeit lang aufeinander ausgeübt haben, kippte nach wenigen Monaten. Was als verliebte Förderung begonnen hatte, wuchs sich rasch zur persönlichen Überforderung aus. Sosehr sich Weigel auch bemühte – er lud die junge Studentin zu gemeinsamen Reisen ein, man besuchte Salzburg und Zürich und sogar Ingeborg Bachmanns Eltern in Klagenfurt –, zu einer wirklichen Bindung, gar einer Ehe, konnte er die junge Frau nicht überreden. Je mehr er sie bedrängte, desto stärker zog sie sich zurück. Dem dominierenden Weigel gegenüber entwickelte sie ein Verhaltensmuster, das sie in den kommenden Jahren weiterentwickeln und zur Verzweiflung ihrer Freunde und Lebensgefährten perfektionieren würde. Sie wurde krank oder täuschte Krankheiten und Unpässlichkeiten vor, kündigte Verabredungen in letzter Minute auf und ließ sich dabei nie in die Karten blicken. Mitunter begegnete ihr der so kurzfristig Versetzte in anderer Runde wieder, doch auch da war sie nicht bereit, Entschuldigungen oder Erklärungen abzugeben, und noch weniger, die Teilnehmer der unterschiedlichen Kreise einander vorzustellen.

Isolde Moser erinnert sich noch heute an Situationen mit Weigel, in denen sie ihrer Schwester kurzfristig aus der Patsche half. »Wenn die Ingeborg keine Lust hatte, musste ich mit ihm ausgehen.« Auch sie war nach bestandener Matura 1948 in Wien eingetroffen, um ihre Ausbildung zur Hauswirtschaftslehrerin zu beginnen. Völlig selbstverständlich knüpften die beiden Schwestern an die Vertrautheit ihrer Jugend an. Obwohl getrennt wohnend, traf man sich zum Kochen in Ingeborgs etwas geräumigerer Bleibe im Zentrum der Stadt. Wann immer die Eltern in dieser bitterarmen Zeit Nahrungsmittel schickten, machten die beiden daraus ein Fest. Ingeborg revanchierte sich für Isoldes Kochkünste, indem sie ihr über ihre literarischen Kontakte Freikarten für Oper, Theater und Konzerte organisierte, und bald war auch Isolde in den Kreis der jungen Literaten und Redakteure integriert. Nach langen Jahren der nationalsozialistischen Bedrückung und Kriegsnot überwog bei allen Existenznöten doch das Gefühl, jung und frei zu sein. Die Zukunft lag vor ihnen, und Isolde Moser erinnert sich noch gut daran, dass es den beiden blonden Schwestern an Verehrern nicht mangelte. Dass die Begehrlichkeiten in diesem Kreis auch ihre Gefährdungen mit sich brachten, erlebte jede der Schwestern auf ihre Weise. Isolde entschied sich nach dem Ende ihrer Ausbildung zur Rückkehr nach Kärnten, um als junge Lehrerin auf dem Land zu arbeiten, wo sie Anfang der 50er-Jahre ihren späteren Mann kennenlernte und bald darauf eine große Familie gründete. Ihre ältere Schwester jedoch verfolgte andere Pläne und ließ sich dabei weder von Liebeshoffnungen noch Enttäuschungen beirren.

Wie viel Kraft sie der bitterarme Nachkriegsalltag und das aufzehrende Hin und Her zwischen Studium und literarischen

Ambitionen gekostet haben mögen, lässt sich dabei nur erahnen. In ihren Briefen gestand sie mitunter ein »Nervenfieber« ein, ihre damaligen Freunde und Bekannte erinnerten sich an »Schlaforgien«[23], mit denen sie ihre Erschöpfungszustände auskurierte und wieder zu neuen Kräften fand.

An den regelmäßigen Treffen der Schriftsteller im Café Raimund hatte Ingeborg Bachmann bereits wenige Wochen nach ihrer Ankunft im Herbst 1947 teilgenommen. Da saßen sie nun beieinander, Junge und Alte, literarische Hoffnungsträger und die durch ihr kräftiges Mittun in der NS-Zeit beschädigten Vorkriegshelden, die sich wie nebenbei unablässig freizusprechen schienen.

In dem Kreis um Hans Weigel, dem so viel daran lag, an sein vormaliges Wiener Leben anknüpfen zu können, mischten sich »alte und neue Frontverläufe«, saßen die ehemals Verfolgten mit ihren Verfolgern »gemütlich« an einem Tisch – eine Konstellation, die Ingeborg Bachmann in ihrer 1961 erschienenen Erzählung *Unter Mördern und Irren* mit scharfem Blick für die Idiosynkrasien eines solchen Verhaltens aufgegriffen hat:

Jetzt war die Nacht ein Schlachtfeld, ein Frontzug, eine Etappe, ein Alarmzustand, und man tummelte sich in dieser Nacht. Haderer und Hutter tauchten ein in die Erinnerung an den Krieg, sie wühlten in der Erinnerung, in manchem Dunkel, das keiner ganz preisgab, bis es dahin kam, daß ihre Gestalten sich verwandelten und wieder Uniformen trugen, bis sie dort waren, wo sie beide wieder befehligten, beide als Offiziere, und Verbindung aufnahmen zum Stab; […]. Alle operierten sie also in zwei Welten und waren verschieden in beiden Welten, getrennte und nie vereinte Ich, die sich nicht begegnen durften. Alle waren betrunken jetzt und schwadronierten und mußten durch das Fegefeuer, in dem ihre unerlösten Ich schrien, die bald ersetzt werden wollten durch ihre zivilen Ich, die liebenden, sozialen Ich mit Frauen und Berufen, Rivalitäten und Nöten aller Art. Und sie jagten das blaue

Wild, das früh aus ihrem einen Ich gefahren war und nicht mehr zurückkehrte, und solang es nicht zurückkehrte, blieb die Welt ein Wahn.[24]

»Glücklich ist, wer vergisst, was doch nicht zu ändern ist«, heißt es in der Operette *Die Fledermaus* von Johann Strauß, die zum Lieblingsrepertoire der Wiener zählte und zählt. Und vergessen wollten alle in der vom Krieg schwer beschädigten Stadt. Noch bevor das Deutsche Reich im Mai 1945 die Kapitulation verkündete, hatte sich in der österreichischen Hauptstadt eine Übergangsregierung gebildet, die ihren gesamtstaatlichen Führungsanspruch auch nach dem offiziellen Kriegsende durchzusetzen wusste. Unter Berufung auf die Moskauer Deklaration des Jahres 1943, in der Österreich als »erstes Opfer Hitler-Deutschlands« bezeichnet wurde, führte die staatspolitische Inanspruchnahme der Opferthese für die österreichische Zivilgesellschaft zu einer höchst willkommenen Entlastung von der Mittäterschaft an den Verbrechen der nationalsozialistischen Vergangenheit. Wer wollte sich da noch ernstlich den Mühen einer Vergangenheitsaufarbeitung stellen, wenn die Regierung selbst das Credo einer österreichischen Opfergemeinschaft vorgab?[25]

Schon zum Jahresende 1947 wurden die Akten der ohnehin nachlässig durchgeführten Entnazifizierung wieder geschlossen, und bereits 1948 ordnete die österreichische Nachkriegsregierung den Freispruch für alle minder Belasteten an. Was also lag näher als die rasche Kehrtwendung der österreichischen Kulturträger hin zu einer glorreichen Vergangenheit, die das verhängnisvolle Kapitel nationalsozialistischer Entgleisung möglichst rasch hinter sich zu lassen suchte.[26] Und so träumte sich der Grandseigneur altösterreichischer Herrlichkeiten, Alexander Lernet-Holenia, in einen enthistorisierten Paradieszustand hinein, in dem man »nur dort fortzusetzen« brauche, »wo uns die Träume eines Irren unterbrochen haben«.

Der aus heutiger Sicht befremdliche Irrglaube, man brauche jetzt »nicht voraus-, sondern nur zurückzublicken«, hatte auch Heimito von Doderer erfasst, der in grotesker Umkehrung des verhängnisvollen NS-Vokabulars den »Anschluß« Österreichs »an die Tiefe der Zeiten« forderte.[27]

Das unüberhörbare Schweigen der österreichischen Nachkriegsgesellschaft, die erst Jahrzehnte später öffentliche Debatten zur Schuldfrage ihrer Nation zulassen würde, hat Bachmann sehr viel früher zum Gegenstand ihrer Literatur gemacht. Sie hat ihren Finger literarisch präzise in jene Wunden gelegt, die die Wiener »Gemütlichkeit« des Literatenkreises noch mit Macht zu überdecken suchte:

> Damals, nach 45, habe ich auch gedacht, die Welt sei geschieden, und für immer, in Gute und Böse, aber die Welt scheidet sich jetzt schon wieder und wieder anders. Es war kaum zu begreifen, es ging ja so unmerklich vor sich, jetzt sind wir wieder vermischt, damit es sich anders scheiden kann, wieder die Geister und die Taten von anderen Geistern, anderen Taten. Verstehst du? Es ist schon soweit, auch wenn wir es nicht einsehen wollen. Aber das ist auch noch nicht der ganze Grund für diese jämmerliche Einträchtigkeit.[28]

Kein Zweifel: Ingeborg Bachmanns scharfes »Gehör für den Fall«[29], die in ihrem Gedichtband *Die gestundete Zeit* erstmals zur Meisterschaft gebrachte Fähigkeit zur Differenzierung sprachlicher Codes als Seismografen gesellschaftlicher Topografien und politischer Haltungen, bildete sich in diesen Jahren aus. Wien, das war ihr Humus, dank dessen sie die Welt als einen die Zeitläufte des Krieges überdauernden Mordschauplatz begreifen lernte, ein Kosmos, der sie zeit ihres Lebens beschäftigen, aus dem sie ihre Themen und Motive schöpfen, die Figuren ihrer Erzählungen entwerfen und die Topografien ihrer *Todesarten*-Prosa, paradigmatisch in *Malina*, entwickeln würde. Von dem, was sie in Wien über die Menschen lernte, kam sie nie mehr los. Nur wenige Monate vor ihrem Tod, im Mai 1973, resümierte sie ihr Verhältnis zu Wien als das einer lebenslangen »Haßliebe«:

> Ich bin daher sehr früh weggezogen, und da war es nur Haß, dann habe ich beim Schreiben bemerkt, daß ich ja immer wieder über Wien schreibe und immer wieder über Österreich, und wenn ich noch so lange in Italien lebe, daß ich nicht über Italien schreiben kann. Ich höre ja nun in jedem Tonfall, wie ein Österreicher ist; was ein österreichischer Hausmeister, ein österreichischer Arbeiter, ein österreichischer Intellektueller, eine Dame der österreichischen Gesellschaft sagt, das weiß ich eben wirklich. Das Andere also habe ich auch zu begreifen versucht und vielleicht auch begriffen, aber ich kann es nicht darstellen. Wenn ich über Wien schreibe, da bin ich ganz sicher. Nur dann. Über Wien oder die österreichische Provinz.[30]

Dass sich bei den regelmäßigen Literatentreffen im Wiener Café Raimund Junge und Alte, literarische Newcomer, aus dem Exil zurückgekehrte jüdische Intellektuelle und etablierte Schriftsteller der Vorkriegsgesellschaft mischten, war der Besonderheit der österreichischen Situation geschuldet. Hier propagierte niemand eine »Stunde null« oder forderte gar einen literarischen »Kahlschlag«. Anders als in Westdeutschland suchten gerade auch die jungen Autoren im Dialog mit der älteren Generation nach gemeinsamen Vorbildern. In der Rückbesinnung auf die – von den Nazis verbotenen – Autorengrößen wie Robert Musil und Arthur Schnitzler, Karl Kraus und Joseph Roth, aber auch auf Georg Trakl, Hugo von Hofmannsthal und Rainer Maria Rilke suchte und nährte man die Vorstellung von einer literarischen Kontinuität der österreichischen Moderne. Eine besondere Rolle spielte dabei auch die Berufung auf den Surrealismus, der im ersten Heft des *Plan*, der wichtigsten Literaturzeitschrift der ersten drei Nachkriegsjahre, gleich mit vier Zeichnungen des Malers Edgar Jené den geneigten Lesern wieder vor Augen geführt wurde.[31]

Dass trotz der übermächtig anmutenden Traditionslinien der literarische Nachwuchs schneller als erwartet zu einer eigenen Stimme fand, ist ganz besonders der Schriftstellerin Ilse Aichinger zu verdanken, mit der sich Ingeborg Bachmann bereits kurz nach ihrer Ankunft in Wien anfreundete. Mit ihrem im Septemberheft der Zeitschrift *Plan* bereits 1946 veröffentlichten »Aufruf zum Mißtrauen« repräsentierte Ilse Aichinger die Haltung der jungen kritischen Autoren. 1948 erschien dann im renommierten Frankfurter Fischer-Verlag ihr Romandebüt *Die größere Hoffnung*, mit dem sie noch vor Ingeborg Bachmann und Paul Celan zum Symbol eines anderen Österreich wurde, das die Auseinandersetzung mit der jüngsten Vergangenheit als seine wichtigste Aufgabe betrachtete. Kurz nach Kriegsende stand die Halbjüdin Ilse Aichinger, die die Jahre des Terrors in Wien unter großen Entbehrungen überlebt hatte, in der Öffentlichkeit mit ihrer moralischen Rigorosität noch allein da. Sensibler als andere hat sie das Dilemma so vieler Exilanten formuliert: »Bin ich ein Fremder, weil mein Haar schwarz und gekraust ist, oder seid ihr Fremde, weil Eure Hände kalt und hart sind? Wer ist fremder, ihr oder ich? Der haßt, ist fremder, als der gehaßt wird, und die Fremdesten sind, die sich am meisten zu Hause fühlen!«[32] Sehr früh thematisiert die junge Ilse Aichinger hier die überwältigende Anziehungskraft der Heimat, eine schmerzliche Erfahrung, die Emigranten wie Jean Améry oder Hilde Spiel erst Jahre später in ihren Erzählungen und Essays reflektieren konnten.

Dass die von Jean Améry formulierte Frage »Wieviel Heimat braucht der Mensch?« trefflich die Befindlichkeit des Wiener Intellektuellenmilieus wiedergab und dort viel diskutiert wurde, steht außer Zweifel. Doch bis der von Folter und Vernichtungserfahrung tief traumatisierte österreichische Journalist und Schriftsteller das so klar aussprechen konnte, vergingen Jahrzehnte. Aus dem historischen Abstand zum Wiener Nachkriegsmilieu erteilte Améry 1977 dem österreichischen Versöhnungswillen eine schneidende Absage: »Wer das Exil kennt, hat manche Lebensantwort erlernt, und noch mehr Lebensfragen. Zu den Antworten gehört die zunächst triviale Erkenntnis, daß es keine Rückkehr gibt, weil niemals der Wiedereintritt in einen Raum auch ein Wiedergewinn der verlorenen Zeit ist.«[33]

Die Illusion, dass mit dem Wiedereintritt in das verloren geglaubte Wiener Leben auch eine Wiedergewinnung der verlorenen Jahre verbunden sein könnte, ließ kaum einen Emigranten aus Bachmanns damaligem Umfeld unberührt.[34] In seinem Roman *Unvollendete Symphonie* gibt Hans Weigel preis, wie er die junge Bachmann mit seinem persönlichen Wien-Virus infizierte, wie seine Sehnsucht nach der Vergangenheit über Ruinen und Zerfallenes hinweg ihr Wien-Bild prägen sollte. »Ich sehe die Stadt nun völlig mit deinen Augen«, gesteht die junge Icherzählerin seines Romans. »Du hast mir geholfen, sie zu erobern, hast mir den Glanz gezeigt in der verfallenen, zerfallenden Stumpfheit und Schäbigkeit ihrer Formen und Menschen selbst dieser Tage.« Mithilfe seines literarischen Maskenspiels inszeniert sich Weigel als Weltmann, der der jungen Provinzpflanze Bachmann den Mythos Wien zu Füßen legt, und er bedient sich bei der Beschreibung seiner Stadt nicht zufällig einer unverblümten Liebesmetaphorik, in der sich die Konturen von Mensch und Stadt ineinander spiegeln. »Nun kenne ich sie, doch dieses Kennen verwischt die Konturen nicht wie in der Liebe der Menschen, sondern läßt sie erst deutlich werden. Nicht neue Züge ihres Gesichts, sondern die bekannten, vertrauten entdecke ich.«[35]

Die Wien-Lektionen, die der selbstverliebte Weigel der jungen Bachmann literarisch angedeihen ließ, entlarven die Selbstüberschätzung eines Autors, der alles daransetzte, um als ihr bedeutendster Förderer in die Literaturgeschichte einzugehen. Entgegen Weigels Darstellung – »Ingeborg Bachmann hat dieses Buch noch erlebt und war davon angetan«[36] – stellt Heinz Bachmann unmissverständlich fest, dass sich seine Schwester durch diese Veröffentlichung privater Details »betrogen« fühlte und daraufhin alle seine Briefe an sie vernichtete.[37] Auf literarischem Feld hat sie sich souverän revanchiert. In seinem enthusiastischen Umgang mit den Wiener Topografien dürfte ihr das Exemplarische nicht entgangen sein, das jedem Sehnsuchtskranken innewohnt. Sie hat daraus ihr eigenes Spiel gemacht, das sie in ihren Erzählbänden von *Das dreißigste Jahr* bis zu *Simultan* und in ihrer *Todesarten*-Prosa bis zum *Malina*-Roman zu einem – ihrer eigenen Wien-Hassliebe adäquaten – Furioso steigern würde. Ihren 1971 erschienenen Roman eröffnete sie in unverhohlen ironischer Anspielung auf Weigel mit der Zeitangabe »Heute« und der Ortsangabe »Wien«. 1950 hatte das bei Weigel noch geheißen: »Der Ort ist Wien. Und die Zeit ist heute.«[38]

Dem »Anfang und Ende« ihrer Wien-Erfahrungen schrieb Bachmann ihre eigenen Perspektiven ein und verwandelte sie in eine vielstimmige und dicht komponierte Prosa, die sich literarisch haushoch von dem auffälligen Bemühtsein der *Unvollendeten Symphonie* zu unterscheiden wusste. Während Weigel in ihr noch immer die unbeholfene junge Studentin sah, die sich ihm gegenüber »klein und schülerhaft« fühlen musste, hatte sie ihr Schicksal längst wieder in die eigenen Hände genommen und trieb ihr literarisches Weiterkommen nach Kräften voran. Bei dem Wiener Schriftsteller Hermann Hakel, der für den österreichischen PEN die jungen Autoren betreute, erreichte sie, dass er vier ihrer Jugendgedichte im Januar 1949 in die erste Ausgabe seiner literarischen Zeitschrift *Lynkeus* aufnahm.[39] Als die *Wiener Tageszeitung* im gleichen Jahr zwischen April und Dezember 1949 eine Feuilletonserie von acht Bachmann-Erzählungen lancierte[40], war ihr Debüt in der Wiener Literaturszene perfekt.

Aus heutiger Sicht frappiert, dass fast alle diese Erzählungen, so unterschiedlich sie sich in Motivwahl, Stil und Tonalität auch präsentieren, in einem mythischen Raum angesiedelt sind, der sich weder zeithistorisch noch geografisch zuordnen lässt. Einzig in der am 1. April 1949 veröffentlichten Erzählung *Das schöne Spiel* blitzen lebensgeschichtliche Spuren von Bachmanns Kriegskindheit in Klagenfurt auf, wenn die Kinder an der Friedhofsmauer selbst »Angriff« spielen und sich mit »Bomben« bedrohen, bis der wirkliche Krieg das Schreckensszenario der kindlichen Imagination überrollt und sie in einem Niemandsland zwischen Opfern und Tätern zurücklässt. In ihrer Erzählung *Jugend in einer österreichischen Stadt* wird Bachmann dieses lebensgeschichtliche Motiv schuldlos schuldig gewordenen Kindseins wieder aufgreifen.

> Sie dürfen bei Alarm die Hefte liegen lassen und in den Bunker gehen. [...] Und noch später dürfen sie Laufgräben ausheben zwischen dem Friedhof und dem Flugfeld, das dem Friedhof schon Ehre macht. Sie dürfen ihr Latein vergessen und die Motorengeräusche am Himmel unterscheiden lernen. Sie müssen sich nicht mehr so oft waschen; um die Fingernägel kümmert sich niemand mehr. Die Kinder flicken ihre Sprungseile, weil es keine neuen mehr gibt, und unterhalten sich über Zeitzünder und Tellerbomben. Die Kinder spielen »Laßt die Räuber durchmarschieren« in den Ruinen, aber manchmal hocken sie nur da, starren vor sich hin und hören nicht mehr drauf, wenn man sie ›Kinder‹ ruft.[41]

Erst mit ihrem 1961 veröffentlichten Erzählband *Das dreißigste Jahr* gelang es Bachmann, ihre Vorliebe für allegorische Erzählräume mit ihren lebensgeschichtlichen Erfahrungen zu verknüpfen und ihre Motive aus Geschichte, Politik und Gesellschaft in Erinnerungs- und Erzählstrukturen einer neuen und aufregenden Prosa zu fassen. Nachdem sie in einem Interview zu *Jugend in einer österreichischen Stadt* noch eine allzu autobiografische Motivwahl zurückwies[42], gab sie zehn Jahre später offen zu, dass ihr Schreiben ohne ihre Kindheits- und Jugenderfahrungen nicht zu denken ist.[43]

Und so bleibt das Paradox bestehen, dass der von der jungen Bachmann so lange und mühevoll empfundene Weg aus dem Kärntner Tal ihrer Heimat hinaus in die Welt sie immer auch wieder zurückführen sollte, dass die Koordinaten eines so vielschichtig empfundenen Heimatbegriffs die Zeitläufte überdauern und alle Ortswechsel überstehen sollten und das »Haus Österreich«, wie sie in Anspielung an den alten Habsburger-Mythos ihre Heimat gerne zu nennen pflegte, zum bleibenden Resonanzboden ihres Schreibens wurde, ohne das ihr schriftstellerisches Werk nicht zu denken ist. Dass die Mentalitätsgeschichte ihres Heimatlandes ihr Werk auf so vielfältige Weise durchdringen und auch ihren einzigen zu Lebzeiten veröffentlichten Roman *Malina* grundlegend prägen sollte, konnte sie zu diesem Zeitpunkt noch nicht ahnen. Denn der Mann, der sie vielleicht stärker noch als ihre Kindheitserlebnisse an Österreich binden, ja die kriegstraumatischen Erfahrungen ihrer Kindheit erst in ihrem poetischen Bewusstsein verankern und in ihrer historischen Korrelation unwiderruflich bewusst machen würde, war ein »Fremder«, einer, der, von den Rändern der alten Habsburger-Monarchie kommend, vom Terror des Nationalsozialismus gezeichnet, in Wien eintraf und in ihrem Leben unauslöschliche Spuren hinterlassen sollte.

5. Tätertochter und Opfersohn – Bachmann und Celan am Abgrund der Geschichte

Der über alles geliebte »Fremde« im Leben Bachmanns – das war der Dichter Paul Celan. Als einer von über 40 000 rumänischen Juden kam er 1947 nach Wien und wirkte auf die tonangebenden Literaturpatriarchen der Stadt alles andere als vertrauenerweckend. Auf Otto Basil, den Herausgeber der Literaturzeitschrift *Plan*, den Paul Celan im Winter 1947/48 in der Redaktion aufsuchte, machte der junge Dichter »einen verhungerten und abgerissenen Eindruck«[1]. Auch wenn der Literaturkenner Alfred Margul-Sperber schon in Bukarest die außerordentliche Begabung Paul Celans erkannt und gefördert hatte, als sein Mentor galt und sein damals vorliegendes lyrisches Werk als das »eigenartigste und unverwechselbarste« anpries[2], erschien er anderen doch als »wüster Geselle«[3] und wurde misstrauisch beäugt. Vor allem Ingeborg Bachmanns literarischer Förderer und zeitweiliger Lebenspartner Hans Weigel war alarmiert und konnte bald nicht mehr die Augen davor verschließen, dass dieser »Rebell« und »Bürgerschreck«, der da so »laut, lärmend, unbekümmert« und »rücksichtslos« in seine Künstlerkreise »eingebrochen« war, auf Bachmann »unrettbar anziehend« gewirkt haben muss.[4]

Sosehr Weigel den Dichterflüchtling in seinem Schlüsselroman *Unvollendete Symphonie* als »schwarzes Schaf« zu diffamieren und den Dichter künstlerisch zu diskreditieren suchte, indem er ihn als »Verfertiger von eigenartiger und eigenwilliger

Lyrik und Prosa«[5] abqualifizierte – geholfen haben ihm diese Manöver nicht. Die Würfel müssen in dem Moment gefallen sein, als sich Ingeborg Bachmann und Paul Celan zum ersten Mal bewusst in Augenschein nahmen.

Auch wenn Weigel später den Gerüchten Nahrung gab, seine junge Geliebte hätte den Flüchtling Celan schon im Winter 1947/48 in ihrem Zimmer in der Beatrixgasse beherbergt, während sie selbst bei Weigel unterkam, gilt heute erst ihre Begegnung am 16. Mai 1948 als gesichert. Am darauffolgenden Tag hat Bachmann in einem Brief an ihre Eltern die Umstände dieses denkwürdigen Aufeinandertreffens beschrieben. Hans Weigel hatte eine USA-Reise geplant und verabschiedete sich an diesem Tag von seinen Wiener Freunden. Gemeinsam mit Ingeborg Bachmann besuchte er den Verlagsleiter Löcker in der Gottfried-Keller-Gasse, die gemeinsame Freundin Ilse Aichinger und den surrealistischen Maler Edgar Jené, in dessen Haus Bachmann und Weigel dann weitere Gäste und gemeinsame Bekannte antrafen: den Wiener Bühnenbildner Gustav Manker, die Malerin Hilde Polsterer, Bachmanns Psychologiedozenten Viktor Frankl, die Journalistin und Fotografin Inge Morath (die später Arthur Miller heiraten sollte), den Theaterkritiker Erik Graf Wickenburg und – »den bekannten Lyriker Paul Celan«, den sie, wie sie den Eltern gesteht, »etwas ins Auge fasste«.[6] Diese Formulierung lässt offen, ob sich die beiden vorher schon einmal begegnet waren, aber sie beschreibt deutlich, dass es hier, an diesem Frühlingstag in Wien, zu einem ersten intensiveren Kennenlernen gekommen sein musste.

Noch ist alles leicht, und die Begegnung mit Celan schien einem spielerischen Flirt gleichzukommen, den man auch wieder vergessen könnte. An diesen frühlingshaften Pfingsttagen, an denen »viel Eis gegessen« wurde, schmiedete man eine ganze Reihe von Plänen – und verwarf sie wieder. Wie gut sich Bachmann mit ihren Eltern verstand, belegt der augenzwinkernde Ton, mit denen sie Mutter und Vater in ihre Pläne einweihte. Ermutigt von Weigels Aufbruch, erwog auch Bachmann, mithilfe eines Stipendiums für ein Semester nach Amerika zu gehen. Für den Fall, dass Weigel die »Verpflichtung zu einer 6 monatigen Vortragsreise nach U.S.A« bekommen würde, könnte er sie doch – »aber das ist kein Spaß«, wie sie den Eltern gegenüber betont – zuvor heiraten und mitnehmen. Kein Zweifel, das alles war ein großes Spiel. »Wenn wir zurückkommen, können wir uns ja scheiden lassen.« Doch so leicht, wie ihr Ton vermuten ließ, war ihr gar nicht zumute. Weigels Abreise ängstigte sie auch, ihr spielerischer Ton kippte schon wenige Zeilen später. »Wie von einem Strom erfasst fühle ich mich, wehrlos ausgeliefert an das unbeständigste und irrsinnigste Leben, das es gibt. Tag und Nacht gespannt in eine Helle oder eine Dunkelheit, die unerträglich sind, beide,- ich weiß nicht mehr, wann und wo das angefangen hat, aber es ist eben da, heftiger denn je.«[7]

Die heftige Stimmungsschwankung, in die der im vertraulichen Ton gehaltene Brief Einblick gibt, umreißt Bachmanns Situation in dieser Lebensphase. Ihr Zusammenleben mit Weigel und ihre Erlebnisse in dem kosmopolitischen Kreis ehemaliger jüdischer Emigranten, Künstler und Intellektueller hatten aus der unsicher erscheinenden Kärntner Studentin eine attraktive junge Frau gemacht, die ihre Haare im modischen Garçonschnitt trug, roten Lippenstift benutzte und sich in Szene zu setzen wusste. Doch hinter der strahlenden Fassade war ihre Lebenssituation noch immer unsicher, das Studium nicht abgeschlossen, die Lebensgemeinschaft mit Weigel locker gewirkt und die Aussicht auf eine Anerkennung ihrer dichterischen Bemühungen höchst ungewiss. Wen wundert es da, dass sie zumindest mit dem Gedanken an eine Ehe spielte, die ihr mehr Sicherheit versprach als die Arbeit an ihrem Buch, die ihr »Herzklopfen« bereitete und sie »bang« werden ließ, »vor allem, was noch kommen wird [...]«.[8] Seit 1947 arbeitete

Bachmann an ihrem ersten großen Romanentwurf *Stadt ohne Namen*[9], ein angestrengtes Vorhaben, das sie immer wieder an sich zweifeln und verzweifeln ließ.

In dieser aufgewühlten Stimmung traf sie Paul Celan. Und ganz so unverbindlich können die Blicke zwischen dem »Bürgerschreck« und der jungen Schriftstellerin nicht gewesen sein. Denn schon drei Tage später schrieb sie erneut nach Klagenfurt. »Der surrealistische Lyriker Paul Celan« habe sich »herrlicherweise« in sie verliebt, heißt es am 20. Mai 1948. Ihr Zimmer sei »ein Mohnfeld«, denn er beliebe sie »mit dieser Blumensorte zu überschütten [...]«.[10] Wiederum drei Tage später, am 23. Mai 1948, widmete ihr Paul Celan sein Gedicht »In Ägypten«, das er ihr am 24. Juni anlässlich ihres 22. Geburtstages zusammen mit einem Matisse-Bildband zuschickte.[11] Es ist ein Liebesgedicht, das neun Gebote der Liebe und des Schreibens nach der Shoah verkündet. Mit diesem Gedicht, das den Briefwechsel zwischen den beiden jungen Dichtern eröffnete, benannte Paul Celan von Anfang an die wesentlichen Voraussetzungen seiner Liebe und riss damit zugleich einen Abgrund auf, der das Sprechen und Schreiben des Paares für die nächsten Jahre bestimmen und für beide Schriftsteller das Problem von Schreiben und Autorschaft nach Auschwitz auf exemplarische Weise benennen sollte.

Provozierend, blasphemisch, ungeheuerlich ist dieses Gedicht. »In Ägypten« überantwortet dem angeredeten männlichen Du das Andenken an die toten jüdischen Frauen erst und gerade in seiner Liebe zur »Fremden«. Die ganze Last seines Schicksals liegt in diesen elf Zeilen, die neunmal mit dem Imperativ »Du sollst« beginnen. Unfassbar, was Celan damit der jungen Frau aufbürdet, die ihn doch erst wenige Tage zuvor »näher ins Auge fasste«. Nein, was sich zwischen diesen beiden ereignet hatte, war kein Flirt mehr, es war das mit der Shoah unfassbar gewordene Leben, und was beide miteinander zu verhandeln hatten, betraf sein Überleben, von Anfang an.

Für Celan ist Bachmann die »Fremde«, und sie wird es bleiben. Zehn Jahre später dachte er noch immer über diese seine Zeilen nach und schrieb ihr, dass er, sooft er »In Ägypten« lese, sie »in dieses Gedicht treten« sehe.[12] Das Gedicht wird für ihn eine Schwelle zwischen den Getrennten bleiben, doch aus der Distanz sah er nun schärfer als am Anfang, was Bachmann tatsächlich für ihn war. Nach Jahren der Todesangst sollte ihm ausgerechnet die Tochter eines Nazi-Offiziers zur poetischen Geburtshelferin werden – ein Konflikt, an dem sich der am 23. November 1920 als Paul Antschel in Czernowitz in der Bukowina geborene Jude Celan wund rieb und der die Kommunikation zwischen beiden oftmals an den Rand des Erstickens trieb, der Missverständnisse, offene Schuldzuweisungen und »Einbrüche ins Schweigen« dauerhaft auf beiden lasten ließ.[13]

Celan hatte die Jahre des Nazi-Terrors in einem Arbeitslager überlebt, während seine Eltern Leo und Fritzi Antschel von den Nazis ermordet wurden. Obwohl die Bukowina nach dem Ende des Ersten Weltkrieges an Rumänien fiel, dominierten in der Zeit von Paul Celans Kindheit und Jugend noch immer die deutsche Sprache und eine an Wien orientierte intellektuelle Kultur. Neben seiner Muttersprache Deutsch und seiner Herkunftssprache Rumänisch lernte er Latein und Hebräisch, Französisch, Englisch und Russisch. Er sprach niemals Jiddisch, aber er kannte und schätzte die Sprache sehr. Am 9. November 1938 brach er nach Frankreich auf, um sich in Tours auf sein Medizinstudium vorzubereiten, beim Zwischenhalt in Berlin wurde er mit den verstörenden Folgen der »Reichskristallnacht« konfrontiert. Nach dem deutschen Angriff auf Polen kehrte er 1939 in seine Heimat zurück und begann nach Ausbruch des Krieges in Czernowitz Romanische Philologie zu studieren.[14] Nach Verfolgung, Ghettoerfahrung und Arbeitslager fand Celan nach Kriegsende in Bukarest Arbeit als Literaturübersetzer und war dem Künstlerkreis um Alfred Margul-Sperber, Petre Solomon, Nina Cassian und

Ovis Crohmálniceanu in engem freundschaftlichen Kontakt verbunden. Seine Künstlerfreundschaften regten ihn auch zu einigen Gedichten in rumänischer Sprache an, doch er beließ es bei diesen Versuchen. Celan blieb in seinen Dichtungen unauflöslich auf seine Muttersprache Deutsch bezogen. Doch im Klima des nach dem Krieg aufkommenden sozialistischen Realismus gab es für einen Dichter wie Celan keinen Platz mehr. Kurz bevor der rumänische König zum Jahresende 1947 auf Druck der Kommunisten abdankte und Rumänien zur Volksrepublik ausgerufen wurde, gelang dem Siebenundzwanzigjährigen die Flucht aus Bukarest. Es war eine Rettung in letzter Minute, denn die Grenzen zu Ungarn wurden geschlossen, aufgegriffene Flüchtlinge schickte man nach Rumänien zurück, wo sie festgenommen und erschossen wurden.[15]

Celan gehörte zu den Millionen osteuropäischer *Displaced Persons*, die nicht nur Opfer von nationalsozialistischer Verfolgung und Kriegswirren waren, sondern darüber hinaus auch durch die ständigen Grenzverschiebungen nach Kriegsende und die politische Neuordnung zu Heimatlosen im eigenen Land wurden.[16] Seine Flucht durch das winterliche Ungarn führte ihn in einer »furchtbar schweren Reise« nach Wien. Er nächtigte bei hilfsbereiten Bauern oder auf stillgelegten Bahnhöfen. Wien war seit seiner Kindheit der leuchtende Fixstern seines Denkens gewesen, er hatte lange geglaubt, dass sein Vater in Wien geboren wurde. In Wirklichkeit stammte er aus Lemberg in Galizien, etwa 200 Kilometer nördlich von Czernowitz.[17] Das zu Erreichende hieß Wien[18], erinnerte sich Paul Celan. Für ihn, der das Deutsche als Muttersprache erfahren hatte und es gleichzeitig als die Sprache der Mörder seiner Mutter auszuhalten gezwungen war, schien Wien als die einzige deutschsprachige Großstadt, die nicht in Deutschland lag, eine Überlebensmöglichkeit zu bieten.

Mit dieser Hoffnung war Celan in der von Flüchtlingen überquellenden Stadt nicht allein. Die Empfehlung Margul-

Sperbers galt hier nicht viel. Von Anfang an hatte Paul Celan bei seinen Bemühungen um dichterische Anerkennung mit Missverständnissen zu kämpfen. In den ersten Artikeln über ihn wurden die Deutschkenntnisse des jungen Rumänen bestaunt.

Für den jüdischen Dichter, dessen Mutter mit ihm von Kindheit an die Klassiker Goethe und Schiller in ihrer Muttersprache Deutsch gelesen hatte, der die deutschen Dichter von Hölderlin bis Rilke über alles liebte, mussten solche Äußerungen kränkend sein.[19] Celan war neuen Bekannten gegenüber misstrauisch, und doch dauerte es nicht lange, bis junge Künstler und Literaturkenner auf den traurigen Dichter »teutonischer Zunge« aufmerksam wurden.[20] Er freundete sich mit dem surrealistischen Maler Edgar Jené an, in dessen Wiener Wohnung er Ingeborg Bachmann schließlich kennenlernte.[21] Weder Ingeborg Bachmann noch Paul Celan ahnten zu diesem Zeitpunkt, dass dieses locker geknüpfte Band ihrer ersten Begegnung ihr Herz verschnüren und ihren Atem über Jahre immer wieder stocken lassen würde. Wann weiß einer, dass ihm der andere zum Prüfstein wird? Dass ein Wort des einen dem anderen das Sprechen vereisen, aber auch die Zunge lösen würde wie keiner sonst? Dass nichts mehr ist, wie es vorher war? Von jenem Maitag aus schrieb sich das Drama dieser Begegnung in das Leben der beiden Dichter ein, die von da an miteinander und gegeneinander ihren Weg suchten, ein jeder mit seiner eigenen Herkunft und Geschichte geschlagen.

Die jahrzehntelang nur wenigen Eingeweihten bekannte Liebesbeziehung zwischen Ingeborg Bachmann und Paul Celan gehört zu den dramatischsten und folgenreichsten Begebenheiten der deutschen Literaturgeschichte nach 1945. Eine komplizierte Liebesgeschichte nahm da ihren Lauf, die über Ländergrenzen, Celans Ehe, seine zahlreichen Affären und Bachmanns wechselnde Beziehungen hinweg trotz lang andauernder Funkstillen, Trennungsbekundungen und herber

Zurückweisungen erst mit Celans Freitod 1970 unwiederbringlich enden sollte. Aus einer frühlingshaften Begegnung zwischen zwei jungen Leuten erwuchs ein lebenslanger Dialog zwischen zwei Liebenden, deren beiderseitige poetische Unbedingtheit ihrer Hoffnung auf ein gemeinsames Leben entgegenstand. Mit dem ihr gewidmeten Gedicht »In Ägypten« begann ein Briefwechsel, in dem die Fallhöhe des sich abzeichnenden Dramas in allen Facetten beleuchtet, aber auch mitunter verschwiegen wurde, wenn einer dem anderen dabei zu nah kam, ihn zu tief kränkte oder eine Zurückweisung zu schmerzlich zu werden drohte. Ungeschützt und preisgegeben gestanden sie sich ihre Hoffnungen und Ängste ein. Der Briefwechsel zwischen Ingeborg Bachmann und Paul Celan dokumentiert ein existenzielles Ringen um private Verständigung und poetisches Verstehen im Angesicht der historischen Katastrophe.

Neun Jahre nach ihrer ersten Begegnung in Wien wird Celan sie mit dem Verweis auf das Gedicht »In Ägypten« als seinen »Lebensgrund« bezeichnen.«[22] Und Ingeborg Bachmann hat den in ihre Lyrik aufgenommenen Dialog mit Motiven und Zitaten aus Celan-Gedichten und ihren biografischen Erinnerungen noch in ihrer späten Prosa fortgeführt und ihm im *Malina*-Roman mit dem Motiv des märchenhaften Fremden im schwarzen Mantel ein literarisches Andenken bewahrt.

Die Angst vor dem Verstummen durchzog ihren Briefwechsel von Anfang an. Und so müssen wir uns auch die wiederkehrende Frage nach der Überwindung des Schweigens als zentrales Thema ihrer Gespräche denken, in denen die historische Reflexion jedes Wort gefährdete und jedes Sprechen mühselig und beladen machte. Atemlos und fast erstickt bewegten sich beide immer wieder in einem Niemandsland tief verstörten Sprechens: »Schwere«, »Dunkel«, »Schweigen« und »Schuld« waren Leitwörter ihres Briefgespräches, in dem zwei Sprachgewaltige um jedes einzelne Wort rangen. Wer diese Briefe heute liest, ist mittendrin im Bitten und Flehen der beiden für die Nachkriegszeit so bedeutenden Lyriker. Mittendrin in ihrer Suche nach dem richtigen Wort, hört der Leser die beiden flüstern und klagen und spürt ihr fröstELN machendes Verstummen voreinander in gleicher Weise, wie er sich ihrem seligen Einverständnis nicht entziehen kann, wenn Liebesglück und poetisches Sprechen endlich einmal zusammenfinden: »Herzzeit« heißt es dann bei Paul Celan in seinem Gedicht »Köln, Am Hof«[23], als sich beide nach Jahren des Getrenntseins leidenschaftlicher denn je begegnen. Für eine vergängliche, kostbare Zeitspanne glaubte er zu wissen, dass die »Uhren tief in uns« die Liebenden endgültig zusammengeführt haben.[24] Doch weder die unbestreitbare poetische Sprachmacht noch die unbezweifelbare persönliche Sensibilität dieser beiden Dichter konnte letztlich die Erfahrung ihrer Differenz in Herkunft und Geschlecht überwinden.

Als beide in Wien aufeinandertrafen, war die »Todesfuge« bereits auf Rumänisch veröffentlicht. Aus den Erfahrungen der Shoah konnte Celan seine Dichtung nur als »Grabschrift« verstehen. Schon in seinem ersten Ingeborg Bachmann gesandten und ihr gewidmeten Gedicht »In Ägypten« bestimmten der Schmerz und die Erinnerung an die toten jüdischen Frauen »Ruth! Noemi! Mirjam!« den neuen festlichen Bund. In der Liebe »zur Fremden« wurde jede bisherige Liebe überstiegen: »Du sollst die Fremde neben dir am schönsten schmücken […].« Poetisches Sprechen hieß bei Paul Celan, ein Totengedächtnis zu erfüllen, und es war dieser Auftrag, der ihn aufs Äußerste verwundbar machte und der ihn zwang, jeder Kritik an seinen Gedichten mit bedingungsloser Härte zu begegnen.

Doch auch Ingeborg Bachmann bestand auf der Wahrhaftigkeit ihrer eigenen Perspektive: Der Blick des verstörten Mädchens auf das Heer der marschierenden NS-Soldaten wurde ihr zum Auslöser einer Erinnerungsbewegung, die ihr ganzes Werk durchdrang. Das zweite Kapitel des *Malina*-

Romans, »Der dritte Mann«, liest sich als Komposition alb-traumhafter Vernichtungsfantasien, deren traumatische Chiff-ren das Drama des Täterkindes offenlegen. Schon in ihren Ju-genderzählungen, etwa in *Das Honditschkreuz,* griff sie die Idee einer die Grenzen überschreitenden Sprache auf und bewegte sich so schreibend auf das andere zu, das ihr in der heimlichen Lektüre der in der NS-Zeit verbotenen Dichter wie »Tho-mas Mann und Stefan Zweig und Schnitzler und Hofmanns-thal« begegnet war. Aus dieser frühen Entscheidung und ihrem klaren Bewusstsein von der historischen Katastrophe des NS-Regimes erwuchsen Freundschaften und Beziehungen – auch und gerade mit jüdischen Männern.

Von Anfang an war sich Ingeborg Bachmann der uneinhol-baren Fremdheit Celans bewusst. Und doch versuchte sie mit aller Kraft der Liebenden, ihn zu sich ins Leben zu holen und sein lyrisches Sprechen lebendig werden zu lassen. Sie wollte ihn beschützen und fördern, und sie sollte in den Jahren ihrer Freundschaft nichts unversucht lassen, um ihm das zu bewei-sen. Ein Jahr nach ihrer ersten Begegnung schrieb sie:»Immer geht's mir um Dich, ich grüble viel darüber und sprech zu Dir und nehm Deinen fremden, dunklen Kopf zwischen meine Hände und möchte Dir die Steine von der Brust schieben, Deine Hand mit den Nelken freimachen und Dich singen hören.«[25]

Die kurze Zeitspanne der gemeinsam in Wien verbrachten Wochen bis zu Celans Abreise nach Paris Ende Juni 1948 ließ beide nicht ohne Irritation zurück. Die offen zugestandene »Sehnsucht nach Dir und unserem Märchen«[26] hinderte die junge Studentin Bachmann aber nicht daran, ihr Philosophie-studium und die begonnene Promotion über das Werk Martin Heideggers in aller Entschiedenheit voranzutreiben. Sie dachte nicht daran, Wien einfach so zu verlassen und die 1947 be-gonnene Arbeit an ihrem ersten, heute verschollenen Roman *Stadt ohne Namen* einer Liebe zu opfern, die sie im schwierigen Wiener Nachkriegsalltag zurückließ. Und sie war sich sehr wohl der Tatsache bewusst, dass von Celan wenig reale Mithilfe beim Aufbau einer gemeinsamen Existenz zu erwarten war. So schrieb sie ihm im Sommer 1949:

> Für mich bist Du aus Indien oder einem noch ferneren, dunklen, braunen Land, für mich bist Du Wüste und Meer und alles was Geheimnis ist. Ich weiss noch immer nichts von Dir und hab darum oft Angst um Dich, ich kann mir nicht vorstellen, dass Du irgend etwas tun sollst, was wir andern hier tun, ich sollte ein Schloss für uns haben und Dich zu mir holen, damit Du mein verwunschener Herr drin sein kannst, wir werden viele Teppiche drin haben und Musik, und die Liebe erfinden.[27]

Bei aller Liebe: Sie ließ sich nicht in die Karten blicken, sie widerstand seiner mehrfach bekundeten »Ungeduld«, genauso wie sie auch seine wiederkehrenden Vorhaltungen ignorierte, als sich ihre Pläne, ihn im August 1949 in Paris zu besuchen, zerschlugen und sich auch ihre vage geäußerte Hoffnung auf ein Stipendium, das es ihr möglich machen könnte, ihm nach Paris zu folgen, als Träumerei entpuppte. Celan reagierte mit heftiger Enttäuschung: »Du kommst also erst in zwei Monaten – warum? Du sagst es nicht, Du sagst auch nicht, für wie lange, sagst nicht, ob Du Dein Stipendium bekommst.« Und deutlicher dann: »Weißt Du, Ingeborg, warum ich Dir während dieses letzten Jahres so selten schrieb? Nicht allein, weil Paris mich in ein furchtbares Schweigen gedrängt hatte, aus dem ich nicht wieder freikam; sondern auch deshalb, weil ich nicht wußte, was Du über jene kurzen Wochen in Wien denkst. Was konnte ich aus Deinen ersten, flüchtig hingeworfenen Zeilen schließen, Ingeborg?«[28] Celans drängende Frage »Wie weit oder wie nah bist Du, Ingeborg?« beantwortete sie erstaunlich offen: »Du wirst Dir ja denken können, dass die Zeit seit Dir für mich nicht ohne Beziehungen zu Männern vergangen ist«, um sogleich einzuräumen: »Wie lange wohl unser Mai und unser Juni hinter all dem zurückliegen, fragst Du: keinen Tag, Du Lieber! Mai und Juni ist für mich heute abend oder morgen mittag und noch in vielen Jahren.«[29]

Trotz der überlebensgroßen Bedeutung, die Celan für Ingeborg Bachmann gewinnen sollte, muss sie etwas zurückgehalten haben, eine innere Stimme, ein Schutzmechanismus, der ihr davon abriet, dem mittellosen Dichter Hals über Kopf nach Paris zu folgen, sich dort einen Broterwerb zu suchen und ein gemeinsames Leben zu beginnen. Wenn man bedenkt, wie frei Ingeborg Bachmann in den folgenden Jahren ihre Lebensorte wechseln und zwischen verschiedenen europäischen Ländern hin und her pendeln sollte, so frappiert ihr Zögern in diesem lebensgeschichtlich so bedeutsamen Moment. Denn was hätte eine solche Unternehmung für sie bedeutet, was wäre die Konsequenz gewesen? Sie hätte ihre eigenen dichterischen Ambitionen aufgeben oder zumindest den seinen unterordnen müssen, um die Grundlagen eines gemeinsamen Lebensunterhalts zu erwirtschaften – doch dazu war sie zu diesem Zeitpunkt nicht bereit. So jung wie sie auch war, musste sich Bachmann doch bewusst gewesen sein, dass sie im Falle einer Übersiedlung nach Paris ein klassisches Rollenmuster erwartet hätte. Sie wäre die Frau gewesen, die zu ihrem genialischen Dichterpartner aufblickt und ihn nach Kräften bei der Verwirklichung seiner hehren Ziele unterstützt – eine Rolle, die dann Celans spätere Frau Gisèle de Lestrange annehmen sollte, wenn auch unter anderen Bedingungen.

Während das Jahr 1949 in Wien erste Erfolge bereithielt – Bachmann konnte ihre Dissertation beenden und endlich erste Veröffentlichungen vorweisen –, fühlte sich Celan in der mit vielen Hoffnungen aufgesuchten Stadt Paris einsam. Das Jahr 1949 erlebte er als ein »Schatten- und Dunkeljahr«.[30] Nicht nur widrige Alltagsumstände behinderten seine künstlerische Produktivität. Gegenüber dem Schweizer Literaten Max Rychner klagte er auch, »daß etwas Unnennbares mich lähmt«. In den Jahren 1948 bis 1952 gelangen Celan nur etwa sieben bis acht Gedichte pro Jahr, die sich auch veröffentlichen ließen.[31] Er verdingte sich als Dolmetscher, Übersetzer und mit Aushilfsarbeiten, darüber hinaus unterrichtete er Deutsch und Französisch und setzte sein Studium der deutschen Literatur und Philologie an der École Normale Supérieure fort. In Paris wie in Wien kämpften die beiden jungen Dichter 1949 ein jeder für sich »mit der hundertfachen Hydra Armut«. Ihnen blieben nur die in den Briefen wiederkehrende Beschwörung ihrer ersten Wiener Treffen, der Zauber der gemeinsam besuchten Orte wie des Wiener Stadtparks und die fast leitmotivisch eingesetzten Chiffren ihres gegenseitigen Erkennens als Liebende. Ingeborg Bachmann schrieb, »das Blatt, das Du in mein Medaillon gegeben hast, ist nicht verloren, auch wenn es schon lange nicht mehr drinnen sein sollte; ich denk an Dich und hör Dir noch immer zu.«[32]

Doch das Zuhören und Sprechen blieb schwierig. Die Irritationen und Missverständnisse aus der frühen Wiener Zeit, das schmerzliche Erkennen der unüberbrückbaren Differenz zwischen Opfersohn und Tätertochter und die daraus folgenden, über Jahre hinweg wiederkehrenden Störungen im brieflichen Gespräch wie im Versuch unzähliger Telefonate, auf die der Briefwechsel immer wieder Hinweise gibt, resümierte Celan resigniert: »Vielleicht täusche ich mich, vielleicht ist es so, daß wir einander gerade <u>da</u> ausweichen, wo wir einander so gerne begegnen möchten, vielleicht liegt die Schuld an uns beiden. Nur sage ich mir manchmal, daß mein Schweigen vielleicht verständlicher ist als das Deine, weil das Dunkel, das es mir auferlegt, älter ist.«[33]

Die Briefe und die daraus möglich gewordene Neuinterpretation seiner Gedichte lassen keinen Zweifel: Auch er kam trotz wiederkehrender Trennungsbekundungen und mitunter lang andauernder Funkstille nicht von ihr los. In circa zwanzig seiner in Wien und Paris entstandenen Gedichte, die in den Band *Mohn und Gedächtnis* Eingang fanden, meint das »Du« niemanden anderen als Ingeborg Bachmann.[34] Sie selbst hat in ihren Gedichten wie in ihrer Prosa immer wieder auf Motive und Metaphern des Celan'schen Werkes und auf die Person Paul Celans Bezug genommen, die utopische Kraft ihrer Empfindung und die reale Unmöglichkeit einer zu lebenden Liebe sind bedeutende Topoi ihres Werkes geworden.

Auch die Nachricht von seinem Freitod 1970 konnte diese Bindung nicht zerstören. Nun imaginierte sie ihre verlorene Liebe in ihren Roman hinein und macht aus dem Märchen »Die Prinzessin von Kagran« eine Gedächtnisschrift für den Geliebten. Noch einmal beschwor sie das Dunkle seiner Gestalt und holte »den Fremden in dem schwarzen Mantel« endgültig zu sich in ihr inneres Haus Österreich, zu dem ihre Dichtung längst geworden war: »er war mein Leben. Ich habe ihn mehr geliebt als mein Leben.« Um das Jahr 1950 jedoch schien noch alles möglich, auch wenn Bachmann den ersten entscheidenden Schritt, mit Celan nach Paris zu gehen, hinauszögerte. Noch kämpfte sie in Wien um die Absicherung ihrer eigenen Existenz und die dafür notwendigen materiellen Voraussetzungen.

Mit dem Ende des Studiums hörte auch die elterliche Unterstützung auf, und Bachmann war gezwungen, sich nach einem Broterwerb umzusehen. Nach ihrer Promotion wurde ihr an der Wiener Universität von Viktor Kraft die mehrwöchige Vertretung einer Assistentenstelle für den erkrankten Ernst Topitsch angeboten[35], doch eine ernstliche Aussicht auf eine weiterführende akademische Laufbahn war damit nicht verbunden. Noch war sich Bachmann unsicher, wohin ihr Weg sie führen sollte. Mitte Oktober 1950 reiste sie dann doch zu Celan nach Paris, das Zimmer in der Wiener Beatrixgasse hatte sie aufgegeben. Bis Mitte Dezember lebte sie offiziell bei einer Familie Heller[36] oder teilte sich mit Celan seine bescheidene Bleibe in der Rue des Écoles. Seine sehnsüchtigen Botschaften, die er ihr in Erwartung ihrer Ankunft schickte[37], können nicht darüber hinwegtäuschen, dass auf das so heiß ersehnte Wiedersehen schwierige Wochen gefolgt sein müssen. Ihrem Wiener Freund Hans Weigel gestand Ingeborg Bachmann brieflich ein, dass sich Celan und sie »aus unbekannten, dämonischen Gründen […] gegenseitig die Luft wegnehmen […]«[38]. Beide waren arm und ihre Zukunft mehr als ungewiss. Aus Klagenfurt schickten ihre Eltern Pakete mit Lebensmitteln und etwas Geld. Um selbst etwas dazuzuverdienen, fertigte Bachmann »Übersetzungen für die österreichische Handelskammer in Paris« an.[39] Trotz aller Schwierigkeiten zeigte sich Bachmann von Paris fasziniert und träumte davon, ihrer Schwester die Schönheiten der französischen Hauptstadt im darauffolgenden Sommer zu zeigen. Doch dazu sollte es nicht kommen. Und doch hatten ihr die aufreibenden Pariser Tage vor Augen geführt, »was ich selbst bin und wie meine Art zu leben aussieht […]«[40].

Im Dezember 1950 reiste Bachmann dann von Paris aus weiter nach London, wo sie bei Ilse Aichingers Zwillingsschwester Helga unterkam, die Bekanntschaft der während der Nazi-Zeit nach London emigrierten Wiener Schriftstellerin und Kritikerin Hilde Spiel machte und den Lyriker Erich Fried kennenlernte. Am 21. Februar 1951 las sie in der Anglo-Austrian Democratic Society, um von dort aus noch einmal nach Paris zurückzukehren. Vom 23. Februar bis 7. März hielt sich Bachmann nun ein zweites Mal bei Celan in Paris auf, ohne dass die zwischen ihnen schwelenden Konflikte aufzulösen waren. Doch Paris bot ihr keine Zukunft – um einige Hoffnungen ärmer, mittellos und ohne Arbeit kehrte sie von dort aus nach Wien zurück.

Es war eine Freundin aus ihrem engsten Wiener Kreis, Elisabeth »Bobbie« von Liebl, die ihr eine Wohnung in der Gottfried-Keller-Gasse 13 vermittelte und ihr nur wenige Wochen darauf zu einer ersten Anstellung im Sekretariat des Amerikanischen Nachrichtendienstes (AND) in Wien verhalf.[41] Darüber hinaus war es ihrem Förderer und zeitweiligen Lebensgefährten Hans Weigel gelungen, ihr ein halbjähriges Stipendium zu besorgen, damit sie ihr seit Jahren in Arbeit befindliches Romanmanuskript *Stadt ohne Namen* endlich fertigschreiben konnte. Doch die Unterbringung des Werks blieb schwierig. Der Wiener Herold-Verlag, der das Manuskript schließlich annahm, verlangte von der jungen Nachwuchsautorin maßgebliche Änderungen an dem surreal anmutenden Text, doch dazu war Ingeborg Bachmann zu diesem Zeitpunkt schon nicht mehr bereit.[42] Noch immer kämpfte sie mit ihren Gefühlen für Celan. In ihrem Brief vom 27. Juni 1951, den sie dem gemeinsamen Freund Klaus Demus mitgeben wollte[43], erwähnt sie »die vielen Briefe«, die sie ihm »geschrieben habe, die falschen und die richtigen, ich habe nie den Mut gehabt, sie abzuschicken«. Bei aller Sehnsucht, ihn bald wiederzusehen, überwog doch die Angst vor der unmittelbaren Begegnung. »Aber wenn ich mir vorzustellen versuche, wie und was Du mir darauf antworten könntest, wird es sehr dunkel, es stellen sich die alten Missverständnisse ein, die ich so gerne wegräumen möchte.«[44]

Im Frühjahr nach ihrer Rückkehr aus Paris fühlte sie sich »einen Tag deprimierter [...] als den anderen« und gestand ihren Eltern, »so erholungsbedürftig« zu sein, »dass es sich kaum beschreiben lässt«.[45] Ende August konnte sie auf Vermittlung ihrer Schwester Isolde, die dort ihre Ausbildung absolvierte, eine Woche Sommerfrische in St. Wolfgang verbringen. Die Aussicht auf »See«, »Stille« und »Landschaft« ließ sie wieder Hoffnung schöpfen.[46]

6. Vom *Working Girl* des Rundfunks zum Shooting Star der Literatur

Seit April 1951 war Bachmann in der »News and Features Section« des AND tätig gewesen, eine Arbeit, die Bachmann im Freundeskreis unverblümt als »Matrizenschreiben« bezeichnete, denn »Sekretärin wäre zu viel gesagt«. Ihre Freundin »Bobbie« fungierte als ihr erster »Oberchef«, wie sie den Eltern in Klagenfurt launig mitteilte[1], doch trotz dieses Understatements konnten ihre Talente nicht lange verborgen geblieben sein. Bereits ab September saß sie als »Script Writer Editor« mit den Journalisten Jörg Mauthe und Peter Weiser und zwei Sekretärinnen zusammen in einem Zimmer des amerikanischen Senders Rot-Weiß-Rot in der Wiener Seidengasse, lektorierte und bearbeitete Theaterstücke für den Rundfunk.[2] Es dauerte nicht lange, bis sie sich daranmachte, eigene Hörspiele zu schreiben und wöchentliche Filmkritiken zu verfassen. Zum ersten Mal verdiente sie eigenes Geld. Den Eltern in Klagenfurt musste sie nach ihrem Einstellungsgespräch beim »Oberchef« des Senders »um jeden Preis gleich sagen, daß ich so glücklich bin über die Wendung, die gestern mein Leben plötzlich genommen hat«.[3]

Das ungeliebte Matrizenschreiben der Anfangsmonate hatte sie zur richtigen Zeit an den richtigen Ort geführt und erlaubte es ihr, die Möglichkeiten des neuen Mediums von der Pike auf zu lernen. Wie nie zuvor und nie mehr danach wurde der Rundfunk in den Aufbaujahren nach dem Krieg zu einer Experimentierbühne, um verschiedene Formen der Bildung und Unterhaltung zu erproben.[4] Bachmanns erste eigenständige Hörfunkbearbeitung galt Franz Werfels Erzählung *Der Tod des Kleinbürgers,* die bereits im November 1951 gesendet wurde. Mit verhaltenem Stolz schrieb sie noch im gleichen Monat an Celan: »Was ich zustandebringe ist nicht immer schlecht, für Oesterreich ist es sogar ziemlich gewagt, was wir unseren Hörern vorsetzen, von Eliot bis Anouilh, aber wir haben merkwürdigerweise sogar Erfolg damit.« Die sensible Jungdichterin, die Celan bis dahin erlebt hatte, die unsichere junge Frau, die er brieflich zum planvolleren Umgang mit Stipendiumsanträgen und Reisevorhaben auffordern musste, hatte sich verwandelt. Aus der unsicheren Studentin, aus der Schreibenden im Elfenbeinturm war ein *Working Girl* geworden, und sie gefiel sich in ihrer Rolle. Und ahnte doch zugleich, dass ihm ihr neues Selbstbewusstsein Angst machen würde: »Du wirst mir vielleicht übel nehmen, dass ich auf eine erschreckende Weise ›tüchtig‹ bin, ich habe einigen Erfolg gehabt und mir eine ganz schöne Position schaffen können, in kurzer Zeit, und obwohl es mich in vieler Hinsicht nicht befriedigt, mache ich meine Arbeit ganz gerne und ich bin froh, dass ich arbeiten kann.«[5]

Zweifellos war sich Bachmann hier schon über die ungeahnten Möglichkeiten, die ihr eine Arbeit beim Rundfunk bescheren könnte, bewusst. Mit Feuereifer stürzte sie sich in die neuen Aufgaben, lernte von ihren erfahreneren Kollegen, verschlang die im Script Department herumstehende Sammlung von Hand- und Lehrbüchern und entwickelte bald ein »untrügliches Gespür für die Möglichkeiten des Mediums [...].«[6] Vor allem aber hatte sie sich entschlossen, ihre Lehrjahre im Sender Rot-Weiß-Rot für ihren zukünftigen Weg zu nutzen. Celan gegenüber gestand sie ihre Überlegungen ein, nach einer gewissen Lehrzeit in Wien zu einem deutschen Sender zu gehen und die sich ihr bietende berufliche Chance für eine dauerhafte Tätigkeit zu nutzen. Gemäß dem Rollenbild ihrer Zeit spielte Bachmann ihre strategischen Überlegungen und Ambitionen sogleich wieder kräftig herunter und versicherte dem in Paris weilenden Celan treuherzig, dass sie bei diesen Gedankenspielen nur an »uns« denke. Sie bezog den Mann, den sie liebte, in ihre beruflichen Pläne ein, und obwohl er ihr Anlass gegeben haben musste, sie an seiner Liebe zweifeln zu lassen – »ich weiss, dass Du mich heute nicht mehr liebst« –, konnte sie doch nicht anders, als ihn mit dem Bild einer Frau zu locken, die nun bereit und fähig sei, für sie beide zu arbeiten. Dies tat sie auch deshalb, um der Hoffnung auf ein gemeinsames Leben »einen Boden zu bereiten, der uns eine gewisse finanzielle Sicherheit bietet, der es uns, da oder dort möglich macht, neu anzufangen«.[7]

Um Celan zurückzugewinnen, war sie also im November 1951 zum vorläufigen Verzicht auf ihre eigenen dichterischen Ziele bereit, weil ihr der Rundfunk neue und vielversprechende Möglichkeiten zu bieten schien, sich literarisch als Lektorin, Dramaturgin und Hörspielautorin einen Namen zu machen. Was sie zu diesem Zeitpunkt noch nicht wissen konnte, war, dass Celan genau in diesen Wochen in Paris jene Frau gefunden hatte, deren Unabhängigkeit auf gänzlich anderen Füßen stand: die Malerin Gisèle de Lestrange. Im Hochgefühl ihrer erstmals gewonnenen beruflichen Sicherheit hatte sich Bachmann Celan gegenüber in ihrem Novemberbrief wie nie zuvor geöffnet und war ihm in einer Weise entgegengekommen, wie es nie zuvor und nie mehr später der Fall war. Seine Antwort war – Schweigen. Es folgten qualvolle Wochen, in denen sie ihn schließlich im Januar um ein »Lebenszeichen« anflehte.[8] Seine Antwort kam dann im Februar, und sie war unmissverständlich: »Lass uns nicht mehr von Dingen sprechen, die unwiederbringlich sind, Inge [...].«[9]

Bachmann ahnte nicht im Geringsten, dass Celan auf eine Entscheidung zusteuerte, die ihn langfristig auch von materiellen Sorgen befreien würde. In seiner Verbindung mit der aus einer adeligen Familie stammenden Gisèle schien sich ihm das sprichwörtliche »Schloss«[10] zu bieten, das ihm Bachmann so gern bereitet hätte.

Die vergangenen Missverständnisse beschworen in Celan nur noch »Zorn und Unmut« herauf, er bat sie, nicht mehr seinetwegen nach Paris zu kommen. »Wir würden einander nur wehtun.« Die Freundschaft, die er ihr in diesem Brief in Aussicht stellte, die konnte und wollte ihr nicht genügen. Vor allem aber war sie nicht bereit, die Schuld für das Scheitern ihrer Beziehung allein bei sich zu suchen. Sie beklagte offen, dass die von ihm angeprangerten »Undeutlichkeiten« ihrer Rede auch eine Folge davon waren, »dass ich ins Leere spreche«. Kein Zweifel, Celans Abkehr traf sie ins Herz und wurde zur ersten großen emotionalen Niederlage ihres Lebens. »Ich habe alles auf eine Karte gesetzt und ich habe verloren.«[11] Die zahlreichen Verpflichtungen ihrer Rundfunktätigkeit fingen sie auf. Bereits am 28. Februar 1952 ging ihr erstes Hörspiel *Ein Geschäft mit Träumen* auf Sendung, ihre Rundfunkbearbeitung von Thomas Wolfes Drama *Das Herrschaftshaus* folgte am 4. März. *Der schwarze Turm* von Louis MacNeice wurde am 8. Oktober 1952 ausgestrahlt. Darüber hinaus verfasste Bachmann noch eine Reihe von Rezensionen für die österreichische Kulturzeitschrift *Wort und Wahrheit*, so unter anderem zu Heinrich Bölls Erzählung *Der Zug war pünktlich*.[12]

Über ihre Wiener Aktivitäten hinaus hatte sie aber schon ein neues Ziel ins Auge gefasst und setzte nun alles daran, literarische Verbindungen nach Deutschland aufzunehmen. Seit November 1951 machte sie sich Hoffnungen auf ihre Teilnahme an dem für Mai 1952 geplanten Jahrestreffen der *Gruppe 47* in Niendorf bei Hamburg. Vielleicht ist diese Hoffnung durch ihren gut vernetzten Freund Hans Weigel oder den Freund und Autorenkollegen Milo Dor geschürt worden, die beide ihre Einladung als gesetzt betrachten konnten, was für Bachmann in keiner Weise zutraf. Doch das hinderte sie nicht daran, auch Paul Celan, dessen Einladung zu diesem Zeitpunkt genauso unsicher war wie ihre eigene, in ihrem Novemberbrief mit dieser Aussicht zu locken.

Ein Vergleich mit anderen Erinnerungsbüchern aus dem Umkreis der *Gruppe 47* öffnet uns den Blick auf ein feinmaschiges Spiel, das sie in den Briefen an Celan geschickt zu verbergen weiß. Anders als Ingeborg Bachmanns eigene Darstellung vermuten lässt, lernte sie den Organisator der Gruppe, Hans Werner Richter, eher zufällig im Script Department des Senders Rot-Weiß-Rot kennen, wo Richter mit Hans Weigel zu einem Interview verabredet war. Bachmann nutze die Gunst der Stunde für sich und ließ Richter in einem Büro so lange warten, bis er nicht umhin konnte, einen Blick auf die vor ihm liegenden Gedichtblätter zu werfen. Es waren ihre eigenen. Er hörte sie im Nebenzimmer in ihre Schreibmaschine klappern. Als sie seiner Erinnerung nach etwa eine halbe Stunde später wieder zu ihm hereinkam, wollte er von ihr wissen, wer denn diese Gedichte geschrieben habe. Sie gestand es ihm.[13] Mit diesem Manöver erreichte Bachmann nicht nur, dass sie offiziell zur nächsten Tagung der *Gruppe 47* eingeladen wurde, es gelang ihr auch bei einem abendlichen Treffen in der Wohnung ihrer Freundin Ilse Aichinger, dem von ihr wie von ihren Gedichten gleichsam enthusiasmierten Richter eine Einladung an Paul Celan zu entlocken. Richter erinnerte sich: »Wir sind nicht mehr nüchtern, als ich die Postkarte an Paul Celan schreibe.«[14] Von all dem ahnte Celan nichts, als er von Bachmann wiederholt und hartnäckig zur Teilnahme aufgefordert wurde.

Mit der Einladung zum 10. Treffen der *Gruppe 47* im Mai 1952 in Niendorf an der Ostsee öffnete sich für Ingeborg Bachmann das Tor zur literarischen Welt. Endlich konnte sie dem immer dichter werdenden Netz der persönlichen und literarischen Abhängigkeiten in Wien entkommen. Mit einem genauen Gespür für die Erwartungshaltung der vorwiegend aus

Männern bestehenden Gruppe spielte Ingeborg Bachmann das Spiel der schüchternen Anfängerin mit, die von den Rittern dieser literarischen Tafelrunde ans Licht der Öffentlichkeit gehoben werden konnte. In den Erinnerungen von Walter Jens gestaltete sich die Initiationsszene mit den literarischen Neuankömmlingen so: »Ein Mann namens Paul Celan, niemand hatte den Namen vorher gehört, begann, singend und sehr weltentrückt, seine Gedichte zu sprechen; Ingeborg Bachmann, eine Debütantin, die aus Klagenfurt kam, flüsterte, stockend und heiser, einige Verse, Ilse Aichinger brachte, wienerisch leise, die ›Spiegelgeschichte‹ zum Vortrag.«[15]

Die »Debütantin« – schon die Bezeichnung steht für sich –, die so aufgeregt war, dass ihr das Lesen der eigenen Gedichte die Luft abschnürte, die schließlich verstummte und, kaum in ihrem Zimmer angekommen, auch noch in Ohnmacht fiel,[16] überraschte in den folgenden Tagen durch ihre zielgerichtete Energie, mit der sie literarische und verlegerische Kontakte zu knüpfen verstand. Der Lyriker Walter Hilsbecher hatte Bachmanns Gedichte schließlich doch noch zum Vortrag gebracht, und was die Versammelten da gehört hatten, hinterließ nachhaltigen Eindruck. Auch hier war Bachmann zur richtigen Zeit am richtigen Ort. Denn das Niendorfer Treffen war die erste Zusammenkunft der *Gruppe 47*, bei der nicht nur Autoren und Kritiker den literarischen Austausch suchten, sondern auch Verleger wie Rundfunk- und Zeitungsredakteure gezielt nach neuen Talenten Ausschau hielten.[17] Niendorf stellte auch insofern ein Novum dar, als der Nordwestdeutsche Rundfunk (NWDR) sein Erholungsheim an der Ostsee für die literarische Zusammenkunft zur Verfügung gestellt hatte, die Anreisekosten des Bustransfers übernahm und danach ausgewählte Autoren zu honorierten Lesungen ins Hamburger Rundfunkhaus einlud. Mit dem literarisch gebildeten und schriftstellerisch tätigen Ernst Schnabel, der mit der von ihm vorangetriebenen Entwicklung zeitgenössischer Rundfunkfeatures, die seit 1947 jeweils dreistündig auf Sendung gingen, Radiogeschichte geschrieben hatte, besaß der NWDR seit 1951 einen äußerst umtriebigen Intendanten, der persönliches Interesse an jungen Talenten hatte und für die Autoren ein kompetenter Gesprächspartner war.[18] Familie und Freunde von Ernst Schnabel wissen heute, dass auch er zu den Männern gehörte, die aus der Begegnung mit Ingeborg Bachmann alles andere als gleichgültig hervorgingen.

Und in der Tat schien Bachmann in der *Gruppe 47* mit ihrer Mischung aus demonstrativer Schüchternheit und einem auf Eleganz bedachten Erscheinungsbild durchaus nicht nur intellektuelle Instinkte anzusprechen. Dem Autor und langjährigen Musik- und Literaturkritiker der *Süddeutschen Zeitung,* Joachim Kaiser, stehen die Umstände dieses Szenarios bis heute vor Augen. Er erinnert, wie Jahre später auch ihr Lektor vom Piper-Verlag, Reinhard Baumgart, und andere, das ganze Perpetuum Mobile aus fallenden Manuskriptblättern, verlorenen Taschentüchern und liegen gebliebenen Schals und die einschlägigen Reaktionen darauf: »Wenn sie die sahen, wussten sie: das ist eine Dichterin! Dass sie natürlich, wenn sie vorlas, immer anfing zu hauchen und unter Tränen vorlas und ihr eigentlich jedes Mal die Manuskriptblätter hinfielen, und jedes Mal stürzten die Männer, um diesem armen scheuen Reh zu helfen, während die Frauen, auch meine, sagten: Mein Gott, hat sie das nötig, immer diesen Zirkus machen, und so.«[19]

Was für ein Unterschied zu ihrer Rolle im Wiener Radiosender! Anders als im Redaktionsalltag in der Seidengasse setzte Bachmann hier nicht auf unprätentiöse Kollegialität, sondern von Anfang an auf ein singuläres Erscheinungsbild, das sie aus der Masse der ambitionierten Jungautoren herausheben und ihren exklusiven Rang sicherstellen würde. Kein Zweifel: Sie wusste ihre Attraktivität einzusetzen. Die vorwiegend männlichen Autorenkollegen standen kopf, das von den begleitenden Ehefrauen und den wenigen Autorinnen der Gruppe argwöhnisch beäugte Balzverhalten gegenüber der jungen Kollegin rief Eifersüchteleien aller Art hervor. Für nicht wenige der anwesenden Schriftsteller wurde sie in ihrer Mischung aus poetischer Sensibilität und weiblichen Reizen zu einem Sehnsuchtsobjekt, vielleicht sogar zu einer Art »Fetisch der Gruppe«[20].

Wie bewusst sich Bachmann damals inszenierte, darüber gingen und gehen die Meinungen auseinander. Der um pointierte Charakterisierungen der von ihm betreuten Autoren selten verlegene »Gruppenchef« Hans Werner Richter hütet sich in seinen Erinnerungen an die Dichterin vor allzu einseitigen Zuschreibungen und versucht fast behutsam, sich dem Phänomen der Bachmann'schen Widersprüche zu nähern. »Das Unbewußte lag immer im Widerstreit mit dem Bewußten.«[21] Er erlebte sie als Grenzgängerin, bei der hochsensible Bewusstheit blitzschnell mit Absencen wechseln konnte. »Sie erzählt von sich selbst, von ihrer Kindheit. ›Als Kind haben meine Eltern mich für schizophren gehalten.‹ Sie lacht darüber, sagt: ›Die Grenze des Bewußtseins ist durchlässig‹, und ich spüre, daß sie oft an dieser Grenze ist.«[22] Sosehr er ihre Angst wahrnahm, so deutlich erfasste er aber auch die unbändige Energie, die sie vorantrieb und sie auch in qualvollen Situationen nicht aufgeben ließ. In Niendorf ging es für sie um alles. Sie wollte dazugehören, um jeden Preis. »Ihre Ohnmacht gleich nach der Lesung war nicht gespielt. Die innere Erregung war übermäßig geworden und hatte sie in die Ohnmacht getrieben.«[23] Richters Beschützerinstinkt war erwacht, und auch bei den anderen Autorenkollegen entfachte die Hilflosigkeit der jungen Dichterin so manche Fantasien.

In dieser erotisch aufgeheizten Stimmung konnte der von Bachmann so inständig zum Kommen aufgeforderte Celan nur verlieren. Ohne damals von dem Liebesverhältnis zwischen den beiden zu wissen, hatte Hans Werner Richter in dem mit Bachmann vertrauten Lyriker nicht nur einen potenziellen Rivalen um die Gunst des attraktiven Neuzugangs ausgemacht, auch das Auftreten des jüdischen Lyrikers missfiel ihm. Celans Habitus und Gestus unterschieden sich radikal von den männerbündischen Verhaltensweisen der anderen Autoren, die fast alle als junge Landser am Krieg teilgenommen hatten und sich hier rustikal, lautstark und rivalisierend aneinander rieben.

Neben der »Todesfuge«, die ihn in den folgenden Jahren weltberühmt machen sollte, las Celan in Niendorf auch »In Ägypten«, dessen Zeilen ihre provozierende Wirkung im Umfeld ehemaliger Wehrmachtsoldaten nicht verfehlten. Auch wenn außer Hans Weigel keiner der Anwesenden die intime Bedeutung dieses Gedichts für Ingeborg Bachmann erahnen konnte, so rief Celans Vortrag doch kaum verhohlene Ablehnung hervor. Sein sprechender Singsang wurde im Kreis der vorwiegend am realistischen Erzählen orientierten deutschen Männergruppe »als ärgerliche[s] Pathos eines jüdischen Lyrikers«[24] verbucht. Stellvertretend für viele monierte Hans Werner Richter, Celan habe »vorgelesen wie in einer Synagoge«[25]. Die für Celan spürbare Ablehnung wurde zu einem offenen Eklat, als Hans Werner Richter bei einem darauffolgenden Essen kundgab, die Stimme Celans habe ihn an Joseph Goebbels erinnert. Richters Entgleisung war an Geschmacklosigkeit kaum zu überbieten. Paul Celan, dessen Eltern durch die SS umgebracht worden waren, geriet außer sich. Ingeborg Bachmann und Ilse Aichinger weinten. Noch Jahrzehnte später kämpfte Richter in Erinnerung an diesen Augenblick mit Schuldgefühlen und sprach von »Tränenströmen«, die er verursacht habe.[26] Seine Frau versuchte die Situation rückblickend damit zu rechtfertigen, dass es Ingeborg Bachmann, die Celan für das Gruppentreffen ja vorgeschlagen hatte, es versäumt habe, ihren Mann näher über Celan zu unterrichten.[27] Durch seine Gedankenlosigkeit sah sich Richter in Niendorf in die Rolle eines Nationalsozialisten gedrängt, der er nicht war. Aichinger und Bachmann bedrängten Richter, sich bei

Celan zu entschuldigen, was er schließlich auch tat.[28] Nach dem Niendorfer Eklat erschien Paul Celan bei keinem Gruppentreffen mehr, obwohl er weiterhin regelmäßig eingeladen wurde.

Den Preis der Gruppe trug in Niendorf 1952 Ilse Aichinger davon, doch als eigentliche Sensation wurde rückblickend die Entdeckung von Paul Celan und Ingeborg Bachmann gewertet.[29] Obwohl sich Celan in seinem Brief an den Freund Klaus Demus so bitter darüber beschwerte, dass ihn Ingeborg Bachmann im Hinblick auf die Aufmerksamkeit der Kollegen ausgestochen habe, und ihr das Glück missgönnte, als »Dichterin« erkannt worden zu sein[30], musste er das voreilig getroffene Urteil, dass er gering geschätzt werde, bald wieder relativieren. Tage später schrieb er nicht ohne Augenzwinkern an Demus: »Kläuschen, mein Brief war im Affekt geschrieben, er war zum Teil ungerecht und dumm. Inge hat eine so schöne silberne Stimme. Und außerdem steht ihr der neue Mantel so gut!«[31] Wieder einmal hatten sich im Aufeinandertreffen von Ingeborg Bachmann und Paul Celan die unterschiedlichsten Gefühle entladen, standen Anziehung und Abstoßung, die Sehnsucht nach der Anerkennung durch den anderen neben kleinlichem Konkurrenzgebaren, das unzweifelhaft von Celan ausging und deutlich machte, wie tradiert die Geschlechterrollen auch in den Künsten der Nachkriegszeit noch eingeschätzt werden müssen. Den von Celan so eifersüchtig beäugten Debatten in der Kollegenrunde folgten Versöhnungsversuche in seinem Zimmer, die er gegenüber Klaus Demus herablassend kommentierte: »Vor meiner Abreise kam sie dann für einen Augenblick auf mein Zimmer, spielte die völlig Zerstörte und bettelte um ein Stückchen Zukunft. Ich schenkte es ihr.«[32] Wie viel Großmut Bachmann in dieser Situation tatsächlich bewahrt haben muss, zeigt die Maßlosigkeit von Celans beleidigter Reaktion. Denn wenn Bachmann ihm auch nur im Ansatz das Ausmaß ihres Wiener Bemühens um sein Kommen angedeutet hätte, wäre die Lage vermutlich noch schlimmer eskaliert – mit Sicherheit aber hätte Celan das gegenüber Klaus Demus nicht unkommentiert gelassen.

Betrachtet man die Folgen seines Entrees in der deutschen Literaturszene genauer, konnte sich Celan über mangelnden Erfolg kaum beklagen. Schon während des Niendorfer Treffens hatte ihm der Lektor der Deutschen Verlagsanstalt, Willi A. Koch, einen Vertrag angeboten[33], und bereits zum Jahresende 1952 konnte sein erster Gedichtband, *Mohn und Gedächtnis,* erscheinen. Voller Stolz berichtete er Gisèle in mehreren Briefen von den überraschend hohen Rundfunkhonoraren[34], mit denen seine Lesungen in der Folgezeit honoriert wurden, ein Umstand, der auch Bachmann überraschte und der ihrem Leben bald eine völlig neue Wendung geben sollte. Vor allem die junge Autorengeneration profitierte von den Möglichkeiten des neuen Mediums, das bald zum wichtigsten Mäzen der *Gruppe 47* wurde.

Dass dieses Mäzenatentum in seiner Pionierphase noch ungewöhnliche Wege gehen konnte, zeigte sich am Abend nach der Verleihung des Gruppenpreises an Ilse Aichinger. Der Generaldirektor des Nordwestdeutschen Rundfunks, Adolf Grimme, lud die Schriftsteller zusammen mit seinem Intendanten Ernst Schnabel zu einem Empfang ins Hamburger Rundfunkhaus. Nachdem der offizielle Teil vorbei war und Hans Werner Richter die ihm selbst nicht alle persönlich bekannten Autoren so gut wie möglich vorgestellt hatte, lud Ernst Schnabel zu einer weiteren Party an einem unbekannten Ort irgendwo in der Stadt. Mitfahrgelegenheiten wurden organisiert, und als die Literaten schließlich weit nach Mitternacht in dem von Schnabel genannten Etablissement angekommen waren, servierten leicht bekleidete Damen in schwarzen Strümpfen und blitzenden Strumpfbändern Kaffee und Kuchen. Man war in einem Bordell gelandet, was einige der anwesenden Schriftstellerinnen nicht wenig irritierte und die beiden »Debütantinnen« Ilse Aichinger und Ingeborg Bachmann »eng aneinandergeschmiegt« auf einer Couch Platz nehmen ließ. Dass einer der anwesenden Herren in der Lage war, Zehnmarkscheine an den Strumpfbändern zu platzieren, ließ ihn in den Augen der Schriftsteller als »Finanzmann des Nordwestdeutschen Rundfunks« erscheinen: »Kein anderer hätte sich das leisten können.«[35]

Neuentdeckungen, die Literaturgeschichte schreiben sollten, ein handfester Eklat, Tränen und Triumphe, Ohnmachtsanfälle und literarische Fräuleinwunder, literarische Weihen und halbseidene Feuertaufen – das Treffen in Niendorf hatte es in sich. Rückblickend bewertete Hans Werner Richter die Ostsee-Tagung als »die seltsamste, aber auch die erfolgreichste der ersten Jahre«[36]. Nach deren Ende blieb Bachmann in Hamburg, wo sie am 27. Mai 1952 im Funkhaus elf Gedichte lesen konnte und dafür unerwartet üppig entlohnt wurde: »Ich bekam 300 Mark an der Kasse«, staunte Bachmann noch Jahre später, »ich dachte, man habe sich geirrt in der Summe, und ging zurück zu dem Schalter, aber der Mann sagte, es stimme, es waren 300 Mark gemeint, und [ich] verdiente soviel nicht in einem Monat.«[37] Mit der großzügigen Honorierung künstlerischer Einzelleistungen bot ihr der Rundfunk in Westdeutschland Bedingungen, die noch weit über ihr Wiener Dramaturgengehalt bei Rot-Weiß-Rot hinausgingen Zum ersten Mal schien der Traum einer freien schriftstellerischen Existenz nicht mehr unerreichbar zu sein, eine Chance, die auch andere Autoren wie Günter Eich und Alfred Andersch bald für sich zu nutzen wussten. »Wir haben alle vom Rundfunk gelebt!«, resümierte Hans Werner Richter mit schöner Regelmäßigkeit, wann immer er auf die Anfangsjahre der *Gruppe 47* zu sprechen kam.

Wieder einmal nutzte Bachmann die Gunst der Stunde und reiste von Hamburg aus weiter nach Hannover, Frankfurt, Stuttgart, Ulm und München, um ihre neu geknüpften literarischen Kontakte und Rundfunkbindungen zu vertiefen und verlegerische Möglichkeiten zu erkunden.[38] Auch eine der bedeutsamsten Freundschaften Bachmanns geht auf Niendorf zurück, diejenige mit Heinrich Böll. Obwohl damals selbst noch mit Frau und drei Kindern an der Armutsgrenze lebend, war er ein großzügiger Freund, dessen menschliche Souveränität und stete Hilfsbereitschaft Bachmanns damaliger Freundin Ilse Aichinger bis heute unvergesslich vor Augen stehen.[39]

Nach dem Höhenflug erster literarischer Anerkennung in verschiedenen deutschen Städten wartete in Wien wieder jede Menge Arbeit. Auch wenn die *Neue Österreichische Tageszeitung* am 18. Juni 1952 ein Porträt unter dem Namen »Ingeborg Bachmann« veröffentlichte und das »Frl. Dr. phil.« in die »vielversprechende Schar unserer jungen Dichterinnen, die in Oesterreich in erstaunlicher Dichte herangewachsen« sind, einreihte, war ihr literarischer Status in Österreich noch immer weit von jener solitären Aura entfernt, die sie für sich in Niendorf etabliert und die ihr die *Gruppe 47* auch zugebilligt hatte. Als Indiz dafür kann auch gelten, dass Bachmanns Debüt bei der *Gruppe 47* in dem Wiener Artikel mit keinem Wort erwähnt wird.

Vorerst nahmen die Verpflichtungen im Script Department von Rot-Weiß-Rot wieder überhand. Aus einer im Spätherbst 1951 gemeinsam mit den Kollegen Peter Weiser und Jörg Mauthe spielerisch entwickelten Idee, das Leben einer bürgerlichen Wiener Familie im Nachkriegs-Wien mit Alltagswitz und Ironie vor dem Hintergrund der Widrigkeiten des Viermächtestatus, der Entnazifizierungsdebatte und des gesellschaftlichen Wiederaufbaus als Hörspiel zu dramatisieren, war die *Radiofamilie Floriani* entstanden, die in vierzehntägigem Senderhythmus ungezählte Hörer begeisterte und deren Figuren bald Kultstatus erlangen sollten. Aufgrund der großen Hörerresonanz wurde die *Radiofamilie* vom 30. August 1952 an wöchentlich ausgestrahlt, was für Bachmann und ihre Kollegen doppelte Arbeit bedeutete. Produziert wurde von nun an am laufenden Band und mit einer bis dahin nicht da gewesenen Aktualität. Jeweils einen Tag nach der letzten Ausstrahlung traf sich das Script-Team, um die wichtigsten motivischen und dramaturgischen Koordinaten der nächsten Sendung festzulegen und den Autor aus dem Team zu bestimmen.[40] Diese wöchentlich praktizierte Arbeitsweise gab Bachmann und ihren Kollegen die Möglichkeit, aktuelle politische und gesellschaftliche Ereignisse aufzugreifen und in den Alltag der Florianis zu integrieren. *Die Radiofamilie* hatte »ihren Puls am Finger der Zeit und der Wiener Zeitgenossen«[41]. So wurde das jeweils aktuelle Hörspielskript häufig erst im letzten Moment fertig, die Produktionen standen unter Hochdruck. Was vom amerikanischen Sender ursprünglich als Bildungsauftrag konzipiert war – eine österreichische Durchschnittsfamilie bewältigt den Nachkriegsalltag und verbreitet Optimismus –, wurde durch die engagierte Pionierarbeit Bachmanns und ihrer Kollegen so überaus populär, dass nach der Übernahme des Senders Rot-Weiß-Rot durch den ORF die politische Funktion immer stärker zurücktrat, die Sendung aber bis Ende Juni 1960 ausgestrahlt wurde.[42]

Der vom Script-Team entwickelte leichte Ton und das komödiantisch verortete Genre standen im krassen Gegensatz zu Motivwahl und Tonalität von Bachmanns literarischem Werk jener Jahre. Die Souveränität, mit der sie sich dabei der Alltagssprache und umgangssprachlicher Idiome bediente, verraten ein bei Bachmann bis heute völlig unterschätztes »Gespür für publikumswirksames Schreiben«[43], in dem vor Ironie sprühende Dialoge mühelos mit dozierenden Monologen, kabarettistischer Witz mit Sentiment, Ernst mit Heiterkeit wechseln konnten. Konzept und Umsetzung der *Radiofamilie* werfen ein Licht auf Bachmanns häufig unterschätzten Sinn für Humor und Alltagswitz wie auch ihre von Familie und Freunden bezeugte Lust an komischen Anekdoten und pointierten Geschichten, mit denen sie so manche gesellige Runde zu unterhalten wusste. Bachmanns Geschwister erinnern sich bis heute an unvergessliche Abende im Familienkreis, an denen die »große Schwester« ihre Kabinettstücke aus dem Kreis berühmter Literaten und bekannter Persönlichkeiten zum Besten gab.[44]

Wenn man vor diesem Hintergrund ihr Gesamtwerk betrachtet, so hat sich Bachmann erst in ihrem letzten Erzählband *Simultan*[45] wieder getraut, den Bogen von Witz zu Tragik so raumgreifend zu spannen, dass die Genregrenzen bewusst konterkariert wurden, was von der Kritik auch 1973 mit zum Teil verletzender Herablassung kommentiert wurde. Was nicht dem tradierten Bild intellektueller Kunstauffassung entsprach, galt als Kitsch. Ganz offensichtlich machte sich schon die junge Bachmann keine Illusionen über die im deutschen Sprachraum bis heute schubladenhaft betriebene Separierung von E und U, von ernsthafter Kunst und Unterhaltung, die das Angelsächsische so nicht kennt und wusste die unterschiedlichsten Anforderungen der verschiedenen Medien und Gattungen souverän zu erfüllen. Wie viel Humor und Selbstironie sie dabei bewies, zeigt der Blick in die fünfzehn Typoskripte, die sie zwischen Februar 1952 und Juli 1953 für die *Radiofamilie* verfasste oder gemeinsam mit Mauthe oder Weiser geschrieben hatte.[46] Ein Beleg für das lustvolle Spiel zwischen Fiktion und Wirklichkeit findet sich in einer Debatte um die Abgründe moderner Pädagogik und Psychologie, die nicht etwa im bürgerlichen Wohnzimmer der Familie Floriani, sondern bei deren Besuch auf der Hühnerfarm einer Tante stattfindet – und die in dem hinreißendem Satz gipfelt: »Du, Tante, die Ingeborg hat ein Ei gelegt …«[47]

Die enorme Tatkraft und Entschlossenheit, aber auch ein durch und durch pragmatisches, zielorientiertes Handeln, das Bachmann in ihrer Rundfunkarbeit an den Tag legte, gehören bis heute zu den in der Öffentlichkeit wenig bekannten Seiten ihrer Persönlichkeit. Auch in ihren Familienbriefen wie in den Briefen und Erinnerungen enger Freunde wird deutlich, dass Bachmann nicht nur schnell und entschieden zu handeln wusste, sondern sich auch rückhaltlos für Menschen einsetzte, wenn ihr Hilfe geboten schien. Nicht immer kannten die, denen da geholfen wurde, das Ausmaß ihres Einsatzes. Bachmann war diskret, sowohl ihren Freunden gegenüber als auch gegenüber sich selbst. Das Private war ihr heilig, und Freunden, die die Grenze zwischen der privaten und der öffentlichen Person nicht anerkennen wollten, wurde jedes Einverständnis aufgekündigt. So unnachgiebig, wie Bachmann in solchen Situationen reagieren konnte, so lebensfroh, pragmatisch und entschlussfreudig haben sie andere erlebt. Diese Seite ihrer Persönlichkeit konnte sie zum ersten Mal in ihrer Arbeit im Sender Rot-Weiß-Rot erfolgreich einbringen. Doch die ritualisierten täglichen Abläufe, die jede Festanstellung mit sich bringt, waren ihre Sache nicht. Schon im Sommer 1952 klagte sie gegenüber ihren Eltern, dass ihr »das Büro« schon ganz »zur Routine geworden« sei: »Genau so gut könnt ich in einer Fabrik Schrauben drehen.«[48]

Nach der Frühjahrstagung in Niendorf hatte Bachmann nicht nur ihre Wiener Rundfunkarbeit erfolgreich ausgebaut, sondern auch ihre literarischen Kontakte in Deutschland vertieft, was für Paul Celan nach den Demütigungen seiner ersten *Gruppe 47*-Erfahrung so nicht möglich war. Enttäuscht zog er sich nach Paris zurück. Während Bachmanns Stern im Umfeld der *Gruppe 47* stieg und sie ihre dichterische Aura im öffentlichen Auftreten zu professionalisieren begann, sah sich Celan in die Einsamkeit zurückgestoßen. Ingeborg Bachmann unternahm in diesem Spätsommer gemeinsam mit ihrer Schwester Isolde ihre erste Reise nach Italien. Im Frühjahr 1952 hatte Isolde in Kärnten geheiratet; die schwesterliche Unternehmung der beiden, die ihnen ein unbefangenes Kennenlernen der italienischen Kunst und Kultur ermöglichte, war ein wichtiger Meilenstein für Ingeborg Bachmanns spätere Hinwendung zu Italien.

Celan besuchte unterdessen seinen Freund Klaus Demus in Tirol und zeigte sich in schwieriger Verfassung.[49] Hatte das junge Dichterpaar, über Zeit- und Ortsgrenzen hinweg, einst versucht, miteinander in engem Austausch zu bleiben, so kündigte sich jetzt eine neue Phase an, die bei aller auch lyrisch bezeugten Nähe auf unübersehbare Brüche in ihrer Verbindung hinwies. In *Mohn und Gedächtnis* heißt es:

So bist du denn geworden
wie ich dich nie gekannt:
dein Herz schlägt allerorten
in einem Brunnenland,[50]

Was die *Gruppe 47* bei der jungen und schönen Schriftstellerin goutierte – die lyrische Mahnwache für das Drama einer ganzen Generation zu halten –, machte Celan zum Außenseiter. Dass Bachmann so offensiv den Kontakt zu den Repräsentanten der deutschen Nachkriegsliteratur suchte und 1952 auch bei der Herbsttagung der *Gruppe 47* auf Burg Berlepsch bei Göttingen ein gern gesehener Gast war, markierte in ihrer Verbindung zu Celan einen tiefen Einschnitt. Bachmann hatte sich für Deutschland entschieden, wo sie sich zwar nie länger als übergangsweise niederlassen sollte, das ihr für die Entwicklung ihrer schriftstellerischen Selbstständigkeit aber unentbehrlich war. Ihr war ganz offenbar bewusst, dass sie eine professionelle Autorenexistenz nur mithilfe eines dicht geknüpften Beziehungsgeflechtes von literarischen und verlegerischen Kontakten in Deutschland führen konnte, und sie war bereit, dafür zu kämpfen.

Celan, der sich, wie zahlreiche seiner Briefe belegen[51], nach der ersten Tagung der *Gruppe 47* auch bei seinen weiteren Deutschlandreisen äußerst unwohl fühlte und immer froh war, wenn er das Land wieder verlassen konnte, spürte wohl genau, dass seine Geliebte nicht bereit war, ihre schriftstellerischen Pläne ihrer Liebe unterzuordnen. Bachmann hatte sich auf vielfältige Weise für Celan eingesetzt, aber sie war nicht willens, sich für ihn aufzugeben. Für sie, die immer aus sich heraus entschieden hatte, war das kein Widerspruch zu ihrer Liebesbindung. Paul Celan sah das wohl anders. Sein Verständnis befand sich im Einklang mit der Auffassung seiner Zeit, die die künstlerische Begabung einer Frau gerne noch unter die Hoheit eines männlichen Genius gestellt sah.

Celans Entscheidung, im Dezember 1952 die Grafikerin Gisèle de Lestrange zu heiraten, traf Ingeborg Bachmann trotz der wiederkehrenden Beziehungskonflikte unvorbereitet. Wiederholt hatte sie ihm nach dem konfliktreichen Niendorfer Treffen nach Paris geschrieben, ihn zwischendurch sogar zu einem gemeinsamen Italienaufenthalt überreden wollen – und es dann doch wieder verworfen.[52] Schließlich wehrte sie sich gegen seine nicht enden wollenden Vorhaltungen, sie habe ihn in diesem »deutschen ›Urwald‹« allein gelassen, als sie zu ahnen begann, »dass Du zu jemand anderem gehst«.[53] Nach den Erinnerungen ihrer Schwester Isolde Moser sah sich Ingeborg Bachmann durch Celans Handeln vor vollendete Tatsachen gestellt. Mit seiner Entscheidung für Gisèle entzog sich Celan dem niederschmetternden Gefühl, dass die deutsche Literaturszene Bachmanns Gedichte gegen die seinen ausspielte. Anders als bei Bachmann bedeuteten Gisèles künstlerische Tätigkeiten für Celans dichterisches Selbstverständnis keine Konkurrenz. Die französische Adelige arbeitete vorzugsweise zu den Klängen von Barockmusik an ihren abstrakten Zeichnungen und war Paul Celan in der Ernsthaftigkeit ihrer Kunstauffassung verbunden.[54]

Eingezwängt in die eng getakteten Produktionsfolgen des Wiener Script Department fühlte sich Bachmann durch Celans Verhalten in jenem »Sommer ohne Ende« sehr niedergedrückt und fragte sich, »was werden soll nach all dem«.[55] Celan konnte oder wollte ihr zu diesem Zeitpunkt keine Antwort mehr geben und ließ sie monatelang ohne Nachricht. Wieder einmal fand sie Zuflucht in ihrer Arbeit. In der Zeit von August 1952 bis Juli 1953 entwarf Bachmann etwa ein Hörfunkskript im Monat. Parallel dazu trieb sie ihr eigenes schriftstellerisches Fortkommen unbeirrt voran. An ihre Eltern schrieb sie im Sommer 1952, dass sich die deutschen Sender »brav« um die Aufnahme ihrer Werke bemühen, nur das »Überweisen der Honorare« dauere »relativ lang«.[56] Für die Italienreise mit ihrer Schwester scheute sie sich nicht, eines der ersehnten Rundfunkhonorare für »Isis Fahrkarte« zu verwenden.

Nicht nur gegenüber ihren Eltern führte sie ihre Pläne und Vorhaben für die kommenden Monate detailliert aus, auch ihre Briefe an Schriftstellerkollegen belegen, wie sehr sie sich darum bemühte, die im Frühjahr geknüpften Kontakte nach Deutschland nicht wieder erkalten zu lassen. Während der Herbsttagung der *Gruppe 47* Ende Oktober 1952[57], an der Celan schon nicht mehr teilnahm, traf sie auf Burg Berlepsch bei Göttingen den jungen Komponisten Hans Werner Henze, eine Begegnung, die ihrer beider Leben für immer verändern sollte.

7. Königstochter und Götterliebling – Bachmann und Henze machen die Welt zur Bühne

Der gleichaltrige Henze stand Bachmann an Charisma, Attraktivität und Erfolgshunger in nichts nach. Wie die österreichische Schriftstellerin wusste auch der junge Komponist einen enormen intellektuellen Eros zu entfachen und Menschen beiderlei Geschlechts für sich einzunehmen. Jung, blond und gut aussehend wie die von ihm schon bald umworbene Dichterin, erschien der äußerst kontaktfreudige und energiegeladene Henze in allem als das Gegenteil des schwerblütigen Paul Celan. In Bachmanns damaliger Lebensphase muss er ihr wie ein Götterjüngling erschienen sein, der ihr schon bald verheißungsvolle Zukunftsträume von einem freien und ungebundenen Künstlerleben einflüstern sollte.

Wenn es so etwas wie ein »spontanes intellektuelles Verliebtsein«, einen »platonischen coup de foudre«[I] gibt, dann hat er auf dem Herbsttreffen der *Gruppe 47* bei Göttingen stattgefunden. Die Begeisterung füreinander war auch für die anderen Tagungsteilnehmer nicht zu übersehen. Von Anfang an inszenierten sie sich aneinander und miteinander und verbargen fürs Erste geschickt, dass beide damit beschäftigt waren, sich sowohl aus dem ideologischen Trümmerfeld ihrer Jugend als auch aus dem materiellen Nichts einer völlig ungesicherten Existenz herauszuschälen. Anders als Bachmann hatte Henze kein abgeschlossenes Studium vorzuweisen, der Krieg hatte ihm soldatische Erfahrungen und jede Menge

Frustrationen beschert, seine bindungslos verströmende Homosexualität und ein übermächtiger Ehrgeiz trieben ihn in mitunter anarchische Lebenszustände, in denen alles möglich war und mitunter gar nichts ging.[2] In unzähligen Erinnerungen und Gesprächen hat Henze rückblickend die Ausgangslage des von ihm als magisch empfundenen Aufeinandertreffens resümiert und ist dabei mit sich hart ins Gericht gegangen. Wer war er denn? »Ein Anfänger, ein neugieriger und ruhmsüchtiger Ausreißer, wild und kaltherzig; arrogant und ahnungslos. A precious bird.«[3] Wie sehr er noch mit sich rang, konnte Bachmann zum Zeitpunkt ihrer ersten Begegnung ebenso wenig erkennen, wie Henze um die Passionsgeschichte ihrer Bindung an Celan wusste. Von ihrer faszinierenden Erscheinung eingenommen, gab Henze 1952 auf Burg Berlepsch den ungestümen Märchenprinzen, und Bachmann kokettierte mit der Rolle des ätherisch-zarten Burgfräuleins, eine Rolle, die auch andere Bewerber auf den Plan rief. So schlüpfte der umtriebige NWDR-Intendant Ernst Schnabel nächtens in eine Ritterrüstung, um so mit Visier und Helm getarnt Ingeborg Bachmann auf ihrem Zimmer zu besuchen. Die aber hielt ihre Tür verschlossen und beschwerte sich anderntags bei Hans Werner Richter über den ungewohnten nächtlichen Lärm.[4]

Ungeachtet solcher in der Gruppe immer wieder hervorbrechenden Eifersüchteleien setzten Bachmann und Henze ihr mit ungeheurer Verve und enormem Enthusiasmus begonnenes Sprechen fort. Noch am Tagungsort versäumte es der entflammte Henze nicht, eine erste Nachricht an sein »liebes fräulein bachmann« zu richten (und ihr eine Mitfahrgelegenheit »nach Köln« anzubieten).[5] Doch wieder ließ sich Bachmann nicht so rasch in die Karten schauen, stapelte metertief – »nun bin ich leider des Schreibens nicht halb so kundig wie Sie«[6] – und foppte den kunstsinnigen und mit illustren Aufführungsorten nur so balzenden Komponisten[7] in einem Brief Anfang 1953 mit der Posse von einer selbst verfassten ländli-

chen Oper und der mokant hingeworfenen Bemerkung: »Nur
Jodeln können Sie wahrscheinlich nicht.«[8] Das enthusiasti-
sche Maskenspiel, mit dem beide ihr Interesse am anderen nur
noch mehr zu entfachen wussten, nahm seinen Lauf. Denn natürlich hatte er ihre Gedichte in Göttingen gehört, natürlich
hatte er die weiteren von ihr an ihn gesandten Gedichte gelesen und jubilierte in der Folge über deren »dodekaphonistische
kühle«, vor allem aber über die »erfreuliche entdeckung ihrer
verwandtschaft mit unserer jungen musik«.[9]

Der Kontakt mit dem gleichaltrigen Henze, der wie Bachmann noch völlig am Anfang seiner freien Künstlerexistenz
stand, entwickelte sich in einer Zeit, als sich der ihr doch immer noch sehr nahestehende Celan scheinbar unwiederbringlich entzog. Nach dessen Heirat im Dezember schien für Ingeborg Bachmann der Weg nach Paris versperrt. Gemeinsam mit
ihrer Freundin Ilse Aichinger, die sich auf dem Frühjahrstreffen
in Niendorf in Günter Eich verliebt hatte und ihn bald darauf
heiraten sollte, schmiedete sie Pläne für eine endgültige Übersiedlung nach Deutschland. Sie sehnte sich danach, aus ihrem
engen Wiener Korsett von Produktionszwängen und über die
Jahre eingeschliffenen Verbindlichkeiten auszubrechen. Schrittweise hatte sie versucht, sich von den alten »Freundschaftsdiens-
ten« für die Wiener Literaturpatriarchen zu lösen, wie etwa den
regelmäßig an sie herangetragenen Bitten um Teilnahme an An-
thologien und Sammelbänden. So lehnte sie bereits 1949 Rudolf Felmayrs Gesuch um Teilnahme an einer Anthologie ab:
»Ich habe eine schwer zu beschreibende Aversion gegen junge
Leute«, es komme ihr »unmöglich vor, mit ihnen in einem
Buch beisammen zu sein und gemeinsam mit einem Dutzend
anderer als ›junge Dichterin‹ abgestempelt zu sein«. Die Härte
dieser Absage, die sie mit Hinweis auf eine spontane Erkran-
kung nur dürftig kaschierte, traf ausgerechnet jenen Mann, den
sie kaum drei Jahre zuvor »jung und unbekannt« zum Türöffner
der Wiener Literatenszene auserkoren hatte.[10]

Inzwischen war sich Bachmann ihres Könnens bewusst, und die Erfahrungen mit der *Gruppe 47* hatten ihr vor Augen geführt, wie sie ihr Ziel erreichen konnte. Sie wollte einzig sein und als singuläre Erscheinung gelten, die sich aus der Masse heraushob. In Niendorf hatte Bachmann das süße Gift der Adoration gekostet, und sie wollte auf dieses Aphrodisiakum künftig nicht mehr verzichten. Der Wunsch nach einer freien Schriftstellerexistenz, für die ihr damals in Österreich sowohl die materiellen als auch die institutionellen Voraussetzungen fehlten, sowie das dafür notwendige Spektrum an Verlagshäusern und Rundfunkanstalten und die Vielfalt der Presseorgane, wurde übermächtig. An Heinrich Böll schrieb sie im Februar 1953: »Vor der Literatur als Beruf fürchte ich mich sehr [...]. Aber probieren möchte ich es trotzdem.«[11]

Mit ihrem ersten wichtigen literarischen Erfolg schien diese Chance nun zum Greifen nah. Auf dem Frühjahrstreffen der *Gruppe 47* im Mai 1953 hatte Bachmann die Gedichte »Die große Fracht«, »Holz und Späne«, »Nachtflug« und »Große Landschaft bei Wien« vorgelesen, nun wurde ihr im Kurfürstlichen Schloss in Mainz der inzwischen hochangesehene Preis der Gruppe zugesprochen. Die Auszeichnung war so bedeutend, dass Hans Werner Henze die Nachricht zuerst nicht glauben konnte.[12] Daran schlossen sich Rundfunklesungen, zahlreiche Interviews und Lesungen in verschiedenen deutschen Städten an, sie gaben für die junge Autorin den Ausschlag, den Sprung ins kalte Wasser endlich zu wagen. Am 13. Juni 1953 gestand sie der Münchner *Abendzeitung*: »Am liebsten möchte ich ganz als freie Schriftstellerin leben und vielleicht nach Deutschland kommen.« Befeuert wurde dieser Wunsch ganz sicher auch durch ihre Bekanntschaft mit dem Schriftsteller und Verlagsleiter Alfred Andersch, aus der eine freundschaftliche Verbundenheit mit ihm und seiner Frau Gisela erwuchs. Es war Andersch, der Bachmanns ersten Gedichtband, *Die gestundete Zeit,* in der von ihm herausgegebenen Reihe »Studio Frankfurt« in der Frankfurter Verlags-anstalt im Herbst 1953 herausbringen sollte.

Zurück in Wien, zögerte Bachmann nicht länger. Hans Werner Henze hatte sie schon länger mit Gedankenspielen zu einem gemeinsamen italienischen Sommer gelockt und für sich bereits ein kleines Sarazenenhaus auf Ischia gemietet. Schon im April trug er ihr die Bitte um ein Opernlibretto an, er wünschte sich eine Neufassung für die Monologe des Fürsten Myschkin in der von ihm komponierten Ballettpanto-mime *Der Idiot*. Erste Erfolge, wie seine 1952 in Hannover ur-aufgeführte Oper *Boulevard Solitude* und die im gleichen Jahr in Berlin zur Aufführung gelangte Pantomime, die daraufhin zur Biennale nach Venedig eingeladen wurde, ließen ihn auf weitere Schaffensphasen hoffen und von einem ungestörten »mönchleben« träumen, das ihm die ersehnte »Konzentra-tion« bescheren und das »Creative in den Vordergrund« rü-cken sollte.[13] Als er ihr schon von der Insel aus zurief: »warum kommen Sie nicht hierher?«[14], ließ sie sich nicht lange bit-ten und gab ihre Anstellung im Sender Rot-Weiß-Rot im Juli auf. Henze schwelgte in Vorfreude: »da Sie die liebe wunder-bare bachmann sind, werden wir leicht sehr gute agreements finden hinsichtlich der gestaltung des tages. viel alleinsein ist nötig.«[15] Sie zählte in Wien ihre durch das Preisgeld der *Gruppe 47* und die zahlreichen Rundfunkhonorare ganz pas-sabel gewordene Barschaft zusammen, packte ihre Habselig-keiten und löste ihre Wiener Bleibe auf. »Es ist unvorstell-bar, was ein einziger Mensch an Kram hat und an Menschen rundherum, die verabschiedet werden müssen, von der Steuer und den Meldeämtern ganz zu schweigen.«[16] Ihre »zwei Kis-ten« persönliches Hab und Gut ließ sie per Spedition direkt in ihr Elternhaus nach Klagenfurt bringen[17], ihr Lebensabschnitt in der österreichischen Kapitale ging damit zu Ende.

Das Echo auf Bachmanns Abschied von Wien war ohren-betäubend und hallte auf Jahre nach. Die Wut und Enttäuschung der Wiener Literaturpatriarchen, die sich um ihre vielversprechendste Entdeckung betrogen sahen, kannte keine Grenzen. Auf einmal hatten es alle gewusst, war ihr Ausnahmetalent als Dichterin natürlich in Wien und nur in Wien entdeckt worden, und die Deutschen hatten sich als Trittbrettfahrer an die literarische Sensation angehängt. Nachdem Hans Weigel noch vergeblich versucht hatte, gegen Bachmanns neue Verbundenheit mit Henze und die daraus erwachsenden Librettopläne für *Der Idiot* zu intrigieren[18], haderte er schwer mit Bachmanns Fortgehen und suchte seine Rolle für ihre Entdeckung in seinem Schlüsselroman *Unvollendete Symphonie* für die Nachwelt festzuhalten. Die Bitterkeit Hermann Hakels aber, der bereits 1949 erste Gedichte in seine Zeitschrift *Lynkeus* aufgenommen hatte, schlug sich in einer ganzen Reihe von boshaften Schmähungen nieder, die mehr über den Absender verraten als über die Adressatin. Noch 1974, also ein Jahr nach Bachmanns tragischem Tod, schickte er ganze Hasstiraden unter dem Titel *Karriere und Gesichter der Ingeborg Bachmann* hinterher und bemühte sich gleichfalls festzustellen, dass er die »fertige Lyrikerin« natürlich sofort erkannt und »ihre Verse so bald wie möglich« publiziert habe.[19]

Henzes luziden Lockruf im Ohr – »der grosse pan lauert«[20] –, machte sich Ingeborg Bachmann von Wien aus nach Kärnten auf und besuchte dort ihre Familie, bevor sie am 9. August 1953 auf Ischia eintraf. Der Zufall wollte es, dass dieser Tag als Namenstag des heiligen Veit, San Vito, mit einem großen Volksfest auf der Insel gefeiert wurde. Henze erinnert sich an das große Staunen und die tiefe Faszination der jungen Dichterin für dieses sinnenfrohe südliche Fest, das Alte und Junge, Arme und Reiche in seinen Bann zog und Ingeborg Bachmann emphatisch ausrufen ließ: »Einmal muß das Fest ja kommen!«, eine Sentenz, die sie in ihren Zyklus »Lieder von einer Insel« aufnahm. Dass Bachmann ihre Ankunft in ihrem »erstgeborenen Land« Italien als »ungeheures Fest«

genießen durfte, erschien ihr als »das Schönste, was ich bisher erlebt habe«. Wie in einem Traum scheinen Antike und Christentum miteinander verbunden, der Lichterglanz taucht alles wie in »tausendundeine Nacht«: »Man ist garnicht mehr fremd, sondern einfach hin- und mitgerissen von dem Leben hier, es ist eine ganz antike Insel, die noch den alten Göttern gehört und der die Zeit nichts anhaben kann.«[21]

Beide Künstler waren jung, von ihrer Kunst und von der Idee eines freien Künstlerlebens begeistert. Ischia galt damals als Domizil einer europäischen Avantgarde. Mit kaum verhohlenem Stolz konstatierte sie: »Es sind meist Maler und Schriftsteller und Komponisten, sehr Prominente darunter, aus aller Welt.« Nach all den Engstirnigkeiten und Eifersüchteleien der Wiener Jahre muss Bachmann die ungezwungene Lebensform dieser Künstlerkolonie als Befreiung empfunden haben. Nach einigen Stunden morgendlichen Schreibens badete sie über Mittag im Meer, genoss wie alle Inselbewohner eine ausgiebige Siesta, um dann ab fünf Uhr nachmittags noch ein wenig zu arbeiten. Dann wartete schon der Abend, der, mit »dem billigen Wein« genossen, das Hochgefühl des »dolce far niente« erst so richtig abrundete.[22] Im September gestand sie in einem Brief an Paul Celan: »Es geht mir so gut hier, dass ich nicht denken mag, was wird. Ich wohne in einem alten kleinen Bauernhaus, ganz allein, in einer wilden, schönen Gegend, die ›verbranntes Meer‹ heisst, und manchmal wünsche ich mir, nie mehr zurück zu müssen nach ›Europa‹.«[23]

Henze, der bereits ein halbes Jahr vor Bachmann sein Domizil auf Ischia bezogen hatte, suchte hier Ruhe vor den Zwängen und Missstimmigkeiten des Musiktheaterbetriebes, die ihn in Deutschland zunehmend bedrängt hatten. Nach anfänglicher Einsiedelei fand er bald Verbindung zu der dort schon länger ansässigen Künstlerkolonie um Vladimir Nabokov, Stephen Spender, Golo Mann, Wystan Hugh Auden und den englischen Komponisten William Walton. Die Exklusivität dieses

Kreises zog auch weitere deutsche Intellektuelle an. Launig berichtete Bachmann nach Klagenfurt, dass für September Ernst Schnabel vom NWDR erwartet werde, »auf ein paar Tage, um zu schauen, was seine Schäfchen, für die er zahlt, arbeiten«.[24]

Nach Ingeborg Bachmanns Kummer mit Paul Celan war die Verehrung, die ihr Hans Werner Henze entgegenbrachte, Balsam für ihre Wunden. Der charismatische Henze umschwärmte die junge Schriftstellerin mit einer erotisch inspirierten Zuneigung, auch wenn sich Bachmann bald eingestehen musste, dass seine Homosexualität einer tatsächlichen Liebesbindung, die sie sich durchaus für ihr Leben wünschte, immer entgegenstehen würde. Doch Henzes scharfzüngiger Intellekt faszinierte sie, so wie auch er von der Hellsichtigkeit ihrer intellektuellen Wahrnehmung begeistert war. Seine leidenschaftlichen Stellungnahmen gegen den Krieg und gegen das im Nachkriegsalltag unvermindert wirksame faschistische Denken vieler Zeitgenossen entsprachen ihrer eigenen unbestechlichen Rezeption der gesellschaftlichen Realität. In einem Gespräch mit dem Journalisten Hansjörg Pauli erinnerte Hans Werner Henze die damalige Situation:

Ich bin, wie Sie wissen, im Faschismus aufgewachsen und wurde von meinem Vater gezwungen, in der Hitler-Jugend mitzumachen. Mein Haß auf den Vater verschränkte sich mit dem Haß auf den Faschismus und übertrug sich auf die Nation der Soldaten, die mir als eine Nation von Vätern erschien. […] Ich sah, wie aus diesem Erbe ein neuer Staat entstand, mit den alten miesen Figuren. Darauf reagierte ich so, wie viele andere auch: Enzensberger, Andersch, Hildesheimer, Ingeborg Bachmann – ich ging aus Deutschland weg, sobald ich es mir erlauben konnte.[25]

In den Erinnerungen des Komponisten gestaltete sich seine Gemeinschaft mit Bachmann auf Ischia und später in Neapel als wunderbares, schönes, reines Leben, in dem sich Eros und Intellekt, Jungsein und Glück miteinander verbanden.[26] Bachmann hingegen hatte in ihrem bisherigen Leben zu viele schmerzhafte Erfahrungen gemacht und in ihrer Liebe zu Celan zu tief empfunden, um nicht auch die enormen Zugeständnisse wahrzunehmen, die ein Zusammenleben mit Henze vor allem von ihr forderte. Kein Zweifel, ihr »mutiges Herz« opferte sich »seinen Wünschen« und tolerierte die »Umarmungen schöner Knaben«[27], die bei Henze ein und aus gingen. Sie bemühte sich redlich, ihre eigenen, durchaus irdischen Beziehungswünsche der höheren Idee einer exklusiven Künstlergemeinschaft zu opfern. Und doch blieb es »ein delikates Ballett aus Annäherung, Ausweichen, einander Umtänzeln«[28]. Nur phasenweise gelang es ihr, sich jener Lebensform zu fügen, die er mit ihr zu teilen bereit war und die sie zwang, alles in sich zurückzudrängen, was sie über die ihr zugewiesenen Grenzen hinaus bedrängte.

Er dankte es ihr, indem er sie zur *poetessa assoluta* erhob und nicht müde wurde, ihre einzigartige Aura zu beschwören. In Erinnerung an ihre erste Begegnung imaginierte er ihre »elfenhafte Erscheinung mit schönen großen Augen und zitternden Lidern, wunderbaren Händen, eine Person, von der eine Aura von Empfindsamkeit ausging, eine Verkörperung von Qualität, ein Mensch mit Grazie und Charme, wie von der Nachtigall geboren«.[29] Nie würde er vergessen, dass er mit ihr auf einen einzigartigen Menschen gestoßen war – seine ganz persönliche Undine. Sie war ihm Schwester, platonische Geliebte und – vielleicht ihre wichtigste Rolle – Erlöserin von alten Versagensängsten. Er erwählte sie zu seiner Königin, und ihr gemeinsamer Inselaufenthalt wurde ihm zum Königreich. Schärfer als er sah sie die Gefährdungen dieser *splendid isolation*. In ihrem 1955 erstmals ausgestrahlten Hörspiel *Die Zikaden*, für das Henze die Musik schrieb, hat sie die Inselutopie der künstlerischen Avantgarde decouvriert, denn eine Kunst

ohne gesellschaftliche Wirklichkeit konnte es für sie nicht
geben.

»Hier ist eine Insel, und was willst du?
[…]
Willst du nicht aufstehen und sehen,
ob diese Hände zu gebrauchen sind?
Oder willst du dir die Welt erlassen und
die stolze Gefangenschaft?
Such nicht zu vergessen! Erinnre dich!
Und der dürre Gesang deiner Sehnsucht wird Fleisch.[30]

Das Titelmotiv des Bachmann'schen Hörspiels geht auf Pla-
tons *Phaidros* zurück; in dem von ihm überlieferten Mythos
sind die Zikaden Menschenwesen vor der Zeit der Musen, deren Erscheinen den Gesang erst zu den Menschen brachte. Die
vormusischen Menschenwesen waren von diesem Gesang so
entzückt, dass sie vergaßen, Nahrung zu sich zu nehmen, und,
so verzaubert, ihr Leben lassen mussten. Das darauf entstandene Geschlecht der Zikaden wurde von den Musen zu ihren
reinen Sängern und Boten ernannt, die ihnen nun von solchen
Menschen künden, die die Musik als existenzielle Form des
Daseins begreifen, als eine philosophische Art zu leben.

Seit frühester Kindheit hatte Ingeborg Bachmann die Musik
geliebt und sie als ein geistiges Heimatland erfahren, noch bevor sie zu schreiben begonnen hatte. Durch ihre Begegnung
mit Henze gelang es ihr, ihre beiden urkünstlerischen Interessen zusammenzuführen und ihr Verhältnis zur Musik sowohl in der theoretischen Auseinandersetzung als auch in ihrer
Arbeit als Librettistin zu professionalisieren.

Ich habe als Kind zuerst zu komponieren angefangen. Und weil es
gleich eine Oper sein sollte, habe ich nicht gewußt, wer mir dazu
das schreiben wird, was die Personen singen sollten, also habe ich

es selbst schreiben müssen. Dann ist es lange Jahre nebenher gelaufen. Aber ich habe ganz plötzlich aufgehört, habe das Klavier zugemacht und alles weggeworfen, weil ich gewußt habe, daß es nicht reicht, daß die Begabung nicht groß genug ist. Und dann habe ich nur noch geschrieben. [...] Was geblieben ist, ist vielleicht doch ein besonderes Verhältnis zur Musik. Aber viel dazugelernt habe ich eigentlich erst sehr viel später, als ich dann längst schon diese pedantische Genauigkeit gehabt habe ...[31]

In der ihr eigenen Unbedingtheit suchte und fand die junge Schriftstellerin in der Zusammenarbeit mit Henze eine neue künstlerische Herausforderung. Mit Bachmanns lyrischer Neufassung zu Tatjana Gsovskys Ballettpantomime *Der Idiot* nach Fjodor Dostojewskis gleichnamigem Roman begründeten beide ihre künstlerische Zusammenarbeit. Der »Monolog des Fürsten Myschkin« konnte so noch in Bachmanns erstem Gedichtband, *Die gestundete Zeit,* aufgenommen werden, dessen Erscheinen Alfred Andersch für den Herbst 1953 vorbereitet hatte. Mit Ausnahme des »Monologs« waren die Gedichte des ersten Bandes fast ausnahmslos in Wien entstanden, die meisten hatten bereits Vorabdrucke in den damals wichtigsten Kulturzeitschriften erfahren, wie in *Merkur, Wort und Wahrheit, Frankfurter Hefte, Die Literatur, Die neue Zeitung,* oder waren bei Rundfunklesungen zum Vortrag gekommen, hier vor allem im NWDR, Hamburg, und im Hessischen Rundfunk (HR), Frankfurt am Main.[32]

Nahezu alle Gedichte, die in Bachmanns erstem Gedichtband aufgenommen wurden, standen in einem unübersehbaren zeitgeschichtlichen Kontext. Aus den Erfahrungen von Nationalsozialismus und Krieg erwuchs ein historisch motivierter Sprachzweifel, der die Koordinaten ihres Schreibens bis in die Prosa der 60er- und frühen 70er-Jahre bestimmen sollte. Aus dem Wissen um die Beschädigung der kulturellen Tradition durch die nationalsozialistische Herrschaft legitimierte Bachmann ihre Absage an traditionelle Dichtungskonzeptionen. Der Hoffnung auf eine ästhetische Innovation ging eine Bereitschaft zum Verstummen voraus. Schweigen und Verstummen bezeichnen in Bachmanns Gedichten die kollektive wie subjektiv-poetische Konsequenz aus einer zerstörerischen geschichtlichen Erfahrung. Das appellativ eingesetzte »Du«, ein in zahlreichen Gedichten der *Gestundeten Zeit* unübersehbarer Leserbezug, ist nicht nur ein Indiz für die auch bei anderen Autoren erkennbare »pädagogische Leidenschaft der Nachkriegszeit«.[33] Es dient darüber hinaus der Sinngebung und Legitimation des poetischen Sprechens, das in der Thematisierung des Sprachverlustes diesen gerade überwinden will.[34] Die unübersehbaren ästhetischen Spannungen in diesem Gedichtband öffnen den Blick für die von Bachmann seismografisch registrierten gesellschaftlichen Konflikte im Zeitraum seiner Entstehung. Innovative poetische Formeln kontrastieren hart mit traditionellen poetischen Wendungen, deren Forderungen nach »Glanz« und »Schönheit« dem Bekenntnis zur Schmerzerfahrung und Schmerzbewahrung unversöhnlich gegenüberstehen.

> Die Zeit tut Wunder. Kommt sie uns aber unrecht,
> mit dem Pochen der Schuld: wir sind nicht zu Hause.[35]

Schon in ihrem ersten Gedichtband etabliert Bachmann die Bedeutung der Erinnerung sowohl als literarisches Motiv als auch als bedeutsames Strukturelement ihres poetischen Sprechens. Als literarisches Motiv umfasst Erinnerung zum einen die Ebene einer kollektiven historischen Erfahrung und zum anderen die Ebene eines subjektiven Erinnerungsbewusstseins, wie auch die Metaebene literarischer Zitate und kultureller Versatzstücke aus Volkslied, Mythos und Märchen.[36] So heißt es in ihrem Gedicht »Früher Mittag« in unüberhörbarer Anspielung an das deutsche Volkslied »Der Lindenbaum«:

Sieben Jahre später,
in einem Totenhaus,
trinken die Henker von gestern
den goldenen Becher aus.
Die Augen täten dir sinken.[37]

Aus heutiger Sicht frappiert, wie konsequent die zeitgenössische Kritik die tiefgreifende politische Dimension in Bachmanns erstem Gedichtband übersah. Die vorwiegend männlichen Kritiker erkannten nur das, was sie sehen wollten, und rühmten den »neuen Stern am deutschen Poetenhimmel«[38]. Mit der tonangebenden *Spiegel*-Titelstory wurde im August 1954 eine hymnische Vermischung von Werk und Person eingeläutet, die die Zeitungskritik jener Jahre auf lange Zeit dominieren sollte.

Henzes gesellschaftskritisches Musikverständnis, mit dem er als einer der Vertreter der Neuen Musik in Deutschland die ästhetische Opposition gegen die tradierten Politik- und Kunstvorstellungen einer restaurativen Gesellschaft vorantreiben wollte, berührte sich mit Bachmanns Vorstellung von den Künsten als legitimen utopischen Kräften, die das Unbedingte einfordern dürfen und müssen und als »reine Größen« ihren Blick auf »das Vollkommene, das Unmögliche, Unerreichbare« zu richten haben. Die Gedichte ihres zweiten Gedichtbandes, *Anrufung des großen Bären*, die größtenteils in Italien entstanden sind, dokumentieren die Befreiung aus der zeitgeschichtlichen Gebundenheit traumatischer Geschichtserfahrung. In Italien hatte sich die inspirierende Kraft des Eros seit der Antike mit dem römisch-katholischen Alltagsleben verbunden, die historische Sprachnot Ingeborg Bachmanns fand hier in der souveränen Handhabung der großen lyrischen Form zu einem befreiten Sprechen. Vom Inselaufenthalt mit Henze ging eine Initialzündung aus, die ihr künstlerisches Selbstverständnis, ihren Umgang mit Topografien und ihren kompositorischen Umgang mit dem vorgefundenen Sprachmaterial verändert hat.

Zeigt sich im ersten Gedichtband noch ein didaktischer Zug, der aus dem Bewusstsein der historischen Katastrophe tradierte Sprachformen und Bildstrukturen aufbrechen möchte, so greifen die Kompositionstechniken des zweiten Gedichtbandes unverkennbar auf musikalische Techniken wie Thema und Variation, Strophe und Reihung, Intervall und Zäsur zurück und behaupten sich in einem sehr freien und souveränen Sprechen, das Tradition und Moderne, intime Erinnerungsbilder und antiken Mythos zu verbinden weiß. Auf subversive Weise verbindet Bachmann in ihrem zweiten Gedichtband kollektiv tradierte Motive des europäischen Südens mit assoziativ-traumatischen Bildern einer höchst subjektiven Schmerzerfahrung und eines kollektiven historischen Bewusstseins.[39] Der verführerische Bachmann-Sound, der bereits die Leser des ersten Bandes in seinen Bann gezogen hat, wird vielstimmiger, nuancenreicher, melodischer, ohne dass die Autorin je auf den Gedanken gekommen wäre, Musik und Dichtung miteinander vermischen zu wollen. In ihrem Essay *Musik und Dichtung* (1959) reflektiert sie beide Künste auf den Spuren Hölderlins und konstatiert für sie eine gemeinsame »Gangart des Geistes«, einen »Rhythmus, in dem ersten, gestaltgebenden Sinn«. Von hier aus »vermögen sie einander zu erkennen. Darum ist da eine Spur.« Doch diese Spur bedeutet bei Bachmann noch lange nicht, die grundlegende Verschiedenheit beider »Zeitkünste« zu negieren. Sie weigert sich, nach »poetischen Inhalten« in der Musik zu suchen, genauso, wie sie die Vorstellung von einer »Wortmusik« in der Dichtung ablehnt.[40] Fast anderthalb Jahrzehnte später formulierte sie es noch kompromissloser: »Es gibt keine musikalische Lyrik, es gibt keine musikalische Prosa, Musik ist etwas ganz anderes.«[41]

Nach Bachmanns Verzweiflung über das nicht selten an sich selbst erstickende Gespräch mit Celan bedeutete der Umgang mit Henze auch im persönlichen Sprechen einen Befreiungs-schlag. Auf einmal gab es keine Denkverbote mehr. Im dicht gewebten Netz ihrer polyglott geführten Konversation mischten sich mühelos Poesie und Klatsch, Reflexion und Sentiment, Alltag und Kunst in einem ideensprühenden Austausch, der im folgenden Jahrzehnt zu sechs äußerst erfolgreichen gemeinsamen Arbeiten führte. Die *Nachtstücke und Arien*, das *Zikaden*-Hörspiel, die Chorfantasie »Lieder von einer Insel«, die neu gefassten Ballettmonologe für *Der Idiot* und die beiden Opern *Der Prinz von Homburg* und *Der junge Lord,* wobei vor allem die beiden Letzteren zu Meilensteinen des modernen Musiktheaters avancierten.

Der in vier Sprachen balancierende, zwischen ästhetisch pointierter Konversation und hemmungsloser Klatschlust hin und her springende Bachmann-Henze-Briefwechsel taucht die Leser mitten hinein in das Wechselbad zwischen Anbetung und Anspruchsdenken, höchstem Ehrgeiz und banalen Geldsorgen, tiefer künstlerischer Reflexion und unverhohlener Lust an exquisiter Garderobe und prachtvoller Inszenierung des persönlichen Lebensraumes. Mochten die Kassen noch so leer sein, der Lebenshunger war riesengroß. Nie war das Gute gut genug, es musste exklusiver, unvergleichlich, *bigger than ordinary life* sein. So prächtig wie das gemeinsame Leben, so pfauenradschlagend gebärdeten sich auch die einander zugedachten Bonmots und Trouvaillen: Die »liebe Eiche« des Komponisten, sein »illustres zartes Bachtier« stieß dann schon mal auf einen »scheiss-henze«, der sich »nicht doll auf zahn« fühlte, »Mon chèr ami« rief nach seiner »Sapphetta« und beschwor seine »liebe Bachmanita«, um sie dann wieder als seine »liebe arme kleine Allergrösste« anzuhimmeln.[42]

Der Meister gab den Takt seines groß angelegten Lebensentwurfes vor und bedachte die angebetete Ingeborg mit der Rolle der ihm an Geist und Glamour ebenbürtigen Zwillingsschwester. »Sie war sechs Tage älter als ich, aber ihr Wissen – um die

Welt, um die Menschen, um die Dinge der Kunst – übertraf das meine um zweitausend Jahr. Ich lehnte mich an sie an.«[43] Er wollte sie immer bei sich haben – aber zu seinen Bedingungen. Und so dauerte es nicht lange, bis er seiner »Illustre[n] bachstelze« die Ehe antrug, ein gewagtes Unterfangen, das bei ihren gegensätzlichen sexuellen Neigungen nur auf der Basis völliger Abgeklärtheit hätte funktionieren können. In diesem Spiel jedoch war keiner »cool«, war die Leidenschaft für das künstlerische Potenzial des anderen nie ganz von der Leidenschaft für den Menschen zu trennen. Den vielen enthusiastischen Beteuerungen und neckischen Wortspielereien zum Trotz hielten sich beide mit verstörenden Bekenntnissen auffallend zurück. Camouflagen und Maskeraden bestimmten die Spielregeln, über die blendenden Bruder-Schwester-Bilder legten sich blinde Flecken, keiner ließ sich vom anderen ganz in die Karten sehen. Noch Jahrzehnte später resümierte Henze verwundert, dass Bachmann »die wunderliche Angewohnheit besaß, mehrere Leben gleichzeitig zu leben oder doch so zu tun als ob«[44]. Mit keinem Wort gab sie Henze einen Hinweis auf die Bedeutung, die Paul Celan für sie hatte, und auch er hielt sich lange bedeckt, was mögliche Geständnisse über sein »erotisches Freibeutertum«[45] betraf.

Als sich beider Gedankenspiele um Eheschließung und die damit erhoffte Chance auf bürgerliche Sicherheiten in gegenseitige Missverständnisse, Kränkungen und Enttäuschungen verwickelten, rangen beide um Erklärungen. Auf den Höhenflug der gegenseitigen Adoration folgten qualvolle Selbstvorwürfe: »ich sollte mich zutiefst schämen«, gestand er ihr: »ich hoffe, es zählt nicht wirklich, dass Du Dich von mir verletzt fühlen könntest, weil ich jemandem in betrunkenem zustand erzählt habe, wir würden vielleicht heiraten. wahrscheinlich wäre das leben zur hölle geworden, vor allem für Dich, das war mir sofort klar, als ich mich den tatsachen gestellt habe. für mich gibt es weder hoffnung noch rettung, ich muss mein er-

bärmlich einsames leben bis zum bitteren ende durchhalten.«[46]
Henze peinigte sich mit der »Schande« seiner Existenz, die ihn
noch in die »hölle« bringen würde, und hoffte doch, dass für
Ingeborg »ein schöner junger prinz kommen« und sie selbst
»ruhig leben, arbeiten, gute gedichte schreiben« würde. Noch
immer wollte er den Takt vorgeben, und wenn er schon selbst
nicht in der Lage war, den weißen Ritter für seine »Illustre
Bachstelze« zu spielen, so wollte er sich doch die Inszenierung
ihres Lebens nicht aus der Hand nehmen lassen.

Ingeborg Bachmann sah das anders und konterte kühl.
Nach dem Debakel um seine Ehepläne war für sie das Maskenspiel zu Ende, nun folgte der emotionale Offenbarungs-
eid: »Bitte, glaub nicht, dass ich so verletzt war, weil Du es Dir
anders überlegt hast. Ich war viel trauriger und krank, weil
ich Dein Benehmen, Schweigen und Kälte, nicht verstand.
Wenn ich Deinen Brief lese, denke ich, dass Du nur wegen
dieser Heiratsidee Angst hattest, Angst, dass ich sie ernst nehmen könnte.«[47] Ihr Resümee zeugt von bitterer Klarheit, keine
Frage, sie hatte ihn durchschaut. »Ich glaube nicht an Gerechtigkeit im Leben und an schöne Prinzen. Es gibt viele und verschiedene Wege, in die Hölle zu fahren.«[48]

Was diesem Königspaar der Künste blieb, waren die gemeinsame Arbeit und das hohe Gut einer von beiden tief empfundenen Freundschaft. Schon in frühester Jugend hatte Bachmann geahnt, dass sie ihr künstlerisches Auserwähltsein im
persönlichen Leben teuer zu stehen kommen könnte – nun
sah sie sich in ihren Ängsten bestätigt: »Man muss nur dafür
bezahlen, und unsere Engel sind dunkel.«[49]

Vom 16. bis 18. Oktober 1953 nahm Bachmann an einem
weiteren Treffen der *Gruppe 47* auf Schloss Bebenhausen bei
Tübingen teil; der Tagungsort war ein Vorschlag Martin Wal-
sers, der damals freier Mitarbeiter beim Süddeutschen Rundfunk in Stuttgart war.[50] Dort las sie »Ein Monolog des Fürsten
Myschkin« im Kreis der Autorenkollegen vor und gab so einen

Einblick in ihre Zusammenarbeit mit Henze, den sie ein knappes Jahr zuvor im Umkreis der Gruppe kennengelernt hatte. Knapp zwei Monate später lernte sie in der Münchner Wohnung von Wolfgang Hildesheimer, mit dem sie in den kommenden Jahren einen pointiert-ironischen Briefwechsel führen sollte, die Komponisten Luigi Nono und Wolf Rosenberg wie auch Bruno Maderna kennen, der sowohl Komponist als auch ein engagierter Dirigent der Neuen Musik war. Im Dezember besuchte sie, wie auch in den folgenden Jahren immer wieder, ihre Eltern in Klagenfurt[51], bevor sie einen ersten, ernsthaften Versuch unternahm, sich in Rom niederzulassen.

Der exklusiven Künstlergemeinschaft auf Ischia entfloh Bachmann nicht wegen des ungeklärten Status der Beziehung zu Henze, sie hoffte vielmehr ihre schriftstellerische Arbeit in Rom besser mit existenzsichernden Nebeneinkünften verbinden zu können. Nach einem kurzen Intermezzo in der Via Ripetta Nr. 226, wo sie in einer äußerst einfachen Behausung unterkam, konnte sie im Frühjahr in ihre erste kleine römische Wohnung in einem Palazzo an der Piazza della Quercia 1 umziehen, da sie dank der Vermittlung journalistischer Freunde sowohl literarische Auftragsarbeiten in Aussicht hatte als auch auf eine freie Nebentätigkeit als Rom-Korrespondentin hoffen durfte.[52] »Ich habe fast zu früh aufgehört mit der festen Arbeit, schon 1953. Weil ich damals einmal 1000 Mark als Honorar bekam, habe ich halt gedacht, davon könnt' ich ein ganzes Leben leben. Aber das ging nur kurze Zeit gut, und dann nahm ich wieder eine Nebenarbeit an.«[53]

Kleinliches Haushalten war ihre Sache nicht. Schon in den ersten Monaten ihres freien Autorenlebens hatte sich ein Muster herauskristallisiert, das sich auch in den kommenden Jahren fortsetzen sollte. Wenn sie ein meist schon sehnsüchtig erwartetes Honorar erhielt, wurde sofort üppig darüber verfügt; waren die finanziellen Vorräte erschöpft, sah sie sich nach neuen Aufträgen um. Henze machte es nicht anders. Beide waren sie großzügige Naturen, sie halfen sich gegenseitig und brachen, wenn nichts mehr ging, in neue Städte, zu neuen Auftraggebern auf, um mit neuen Vereinbarungen ihre leeren Kassen wieder aufzufüllen. Wie bei Henze, der mit seinen Kompositionsaufträgen in den ersten Jahren kaum besser gestellt war, reichten die kargen Honorare der jungen Autorin kaum zum Überleben, was dem Gefühl eines exklusiven Lebensentwurfes jedoch kaum Abbruch tat. Auf Ischia versuchte sie sich nach dem *Idiot* auch an einem Hörspiel für den NWDR mit dem Arbeitstitel *Die Straße der vier Winde*, das sie in einem Brief an die Zeitschrift *Merkur* ankündigte.[54] Dieses Hörspielunternehmen wurde aber offenbar nicht abgeschlossen, es blieb eines von zahlreichen Experimenten, die Bachmann in den 50er-Jahren unternahm, um verschiedene Ausdrucksformen für den Hörfunk zu erproben.[55]

Das viel beachtete Erscheinen ihres ersten Gedichtbandes, *Die gestundete Zeit*, schien sie in ihrem Entschluss für eine freie Schriftstellerexistenz zu bestätigen, allein der Alltag in ihrer römischen Wahlheimat blieb schwierig. In seinen Erinnerungen *Eine Reise nach Klagenfurt* erzählt der mit Bachmann befreundete Uwe Johnson von einer Episode aus ihrem römischen Alltag:[56]

1954: Piazza de la Quercia 1, Roma VII. Einen Block entfernt von der Via Giulia. […] Die Signorina, die, noch halb im Schlaf, auf das polizeiliche Sturmläuten im Palazzino öffnet, ist keine Römerin: viel blondes Haar, sanftbraune Augen, still und scheu in Ausdruck und Rede: Der Lärm? Ja, der sei mitunter so groß auf der Piazza Quercia, daß man auch bei fest angezogenen Läden kaum arbeiten könne. Nein, sagen die Carabinieri, die Signorina verstehe falsch: nicht um den genußvollen Lärm ihrer Nachbarn tagsüber auf der Piazza gehe es, sondern um den entsetzlichen Radau, den die Signorina nachts mache. Das Mädchen dort drüben könne nicht mehr schlafen – vor Schreibmaschinengeklapper. Endlich hat die Fremde begriffen. Sie holt eine uralte Koffermaschine herbei: So klein sei der Lärmapparat und sie müsse nachts arbeiten, nur nachts kämen die Gedanken. Was die Signorina denn nachts arbeite? Verklärtes Verständnis bei der Polizei, als ein Blatt mit ein paar Zeilen in einer barbarischen Sprache vorgewiesen wird: ›Oh, poeta!‹ Aber beim Rückzug gibt es doch Kopfschütteln: ›So kleine Gedichte und so viel Lärm!‹[57]

In Rom setzte Bachmann alles daran, ihre Existenz als freie Autorin, in der sie sich gerade frisch behauptet hatte, nicht gleich wieder einzubüßen. Zwar gelang es ihr, in verschiedenen Zeitschriften neu entstandene Gedichte wie »Nebelland«, »Curriculum vitae« und »Lieder von einer Insel« zu veröffentlichen, bevor diese in ihren zweiten Gedichtband, *Anrufung des großen Bären,* aufgenommen wurden, doch weitere Nebeneinkünfte ließen auf sich warten. In einem Brief an den von ihr sehr geschätzten Redakteur des *Merkur,* Joachim Moras, schrieb sie am 6. Juni 1954, dass sie hoffe, noch lange in Rom zu bleiben, räumte aber zugleich ihre großen finanziellen Schwierigkeiten ein und gestand, dass es »vielleicht besser wäre, nach Deutschland zu gehen«.[58] Ab Juli konnte sie dann wenigstens auf eine journalistische Nebentätigkeit zurückgreifen und schrieb bis in den September 1955 regelmäßig unter dem Pseudonym Ruth Keller politische Essays und kleine Features zu Politik, Gesellschaft und Alltagskultur in ihrer italienischen Wahlheimat, die dann unter dem Titel *Römische Reportagen* von Radio Bremen ausgestrahlt wurden oder als Zeitungsartikel in der *Westdeutschen Allgemeinen Zeitung* erschienen. In diesen Texten entwarf Bachmann ein realitätsgetränktes Panorama des italienischen Alltagslebens und bewies, wie seinerzeit bei der Wiener *Radiofamilie,* dass sie durchaus nicht nur in höheren Sphären schwebte, sondern auch die unprätentiösen Niederungen des teilweise chaotischen Alltags mit wenigen Pinselstrichen zu zeichnen verstand. Bachmann schreibt über den neuen Fiat

Popolare S 600 genauso wie über die chaotischen Verkehrsverhältnisse, dekadent-bizarre Kriminalfälle in der römischen High Society, Parteiengezänk, Naturkatastrophen und die Mafia. Anders jedoch als die Wiener Hörfunkreihe zeichneten sich Bachmanns *Römische Reportagen* weniger durch ihr Genre oder eine originelle Tonalität aus. Auch von einer eigenständigen journalistischen Leistung oder investigativen Recherche kann hier nicht gesprochen werden. Die Texte entstanden vorwiegend aus Zusammenfassungen der italienischen Presse, die den deutschen Lesern oder Hörern zwar keine tiefgehenderen Analysen, aber doch einen profunden Überblick über die in Italien aktuellen Themen vermitteln konnten.[59]

Der journalistische Broterwerb war umso wichtiger, als Bachmann bereits 1954 damit begonnen hatte, einen Roman zu entwerfen, der die Erfahrungen ihrer Wiener Jahre zum Ausgangspunkt nahm. Dem für die Ausstrahlungen bei Radio Bremen verantwortlichen Redakteur Oswald Döpke war Bachmann denn auch mehr als dankbar: »Hab vielen Dank für die Lebensrettung, ich wollte Dir ja gleich schreiben und danken für die rasche Überweisung.«[60] Das von Bachmann Mitte der 50er-Jahre konzipierte Romangeschehen kreiste um die Figur eines Kriegsheimkehrers mit Namen Eugen. Binden erste Entwürfe das Geschehen noch in ihre römische Wahlheimat ein, so verorten spätere Entwürfe diese wieder zurück nach Wien. Die im Nachlass befindlichen Fassungen *(Eugen I)* gehören zum Umfeld der nicht abgeschlossenen Textfragmente. Das Romanprojekt um die Hauptfigur Eugen wurde 1962/63 durch ihre Arbeit an einem zum *Todesarten*-Komplex gehörenden Roman abgelöst, der allerdings auch nie zur Veröffentlichung kommen sollte.[61]

Betrachtet man allein die wichtigsten Stationen ihres ersten Jahres als freie Schriftstellerin, so zeigte sich schon in dieser frühen Phase ein ebenso umtriebiges wie länderübergreifend rastloses Hin und Her zwischen Domizilen, Schreiborten, der

Suche nach existenzsichernden Nebentätigkeiten und dem engagierten Vorantreiben ihrer dichterischen Ambitionen. Die vielen damit verbundenen Reisen waren nicht nur finanziell aufwendig, man kann sie sich heute auch kaum anstrengend genug vorstellen. Die damals noch im Einsatz befindlichen Dampflokomotiven und die Waggons, in denen die Temperaturen zwischen übergroßer Hitze und eisiger Kälte schwankten, waren häufig überfüllt, die Bahnhöfe oft vom Krieg schwer gezeichnete Ruinen. Der chronische Mangel an Bargeld dürfte nur selten ein Taxi erlaubt haben, es galt also auch noch, beladen mit Gepäck, Manuskripten und Büchern, mit Bussen und Straßenbahnen erst die jeweiligen Bahnhofsstationen zu erreichen – Jahre bevor bequeme Rolltreppen oder Fahrstühle an öffentlichen Plätzen installiert wurden.

Zweifelsohne hätte ein Domizil in Deutschland Bachmann das Leben erleichtert, die Nähe zu den Rundfunkanstalten und der deutlich geringere Reiseumfang hätten ihr Budget geschont und sie vielleicht auch manchen Auftrag müheloser erfüllen lassen. Doch das Lebensgefühl, das sie suchte, konnte sie in dem von Faschismus und Krieg gezeichneten Wirtschaftswunderland nicht finden. Die »ganze nördliche Hemisphäre war ihr völlig fremd [...]«[62], wie Hans Werner Richter nicht ohne Amüsement bemerkte, »die Menschen erschienen ihr allesamt exotisch. Sie war eben Österreicherin, und für sie begann das wirkliche Leben erst südlich von Klagenfurt.« Bachmann selbst hat diesen Eindruck in zahlreichen Äußerungen bekräftigt und trotz ihrer Schwierigkeiten, sich dauerhaft in Rom niederzulassen, daran festgehalten: »ich kann mich noch immer mit keinem anderen Land so befreunden«, schrieb sie 1960 an ihren in Rom lebenden Freund Gustav René Hocke, »es ist und bleibt il primo amore.«[63] Was sie erst in Rom gelernt habe, sei, sich Zeit zu lassen, und sie berief sich dabei auf ein italienisches Sprichwort: »Chi la tira la strappa«, was frei übersetzt bedeutet: Allzu straff gespannt, zerspringt der Bogen.[64]

Dass sie sich, allen finanziellen Schwierigkeiten zum Trotz, in ihrem römischen Leben durchaus zurechtzufinden wusste, bewies sie ihren deutschen Autorenkollegen, indem sie die nächste Tagung der *Gruppe 47*, die im April 1954 etwa hundert Kilometer südlich von Rom am Capo Circeo stattfand, selbst initiierte. In ihren Briefen hatte sie Hans Werner Richter mit den Möglichkeiten einer römischen Tagung gelockt und stellte dabei auch den Kontakt zu italienischen Autoren und Verlegern in Aussicht. Eine große Herausforderung lag allerdings in dem erhöhten Reiseaufwand und den damit verbundenen Kosten, was einige Autorenkollegen zur Absage bewog. Letztendlich gelang es Bachmann aber, die Kulturabteilung des Auswärtigen Amtes und auch die Fremdenverkehrsbehörde der Region Latium zur finanziellen Förderung und zur Unterstützung der Unternehmung zu veranlassen, was den Autoren der *Gruppe 47* eine Reihe von lokalen Empfängen, unter anderem beim Oberbürgermeister von Rom, bescherte.[65] Auch wenn die Überlegungen ursprünglich eher um Rom als Tagungsort kreisten, so erwies sich die Wahl des Hotel Magacirce in San Felice Circeo als ungleich bildmächtigere Alternative. Das Kap war ein mystischer Ort, an dem Homers *Odyssee* zufolge die geheimnisvolle Circe die Seefahrer mit ihrer magischen Ausstrahlung betörte, um die ihr Erlegenen dann schließlich in Schweine zu verwandeln. Allein Odysseus blieb durch ein geweihtes Kraut aus der Hand des Hermes geschützt und verweilte ein ganzes Jahr bei Circe. Vergegenwärtigt man sich die Wirkung, die Ingeborg Bachmann bei ihren Autorenkollegen in diesen Jahren entfachte, so lässt sich die Wahl eines solchen Tagungsortes nicht ohne Augenzwinkern denken – das selbstironische Spiel schien allzu offensichtlich und fügte dem gerade in Entstehung begriffenen »Mythos Bachmann« einen weiteren Mosaikstein hinzu.

Doch wie immer erweist sich die Realität hinter der Legende als ungleich profaner. Denn an der Entscheidung für den Tagungsort San Felice Circeo war auch der damals in Rom lebende Gustav René Hocke beteiligt, und manche der in dem italienischen Küstenort eintreffenden Autorenkollegen, die gegen Ende des Krieges auf dem Monte Cassino gelegen hatten, interessierten sich mehr für die alten Wehrmachtstellungen an den Stränden als für den antiken Mythos um die schöne Circe.[66] Während der Tagung selbst blieben die deutschsprachigen Autoren unter sich, doch auf dem Rückweg fand sich in Rom die Gelegenheit, in der Villa Sciara unter der Leitung von Buonaventura Tecci italienische Autorenkollegen zu treffen und neue Kontakte zu knüpfen. Hermann Kesten, der wie Hocke und Bachmann in Rom lebte und mit dem Bachmann freundschaftlichen Kontakt hielt, verstand es durchaus, für seinen neuen Lebensmittelpunkt zu werben, indem er eine »gefaltete Zeitung« mit der gut lesbaren Aufschrift »Willkommen Hermann Kesten in Rom« aus der Sakkotasche blitzen ließ. Ein anderer Schriftsteller, der im persönlichen Umgang überaus scheue Wolfgang Koeppen, stieß überhaupt erst in Rom zur Gruppe. Bis nach Capo Circeo hatte er sich nicht getraut.[67]

Zweifelsohne hatte das erste ausländische Treffen den deutschen Autoren nachhaltige Eindrücke von Bachmanns »erstgeborenem Land« vermittelt und ihre Position innerhalb der *Gruppe 47* gefestigt. Sosehr der Organisator der Gruppe, Hans Werner Richter, auch bei ihren ersten Auftritten mit ihr gelitten und jedes Mal aufs Neue um ihre »schüchterne, leise, oft stockende Sprache« gebangt hatte, so sehr schätzte er nun ihre unübersehbare Energie, mit der sie sich der Gruppenbelange annahm und über Jahre hin zu einer seiner unermüdlichsten Mitstreiterinnen wurde: »sie konnte sehr zäh sein, wenn sie etwas durchsetzen wollte.« Rückblickend sinnierte er, dass ihr die Gruppentreffen auch eine Art »Motor« gewesen waren, »eine ständige Antriebskraft, vielleicht eine überdimensionale Schule«[68]. Es war Bachmann, die dem umtriebigen Literaturimpresario Richter die Vorstellung von den Treffen als Leistungsprobe vermitteln wollte, ein Gedanke, den er erst nicht ganz verstand. Als er sich während eines Telefonats bei ihr beklagte, dass sich wenige Wochen vor der Tagung keiner der Autoren bei ihm gemeldet habe, beruhigte ihn Bachmann mit den Worten »Die machen ihre Schularbeiten.« Und Richter räumte ein, dass sie früher als er begriffen hatte, dass das Konkurrenzverhalten unter den Kollegen auch eine Triebkraft war, die die Autoren erst zu Höchstleistungen herausforderte. »Manches sah sie klarer und deutlicher als ich. Wo ich nur Bewegungen sah, sah sie Einzelheiten, wo für mich Vordergrund war, nahm sie die Hintergründe wahr.«[69]

Auf den Tagungen hielt sie sich oft auffallend zurück und blieb auch da eine schweigsame Zuhörerin, wo andere mit ihren Urteilen zu Kollegenleistungen rasch bei der Hand waren. Auch bei den heftigsten Diskussionen blieb sie stumm, verweilte in ihrem selbst gewählten Beobachterstatus und gab ihre Gedanken nicht preis. Und doch war sich Richter sicher, dass sie sich immer ein Urteil gebildet hatte. Was sie aber wirklich dachte, »das haben auch wohl jene nie ganz erfahren, die ihr nahestanden, ja, die mit ihr befreundet waren oder sich befreundet glaubten. Immer blieb da eine Entfernung, die nicht zu überbrücken war.«[70]

Schon während ihrer ersten römischen Monate hatte Ingeborg Bachmann wichtige Kontakte geknüpft und bleibende Freundschaften begründet, allen voran zu Marie Luise Kaschnitz und der Journalistin Toni Kienlechner, aber auch zu den Schriftstellern Gustav René Hocke und Hermann Kesten. Toni Kienlechner blieb Bachmann bis zu deren Tod eng verbunden, und auch die Freundschaft mit der künstlerisch sensiblen, zugleich weltgewandten und menschlich erfahrenen Marie Luise Kaschnitz war von kaum zu überschätzender Bedeutung. Als sich beide kennenlernten, war von der jungen österreichischen Dichterin noch wenig erschienen. Die mütterliche Freundschaft der damals dreiundfünfzigjährigen Schriftstellerin, deren Mann Guido von Kaschnitz-Weinberg als Leiter des Deutschen Archäologischen Institutes in Rom im Mittelpunkt kultureller und gesellschaftlicher Aktivitäten stand, bedeutete menschlichen Beistand, gesellschaftliche Integration und in den Anfangsjahren auch finanzielle Unterstützung.[71] Kaschnitz zeigte sich in den Briefen an ihre Tochter Iris von den Gedichten ihrer jungen Freundin tief beeindruckt und äußerte zugleich Bestürzung über deren große Befangenheit bei einer Kulturveranstaltung in Rom »Danach las Ingeborg Bachmann Gedichte, furchtbar gehemmt und leise, niemand verstand ein Wort. Das ist sehr schade, weil die Gedichte schön sind.«[72] Bachmann fasste rasch Vertrauen zu der älteren Kollegin. Wann immer Bachmann in Rom weilte, verabredeten sie sich zu einem Kaffee in der Via Veneto oder zu einem Essen im Ristorante Otello und diskutierten dort unter einer riesigen verzweigten Glyzinie, nicht selten gemeinsam mit Hans Werner Henze und Hermann Kesten.[73] Die Freundschaft der Frauen schloss bald auch Kaschnitz' Tochter Iris ein, die später den Komponisten Dieter Schnebel heiratete. Schärfer als andere spürte die immer in gesicherten Lebensumständen lebende Marie Luise Kaschnitz den Untiefen in Bachmanns weiblicher Autorenexistenz nach. In eindrucksvollen Zeilen erfasste sie ihr existenzielles Ausgesetztsein und ließ sich nicht über die dunkle Seite ihres so glanzvoll inszenierten Freiheitsentwurfes hinwegtäuschen:

Hinter der Türe
Dein leichter Schritt
Danach
Bei weißen Kugellampen Bücherreihen
Die Umarmung voll Freude

Dein zierlicher Salon
Dein rosa und weißes Bad
Schützte dich alles nicht
Vor den zehrenden Stränden
Vor
Den Monstren von Bomarzo

Aber den Bergen zu
Am milchigen Schwefelwasser
Unter wehendem Eukalyptus
Erklärtest du präzis
Den Denker Wittgenstein

Die Männerschuhe störten dich im Schrank
Aber du konntest nicht atmen ohne Liebe[74]

Trotz beständiger wirtschaftlicher Zwänge fühlte sich Ingeborg Bachmann nicht zuletzt durch diese wichtige Freundschaft, vor allem aber auch durch den inspirierenden Austausch mit Henze in ihrer Entscheidung für eine künstlerische Existenz ermutigt. Tatsächlich wurde die Resonanz auf ihren ersten Gedichtband, *Die gestundete Zeit,* unüberhörbar. Obwohl die Frankfurter Verlagsanstalt, in deren Studioreihe Alfred Andersch den Band herausgegeben hatte, kurz darauf eingestellt wurde, ließ sich Bachmann davon nicht entmutigen. Geschickt verhandelte sie mit mehreren Verlagen, bevor der Lyrikband vom renommierten Piper-Verlag übernommen wurde und dort 1954 ein zweites Mal erschien. Vorbei war die Zeit, in der sie sich von Verlagen abweisen ließ, ihre Professionalisierung als Schriftstellerin hatte begonnen. Ihren Eltern schrieb sie, wie erfolgreich sie das letzte Treffen der *Gruppe 47* absolviert hatte, dass sie zahlreiche Interviews gegeben und von der »berühmten Kulturzeitschrift« *Spiegel* wahrscheinlich als »Titelblatt« auserkoren wurde. Zum ersten Mal ironisierte sie ihren Erfolg nicht, doch auch jetzt erfolgte der Hinweis auf die »schön[e] und stetig[e]« Zunahme ihres schriftstellerischen Erfolges nicht ohne den Hinweis auf ihre privaten Nöte: »Mir geht es persönlich nicht sehr gut.«[75]

Die am 18. August 1954 erschienene Titelstory des Nachrichtenmagazins *Der Spiegel*, »Stenogramm der Zeit«, markierte endgültig ihren literarischen Durchbruch.[76] In der *Süddeutschen Zeitung* schrieb Günter Blöcker: »Das lyrische Jahr 1953/54 hat alle Aussicht, in die Literaturgeschichte einzugehen«, es habe »einen neuen Stern am deutschen Poetenhimmel beschert [...]. Wir sprechen von der jungen, noch nicht dreißigjährigen Österreicherin Ingeborg Bachmann und ihrem Gedichtband *Die gestundete Zeit*.«[77] Der traditionsbewusste Literaturkritiker Hans Egon Holthusen sprach im *Merkur* von einer Rückbesinnung der Bachmann'schen Formensprache auf »das Klassische selbst« und attestierte der Autorin »eine Stimme von harter Melancholie und eigensinniger Wahrhaftigkeit«[78], eine konservative Lesart, die das Bild der Autorin in der Öffentlichkeit auf lange Zeit dominieren sollte. Mit dieser Artikelserie begann eine Rezeptionsgeschichte, die nicht nur die Bachmann'schen Werke, sondern vor allem auch die Person der Dichterin in den Mittelpunkt rückte. Die komplizierte Liebesgeschichte zwischen der literarischen Öffentlichkeit und dem Mythos einer strahlenden Poetin nahm ihren Lauf. In den folgenden Jahren sollte Ingeborg Bachmann erfahren, dass der Preis für ihre Ikonisierung die Entstehung fest gefügter Erwartungen ist.

Mit ihrem ersten Besuch auf Ischia hatte der Traum eines poetischen Fluchtortes Gestalt gewonnen. Mit ihrem daran anschließenden römischen Domizil konkretisierte sich der Aufenthalt in ihrem Sehnsuchtsland Italien als Gegenpol zu ihrer mit traumatischen Erinnerungen befrachteten österreichischen Heimat. Der »Fluchtweg nach Süden«[79] öffnete ihrem poetischen Sprechen einen neuen Raum, in dem sich Moderne und Tradition unbelasteter gegenüberstanden. Doch das Hin und Her zwischen ihrem dichterischen Anspruch und den Widrigkeiten eines finanziell kaum zu bewältigenden römischen Alltages zehrte an ihren Nerven. Unter großen Anstrengungen schloss sie ihre Arbeit an dem Hörspiel *Die Zikaden* ab, zu dem ihr Henze die Musik schrieb. Der NWDR sendete das Gemeinschaftswerk am 25. März 1955. Henze schrieb ihr unterdessen aus London und Paris – mit der Anrede »Liebe Eiche« unter Anspielung auf ihren Wohnsitz Piazza della Quercia, in der deutschen Übersetzung »Platz der Eiche«. Während Henze erleichtert von einem neuen, von Covent Garden erteilten »ballett-auftrag« schwärmte, London überhaupt »todschick« fand und sich vor Angeberei über all die eleganten »lunchs, dinners, teas, high teas, suppers und cocktails«[80] kaum beruhigen konnte, wusste seine »Illustre Bachstelze« in Rom kaum, wie sie über die Runden kommen sollte.

8. Die »hundertfache Hydra Armut« – »Nirgendwo sein, nirgendwo bleiben«

Wieder einmal kämpfte die junge Schriftstellerin mit der »hundertfachen Hydra Armut« und schrieb, wie auch in den folgenden Jahren, für kleinste Honorare Rezensionen und Essays, während sie gleichzeitig an ihrem zweiten Gedichtband arbeitete. In den ersten Jahren nach ihrem Studium hatte Bachmann in westdeutschen Kulturzeitschriften noch kontinuierlich Essays zu philosophischen und ästhetischen Fragen publiziert und genoss als philosophische Autorin großen Respekt. Vor ihrem hochgelobten, im Juli 1953 in den *Frankfurter Heften* erschienenen Essay »Ludwig Wittgenstein. Zu einem Kapitel der jüngsten Philosophiegeschichte« war schon ihr wie ein Hörspiel konzipiertes Radioskript *Der Wiener Kreis* am 14. April 1953 vom Hessischen Rundfunk ausgestrahlt worden, es folgte der Radioessay *Sagbares und Unsagbares – Die Philosophie Ludwig Wittgensteins,* den der Bayerische Rundfunk am 16. September 1954 auf Sendung brachte. In der Folge bemühten sich die beiden Herausgeber des *Merkur,* Joachim Moras und Hans Paeschke, mit denen Bachmann seit 1952 eine rege Korrespondenz unterhielt, um eine umfassendere Abhandlung zu Wittgenstein, die sich bald zu der Idee einer Wittgenstein-Monografie auswuchs. Erwogen wurde auch die Idee einer deutschen Ausgabe von Wittgensteins *Tractatus* und seiner *Philosophischen Untersuchungen* bei der Europäischen Verlagsanstalt. In ihrem sich über Jahre hinziehenden Briefwechsel zu diesen Überlegungen äußerte Bachmann immer wieder Bedenken, ob sie als freie Autorin noch dem wissenschaftlichen Anspruch eines solchen Vorhabens genügen könne.

Mit ihrer Entscheidung zur freien Autorenexistenz dürfte sie aber nicht mehr nur die Frage nach ihrer akademischen Legitimation beschäftigt haben. Sie dürfte sich auch darüber im Klaren gewesen sein, dass sie sich eine philosophiegeschichtliche Arbeit außerhalb einer akademischen Institution schlicht nicht mehr leisten konnte – der zeitliche Aufwand hätte in keinem Verhältnis zu den kargen Honoraren gestanden.[1] Auch wenn sie sich selbst von der Vorstellung verabschiedete, parallel zu ihrem literarischen Schreiben weiter als philosophische Autorin tätig zu sein, so blieb sie Wittgensteins Denken doch verbunden und setzte sich in den Folgejahren dafür ein, dass der *Tractatus* im Suhrkamp-Verlag erscheinen konnte.[2]

Hatte Bachmann in ihren Beiträgen zum »Wiener Kreis« und zur Bedeutung Ludwig Wittgensteins die philosophische Tradition ihrer österreichischen Heimat einer interessierten kulturellen Öffentlichkeit zugänglich gemacht, so öffnete sie mit ihrem in der Zeitschrift *Akzente* 1954 veröffentlichten Essay zu Robert Musils *Der Mann ohne Eigenschaften*, »Ins tausendjährige Reich«, den Zugang zur durch die Nationalsozialisten verstellten Literaturtradition der österreichischen Moderne. Was sie in Musils Jahrhundertroman als Kompositionsprinzip erkennt, sollte auch für ihr eigenes Schreiben bedeutsam werden: *Der Mann ohne Eigenschaften* unterliege »einer doppelten Kontrolle«, der »seines disziplinierten Denkens und der seiner Sensibilität in den Dingen des Gefühls«[3].

Von der asozialen Anlage der Hauptfigur Ulrich, die »im Verkehr mit Menschen unberechenbar ist und völlig spleenige Dinge treibt«[4], die als »Mann ohne Eigenschaften« zwischen »Möglichkeitssinn« und »Wirklichkeitssinn« oszilliert, von der geschwisterlichen Mann-Frau-Konzeption des Liebespaares Agathe – Ulrich bis zur Verknüpfung der Geschlechterproblematik mit Gewalt und Krieg legt Bachmanns Deutung des Musil-Romans bis dato unbeachtete Koordinaten frei, die mindestens so viel über die Autorin selbst wie über den Gegenstand ihrer Betrachtung verraten. In Musils Roman entdeckte sie eine geistige Wahlverwandtschaft, deren literarische Sprengkraft sie nicht mehr loslassen würde und ihre Romanentwürfe in den 50er-Jahren genauso beeinflussen sollte wie ihren Erzählband *Das dreißigste Jahr*, in dem die Hauptfigur der Titelerzählung als direkter Nachfahre Ulrichs betrachtet werden kann. Ihre in den 60er-Jahren ausufernden Prosaarbeiten an einem *Todesarten*-Zyklus wissen sich in vielen »unterirdischen Querverbindungen« sowohl topografisch als auch in den Figuren mit dem kakanischen Kosmos verbunden, so wie auch ihr einziger zu Lebzeiten veröffentlichter Roman *Malina* ohne Musil nicht zu denken ist. Er steht sowohl in seiner grundlegenden Figurenkonstellation Ich – Malina als auch in seiner radikalen gesellschaftlichen Analyse in der Tradition eines zutiefst österreichischen Erzählens, das mit den bundesdeutschen Erzählkategorien nicht zu erfassen war, weil es sich frei zwischen »Wirklichkeitssinn« und »Möglichkeitssinn« bewegen wollte und einen Utopiebegriff für sich beanspruchte, für den im Nachkriegsalltag des deutschen Wirtschaftswunderlands alle Voraussetzungen fehlten. Wenn Bachmann in ihrem *Malina*-Roman die traditionelle Dialektik von Krieg und Frieden ad absurdum führt, weiß sie sich auf den Spuren Musils und bekennt sich zu einer »Schärfe des Sehens«, die auch bei ihr nur aus dem Wiener Kosmos heraus entstehen konnte.

Malina: Du wirst also nie mehr sagen: Krieg und Frieden.

Ich: Nie mehr.
             Es ist immer Krieg.
             Hier ist immer Gewalt.

Hier ist immer Kampf.
Es ist der ewige Krieg.[5]

Bachmanns intensive Auseinandersetzung mit dem Musil'schen
Werk hatte etwas in Gang gesetzt, das ihr Schreiben nachhaltig
verändern sollte. Unkonventioneller als in der allegorisch-tra-
ditionell ausgerichteten Schreibweise ihrer frühen Prosa brach
sich da etwas Bahn, das mit den gängigen Erzählkriterien nicht
so ohne Weiteres zu fassen war. Von Joachim Moras vermittelt, veröffentlichte sie im *Jahresring* 1955/56 die Erzählreflexion
»Die blinden Passagiere«, in der sie den Bedingungen des modernen Flugreisens nachspürte, in der Literaturzeitschrift *Akzente* erschien im Februar 1955 ihr Essay »Was ich in Rom sah
und hörte«, im April folgte in *Westermanns Monatsheften* ihre
Betrachtung über das Schreiben von Lyrik, »Wozu Gedichte«.
Am 5. August 1955 sendete der Südwestfunk ihren Radioessay
Das Unglück und die Gottesliebe – Der Weg Simone Weils. Diese
Arbeiten entstanden in einer Zeit, in der sich Bachmann in
ihren Essays schrittweise von ihrer analytischen Denkweise
und dem akademischen Duktus des philosophischen Diskur-
ses entfernte und eine freiere und bildmächtigere Sprachrefle-
xion mit einem poetischen Anspruch zu verbinden suchte.[6]
Als Schriftstellerin hatte sie sich wieder auf den Weg gemacht
und entfernte sich dabei von allen ihr bis dahin zugeschriebe-
nen Rollen. Plötzlich gab es nicht einfach mehr die »Lyrikerin«, die »Verfasserin von Hörspielen« oder die »philosophische
Autorin«. In ihrem Schreiben durchkreuzte sie zunehmend
die Genres, brach tradierte Denkbilder und Metaphern auf
und erkundete neue Möglichkeiten der literarischen Darstellung.

In einem Interview erklärte sie 1955, dass ihr Rom-Text
»keine Erzählung, sondern ein formal etwas seltsames Gebilde«
sei, »für das ich keinen Namen weiß.« »Was ich in Rom sah
und hörte« sei ausdrücklich »keine Rom-Impression«, sie habe

vielmehr nach »Formeln« für diese Stadt gesucht, »ihre Essenz, wie sie sich in bestimmten Momenten ganz konkret zeigt«[7]. In der Camouflage einer Stadtführung legt Bachmann in ihrem Rom-Text kollektive und subjektive Erinnerungsmotive im kulturellen Gedächtnis der Ewigen Stadt frei und strukturiert den Text im Wechselspiel der motivischen Perspektiven. Sehen und Hören werden so als dialektische Erzählhaltungen eingeführt, in der die sinnlich-unmittelbare Wahrnehmung einer erlebbaren Stadt der persönlichen Erinnerungsbewegung entgegensteht. Bachmanns topografische Aneignung der Stadt Rom bricht den historisch-materiellen Kontext der Stadtgeschichte auf und lässt ihre Rom-Erkundung zu einem psychischen Abenteuer werden:

In Rom habe ich in der Früh vom Protestantischen Friedhof zum Testaccio hinübergesehen und meinen Kummer dazugeworfen. Wer sich abmüht, die Erde aufzukratzen, findet den der anderen darunter. Für den Friedhof, der an der Aurelianischen Mauer Schatten sucht, sind die Scherben auf dem Testaccio nicht gezählt, aber gering. Er hält sich eine große Wolke wie eine Muschel ans Ohr und hört nur mehr einen Ton. In den sind eingegangen: »One whose name was writ in water«, und neben Keats Versen eine Handvoll Verse von Shelley. Von Humboldts kleinem Sohn, der am Sumpffieber starb, kein Wort. Und von August von Goethe auch kein Wort. Von den stummen Malern Karstens und Marées sind einige Linien geblieben, ein Farbfleck, ein wissendes Blau. Von den anderen Stummen wußte man nie etwas.[8]

Für das, was Bachmann da in ihren Texten unternahm, für das Ausprobieren neuer Erzählformen, den bewussten Grenzgang einer im philosophischen Diskurs trainierten Denkerin und einer seismografisch agierenden Poetin, die ihr immenses kulturelles Wissen mit ihrem Unbewussten zu verbinden suchte, gab es keine Vorbilder. Ihre philosophischen Lektüren, von Wittgenstein über Benjamin zu Adorno, vermochten ihr allenfalls das analytische Rüstzeug zu geben, doch was dieses Wissen für ihr Schreiben bedeutete, das konnte nur sie alleine herausfinden.[9] Vor dem Hintergrund ihrer materiell völlig ungesicherten Existenz, die sie zu beständigen Nebenarbeiten zwang, bedeutete ihr unbedingter literarischer Anspruch eine kräftezehrende Herausforderung, die sie schon früh in schwere seelische und körperliche Erschöpfungszustände trieb. Nach einem von Ischia aus geführten Telefongespräch mit Bachmann reagierte Henze äußerst besorgt und schrieb seiner »Carissima«: »ich habe grosse angst, dass Du Dich mit dringenden aufträgen ruinierst.«[10] Er flehte sie an, unbedingt »eine schöpferische pause« einzulegen, doch wie sollte sie das bewerkstelligen? Monat für Monat versuchte sie über die Runden zu kommen. Dem ersten Honorarsegen nach ihrer Entdeckung durch die Rundfunkanstalten folgten die Mühen der Ebene. Wenn es ihr nicht gelang, die vereinbarten Abgabefristen einzuhalten, stand sie ohne Geld da. Erschwerend kam hinzu, dass die Honorierung von Rezensionen und Vorabdrucken weit hinter den Rundfunkdotierungen zurückblieb. Sosehr sie sich auch bemühte, ihre römische Wohnung konnte sie nicht halten, der »Eichbaumpalast« musste im Sommer 1955 aufgegeben werden.

Sie war arm, oder fast immer. Auch noch, als sie schon sehr bekannt war, in den fünfziger Jahren, schrieb sie für wenig Geld Besprechungen, [...]. Sie schlug sich durch, wie sich viele damals durchschlagen mußten, sie war nur hilfloser als die anderen. Nie sprach sie von der Emanzipation der Frau, von der Selbstverwirklichung. Es war kein Ziel für sie, sie war es, sie brauchte es nicht. Der Preis aber, den sie dafür zahlen mußte, war sehr hoch.[11]

Die »Zwangsjacke ihrer Einsamkeit« vermochte sie nicht abzustreifen: »Sie hätte nie anders leben können.«[12] Auch Marie Luise Kaschnitz, die Bachmann über Jahre eine mütterliche Freundin war, sorgte sich wiederholt um die fast körperlich spürbare Einsamkeit der jungen Schriftstellerin. »Ich besuchte Ingeborg, die ganz zusammengebrochen, Gefäßkrämpfe, fast kein Puls mehr, wahnsinnige Untertemperatur […]. Sie tat mir so leid, in dem dunklen und schrecklich lauten Zimmer, und so allein […].«[13]

Der Zwiespalt zwischen dem für die Öffentlichkeit sorgsam inszenierten Bild der erfolgreichen Poetin und dem nahezu chronischen Geldmangel einer freien Autorenexistenz ließ sich nur zeitweise überbrücken. Öffentliche Würdigungen wie Literaturpreise und Stipendien halfen zumindest partiell über schlimme Durststrecken hinweg. Doch auch der mit einer Dotierung ausgestattete Literaturpreis des Bundesverbandes der deutschen Industrie (BDI), der ihr im Mai 1955 in Stuttgart zugesprochen wurde, konnte nicht verhindern, dass ihr römisches Leben im ersten Anlauf gescheitert war. Die von Henry Kissinger initiierte Einladung, den Juli in der Harvard Summer School of Arts and Sciences and of Education an der Harvard University in Cambridge, Massachusetts, zu verbringen, kam da zur rechten Zeit. Der als politisch-kulturelles Austauschprogramm gedachte Sommerkurs führte nicht nur europäische und amerikanische Intellektuelle zusammen, er ermöglichte ihr auch einen viertägigen Ausflug nach New York. Obwohl sie die großen europäischen Metropolen wie Wien, Paris, Rom und London gut kannte, bedeutete New York eine andere Dimension:

New York ist wirklich eine einmalige Stadt und vielleicht die einzige, die mir zwar riesig gefällt, in der ich aber nicht leben möchte, so grausam und brutal ist sie, ich war nach den kurzem Aufenthalt volkommen gerädert. […] Die ganze Stadt brodelt und kocht wie Dantes Inferno, die alten ungeheuer schmutzigen Untergrundbahnen sind die Haupthölle, und der Lunapark auf Conny Ilsland mit der Atlantikküste, die grau und trostlos ist, hat mich auch deprimiert, die Menschen haben Gesichter als würden sie täglich zermürbt und geschlagen und die Hitze ist so gross, dass ich sie nicht beschreiben kann, der Himmel grau und heiss und gequält drüber.[14]

Obwohl sie das Gefühl nicht loswurde, dass sie »Amerika nicht sehr glücklich« machte, und sie sich auch literarischen Freunden wie Wolfgang Hildesheimer und Marie Luise Kaschnitz gegenüber äußerst kritisch über ihr Gastgeberland äußerte, verdankte sie dieser Reise doch bedeutsame Kontakte, allen voran zum damaligen Lektor und späteren Verleger des Suhrkamp-Verlages, Siegfried Unseld, und dem französischen Journalisten Pierre Evrard, zu dem sich eine über Jahre hinziehende sporadische Liebesbeziehung entwickelte. Aber auch dem damaligen Harvard-Professor und späteren Außenminister der USA, Henry Kissinger, blieb sie lebenslang verbunden.

Wie radikal eindrücklich, wie unvergesslich sie in ihrer einzigartigen Mischung aus intellektueller Schärfe und poetischer Wahrheitssuche in jenen Jahren gewirkt haben muss, hat mir Henry Kissinger in einem persönlichen Gespräch bestätigt, das ich im Oktober 2007 mit ihm in New York führen konnte. »Können Sie sich einen Menschen vorstellen, der den ganzen Tag am Computer sitzt und dabei so sensitiv bleibt, wie ich Ingeborg Bachmann erlebt habe?«, fragte er mich. »Ich kann es nicht.« Mit wenigen Worten schuf er das Bild einer Freundin, die ihm über alle späteren politischen Differenzen hinweg nah geblieben war und die er nie vergessen konnte. »Sie war einzigartig. Ich habe nie mehr einen solchen Menschen gekannt.«[15]

Die Reise der deutschen Schriftsteller und Verleger in die USA erfolgte mit dem Schiff, sowohl für Bachmann als auch für Unseld war es ihr erster Aufenthalt in den USA. Als man in New York an Land gehen wollte, fehlte Ingeborg Bachmanns Pass – eine Katastrophe für jeden USA-Reisenden, denn die rigiden Einreisebestimmungen ließen fürchten, dass die Schriftstellerin umgehend nach Hause geschickt würde. Wie es Ingeborg Bachmann trotz dieser Schwierigkeiten doch noch gelungen ist, das entscheidende Visum für ihren Aufenthalt in Amerika zu bekommen, haben Siegfried Unseld und Henry Kissinger im privaten Kreis immer wieder erzählt – es hat den von Bachmanns Autorenkollegen entfachten Mythos um das angebliche »Divengehabe« auf Jahre genährt. Noch auf der Überfahrt hatte Siegfried Unseld die junge Schriftstellerin kennengelernt und sich sofort fasziniert gezeigt. Außer der Leidenschaft für Literatur machten beide bald eine weitere Gemeinsamkeit aus – die Freude am Schachspiel. Sie vertrieben sich die Zeit auf der Rückreise mit vielen Partien, und Unseld musste bald einräumen, dass er am Ende der fünftägigen Reise alle Mühe hatte, gegen sie zu bestehen.[16] Wie überwältigend, aber auch wie fremd das Land der Befreier auf die europäischen Intellektuellen wenige Jahre nach dem Krieg gewirkt haben muss, hat Unseld anschaulich beschrieben:

Die Highways führen stundenlang durch das, was man bei uns Wald nennen würde, das aber entweder Park oder Wildnis ist. Amerika muß man von der Straße, nicht von der Bahn aus erforschen. Was dort geschieht, geschieht im Wagen – Geschäfte, Essen, Trinken, Schlafen. Das Drive-in, das Autokino, ist ebenso beliebt wie die zahllosen Raststätten, die heiße Würste oder eine der 28 Sorten von Johnsons Icecream in die Wagen servieren, oder die Motels, die Hotels der Straßen, bei denen man im Wagen bis ins Schlafzimmer fährt.[17]

Weder Bachmann noch Unseld fühlten sich von dem »air-conditioned wonderland« besonders angezogen, doch sie blieben mit Henry Kissinger verbunden und engagierten sich in den Folgejahren für das Zustandekommen weiterer Kurse.

Kissinger ersuchte Bachmann gerne um Rat, wenn es darum ging, neue Einladungen für seine Sommerkurse auszusprechen. Auch mit Siegfried Unseld blieb sie bis zu ihrem Tod herzlich verbunden, sie wurden Freunde, lange bevor er ihr Verleger wurde. Seit ihren gemeinsam in Harvard verbrachten Wochen standen beide in regelmäßigem Briefkontakt. So selbstverständlich, wie sie ihn in den folgenden Jahren an den Nöten ihrer »Vagabondage« zwischen Städten, Ländern und Menschen teilnehmen ließ, so selbstsicher versorgte die Vielleserin Bachmann den am ausländischen Büchermarkt interessierten Unseld auch mit Empfehlungen aus der französischen und italienischen Literatur und legte ihm Übersetzungen nahe. Ihre vor allem in den Zeiten des Zusammenlebens mit Max Frisch obsessiv werdende »Lektürepolitik«[18] ließ Unseld aufstöhnen und veranlasste ihn zu der Erklärung, »das alles sei nicht mehr zu schaffen«[19]. Doch Bachmann ließ nicht locker und schlug dem Suhrkamp-Verlag vor, die italienischen und französischen Sachen selbst zu übernehmen.[20]

Nach ihrer Rückkehr aus den USA im Sommer 1955 reiste die wieder einmal heimatlos gewordene Ingeborg Bachmann für einige Tage nach Wien und spielte sogar mit dem Gedanken, sich dort wieder niederzulassen. Auch eine mögliche Reise nach Griechenland wurde erwogen[21], letztlich verbrachte sie die Monate Oktober bis Dezember aber »wegen einer ausgedehnten Krankheit« vorwiegend bei ihren Eltern in Klagenfurt. Von dort aus schrieb sie vertrauensvoll an Marie Luise Kaschnitz und berichtete ihr von einem Fund alter Schulhefte und den Tagebüchern ihrer Jugend, in denen fast jeder Eintrag mit dem Satz »Ich bin so verzweifelt« beginne.[22]

Ob tatsächlich Krankheit die Ursache für Bachmanns Aufenthalt in ihrer alten Heimat war oder ob nicht leere Kassen den Unterschlupf im Haus der Eltern nahelegten, muss offen bleiben. Wie so oft, hatte sie auch in diesem Sommer die mitunter nur in größeren Zeitabständen eintreffenden Honorare bereits im Vorfeld verplant und ihre Eltern bereits brieflich aus New York angewiesen, einen Teilbetrag eines vom Bayerischen Rundfunk ausstehenden Honorars ihrer Schwester Isolde zukommen zu lassen, die gemeinsam mit ihrem Mann eine Pension betrieb und mit ihrer Zimmervermietung »wenig Glück hatte in diesem Sommer«. Der enge Familienverband und die herzliche Bindung zwischen den beiden Schwestern seit Kindertagen – sie währten fort und blieben trotz gegensätzlichster Lebensumstände unverbrüchlich bestehen. Bis zu ihrem Tod nahm Bachmann lebhaften Anteil an allen Familienbelangen, informierte und instruierte die Eltern über alles, was ihr wichtig schien, erkundigte sich nach dem schulischen und persönlichen Fortkommen des dreizehn Jahre jüngeren Bruders Heinz, gab Rat bei Krankheiten und Malaisen und begrüßte jedes neue Kind, das Isolde und ihrem Mann geboren wurde, mit Sorge um Isoldes Gesundheit und aufrichtiger Freude an den »Wildlingen«, die sie, so oft es ging, auch persönlich besuchte.

Auch für die erwachsene Ingeborg Bachmann bot das Elternhaus Schutz und Geborgenheit, mitunter auch finanzielle Unterstützung, die sie bereitwillig zurückgab oder der Familie von sich aus zuteil werden ließ, wenn sie glaubte, es sich leisten zu können. In Bachmanns Elternbriefen teilt sich ein sehr freies Geben und Nehmen mit, eine gegenseitige Großzügigkeit, die auf völligem Vertrauen und Vertrautsein gründete.

Vor allem in den ersten Jahren ihrer freien Autorenexistenz blieb Klagenfurt ihr wichtigstes Refugium, wenn es galt, sich von ihren »Nervenkrisen« und persönlichen Enttäuschungen zu erholen. Da kaum einer ihrer Briefe nach Hause nicht Hinweise auf persönliche Kümmernisse enthielt, kann man davon ausgehen, dass diese im Elternhaus auch besprochen wurden.[23]

Bachmanns angegriffener Gesundheitszustand hinderte sie

Mitte Oktober 1955 nicht daran, am Herbsttreffen der *Gruppe 47* auf Schloss Bebenhausen bei Tübingen teilzunehmen. Mitte Dezember traf sie sich dann mit Hans Werner Henze in Baden-Baden. Beide hatten ein neues Opernprojekt ins Auge gefasst, das sie bei den nächsten Donaueschinger Musiktagen vorstellen wollten.[24] Bachmann und Henze schwebte bei der Konzeption ihres »Belinda« genannten Opernvorhabens der Plot eines aus dem neapolitanischen Proletariat aufsteigenden Filmstars vor, eine Geschichte, die auffallend eng an das Schicksal Sophia Lorens angelehnt scheint. Doch das Projekt scheiterte, »wie kläglicher kaum etwas mißlingen kann«. Bachmann musste erkennen, dass sie die von Henze geforderte »Unterwerfung«, das »Hintanstellen der eigenen Arbeit unter die allein wichtige des Komponisten« in diesem Fall nicht leisten konnte.[25]

Im Dezember reiste sie auch noch einmal nach Paris, um den Journalisten Pierre Evrard wiederzusehen. Paris – das war immer auch die Stadt Paul Celans, und so hielt sie es auch nicht lange dort aus und gestand ihrem Autorenkollegen und literarischen Förderer Alfred Andersch, sie habe ihre Tage in Paris wegen »Weihnachtstrostlosigkeit« abgebrochen.[26]

Alles in allem hatte das Jahr 1955 viele Möglichkeiten bereitgehalten, von denen einiges gelungen und anderes gescheitert war. Fast scheint es, als ob die »zerfahrenen Reisebewegungen«[27] der Hauptfigur in *Das dreißigste Jahr* Bachmanns eigene Zerrissenheit zwischen Aufbruch und sehnsüchtig angestrebter Sesshaftigkeit aus bestürzend großer biografischer Nähe widerspiegeln. Doch Bachmann wäre nicht Bachmann, wenn sie den ihr überaus vertrauten Prozess von Ankunft und Abschied nicht in existenziellen Motiven verdichtet und zu exemplarischen psychischen Grenzerfahrungen dramatisiert hätte.

Im Januar 1956 besuchte Bachmann gemeinsam mit Henze drei Opernabende in der Mailänder Scala, darunter die für sie unvergessliche Generalprobe zu Luchino Viscontis Inszenierung von *La Traviata* mit Maria Callas. In einem Brief an ihren damaligen Verleger Klaus Piper vom 5. Februar 1956 beschrieb sie dieses musikalische Erlebnis als »bei weitem das Schönste, was ich je auf einer Opernbühne gesehen habe«, eine Einschätzung, die auch in ihrer später verfassten *Hommage à Maria Callas* ihren Niederschlag findet. Das Phänomen der Callas beschäftigte sie, deren magische Bühnenpräsenz wurde ihr zum Spiegel, der ihr den existenziellen Abgrund einer bedingungslos gelebten Künstlerexistenz in aller Radikalität vor Augen führte.

Maria Callas ist kein »Stimmwunder«, sie ist weit davon entfernt, oder sehr nah davon, sie ist die einzige Kreatur, die je eine Opernbühne betreten hat. Ein Geschöpf, über das die Boulevardpresse zu schweigen hat, weil jedes seiner Sätze, sein Atemholen, sein Weinen, seine Freude, seine Präzision, seine Lust daran, Kunst zu machen, eine Tragödie, die zu kennen im üblichen Sinn nicht nötig ist, evident sind. […] sie wird nie vergessen machen, daß es Ich und Du gibt, daß es Schmerz gibt, Freude, sie [ist] groß im Haß, in der Liebe, in der Zartheit, in der Brutalität, sie ist groß in jedem Ausdruck, und wenn sie ihn verfehlt, was zweifellos nachprüfbar ist in manchen Fällen, ist sie noch immer gescheitert, aber nie klein gewesen. Sie kann einen Ausdruck verfehlen, weil [sie] weiß, was Ausdruck überhaupt ist.[28]

Die unüberhörbare Empathie und die bar jeder Distanz spürbare Identifikation, die aus diesen Zeilen spricht, wirft ein Licht auf eigene, dunkle Ahnungen, die Bachmann bisher nur gegenüber ihren engsten Weggefährten wie Celan oder Henze zugegeben hatte. Der blinde Spiegel, in den sie hier hineinzublicken suchte, betraf zuallererst die Abgründe ihrer eigenen Existenz. Nur wenige Jahre später würde all das, was sie auf die Callas projizierte, sie selbst betreffen, würde sie als »Ärmste, die Heimgesuchteste, die Traviata« der zeitgenössischen Dichterinnen gelten, die wie die Jahrhundertsängerin selbst mit dem Schicksal *ecco un artista* geschlagen war. Es bedeutete, ohne Schutz und ohne Hülle leben zu müssen, es hieß Auslieferung pur.

Die Monate von Februar bis August 1956 verbrachte Bachmann gemeinsam mit Henze in Neapel, wo sich der Komponist mit der Villa Rotonda, in der Via Bernardo Cavallino 1, auf dem Hügel Vomero Alto unterhalb des Klosters Camaldoli gelegen, eine in der Anlage zwar hochherrschaftliche, in der Substanz aber heruntergekommene Bleibe gesucht hatte. Alles in Neapel sei »griechisch, elegant, höflich«, hatte Henze schon im November 1955 für den gemeinsamen Lebensentwurf geworben, »oh ich glaube, dass unser leben wunderschön werden wird«. Als »pakt gegen die angst« wurden Heiratspläne geschmiedet, das bürgerliche Szenario zielte darauf, aus der »lieben Inge« eine »hochelegante Dame« zu machen, die »ausgeruht, gepflegt und angesehen« dem überlasteten *working girl*, das Henze so verhasst war, für immer Adieu sagen sollte: »Du brauchst nur das zu arbeiten, was Du willst.« Wieder einmal klafften bei Bachmann und Henze Wunschdenken und Realität abgrundtief auseinander, leuchteten kleinbürgerliche Träume die in der Realität ziemlich dunklen und verwohnten Räumlichkeiten aus. Auf den Flohmärkten am Fuße des Vesuvs fahndeten beide nach brauchbaren Antiquitäten und Haushaltsgegenständen, um irgendwann festzustellen, dass das meiste in Deutschland brauchbarer, billiger und leichter zu bekommen war. Darüber hinaus traktierte Henze seine notorisch klamme »Bachstelze« mit der Vorstellung, dass sie als standesgemäße Begleitung des nach Ruhm und Erfolg strebenden Komponisten »mindestens fünf Abendkleider!« benötigen und darüber hinaus »für die konzertsaison mindestens drei Kostüme« haben sollte, und lockte mit ungezügelten Versprechungen: »ich will Dich sehr elegant haben und werde einen haufen geld dafür ausgeben. auch unsere Wohnung will ich wahnsinnig gemütlich und schön, mit einem dienstboten oder zwei (einem jungen und einer haushälterin, das ist vielleicht die beste lösung), mit einem weissgekleideten diener. alles sehr schön.«[29]

Die Wirklichkeit sah anders aus. Das Geld war schneller ausgegeben als verdient, und bedauerlicherweise war keiner der imaginierten Diener zur Stelle, als Neapel im Februar 1956 im Schnee versank. Statt unter den zusammengetragenen Leuchten und Lüstern im Adelspalast der Kunst und nur der Kunst zu frönen, versuchte die angebetete Ingeborg des unerwarteten Wintereinbruchs Herr zu werden. »Ich sehe sie noch Schnee schaufeln vor unserer Haustür«, erinnerte sich ein wehmütiger Henze Jahrzehnte später, »und sehe auch noch den riesigen Kamelienbaum im Innenhof, in voller roter Blüte stehend, schneebedeckt.«[30]

Bachmanns Gedichtzyklus »Lieder auf der Flucht« hat die Erfahrungen dieses Winters in Neapel in unvergleichliche Verse gebannt.

IV

Kälte wie noch nie ist eingedrungen.
Fliegende Kommandos kamen über das Meer.
Mit allen Lichtern hat der Golf sich ergeben.
Die Stadt ist gefallen.

Ich bin unschuldig und gefangen
im unterworfenen Neapel,
wo der Winter
Posilip und Vomero an den Himmel stellt,
wo seine weißen Blitze aufräumen
unter den Liedern
und er seine heiseren Donner
ins Recht setzt.

Der für Süditalien unerwartete Kälteeinbruch inspirierte sie zu einer lyrischen Form, in der die Ausgesetztheit ihrer modernen weiblichen Existenz mit poetischen Bildern von archaischer Kraft verschmilzt. Wer diese Gedichte liest, denkt an Sappho, aber auch an Ovid, an Petrarca oder Vergil und weiß sich doch im 20. Jahrhundert. Denn die Metaphern des Zyklus verraten uns präziser, als es ein Tagebuch vermag, dass immer dann, wenn Bachmann in ihrer Dichtung Eros und Tod verhandelt, Paul Celan ins Spiel kommt, dass ihre persönliche Erfahrung von Krieg und Vernichtung mit einer Erlösungssehnsucht korrespondiert, die seiner Erfahrung der Shoah eingedenk sein muss, wenn sie wahrhaftig bleiben will. Wie in keinem anderen Gedicht oder Verszyklus steht das poetische Prinzip des Erinnernmüssens im Zentrum der Bildverknüpfung. Aus der subjektiven Erinnerungsbewegung des lyrischen Ichs bestimmt sich die lyrische Komposition. Motive, Metaphern und Topografien sind Teil eines Erinnerungsprozesses, der die subjektive Schmerzempfindung in eine literarische Metaebene einbindet, die ihren Bogen von der Antike bis zur Moderne spannt. Wenn das dem Zyklus voranstehende Petrarca-Zitat »Dura legge d'Amor« der Bildfolge die Richtung weist, so lenkt die Anspielung auf das berühmte Sappho-Fragment »Ich aber liege allein« den Fokus auf das existenzielle Ausgesetztsein der liebenden Frau:

II

Ich aber liege allein
im Eisverhau voller Wunden.

Es hat mir der Schnee
noch nicht die Augen verbunden.

Die Toten an mich gepreßt,
schweigen in allen Zungen.

Niemand liebt mich und hat
für mich eine Lampe geschwungen!

Die kollektiv traumatischen Geschichtserfahrungen der jüngsten Vergangenheit radikalisieren den seit der Antike bekannten Topos vom »harten Gesetz der Liebe«. Wie nie zuvor stehen sich das Leben, die Liebe und die Kunst unversöhnlich gegenüber.

XV

Die Liebe hat einen Triumph und der Tod hat einen,
die Zeit und die Zeit danach.
Wir haben keinen.

Nur Sinken um uns von Gestirnen. Abglanz und Schweigen.
Doch das Lied überm Staub danach
wird uns übersteigen.

Die Monate in Neapel waren für Bachmann eine äußerst produktive Zeit. Später räumte Henze ein, dass er sie mit seinen unablässigen Forderungen nach Tätigsein und künstlerischer Disziplin mitunter überfordert hatte; hier in Neapel wirkten seine Zaubersprüche. Im Mittelpunkt ihres Schreibens stand die Arbeit an ihrem zweiten Gedichtband; ihre allerdings in Briefen an Siegfried Unseld und Heinrich Böll bekundete Absicht, auch ein Theaterstück zu schreiben, realisierte sich nicht.[31] Eine Lesereise führte Bachmann Ende Februar nach Deutschland, wo sie bis in den März hinein in Düsseldorf, Bremen, Bochum, Wuppertal, Frankfurt und München Station machte, um abschließend ihre Freunde Ilse Aichinger und

Günter Eich im oberbayerischen Lenggries zu besuchen. Über Klagenfurt reiste sie schließlich wieder zu Henze nach Neapel zurück, wo sie auch ihre Freundin Marie Luise Kaschnitz wiedertraf.

Das Schmieden und Verwerfen literarischer Pläne, eine fast rastlose Reisetätigkeit sowie der beständige Bezug und die bald darauf folgende Auflösung provisorischer Wohnstationen kennzeichneten die ersten Jahre von Ingeborg Bachmanns Existenz als freie Schriftstellerin. Damals gehörte Marie Luise Kaschnitz zu den wenigen Vertrauten, die die damit verbundenen enormen Schwankungen von Ingeborg Bachmanns Gemütsverfassung hautnah miterlebten. Ein gemeinsamer Spaziergang, bei dem die um Jahrzehnte Jüngere so tief in Unwohlsein und Unlust versunken war, dass sie der mütterlichen Freundin kaum zuhörte und kein Wort sprach, führte fast zum Bruch. Doch Kaschnitz hatte ein großes Herz und, was schwerer wog, einen unbestechlichen Blick in die seelischen Abgründe künstlerischer Existenzen, sie blieb der Freundin auch über manche Irritationen hinweg in unverbrüchlicher Zuneigung verbunden. Wir verdanken ihr eine eindrucksvolle Momentaufnahme von Bachmanns damaliger Lebenssituation: »Das Haus, in dem Henze und Ingeborg Bachmann wohnen, Villa Rotonda, von der Straße her unwirtlich und zerlempert, mit zerfallender Treppe, aber schönem, stillem Innenhof [...]. In Henzes Wohnung. Der große Salon mit rotblauen Majolikafliesen, roten Louis-Philippe-Sofas, Kamin, Bücherschränken, ganz 19. Jahrhundert [...].«[32] So klar, wie sie die damaligen Wohnverhältnisse ins Auge fasste, so nüchtern resümierte sie auch die Situation der Bewohnerin und kommentierte ihre überraschenden Pläne: »Über Griechenland und Indien, wohin Ingeborg im Dezember reisen will, Gruppeneinladung, die sich bei der Harvardeinladung ergab. Was für erstaunliche Möglichkeiten der Jetztzeit! Früher hätte Ingeborg gelebt wie die Emily Brontë, in einem einsamen Landhaus, in dem es spukt; jetzt wird auch ein so völlig unaktiver Mensch rund um die Erde gerissen.«[33]

Das gemeinsame Leben und die Zusammenarbeit mit Henze inspirierten Bachmann zu ihrem dramatisch strukturierten Prosatext *Die wunderliche Musik*, in dem sie das Verhältnis von Musik und Dichtung in vielstimmiger Weise ästhetisch reflektiert.[34] Darüber hinaus arbeitete Bachmann zielstrebig an ihrem zweiten Gedichtband. Das Gedicht »Erklär mir, Liebe«, das wie kaum ein anderes ihre persönlichen Liebeserfahrungen zu einem überzeitlichen Topos von Liebe und Verlassenheit verdichtet, erschien am 19. Juli 1956 in der Hamburger Wochenzeitung *Die Zeit*:

Erklär mir, Liebe, was ich nicht erklären kann:
sollt ich die kurze schauerliche Zeit
nur mit Gedanken Umgang haben und allein
nichts Liebes kennen und nichts Liebes tun?
Muß einer denken? Wird er nicht vermißt?

Einen Monat zuvor hatte der Bayerische Rundfunk ihre Hörspielbearbeitung von Robert Musils *Die Schwärmer* aufgenommen, in der Kulturzeitschrift *Merkur* waren die Gedichte »Mein Vogel«, »Heimweg« und »An die Sonne« erschienen.

Trotz dieser künstlerisch so herausragenden Arbeiten war Bachmanns finanzielle Situation desaströs. Der *Merkur*-Herausgeber Joachim Moras, den Bachmann wie nur wenige andere in ihre materiellen Sorgen einweihte, bemühte sich um Fördermittel aus dem Kreis des BDI, des Bundes der deutschen Industrie, der Bachmann ein Jahr zuvor einen Literaturpreis verliehen hatte. Noch von Neapel aus unternahm Bachmann im Mai einen Abstecher nach Amalfi, um das Ehepaar Kaschnitz in seinem Feriendomizil zu besuchen. Ansonsten waren die Monate Mai und Juni der Arbeit an dem Libretto zu Henzes Oper *Der Prinz von Homburg* gewidmet. Ein

Autounfall Henzes bei Lodi, der ihn ab Mai zu einem längeren Krankenhausaufenthalt in Mailand zwang und eine Genesungspause in der Villa des mit ihm befreundeten Nanni Balestrini erforderte, beendete das fragile Zusammenspiel des Künstlerpaares. Wieder einmal konnte Bachmann vor der für sie unbefriedigenden persönlichen Lebenssituation nicht länger die Augen verschließen. Wie schon im Jahr zuvor musste sie sich ab der Jahresmitte nach einem neuen Lebens- und Arbeitsmittelpunkt umsehen.

Nach einem hochsommerlichen Aufenthalt auf Ischia und einem Abstecher nach Venedig kehrte Bachmann noch im August 1956 nach Klagenfurt zurück. Ein Krankenhausaufenthalt war nötig geworden und hielt sie länger fest als geplant. Ihren Plan, zur Uraufführung von Henzes Oper *König Hirsch* Ende September nach Berlin zu kommen, musste sie aufgeben, um »verletzt wie ein Tier im Wald« das wechselvolle Auf und Ab ihrer Beziehung zu bedenken.[35] Seine Zumutungen und Anwürfe zehrten an ihrer Kraft und zermürbten ihre Nerven. Sie konnte die Augen nicht länger davor verschließen, dass es für ihre Persönlichkeiten kein friedvolles Miteinander gab und ihre Zusammenarbeit – zumindest von Henze aus – immer auch auf Kampf ausgerichtet war, in der festen Überzeugung, dass nur der, der das Äußerste forderte, auch das Beste kriegen konnte. Erschöpft und ausgebrannt, wie sie sich in diesem Sommer fühlte, versuchte sie vergebens, ihn in seine Schranken zu weisen: »Du solltest mir nicht so viel vorwerfen, auch wenn vielleicht meine Art zu arbeiten verschieden ist von der Deinen, aber es ist ein Missverständnis, wenn Du meinst, dass ich den Dingen, die von mir verlangt werden, davonlaufe.«

Bis in den November hinein blieb sie schließlich im Haus ihrer Eltern. Sie las viel in diesen Monaten, ihre Lektüre galt im Besonderen den italienischen Klassikern wie Dante, Tasso und Ariost. Wie immer bot der Unterschlupf in Klagenfurt eine vorübergehende Befreiung von den ständigen existenziellen Sorgen, doch waren diese regelmäßigen Aufenthalte in ihrer Heimatstadt nicht einfach für sie. Die enge Bindung an ihre Familie vergegenwärtigte nicht nur ihre unbewältigten Kriegserinnerungen, bei den Besuchen bei ihrer Schwester Isolde im oberen Gailtal sah sich die Schriftstellerin auch mit eigenen unbewältigten Lebenswünschen konfrontiert. Neben ihrer Tätigkeit als Lehrerin hatte sich Isolde innerhalb weniger Jahre eine große Familie aufgebaut, die sich auf sechs Kinder auswachsen sollte. Die Frage nach den Kindern war auch im Briefkontakt der Schwestern oder im Briefwechsel mit den Eltern häufig präsent. Ingeborg Bachmann hat an der Entwicklung ihrer Nichten und Neffen lebhaften Anteil genommen und, wann immer es ihre finanzielle Lage erlaubte, ausgesucht schöne Kinderkleidung nach Kärnten geschickt.

Unabhängig voneinander haben Freunde und Familie bei Bachmann eine große Sehnsucht nach Kindern verspürt. Es gibt zahlreiche Erinnerungen daran, wie gerne sich Bachmann mit Kindern umgab und wie sie selbstverständlich auch Hand anlegte, wenn mal wieder ein Hemdchen zu wechseln oder andere Verrichtungen zu tätigen waren.[36] Dass Paul Celan in Paris mit einer anderen Frau ein Kind aufzog, muss sie geschmerzt haben. Mit einem Mann wie Henze verbot sich der Gedanke an eine Familiengründung von selbst, und für das in den 50er- und 60er-Jahren noch äußerst schwierige Leben einer alleinerziehenden Mutter fehlten ihr die finanziellen Mittel. Ihr Leben war unbehaust, wo hätte da ein Kind Platz finden können? Doch der Gedanke verfolgte sie. Ihre Schwester Isolde erinnerte sich, dass Ingeborg Bachmann über Jahre hinweg mit dem Gedanken spielte, Kinder zu adoptieren. Unter dem Eindruck einer Reise auf den afrikanischen Kontinent sprach sie sogar davon, zwei schwarze Kinder zu adoptieren.

Für die Unlebbarkeit einander widersprechender weiblicher Sehnsüchte hat Bachmann in der Erzählung *Undine geht* eine unvergleichliche Kunstfigur erfunden, die nur in ihrem eigenen Element existieren kann, für immer allein und einholbar in ihrem Verlangen:

Ich habe keine Kinder von euch, weil ich keine Fragen gekannt habe, keine Forderung, keine Vorsicht, Absicht, keine Zukunft und nicht wußte, wie man Platz nimmt in einem anderen Leben. Ich habe keinen Unterhalt gebraucht, keine Beteuerung und Versicherung, nur Luft, Nachtluft, Küstenluft, Grenzluft, um immer wieder Atem holen zu können für neue Worte, neue Küsse, für ein unaufhörliches Geständnis: Ja. Ja. Wenn das Geständnis abgelegt war, war ich verurteilt zu lieben; wenn ich eines Tages freikam aus der Liebe, mußte ich zurück ins Wasser gehen, in dieses Element, in dem niemand sich ein Nest baut, sich ein Dach aufzieht über Balken, sich bedeckt mit einer Plane. Nirgendwo sein, nirgendwo bleiben.[37]

9. »Doch treibt, was wahr ist, Sprünge in die Wand« – die Suche nach dem eigenen poetischen Ort

Mit dem Erscheinen ihres zweiten Gedichtbandes, *Anrufung des großen Bären,* im Münchner Piper-Verlag begann im Herbst 1956 ein Reigen enthusiastischer Kritiken, der den Mythos von der entrückten Poetin auf Jahre hin festschreibt. Aus heutiger Sicht befremdet, wie sehr die Literaturkritik jener Jahre die zeit- und gesellschaftskritischen Bezüge der Bachmann'schen Lyrik konsequent ausblenden konnte und die aus einem kritischen historischen Bewusstsein erwachsene Wahrheitsforderung als »reine Größe« auf »das Klassische selbst« zu reduzieren vermochte.[1] In Gedichten wie »Was wahr ist« erschließt sich Bachmanns Wahrheitsbegriff unübersehbar aus der Preisgabe verdrängter Erinnerungen. Der den zweiten Band prägende Topos eines grenzüberschreitenden poetischen Sprechens gewinnt erst im Blick auf das existenzielle Ausgeliefertsein der Schreibenden seine eigentliche Dimension. Das von Bachmann für jede ernst zu nehmende Dichtung eingeforderte »Widerspiel des Unmöglichen mit dem Möglichen«[2] wird für sie selbst zu einem unausweichlichen Konflikt zwischen ihrem persönlichen und ihrem poetischen Bewusstsein, das im Prozess des Schreibens seine soziale Identität nicht länger gewährleisten kann. Die Radikalität dieses Entwurfes offenbart sich erst im Blick auf das Gesamtwerk. Von Bachmanns Erkenntnis aus, dass, »was wahr ist, Sprünge in die Wand« treibt, spannt sich der Bogen zu dem weiblichen Ich des *Malina*-Romans, dessen

»Ich ohne Gewähr«[3] in einem Spalt in der Wand verschwinden muss. Im zweiten Lyrikband steht den himmelstürmend hymnischen Bildern, wie sie etwa in »An die Sonne« und in »Mein erstgeborenes Land« zu finden sind, in anderen Gedichten die Nachtmahr der europäischen Gewaltgeschichte als persönliche Vernichtungserfahrung entgegen. Wie selbstverständlich wird da die zerstörerische Kraft des Eros auf eine Stufe mit kriegerischen Motiven gestellt – auch das eine Vorwegnahme des »Kriegsschauplatzes« Liebe, der Bachmanns Prosawerk in den 60er-Jahren so eindrucksvoll dominiert. Die Utopie eines »Noch nicht« und das Wissen um ihre Vergeblichkeit entwickeln sich von hier aus zu entscheidenden Koordinaten ihres Schreibens. Die Spannung zwischen verzweifelt wiederkehrenden Erlösungsimpulsen und archaisch anmutenden Todesmetaphern instrumentiert als »Gegensatz von traumatischer Zeiterfahrung und utopischer Gegenzeit«[4] die Komposition der Gedichte und Zyklen.

Ende November reiste Bachmann nach Paris und verbrachte den letzten Monat des Jahres 1956 in Paris. Sie logierte im Hôtel de la Paix in der Rue Blainville 6, ohne mit Paul Celan auch nur in Kontakt zu treten. Er wusste nichts von ihrem Aufenthalt, und Bachmann sah auch keine Veranlassung, ihn darüber in Kenntnis zu setzen. Die Einsamkeit ihres Aufenthalts an einem lebensgeschichtlich so bedeutsamen Ort hat Bachmann in unvergessene Verse gebannt:

Die Rosenlast stürzt lautlos von den Wänden,
und durch den Teppich scheinen Grund und Boden.
Das Lichtherz bricht der Lampe.
Dunkel. Schritte.
Der Riegel hat sich vor den Tod geschoben.[5]

Ihre persönliche Beziehung schien in diesem Winter auf dem Nullpunkt angekommen zu sein, der Briefkontakt abgerissen, jedes unmittelbare Sprechen verstummt. In ihren Gedichten allerdings führte Bachmann den lebensentscheidend bedeutsamen Dialog fort, immer wieder nehmen ihre Gedichte auf Metaphern und Motive Celans Bezug, zitieren und paraphrasieren seine lyrischen Bilder und forderten so den unvergessenen Geliebten zu poetischen Antworten heraus, denen er sich auf Dauer kaum entziehen konnte.[6] In Bachmanns Besitz befanden sich zu diesem Zeitpunkt nicht nur der von Celan mit Widmung versehene Band *Mohn und Gedächtnis*, sondern auch sein damals aktuell erschienenes Werk *Von Schwelle zu Schwelle*. Im Dezember 1953 hatte Bachmann Celan den Gedichtband *Die gestundete Zeit* mit einer Widmung übermittelt und keine Antwort darauf erhalten. Ein Vers ihres Titelgedichts wäre damals wohl nur von Celan selbst zu entziffern gewesen – doch der Dichter blieb stumm: »Drüben versinkt dir die Geliebte im Sand.« In für die Literatur einmaliger Weise verlagert Bachmann die erfahrene Dramatik der Korrespondenz in das Zentrum ihres Gedichts: Das »Verstummen der ›Geliebten‹« wird als »Stumm-gemacht-Werden« sichtbar, das weibliche Ich beharrt damit auf seiner Version der Geschichte, die sich in einer schmerzlichen Bewusstwerdung weiblicher Autorschaft von der Geschichte des Mannes abzugrenzen weiß. Es ist nicht allein die unüberbrückbare lebensgeschichtliche Differenz zwischen Tätertochter und Opfersohn, die ihrer Verbindung entgegensteht – da ist noch etwas, dem Bachmann nachspürt und das sie bis in die Komposition ihres *Malina*-Romans hinein fassbar zu machen versucht. Es geht um das existenzielle Ausgeliefertsein der weiblichen Stimme, deren Behauptungswunsch in einem patriarchalisch geprägten Kulturkreis über Jahrtausende hin Vernichtungserfahrungen impliziert, denen die Frau gar nicht ausweichen kann.

Vor dem Orpheus-Motiv »Sieh dich nicht um«, das die zweite Strophe einleitet, verdichtet Bachmann in sieben Verszeilen mithilfe der Celan-Zitate »Drüben« und »Sand« sowie weiterer chiffrierter Anspielungen auf die Judenvernichtung das Drama weiblicher Autorschaft im Angesicht einer niederdrückenden historischen Schulderfahrung und sublimiert in diesem lyrischen Extrakt eine Botschaft, die gleichzeitig historisch gültig und von intimster Natur ist.[7] Der in der Literaturgeschichte nicht unbekannte Topos des Liebesstreits erfährt in Bachmanns Werk eine bis dahin unbekannte Radikalisierung. Denn all die Missverständnisse, Verletzungen und Verwerfungen zwischen dem Liebespaar Bachmann und Celan wurzeln in der ihren Schicksalen eingeschriebenen »Differenz« zwischen Opfersohn und Tätertochter. Mit dem von der Shoah und ihren Folgen tief verletzten Celan war keine glückliche Liebe zu leben – das musste nicht nur Bachmann, sondern auch seine Frau Gisèle und einige weitere Geliebte erfahren. Doch nicht nur das Miteinander, das Leben selbst wurde Celan immer schwerer und machte seit dem Ende der 50er-Jahre fortgesetzte psychiatrische Behandlungen nötig. So radikal, wie Bachmanns Verse die Ausgesetztheit der liebenden Frau ins Zentrum rücken, so rebellisch wehrte sie sich mitunter in anderen Gedichten gegen diese historische Zwangsjacke, die ihr die Luft zum Leben und Lieben nahm. In ihrer *Undine*-Poetik entwickelte sie aus ihren schon in ihrer Lyrik vielfach anklingenden Topoi des immerwährenden Aufbruchs und der stets aufs Neue zu begründenden »Ausfahrt« eine subversive weibliche Figur, die sich erst in ihrer radikalen Ortlosigkeit und Freiheit gegen die Zuschreibungen einer durch Krieg und Vernichtung gezeichneten Männergeneration zu behaupten weiß.

In ihrem Zyklus »Lieder auf der Flucht« kulminiert in Bachmanns zweitem Gedichtband ein lyrisches Szenario weiblicher »Todesarten« in Bildern von albtraumhafter Gewalt, denen sich das weibliche Ich in einem selbstzerstörerischen Kampf zwischen Erlösungshoffnung und Schuldeingeständnis entgegenwirft:

XIII

Ich bin noch schuldig. Heb mich auf.
Ich bin nicht schuldig. Heb mich auf.

Das Eiskorn lös vom zugefrornen Aug,
brich mit den Blicken ein,
die blauen Gründe such,
schwimm, schau und tauch:

Ich bin es nicht.
Ich bin's.

Zweifellos kannte Paul Celan die »Lieder auf der Flucht«. Bachmanns zweiter, 1956 erschienener Lyrikband war schon in seinem Besitz, als er im Sommer 1957 an seinem Band *Sprachgitter* arbeitete. Celan befand sich zu dieser Zeit in Wien, die Verse, die er während seines Aufenthaltes im Rennweg schrieb, dokumentieren in so nie da gewesener Weise, dass er Bachmanns Gedichte gelesen hatte und ihre verzweifelte Botschaft angekommen war. Zum ersten Mal in seiner Dichtung führt er im Titelgedicht seines Bandes »zwei / Mundvoll Schweigen« zusammen, ist das Schweigen des einen nicht länger auf die Schuld des anderen gebaut. Und die zwei, die da schweigen, die sind nicht irgendwo. In *Sprachgitter* stellt sie Celan in »den innersten Bezirk der Judenvernichtung«: auf die »Fliesen«, ein Bild, das die Vorstellung einer Gaskammer evozieren muss:[8]

Die Fliesen. Darauf,
dicht beieinander, die beiden
herzgrauen Lachen:
zwei
Mundvoll Schweigen.

Das Gedicht »Sprachgitter« ist am 14. Juni 1957 entstanden, in einer Wohnung am Wiener Rennweg, unweit des Ungargassenlandes, in dem Bachmann mehr als dreizehn Jahre später ihrem Geliebten ein Denkmal setzen würde.

Zum Jahreswechsel 1956/ 57 hatte Bachmann keine Ahnung, dass die Lektüre ihrer Gedichte bei Celan tatsächlich etwas in Bewegung gebracht hatte, dass sich ein Echo vorbereiten würde, das nicht nur ihre Dichtung, sondern auch ihr persönliches Leben noch einmal von Grund auf verändern sollte. Wie in den Jahren zuvor reiste sie heimatlos zwischen Österreich, Italien, Frankreich und Deutschland hin und her und wusste wieder nicht, ob ihre unsicheren finanziellen Verhältnisse es ihr gestatten würden, längerfristig so etwas wie ein festes Domizil zu beziehen. Sie fand mit Unterstützung der Herausgeberin der römischen Kulturzeitschrift *Botteghe Oscure,* Marguerite Prinzessin Caetani, eine kleine Wohnung in der Via Vecchiarelli und hoffte, dort mindestens »ein Jahr lang« zu bleiben.[9] Die Nachricht von der Zuerkennung des mit einer Dotierung versehenen Bremer Literaturpreises, der ihr am 26. Januar 1957 in der Hansestadt verliehen wurde, beendete ihre schlimmsten finanziellen Sorgen, was Bachmann in einem Interview zur Verleihung auch unumwunden eingestand: »Wahrscheinlich ist selten ein Preis so gelegen gekommen.«[10] Das Jahr ließ sich gut an. Überglücklich schrieb Bachmann an ihre Eltern: »Ich fühle mich ganz anders, seit ich wieder ein Zuhause habe, und sei es auch nur ein Vorläufiges, aber ich habe jetzt jeden Abend, wenn ich ausgehen muss, den brennenden Wunsch, bald nachhause zu gehen, den ich nie gehabt habe, wenn ich im Hotel gewohnt habe.«

Dass ihre neue römische Bleibe über eine »Zentralheizung mit Dieselöl« verfügte, empfand sie als Luxus ohnegleichen – erlaubte dies ihr doch, im Gegensatz zu anderen in Rom lebenden Kollegen »auch im Winter arbeiten [zu] können«[11]. Und doch blieb das römische Leben mit Existenzängsten und Einsamkeitsgefühlen belastet; allein und herausgefallen aus allen Bindungen, verspürte Bachmann eine innere Unruhe, die einem wirklichen Heimatgefühl dauerhaft entgegenstehen sollte. Das Lebensgefühl schwankte, und trotz aller Rom-Euphorie war sich Bachmann auch jetzt nicht sicher, die richtige Entscheidung getroffen zu haben. »Oft habe ich Heimweh – und das ist neu – nach dem Norden, nach Österreich, sogar nach Deutschland«, schrieb sie an Alfred Andersch am 15. Februar 1957: »ich wollte, es käme jemand, um mich zurückzuholen.«

Die feierliche Vergabe des Bremer Literaturpreises wurde mit einer Laudatio des damals hoch angesehenen Lyrikers Rudolf Alexander Schröder gekrönt. Bachmann musste sich den Preis jedoch mit dem Autor Gerd Oelschlegel teilen, was auch nur die Hälfte des Preisgeldes bedeutete. Von Bremen aus reiste Bachmann sofort weiter nach Hamburg, um beim NDR Gedichte aufzunehmen, was heißt, dass das Netzwerk um den vorherigen Intendanten und Bachmann-Förderer Ernst Schnabel auch weiterhin bemüht war, die junge Autorin nach Kräften zu unterstützen. In einem noch aus Bremen abgeschickten Brief an ihre Eltern berichtete Bachmann von dem »ganze[n] deutsche[n] Wirbel«, der ihr nach ihrem Rückflug nach Rom »wie ein bunter wüster Traum« vorkam, »zahllose Menschen, in Bremen ein überfülltes Theater bei meiner Lesung, Händeschütteln, Verehrer, Autogramme – und im Kontrast dazu mein eigenes Misstrauen«.

Die Einsamkeit der zurückliegenden Monate, das schwankende Hin und Her der eigenen Lebensentwürfe hatten sie dünnhäutiger denn je gemacht, und sie fühlte, deutlicher als in den Jahren zuvor, was ihr die selbst gewählte Autorenexistenz tatsächlich abverlangen würde und wie hilflos sie sich angesichts des überwältigenden Erfolges auf einmal gefühlt hatte. »Ich muss ja arbeiten, nur arbeiten und die Verzweiflung angehen, die meine Tage erfüllt. Ich kann auch die äusserlichen Forderungen dieses merkwürdigen Berufes nicht erfüllen und wünsche mir so sehr einen Winkel mit Privatleben, eine Ehe oder irgendeinen wirklichen Schutz, jemand, der mich herausnimmt aus dieser Feuerlinie.«[12]

In den folgenden Monaten begann Bachmann von Rom aus mit ihrer Arbeit an der »Manhattan-Ballade«[13], die ein Jahr später unter dem Titel *Der gute Gott von Manhattan* als Hörspiel erfolgreich wurde. Sie veröffentlichte Gedichte in *Botteghe Oscure* in Rom und plante für den Frühsommer 1957 eine ausgedehnte Reise durch Süddeutschland, um alte Kontakte zu intensivieren und sich bei Freunden Rat zu holen. Wieder einmal war die finanzielle Lage prekär geworden, und sie wusste, dass sie ohne einen größeren Rundfunkauftrag oder eine Dramaturgentätigkeit die nächsten Monate nicht überstehen konnte. Ihrem Freund und Herausgeber Alfred Andersch hatte sie schon im Februar ihre Nöte gestanden: »die Fremde ist ganz wahr geworden [...] es gibt bald keinen Tag mehr, an dem nicht der Eisschauer niedergeht, nach dem man sich nur mehr aufrichtet, um vom nächsten hier erledigt zu werden.«[14] Im Juni reiste sie dann über Innsbruck nach Lenggries, wo ihre Freunde Ilse Aichinger und Günter Eich mit ihren Kindern lebten. Die schon an die Zeitschrift *Merkur* gesandte Erzählung *Portrait von Anna Maria* erbat sie nach der kritischen Beurteilung des Schriftstellerpaares vom *Merkur*-Herausgeber Joachim Moras zurück, die Erzählung sollte Fragment bleiben.[15] Über Fürth und München, wo sie sich einer Blinddarmoperation unterziehen musste, reiste Bachmann nach Stuttgart, um am 19. Juni 1957 im Süddeutschen Rundfunk ihre neu entstandenen Gedichte »Strömung«, »Geh, Gedanke« und »Freies Geleit« vorzulesen. In Stuttgart traf Bachmann Alfred Andersch, der in seiner Funktion als Rundfunkredakteur stets bemüht war, Bachmann zu helfen. In Anbetracht ihrer finanziellen Nöte entwickelte er für sie einen fantastisch anmutenden Plan für eine gut bezahlte Rundfunkreportage, die Bachmann nach Marokko führen sollte – eine kühne Unternehmung, für die sich im Funkhaus in Stuttgart aber offensichtlich nicht genug Mitstreiter fanden. Dessen ungeachtet hielt Andersch bis 1959 an seinem Vorhaben fest, ohne dass es je realisiert wurde.[16]

Mit ihrer Arbeit an *Der gute Gott von Manhattan* setzt sich Bachmann erneut mit dem exemplarischen Fall einer zerstörerischen Beziehung auseinander und führt die in ihrer Lyrik bereits angelegte Linie der »Todesarten« aus Liebe in eindrucksvoller Weise fort. Indem der Kriminalfall eines Liebestods vor Gericht verhandelt wird, beleuchtet Bachmann die »Nachtseite der Welt« im Angesicht der herrschenden Ordnung. Der *Gute Gott*, dem die Ermordung von Liebespaaren vorgeworfen wird, erweist sich als die Verkörperung der »Konvention«, er repräsentiert die »große Macht«, der die Liebe zum Opfer fallen muss. Was in Bachmanns Hörspiel wie eine Affäre beginnt – die Beziehung des französischen Studenten Jan und der amerikanischen Studentin Jennifer, die sich durch die geplante Abreise des Mannes nach Frankreich von selbst erledigen würde –, gerät in einem Stundenhotel außer Kontrolle. Aus einem en passant genossenen Vergnügen wird rauschhafte Ekstase, aus Liebesrausch ein tödliches Begehren, das nichts anderes mehr kennt. In ihrer Unerbittlichkeit verändern sich Jan und Jennifers Liebesspiele; was leicht und lebendig beginnt, schmeckt plötzlich nach Tod. Das allen Hemmnissen entrissene Begehren führt in die existenzielle Vernichtung. Das Fest des Sexus erinnert an einen heidnischen Ritus, bei dem dem Opfertier die Haut vom Leibe gezogen wird. Denn wenn die Hülle der Konvention zerbricht, gibt es auch für die Liebenden keinen Schutz mehr, wird das Fleisch der Frau für den Geliebten so durchsichtig wie Glas.

> Ich möchte einmal sehen, was jetzt ist, abends, wenn dein Körper illuminiert ist und warm und aufgeregt ein Fest begehen möchte. Und ich sehe schon: durchsichtige Früchte

und Edelsteine, Kornelian und Rubin, leuchtende Minerale. In eine Feerie verwandelt, die Blutbahnen. Sehen. Schauen. Alle Schichten bloßgelegt. Die Decken feinen Fleisches, weiße seidige Häute, die deine Gelenke umhüllen, die entspannten Muskeln, schön polierte Knochen und den Lack auf den bloßen Hüftkugeln. Das rauchige Licht in deiner Brust und den kühnen Schwung dieser Rippen. Alles sehen, alles schauen.[17]

Bachmanns Hörspiel ist eine Rebellion, deren blasphemische Sprengkraft nur von wenigen Zeitgenossen wahrgenommen wurde. Ihre Figuren bewegen sich nicht länger auf den Höhen der Reflexion oder der Philosophie, nein, den Austritt aus der Ordnung von Zeit und Raum, die Überwindung der Vergänglichkeit sucht Bachmanns verzweifeltes Liebespaar nun in den Abgründen des Fleisches, auf dem Altar der Leidenschaften wird die Existenz geopfert.[18]

Während Bachmann also in ihrer Hörspielarbeit den existenziellen Abgründen nachspürte, musste sie, aufgerieben zwischen verzweifelter Auftragssuche und ihrem hohen poetischen Anspruch, der Tatsache ins Auge sehen, dass sie in ihrer italienischen Wahlheimat nicht durchhalten konnte. An ihren Vertrauten und späteren Verleger Siegfried Unseld schrieb sie im Juli, nun wolle sie doch nach München übersiedeln, »für ein Jahr vorläufig, weil es hier nicht mehr weitergeht, die Krankheiten, die verlorene Arbeitszeit haben mich so in die Enge getrieben«[19]. Ende Juli war ihr endgültig klar, dass »alle Hilfe« nicht ausreichen dürfte, um ein weiteres Jahr in Rom zu bleiben. »Es ist derartig teuer geworden, und die dauernden Schwierigkeiten haben mich so erschöpft, das Alleinsein macht sich plötzlich bemerkbar, dass es mir die Freude am Hiersein zerstört.«[20]

Die literarischen Erfolge Bachmanns, die ihr nach der Veröffentlichung der *Anrufung des großen Bären* auf vielfache Weise zuteil geworden waren, und ihre im Oktober 1957 erfolgte

Ernennung zum korrespondierenden Mitglied der Deutschen Akademie für Sprache und Dichtung in Darmstadt änderten nichts daran, dass ihr die finanziellen Grundlagen für ein freies und selbst bestimmtes Schriftstellerleben noch immer fehlten. In ihren Briefen an Freunde und Kollegen beklagte Bachmann ihre Not, wieder die »Zwangsarbeit« einer festen Tätigkeit auf sich nehmen zu müssen.[21] Die vom damaligen Fernsehdirektor des Bayerischen Rundfunks, Clemens Münster, initiierte Festanstellung als Dramaturgin war ihr verhasst, weil sie ihr notwendigerweise die Zeit für ihr literarisches Schreiben rauben würde.

In München, wo sie zuerst übergangsweise in einer Pension unterkam und erst im Dezember in ihre Wohnung in der Franz-Joseph-Straße 9a einziehen konnte, fand sie »fast alles und fast jedes deprimierend«[22]. Schon im Spätsommer flüchtete Bachmann erneut aus München, »das eine stadt zu sein scheint, in der Du jedesmal krank wirst, sobald Du den fuss in sie setzt«, wie Hans Werner Henze schon im Juni 1957 geklagt und Bachmann mit der Aussicht auf »sonne, meer, kühlschrank [...], dienstboten, ruhe, schallplatten, gute gute freunde und eine terrasse mit schattigen liegestühlen und blumen und die canzoni« nach Ischia gelockt hatte. Bachmanns damals akute Existenzsorgen hinderten Henze nicht daran, die »liebe inge« schon einen knappen Monat später anzupumpen, da auch er wie sie mal wieder ohne Barschaft lebte, um sie im gleichen Atemzug auch noch zu belehren: »benimm dich anständig, schmeisse nicht mit dem bisschen geld um Dich, schreibe das stück zuende und lass nicht locker Dir selber gegenüber.«[23]

Überhaupt schwankte Henzes Ton ihr gegenüber schon seit geraumer Zeit zwischen Zuckerbrot und Peitsche hin und her. Mitunter trieb er sie wie ein Berserker an und kannte dabei keine Gnade oder Rücksicht auf ihre Krankheiten oder Unpässlichkeiten, dann wieder säuselte er Liebreizendes an seine

»carissima pupa«, tröstete und richtete auf, wenn sie ihm gar zu verzweifelt schien. Gebetsmühlenartig versuchte er über all die Jahre, gegen ihre Agonien anzugehen, aus sanften Ermahnungen wurden wüste Beschimpfungen, wenn ihre so ganz anders geartete Weise zu arbeiten das Fortkommen, das gemeinsame Werk behinderte. Maßstab aller Dinge war natürlich er selbst – sein eigenes Credo sollte auch für sie gelten: »leider hast Du noch immer nicht begriffen, wie schön es ist zu arbeiten, und wie nichtarbeiten viel mehr ermüdet als arbeiten.«[24] Unter der Vielzahl seiner beständigen Ratschläge sticht einer besonders ins Auge: »Denk an Thomas Mann: Jeden Morgen!« Über Jahre hinweg gefiel er sich in der Rolle des unbarmherzigen Antreibers, die Scham darüber kam ihm erst Jahre nach ihrem Tod: »Ich habe sie oft am Telefon beschimpft.«[25]

Erst Jahrzehnte später räumte Henze ein, dass er, der Rastlose, der ewige Hans-Dampf-in-allen Gassen, seine Freundin mit diesem beständigen Druck vielleicht doch überfordert hatte und der besonderen Präzision, die sie bei ihrer Arbeit walten ließ, nicht gerecht geworden ist. »Ingeborg Bachmanns Lyrik entstand mit großer Mühe«, gestand er, »zwanzig, dreißig Varianten für ein (einziges) Gedicht«, immer wieder abgeschrieben und verbessert mit der Schreibmaschine, eine ermüdende und mitunter selbstquälerische Prozedur, denn sie war nur selten mit dem Erreichten zufrieden.[26] Der Unterschied ihrer beider Temperamente ließ Bachmann vorsichtig werden, mitunter begehrte sie auf, reagierte gereizt oder ließ einfach nichts von sich hören. Zwischen 1955 und 1958 geisterte auch der Plan einer Heirat wie ein Schemen zwischen ihnen hin und her, aus seiner kalkulierten Eingebung und seinem für sie kränkenden Rückzug war vonseiten Henzes längst eine »wahnhafte Heirats-Bettelei«[27] geworden. Mehr als alles andere fürchtete er, sie zu verlieren: »lässt Du mich im stich? [...]. Mein leben ist sehr voller angst und traurigkeit und die zeit mit Dir die Du mir versprochen hattest war meine grösste hoffnung.«[28]

1 Beim Treffen mit Hannah Arendt in New York, 1962.

2   Olga und Matthias Bachmann mit ihren Töchtern Ingeborg und Isolde Anfang der dreißiger Jahre.

3   »Unsere Erziehung könnte man vorbildlich nennen« – Ingeborg und Isolde am Klavier.

4   Im Kindheitsland: Rudern auf dem Wörthersee.

5 »Unsere Mutter war eifersüchtig« – Ingeborg als große Schwester mit dem abgöttisch geliebten Bruder Heinz und ihrem Vater Matthias Bachmann, um 1940.

6 Heinz Bachmann im Oktober 2011: Bei einem Treffen mit Andrea Stoll vor dem Klagenfurter Elternhaus in der Henselstraße 26.

7 Als junge Studentin in Wien 1948.

8 Der Autorenkreis um Hans Weigel im Wiener Café Raimund.

9 Das Tor zur literarischen Welt: Ingeborg Bachmann 1952 beim Treffen der *Gruppe 47* in Niendorf zwischen Paul Celan (r.) und Milo Dor (l.).

10 Das Fräuleinwunder der Literatur: auf dem »Spiegel«-Titel von 1954.

11 Paul Celan 1959.

12 Mit Martin Walser und Heinrich Böll, Berlin 1955.

13 Beim Tanz mit Alfred Andersch, Berlin 1962.

14 Der eifersüchtige Frisch blieb allein in der Schweiz zurück: mit Hans Magnus Enzensberger und Günter Grass 1959 in Rom.

15 Heinz Bachmann fotografiert seine Schwester 1962 in der gemeinsam mit Max Frisch bewohnten Luxuswohnung in der Via de Notaris in Rom – allein vor dem Schachspiel.

16 In der Pose des Weltmanns: Max Frisch in der Via de Notaris, Rom 1962.

17 Königstochter und Götterliebling. Bachmann und Henze 1965 in Berlin bei den Proben zur Uraufführung von *Der junge Lord*.

18 »Erste Schritte«.
Handschriftliches Gedicht
aus dem Nachlaß, Blatt
443.

19 »Erste Schritte«. Abdruck aus
Ich weiß keine bessere Welt. Unveröffentlichte Gedichte, S. 159.

ERSTE SCHRITTE

Ich konnte nicht mehr gehn,
jetzt kann ich's auf das Mal
zwei Schritt um das Haus,
da ist das Haus schon.

Ich konnt nicht mehr was erkennen
jetzt schau ich einen an
da hat er wie zwei Augen
den meinen zugetan

sprechen, das muß lang her sein
ein Wort, Wort und Unterbrechen
habt Satz und Atemnot
mitten im Unterbrechen
kommt jetzt ein Wort ins Lot.

20 »Die größte Niederlage meines Lebens« – allein in Zürich 1963.

21 Bei der Verleihung des Georg-Büchner-Preises 1964 in Darmstadt.

22 Beim SPD-Empfang für den Kanzlerkandidaten Willy Brandt 1965 in Bayreuth.

23 Politischer Schaulauf: mit Hans Werner Henze in Bayreuth 1965.

24 Um 1968.

25 »Das Schreibzimmer, das mir verhasst ist.« Bachmann vor ihren Manuskripten und ihrer elektrischen IBM-Schreibmaschine in Rom.

26 Küche in der Via Bocca di Leone 60.

27 Einkaufen in Rom.

28 Großer Auftritt in Wien: Ingeborg Bachmann empfängt am 21. November 1968 den Österreichischen Staatspreis.

29 In Diskussion mit dem »großen Siegfried« – Bachmann mit dem Suhrkamp-Verleger Siegfried Unseld um 1970.

30 Die unbestechliche Freundin: Marie Luise Kaschnitz, um 1968.

31 In London 1971: Hochzeit von Heinz und Sheila Bachmann.

32 Auf der Terrasse ihrer Wohnung in der Via Bocca di Leone, um 1970.

33 Auf der Spanischen Treppe in Rom Anfang der siebziger Jahre.

Unbarmherzig zwischen hitziger Nähe und frösteln machender Distanz hin- und herspringend, führte Henzes Verhalten ihre Freundschaft in immer neue Schieflagen. Auch die sexuelle Attraktion darf dabei nicht unterschätzt werden. Stieß sie ihn von Tisch und Bett, konnte er, trotz seiner offen gelebten Homosexualität, aufs Äußerste gekränkt reagieren. Er konnte sie nicht heiraten, aber loslassen wollte er sie auch nicht. Und so attackierte er sie mit immer neuen Ideen, die letztendlich auf ihre Unterwerfung unter seine Lebenspläne zielten. In der Polarität der Kräfte, in dem wiederkehrenden Spiel zwischen Anziehung und Abstoßung, Nähe und Distanz schien sich für ihn ein geheimes Aphrodisiakum zu verbergen, das er hemmungslos für sich einzusetzen wusste.

Was Bachmann mit Henze erlebte, musste sie, trotz aller Unterschiede in den Persönlichkeiten, auf fatale Weise an ihre Beziehung mit Celan erinnern, ja, sie sah sich zurückgeworfen auf ein grausames Gesetz der Liebe, das ihr und immer nur ihr auf so fatale Weise zu begegnen schien. Vielleicht ist die Radikalität des physischen Ausgeliefertseins wie auch der unerhörte psychische Abgrund, den die Topografien in »Lieder von einer Insel« und »Lieder auf der Flucht« aufreißen, ohne diese Wiederkehr des Immergleichen in ihren engsten Beziehungen nicht vorstellbar, die poetische Qualität ohne die existenzielle Qual der Schreiberin nicht denkbar. Ihre weibliche Künstlerexistenz trieb sie auf Männer zu, die Leid und Qual weniger unter psychologischen Kategorien mit Vorsicht betrachten denn unter ästhetischen Kategorien erkunden wollten. Die Bedeutung der Liebesqual als Aphrodisiakum der Literatur ist so alt wie die Dichtung selbst, doch der Preis, den Bachmann für solche Spaziergänge im Grenzland der Ausgelieferten und der sich selbst Ausliefernden zu zahlen hatte, war hoch und ließ sie mitunter verzweifeln.

Fast zeitgleich hatten sich Bachmann und Henze 1956 mit dem Undine-Mythos beschäftigt, und während sie parallel zu anderen Erzählentwürfen fünf Jahre an ihrer Erzählung *Undine geht* feilte, finalisierte er bereits 1957 die Komposition eines Balletts, das mit dem Dirigenten Frederick Ashton und der Primaballerina Margot Fonteyn im Oktober 1958 im Royal Opera House in London eine glanzvolle Uraufführung erfahren sollte. Gegenüber Henzes eher traditionell geführter Undine-Figur radikalisierte Bachmann das Motiv der rastlosen Nymphe in ihrer 1961 veröffentlichten Erzählung: »Ihr Menschen! Ihr Ungeheuer! Ihr Ungeheuer mit Namen Hans! Mit diesem Namen, den ich nie vergessen kann.«[29] Von der zeitgenössischen Kritik ist Bachmanns *Undine* vielfach als Absage an ein realistisches Erzählkonzept und darüber hinaus auch als Absage der Kunst an eine historisch entwertete und oberflächlich betriebene Kommunikation verstanden worden.[30] Die lebensgeschichtlichen Hintergründe des Motivs lassen jedoch auch eine andere Lesart zu:

Verstehst du es wohl? Deine Einsamkeit werde ich nie teilen, weil da die meine ist, von länger her, noch lange hin. Ich bin nicht gemacht, um eure Sorgen zu teilen. Diese Sorgen nicht! Wie könnte ich sie je anerkennen, ohne mein Gesetz zu verraten? Wie könnte ich je an die Wichtigkeit eurer Verstrickungen glauben? Wie euch glauben, solange ich euch wirklich glaube, ganz und gar glaube, daß ihr mehr seid, als eure schwachen, eitlen Äußerungen, eure schäbigen Handlungen, eure törichten Verdächtigungen. Ich habe immer geglaubt, daß ihr mehr seid, Ritter, Abgott, von einer Seele nicht weit, der allerköniglichsten Namen würdig.[31]

Entgegen der Tradition der in der europäischen Literatur bekannten Undine-Figur entzieht sich Bachmanns Wasserfrau nicht aufgrund eines Fluches oder einer männlichen Verwerfung – sie entscheidet selbst, dass der Zeitpunkt ihres Abschieds gekommen ist. Auch wenn Bachmann in einem Interview 1964 deutlich machte, dass sie ihre Undine nicht einfach als »Frau« und auch nicht als »Lebewesen« verstanden wissen wollte, sondern die Figur im Sinne Büchners als »Kunst, ach die Kunst« gedacht war, bezeugen die unübersehbaren lebensgeschichtlichen Anspielungen dieser Erzählung, dass die Kunst als Lebensform in den Verstrickungen der Geschlechterbeziehungen ersticken muss und sich, um zu überleben, mit allen Mitteln ihren Weg ins Freie bahnt.

Das Jahr 1957 jedoch, in dem Bachmann bereits ihre Undine konzipierte, markierte einen Wendepunkt in ihrer Beziehung mit Henze. Zwar gestaltete sich ihr intellektueller Austausch intensiver denn je, was vor allem ihrer von 1957 bis 1960 andauernden gemeinsamen Arbeit an Henzes Oper *Der Prinz von Homburg* geschuldet war. Die Höhenflüge einer bedingungslosen gegenseitigen Adoration waren jedoch vorbei. Gemeinsam mit Henze nahm Bachmann zwar am 20. Oktober 1957 an der Uraufführung seiner *Nachtstücke und Arien* bei den Donaueschinger Musiktagen teil, für die er ihre Gedichte »Im Gewitter der Rosen« und »Freies Geleit« als Aria I und Aria II vertont hatte, doch nun gelang es ihr, ihn auf Abstand zu halten. Allzu oft hatte sie sich an den gespreizten Pfauenfedern des furiosen Hans wund gescheuert, von jetzt an wollte sie die Regeln vorgeben: »Ich liebe dich noch, aber ich werde das immer tun, aber es ist eine andere Liebe, eine, die Zweifelssorge nicht kennt, rein und brüderlich – und da gibt es etwas anderes, das zerstört und zerstörerisch ist, alles oder nichts in sich dazu angetan, mich einmal wissen zu lassen, was ich wert bin und was ich nicht wert bin, und ich bin es, Hans, ich allein, die die Dinge so auf die Spitze treibt, denn die Männer sind Feiglinge.«[32]

Dass sie die Liebe, nach der sie suchte, nur auf einem »dunklen Erdteil« finden würde, war ihr nun bewusst. Provokant wie nie zuvor kennzeichnet sie in ihrem 1957 geschriebenen Gedicht »Liebe: Dunkler Erdteil« den Ort der höchsten Lust zugleich als »Todesort«, ein »Liebesraum«, in dem sich vom »Tal des Todes« aus der »Himmelssaum« berühren lässt.[33]

Sie hatte sich wieder auf den Weg gemacht, und Henze spürte nur zu genau, dass sie sich entzog – eine neue Situation, die ihn kränkte und der er nur mit Ironie zu begegnen wusste. Und so argwöhnte er nicht ohne Sarkasmus, ob sie ihm sicher bald den »bereits unter vertrag stehenden gatten« präsentieren wolle, mit dem sie, ohne ihn um Erlaubnis gefragt zu haben, wohl aufwarten werde: »wenn dem so ist dann grüsse mir den armen kerl und vergiss mich nicht sondern lass von Dir hören und mach's gut.«[34]

Einen Ehemann hielt das Jahr 1957 für Bachmann zwar nicht bereit, dafür aber eine Wiederbegegnung, deren unvermutete Heftigkeit alles Bisherige auf den Kopf stellen sollte. Vom 11. bis 13. Oktober 1957 nahm Bachmann zusammen mit Paul Celan, Peter Huchel, Hans Mayer, Heinrich Böll, Hans Magnus Enzensberger und anderen in Wuppertal an einer Tagung zum Thema »Literaturkritik – kritisch betrachtet« teil. Über Jahre hinweg hatte sich das einstige Liebespaar nicht gesehen, nun standen beide in Flammen. Noch auf der Tagung werden Zettelchen gewechselt: »Wann fährst Du? Und wann kommst du wieder?«[35] Mit einer Intensität ohnegleichen sind beide nun füreinander bereit. Hatte Bachmann bis dahin annehmen müssen, dass Celan ihre Gedichte und die darin versteckten Botschaften an ihn nicht gelesen oder zumindest ignoriert hatte, so wurde sie nun eines Besseren belehrt. Er hatte gelesen, und wie! Und er war bereit, ihr nun all das zu sagen, worauf sie so viele Jahre vergeblich gewartet hatte. Nun sprach er zu ihr – frei und ohne Scheu, vor allem aber ohne die in all den Jahren so erdrückend gefühlte Angst vor Missverständnissen und Verwerfungen. In seinem Gedicht »Köln, Am Hof«, das er kurz nach ihrer Wiederbegegnung am 20. Oktober 1957 von Paris aus schickte, heißt es:

Herzzeit, es stehn
die Geträumten für
die Mitternachtsziffer.

Einiges sprach in die Stille, einiges schwieg,
einiges ging seiner Wege.
Verbannt und Verloren
waren daheim.
....
Ihr Dome.
Ihr Dome ungesehen,
ihr Wasser unbelauscht,
ihr Uhren tief in uns.[36]

Die Briefe, die Bachmann in den Monaten nach ihrer Wiederbegegnung von Celan erhielt, gehören zum Liebevollsten
und Innigsten, was er je geschrieben hat, sie sind von einer für
seine Korrespondenz einmaligen Intensität. Endlich glaubte
er ihr und ließ es zu, dass Vergangenheit und Gegenwart in
einem erfüllten Augenblick zusammenfanden. Er war sich in
seinem Empfinden so sicher, dass er seiner Frau gegenüber
alles offenlegte. »Du hast mir gesagt, Du seist auf immer ver-
söhnt mit mir, das vergesse ich Dir nie«, schrieb sie ihm und
fürchtete sogleich die Konsequenzen dieser überschäumen-
den Liebeserfahrung: »Du darfst sie und Euer Kind nicht verlassen.« Bachmann fürchtete sich sehr davor, seine Familie zu
zerstören. »Muß ich jetzt denken, daß ich Dich wieder un-
glücklich mache, wieder die Zerstörung bringe, für sie und
Dich, Dich und mich? Daß man so verdammt sein sollte,
kann ich nicht begreifen.«[37] Celan wollte das so nicht stehen
lassen und versuchte das, was ihnen beiden da widerfuhr, als
»Bestimmung«, »Schicksal«, »Auftrag« zu begreifen; die Ein-
zigartigkeit ihrer persönlichen und poetischen Verbundenheit stand ihm nun unwiderruflich vor Augen. »Du warst,«

schrieb er ihr, »als ich Dir begegnete, beides für mich: das Sinnliche <u>und</u> das Geistige. Das kann nie auseinandertreten, Ingeborg.

Denk an ›In Ägypten‹. Sooft ichs lese, seh ich Dich in dieses Gedicht treten: Du bist der Lebensgrund, auch deshalb, weil Du die Rechtfertigung meines Sprechens bist und bleibst.«[38] Auf einmal war alles verbunden, was er in den Jahren zuvor so angstvoll bemüht auseinanderhalten wollte. Notizen, Gedichte, Kalendereinträge – alles wurde ihm zum Wegweiser einer gemeinsamen Bestimmung. Die Gedichte atmeten das gemeinsame Leben, und das Leben atmete durch ihre Gedichte. Briefe und Gedichtzeilen durchdrangen einander. In einem »Taschenkalender aus dem Jahre 1950«[39] stieß er unter dem 14. Oktober auf den Eintrag »Ingeborg«. »Es ist der Tag, an dem Du nach Paris kamst. Am 14. Oktober 1957 sind wir in Köln gewesen, Ingeborg. Ihr Uhren tief in uns.«[40]

Für einen kostbaren lebensgeschichtlichen Moment schien die über Jahre hin symptomatisch geführte Schuldfrage aufgehoben. Doch Bachmann hatte zu diesem Zeitpunkt genug Selbstbewusstsein gewonnen, um darauf zu bestehen, dass er sich die von ihr erlittenen Zumutungen aus den Folgen der Shoah endlich auch vor Augen führen sollte, und bat ihn eindringlich, die »Lieder auf der Flucht« noch einmal zu lesen: »in jenem Winter vor zwei Jahren bin ich am Ende gewesen und habe die Verwerfung angenommen. Ich habe nicht mehr gehofft, freigesprochen zu werden. Zu welchem Ende?«[41]

Den Schuldspruch, der das weibliche Ich vernichtet und die Liebenden in Richter und Gerichtete auseinanderfallen lässt, inszeniert der Liederzyklus als Konsequenz einer selbstzerstörerischen Schulddebatte: »Mund, der das Urteil sprach, / Hand, die mich hinrichtete!« Und sosehr sich das weibliche Ich auch gegen die albtraumhaft erfahrene Gewalt aufbäumt und seine Erlösungssehnsucht in einen »Notschrei« bündelt, kann es doch der Ambivalenz einer katastrophisch erfahrenen Historie nicht entgehen.[42]

Auch wenn sich die vereisende Erstarrung in einem Wasser auflöst, in dem, Celans »Ägypten«-Gedicht nach, die Toten lebendig bleiben, bringt diese Verwandlung der Frau den Tod. Dem weiblichen Ich bleibt nur das »Schweigen«. Doch nun hatte sich die Situation zwischen den beiden Dichtern verändert. Mit jedem Wort, das Celan nun an Bachmann richtete, suchte er den schmerzlichen Abgrund zu überwinden, der sich in den vergangenen Jahren zwischen beiden aufgetan hatte. Die von ihm gewählten Worte lesen sich wie ein Echo auf ihre Gedichtzeilen und beschwören im Wiederklang der Worte das nun in aller Kostbarkeit empfundene Glück: »Aber das allein, das Sprechen, ists ja gar nicht, ich wollte ja auch stumm sein mit Dir.«[43]

Das nun sehr bewusst geführte Gespräch über die beiderseitigen Bedingungen des poetischen Sprechens resultierte auch aus dem Umstand, dass beide Dichter in der Phase ihrer Wiederbegegnung die Diskussion über die Verortung ihres eigenen Schreibens auf der vorläufigen Höhe ihres literarischen Erfolgs öffentlich austrugen. Bachmanns »Das Gedicht an den Leser« in *Musik und Dichtung* (1959), ihre Rede »Die Wahrheit ist dem Menschen zumutbar« zur Verleihung des Hörspielpreises der Kriegsblinden (1959) wie auch ihre Frankfurter Poetikvorlesungen (1959/60) erwiesen sich wie Celans Rede zum Erhalt des Bremer Literaturpreises (1958) und seine »Meridian«-Rede zur Verleihung des Büchner-Preises (1960) als Meilensteine poetologischer Selbstreflexion. Beide suchten und fanden nun die Nähe des anderen, auch wenn die äußeren Bedingungen für ein tatsächliches Zusammenleben schier unüberwindlich blieben. Celan, der mit seiner Familie im November auch einen Umzug zu bewältigen hatte und mit Gisèle und Eric eine neue Wohnung in der Rue de Longchamps 78 im 16. Arondissement bezogen hatte, besuchte Bachmann, die zu diesem Zeitpunkt noch in einer Pension logierte, vom 7. bis 9. Dezember in München. Nach dem Bezug ihrer Wohnung in der Franz-Joseph-Straße Mitte Dezember suchte er sie Ende Januar erneut auf. Vor seiner Reise nach Deutschland anlässlich der Entgegennahme des Bremer Literaturpreises am 26. Januar 1958, in dessen Folge er den 28. und den 29. Januar bei Bachmann in München verbracht hat, notierte Celans Frau Gisèle am 24. Januar in ihr Tagebuch: »Gestern habe ich bis spät in die Nacht Ingeborgs Briefe gelesen. Sie haben mich erschüttert. Ich mußte weinen. Welch schreckliches Schicksal. Sie hat Dich so geliebt, sie hat so sehr gelitten. Wie konntest Du so grausam zu ihr sein. Jetzt bin ich ihr näher, ich akzeptiere, daß Du sie wiedersiehst, ich bleibe ruhig, [...].[44]«

Über die wiederaufgeflammte Liebesbeziehung verband beide von Herbst 1957 bis in das Jahr 1958 hinein ein konkretes Arbeitsvorhaben. Marguerite Caetani, die Herausgeberin der *Botteghe Oscure*, hatte Celan um die Zusammenstellung der deutschen Texte gebeten. Er nutzte die Chance auf eine gemeinsame Unternehmung und schlug der »Principessa« vor, »die Auswahl der Texte« gemeinsam mit Bachmann zu besorgen.[45] Diese Entscheidung sollte beiden viel Arbeit, zahlreiche Briefe und Bitten an die Schriftstellerkollegen Nelly Sachs, Hans Magnus Enzensberger, Günter Grass, Günter Eich, Hans Egon Holthusen, Walter Höllerer, Walter Jens, Helmut Heißenbüttel abverlangen, darüber hinaus aber auch jede Menge diplomatisches Geschick, denn die versprochenen Honorare für die Autoren ließen ungebührlich lange auf sich warten.[46]

Das erfüllte Liebesglück zwischen Bachmann und Celan konnte nicht darüber hinwegtäuschen, dass sich ein gemeinsames Leben nur um den Preis einer zerstörten Familie aufbauen ließ. Dieser Aussicht aber hatte Bachmann von Anfang an eine rigorose Absage erteilt, und sie sollte Wort halten. Alle Beteuerungen und Liebesschwüre ändern nichts daran, dass sie auf ein gemeinsames Leben verzichten: »Ich sage mir oft vor, daß Du an mich denkst. Sag Du auch Dir vor, daß ich an Dich denke.«[47] Als Celan im Mai 1958 erneut nach Deutschland reiste, verbrachte er den 8. Mai bei Bachmann in München. Schweren Herzens beschlossen beide, ihre Liebesbeziehung mit Rücksicht auf seine Familie enden zu lassen. Im Juni reiste Bachmann nach Paris, und wieder trafen sie sich zu wiederholten Aussprachen. Am 2. Juli 1958 sollte es zu einer ersten persönlichen Begegnung zwischen Ingeborg Bachmann und Celans Frau Gisèle kommen. Der daraus entstehende Kontakt wäre ohne den tiefen Respekt beider Frauen voreinander so nicht möglich gewesen, der daraus erwachsende Austausch sollte sogar Celans Freitod im Jahr 1970 überdauern.

In diesen schwierigen Frühlingsmonaten arbeitete Bachmann parallel zu ihrem festen Engagement beim Bayerischen Rundfunk an der Fertigstellung ihres Hörspiels *Der gute Gott von Manhattan* und schrieb zugleich an den Erzählungen ihres Bandes *Das dreißigste Jahr*, dessen Veröffentlichung vom Münchner Piper-Verlag ursprünglich für den Herbst 1959 geplant war.[48] Außerdem hoffte der Verlag auf ihren seit 1954 in Arbeit befindlichen Roman, der ihre Wiener Jahre zum »Ausgangspunkt« nehmen wollte. In den Märztagen 1958 traf Bachmann Marie Luise Kaschnitz in Westberlin, im Anschluss daran den von ihr hochgeschätzten Lyrikerkollegen Peter Huchel in Ostberlin.[49] Bachmanns offener und kritischer Diskurs mit zahlreichen deutschen Schriftstellerkollegen zeitigte Folgen für ihre gesellschaftspolitische Einschätzung und ihr unmittelbares politisches Handeln. Sie engagierte sich mit ihrer Unterschrift unter einem Protestbrief offen gegen die atomare Bewaffnung der Bundeswehr und rief damit in der österreichischen Literaturszene helle Empörung hervor. Nach Auffassung ihres einstigen Mentors und Gefährten Hans Weigel hatte die »liebe Inge« damit ihre »Kompetenzen als Dame und Österreicherin«

eindeutig überschritten, und so fühlte er sich zu einer Maß-
regelung in einem offenen Brief veranlasst.[50]

Ganze Abende und halbe Nächte verbrachte Bachmann im
Mai 1958 mit ihrem Lektor Reinhard Baumgart, um in ihrem hoch über einem Schwabinger Hinterhof gelegenen Appartement das Hörspiel *Der gute Gott von Manhattan* für den
Druck zu redigieren. Baumgarts Erinnerungen geben einen
guten Einblick in Ingeborg Bachmanns Arbeitsweise, die auch
für den erfahrenen Piper-Lektor aufregend und ungewöhnlich
war: »Man hätte das sicher auch kürzer und nüchterner erledigen können, doch sie liebte dieses gemeinsame Überlegen,
Abwägen, Entscheiden über noch nicht endgültige Textstellen,
das Autoren sonst eher scheuen.« Eine schwüle Frühlingsluft
lag in den Räumen, ein Funkenflug von Eros und Emphase
durchzog das begeisterte Sprechen, von Bachmanns Platten-
spieler aus übertönte die Wahnsinnsarie aus *Lucia di Lammer-
moor*, gesungen von Maria Callas, die nächtlichen Stadtgeräu-
sche. Mit mindestens einem langen Kuss wurde die abendliche
»Begeisterungsarbeit« abgeschlossen, die den jungen Lektor
in eine »schöne, heikle Spannung« versetzte.[51] Auch als beide
zwei Jahre später gemeinsam an den Erzählungen für den Band
Das dreißigste Jahr arbeiteten, nutzte Bachmann den vertrauten
Dialog mit Baumgart, um Schritt für Schritt die endgültigen
Textfassungen zu erarbeiten. Erst Jahre später begriff er, dass
er, wie so viele andere, ein Opfer ihrer »Heimlichkeitsstrate-
gie« geworden war, sie ihm die unwissende Erzählerin nur vor-
gespielt hatte, um seine Meinungen einzuholen. Nie hätte er
damals geahnt, dass ihre Erfahrung mit Prosatexten bis in ihre
Jugend zurückreichte.[52]

Am 29. Mai 1958 begann mit der von Bayerischem und
Norddeutschem Rundfunk produzierten Ausstrahlung von
Bachmanns Hörspiel *Der gute Gott von Manhattan* eine neue
Ära, in deren Folge ihr nicht nur bedeutende Ehrungen, son-
dern auch unerwartete Begegnungen zuteil wurden, von denen

eine ihr Leben für immer verändern sollte. Ehrgeizig wie keine andere deutschsprachige Schriftstellerin ihrer Generation hatte Bachmann auf ihren Erfolg hingearbeitet. Nun traf sie auf einen Mann, der ihr ebenbürtig schien, dessen internationales Ansehen zum Zeitpunkt ihrer ersten Begegnung sogar größer war als das ihre.

10. Liebe als Himmelfahrtskommando – Bachmann und Frisch

Der große Erfolg von Ingeborg Bachmanns Hörspiel *Der gute Gott von Manhattan* wurde im Sommer 1958 zum Auslöser ihrer ersten Begegnung mit dem Schweizer Schriftsteller Max Frisch in Paris, ein *Coup de foudre*, der ihr Leben radikal verändern sollte. Obwohl sich Ingeborg Bachmann zu diesem Zeitpunkt von den beiden bis dato wichtigsten Männern ihres Lebens, Paul Celan und Hans Werner Henze, nicht wirklich gelöst hatte, stürzte sie sich in den Taumel einer dramatischen Liebesbeziehung, in deren vierjähriger Dauer verschiedene Lebensmodelle zwischen Zürich, München und Rom erprobt wurden, von denen letztlich keines Bestand hatte. Weder die in ihrer menschlichen Tiefe und poetischen Verbundenheit uneinholbare Liebe zu Paul Celan noch die zwar erotisch inspirierte, durch Henzes Homosexualität aber eher geschwisterlich zu nennende Lebensgemeinschaft mit dem Komponisten war einem Mann wie Frisch verständlich zu machen. Wie hätte sie ihm auch sagen können, dass sich ihr Leben und ihre Dichtung mit Paul Celan unlösbar verwoben hatten, wie hätte sie einen Mann wie Henze dem erklärten »Macho Max« verständlich machen können? Im Sommer 1958 wusste sich Bachmann mit Paul Celan auf eine so intensive Weise verbunden, dass auch ein unwiderruflich getrenntes Leben diesem Gefühl nichts anhaben konnte. Auch die sprühende Intellektualität ihres Lebensfreundes Henze war Bachmann längst unentbehrlich geworden. Sie wusste nur zu genau, dass sie auf das Zusammensein mit ihm nicht verzichten konnte und wollte. Lange geplante gemeinsame Opernvorhaben standen im Raum, was auch künftig gemeinsame Arbeitsklausuren erforderlich machen würde, die sich über Wochen und Monate hinziehen würden und einem neuen Lebenspartner kaum zu vermitteln waren.

Mit dem Erfolg von Bachmanns Hörspiel hatte ihr literarischer Ruhm einen neuen Höhepunkt erreicht. Die glanzvolle Aura, die der jungen Schriftstellerin vorauseilte, stand in krassem Gegensatz zu ihrer beängstigenden materiellen Situation und einer damit einhergehenden Überforderung, ein ständiger Konflikt zwischen dem ungeliebten »Broterwerb« und einem Schreiben, das sich höchsten Ansprüchen ausgesetzt sah. Ihre aufsehenerregenden Veröffentlichungen, eine immense Belesenheit, die ihr auch einen unter Kollegen einmaligen Rang als *Femme de lettres* eintrugen, sowie ihre aus einem kosmopolitisch geführten Leben erwachsene Weltgewandtheit und Vielsprachigkeit hatten sie in ihrer Generation zu einer Ausnahmeerscheinung unter den europäischen Autoren gemacht, und sie war bereit, diese Rolle auch auszufüllen. Längst wusste sie ihren Inszenierungswillen nicht nur für ihre literarischen Ziele, sondern auch für ihr Erscheinungsbild als Frau einzusetzen. Mit Anfang dreißig war sie attraktiv wie nie zuvor und verstand sich mit Pariser Schick und römischer Eleganz zu kleiden.[1] Ihr feines Schuhwerk, vorzugsweise von Bruno Magli, vermochte vortrefflich darüber hinwegzutäuschen, dass der Kühlschrank fast immer leer und das Portemonnaie meist ohne Bargeld waren. Familie, Freunde, Liebhaber und Weggefährten lebten über Städte, Länder und Kontinente verteilt.

In den Studios des Norddeutschen Rundfunks in Hamburg hatte sich der Schweizer Schriftsteller Max Frisch im Juni 1958 Bachmanns neuestes Hörspiel vorspielen lassen. Was *Der gute Gott von Manhattan* ihm zu sagen hatte, elektrisierte ihn. Es hätte ihn auch warnen können: »Ich will, was noch niemals war: kein Ende. Und zurückbleiben wird ein Bett, an dessen einem Ende die Eisberge sich stoßen und an dessen unterem Rand jemand Feuer legt.«[2] Mit ihrem Hörspiel setzte Bachmann ihren Erkundungsgang auf dem »dunklen Erdteil« der Liebe fort, den sie in ihren Gedichten begründet und in ihrem Zyklus »Lieder auf der Flucht« in heiß-kalte Grenzgänge getrieben hatte. Ihr blasphemisch anmutendes Glaubensbekenntnis markierte dabei weitaus mehr als einen »Grenzübertritt«, es stieß jede Hoffnung ins Nichts und gab den Blick auf die Hölle der Geschlechterliebe frei.

Frischs Faszination überwog. Was war das für eine junge Frau, die solche Sätze schrieb? Für den Schweizer Schriftsteller stand nach dem Hamburger Hörerlebnis fest, dass er die junge Österreicherin unbedingt kennenlernen wollte. Da er keine Adresse hatte, suchte er die Kontaktaufnahme über den Piper-Verlag herzustellen. Er schrieb ihr, wie gut es sei, wie wichtig, dass die andere Seite, die Frau, sich ausdrückte. Ingeborg Bachmann reagierte spontan auf das Lob des Schriftstellerkollegen und bot ihm ein Treffen in Zürich an, das dann aber nicht zustande kam. Anlässlich der Gastspiele des Zürcher Schauspielhauses in Paris, das die Frisch-Stücke *Biedermann und die Brandstifter* und *Die große Wut des Philipp Holtz* aufführte, meldete sich Bachmann, die sich im Juli 1958 in Paris aufhielt, bei Frisch im Hotel. Heinz Bachmann kann sich noch gut daran erinnern. Neunzehnjährig war er damals zu seiner großen Schwester nach Paris gereist und lernte dort auch ihren langjährigen Vertrauten Pierre Evrard kennen. Seine Schwester erzählte offen von der bevorstehenden Begegnung mit dem Schweizer Autor, die Konsequenzen dieses Aufeinandertreffens konnte zu diesem Zeitpunkt keiner der Beteiligten ahnen.

Jahre später hat Max Frisch seine erste Begegnung mit Bachmann in seinem Roman *Montauk* unverhüllt beschrieben.[3] Er, der als Autor zur Premiere im Théâtre des Nations dringlich erwartet wurde, war von der elegant gekleideten Dichterin so fasziniert, dass ihm ein ungestörtes Zusammensein mit ihr wichtiger erschien als die Aufführung seines eigenen Stückes. Statt ins Theater gingen sie zu ihrem ersten gemeinsamen Abendessen. Allzu oft hatte Ingeborg Bachmann in den Jahren zuvor erleben müssen, dass Gerüchte und Spekulationen ihrer Person vorauseilten. Dieser Autor begegnete ihr völlig unbefangen, er wusste nichts von ihr. In *Mein Name sei Gantenbein* und in *Montauk* erzählt Frisch einmal chiffriert und einmal unchiffriert von einer seiner ersten persönlichen Fragen an sie, die sie entzückte: »LEBEN SIE MIT EINEM KIND?«[4] Bereits eine Woche später trafen sich beide Autoren in Zürich wieder. Sie waren ein Liebespaar, doch die Ratlosigkeit überwog. Auch nach dem Tod Ingeborg Bachmanns kreiste der erzählerische Blick Max Frischs um jenen rätselhaften Umstand, damals sehenden Auges in ein Verhängnis geraten zu sein: »PARIS, die ersten Küsse auf einer öffentlichen Bank, dann in die Hallen, wo es den ersten Kaffee gibt: am Nebentisch die Metzger mit den blutigen Schürzen, diese zu plumpe Warnung. Ihre Reise nach Zürich […]. Das gibt es tatsächlich: daß Haare zu Berge stehen. Ich habe es bei ihr gesehen. Die klare Erkenntnis, lebbar nicht länger als vier Wochen.«[5]

Frischs Ahnung trog nicht. Und auch Bachmann musste Zweifel empfunden haben. Denn als beide 1958 in Paris aufeinandertrafen, konnte der Gegensatz kaum größer sein. Da der bodenständige Schweizer Architekt, der als Schriftsteller sein Leben als Bausatz verstand, aus dem er sich wie selbstverständlich bediente, dort die hochgebildete junge Dichterin, die in ihrer poetisch-moralischen Rigorosität und ihrem unbedingten ästhetischen Formwillen das Absolute anstrebte. Während für Ingeborg Bachmann das Ringen eines Schriftstellers um die Sprache zu den Grundvoraussetzungen ihrer poetischen Existenz gehörte, stellte der gelernte Architekt Frisch als Schriftsteller sein Handwerkszeug, die Sprache, nicht infrage.

Er vertraute seinem Augenmaß, das heißt seiner subjektiven Wahrnehmung des Menschen: »Man kann den Menschen nur darstellen, wenn man ihn erfahren hat.«[6]

Anders als Bachmann hatte Max Frisch seine Sprachwahrnehmung und sein Erzählen niemals einer grundsätzlichen Reflexion unterzogen, zu viel Theorielastigkeit war ihm suspekt. Im Notieren des Erlebten suchte er sich von allen menschlichen Verstrickungen zu befreien, das Schreiben selbst geriet ihm zur fundamentalen Freiheitserfahrung, die sich außer der eigenen Wahrnehmung nichts und niemandem verpflichtet fühlte.[7]

Während die leidenschaftliche Leserin Bachmann bei anderen großen Schriftstellern Lektürespuren und Inspirationen für ihr eigenes Schreiben suchte und in der Auseinandersetzung mit den bedeutendsten Philosophen ihrer Zeit wie Heidegger, Adorno, Wittgenstein, Benjamin und Bloch das Verhältnis von Denken und Dichten immer aufs Neue ausloten wollte, schrieb der Erzähler und Dramatiker Frisch aus dem Bauch heraus, was den sorgsamen Aufbau seiner Werke nicht ausschloss. Schreiben war ihm so selbstverständlich wie das Atmen, es blieb im Verständnis Frischs einzig und allein an die persönliche Haltung des Autors gebunden. Jede Geschichte bot ihm auch die Möglichkeit, sich neu zu erfinden: »Ich stelle mir vor« – dieser Kernsatz des *Gantenbein*-Erzählers war ihm ein Schlüssel für seine literarische Aneignung des Erlebten, die sich ihre eigenen Perspektiven schuf, um sie ineinander und gegeneinander zu spiegeln und aus der beklemmenden Engführung heraus den Befreiungsschlag gegenüber einer als chaotisch empfundenen Welt zu inszenieren. Im Schreiben entwickelte Frisch seine eigene Ordnung, in Ausdruck und Satzbau organisierte er seine Welt. Der schreibende Architekt Frisch machte sich so zum Maß aller Dinge, ein Macho-Erzähler, der sich auf seine Kunst verstand und in *Montauk* mit seinem Machotum kokettierte: »My life as a man.« Um das Chaos des Lebens literarisch zu bannen, musste sich der »Erzähler« wie im *Ganten-*

bein nackt machen, das heißt, er musste sein Lebensmaterial preisgeben. Nur wenn alles rückhaltlos offenlag, konnte der literarische Baumeister Maß nehmen, abwägen und tektonisch neu bestimmen, sein Kunstwerk formen.

Wenn sich der Autor Frisch in jenen Jahren Selbstzweifeln ausgesetzt sah, waren es Fragen des Status. Alte Rivalitäten wie die mit seinem Schweizer Kollegen Friedrich Dürrenmatt plagten ihn,[8] oder er sorgte sich nach der aufsehenerregenden Trennung des literarischen Vorzeigepaares noch 1964 in alkoholträchtigen Runden mit dem Verleger Siegfried Unseld um die ungeschmälerte Anerkennung durch seine mit Bachmann befreundeten Suhrkamp-Kollegen. Aus heutiger Sicht frappiert es, wie klein sich der um sein Ansehen besorgte Frisch etwa vor Martin Walser, Hans Magnus Enzensberger und Uwe Johnson machen konnte, um vor seinen Kollegen zu bestehen. Sein demütiger Dank, »in euren vollen Kreis versetzt so freundlich aufgenommen« worden zu sein, wirft ein deutliches Licht auf die Nachtseiten seines schwankenden Selbstwertgefühls.[9]

Die persönlichen Unsicherheiten eines längst anerkannten Autors, die Frisch sich literarisch durchaus selbst zu attestieren wusste, im privaten Umgang mitunter mit viel Alkohol und zugeraunten Vertraulichkeiten zu kompensieren suchte, bewegten sich auf einer völlig anderen Ebene als Ingeborg Bachmanns philosophisch grundierte und poetologisch reflektierte Rechtfertigung ihrer schriftstellerischen Existenz. Ihre leidenschaftliche Intellektualität, ihre enorme Begeisterungsfähigkeit, wie sie auch und gerade in ihren Essays zu Philosophie, Kunst und Literatur und Musik erkennbar ist, hat sein Minderwertigkeitsgefühl über die Jahre des Zusammenlebens bis ins Unerträgliche gesteigert. Seine anfängliche Faszination für die weltgewandte *Femme de lettres* hielt dem nicht stand, seine Bewunderung kippte und verwandelte sich schließlich in kaum verhohlene Abwehr und Aggression. Vielleicht rührte Bachmanns obsessive Selbstreflexion auch an ein Tabu seines eigenen Schreibens, eines, an dem er nicht rütteln mochte, wenn er die eigene Kreativität nicht grundsätzlich gefährden wollte. Höllenfahrt und Erlösungssehnsucht – das faustische Unbedingte, das Bachmanns Schreiben immer angetrieben hatte, war für den literarischen Baumeister Frisch nur schwer erträglich. Ihren quälenden Fragen wich er aus: »Warum schreiben? Wozu? Und wozu, seit kein Auftrag mehr da ist von oben und überhaupt kein Auftrag mehr kommt, keiner mehr täuscht. Woraufhin schreiben, für wen sich ausdrücken und was ausdrücken vor den Menschen in dieser Welt.«[10]

Schärfer als Frisch war sich Bachmann völlig darüber im Klaren, dass die schriftstellerische Spezies »erkenntnissüchtiger, deutungssüchtiger und sinnsüchtiger ist als die anderen« und dass jedes Wort und jeder Satz, den ein Autor äußert, zwangsläufig eine »Bewertung durch Sprache« mit sich führen musste. Was Frisch als »Spiel« verstand, das Spiel mit Lebensmaterial, Menschen und Möglichkeiten (»ich stelle mir vor«), wurde bei Bachmann zur moralischen Kategorie, an der sich ein Schriftsteller messen lassen musste. Wenn Schreiben aber notwendig Bewertung ist – denn der Autor »bewertet immer, mit jeder Benennung bewertet er die Dinge und den Menschen« –, impliziert dann nicht jede Darstellung auch ihre eigenen Fehler und Irrtümer, bleibt nicht jede moderne Autorenexistenz »der Wahrheit immer etwas schuldig«[11]? Wo Frisch freimütig über Lebensmaterial verfügte, erteilte Bachmann dem ungefilterten autobiografischen Zugriff eine deutliche Absage:

Ich erfinde, ich kann nicht »nach dem Leben« schreiben, denn das kann ja jeder, und heute wird »nach dem Leben« geschrieben, ein fataler Irrtum, weil man danach überhaupt nichts mehr versteht. Diese Konfessionen, die sich objektiv geben, – was für ein Irrtum. Man muß die Herkunft, die Vergangenheit kennen, und danach kann man anfangen, zu imaginieren. »Das Leben« gibt es nicht.[12]

Die großen Gegensätze im schriftstellerischen Selbstverständnis von Bachmann und Frisch, die sich aus dem historischen Abstand in frappierender Weise erschließen, waren den Beteiligten zum Zeitpunkt ihrer Begegnung keineswegs klar. Und doch gab es Irritationen, Ängste, Warnzeichen, die Bachmann wohl gesehen haben muss, aber dann doch wieder beiseiteschob. Zu verlockend schien die Aussicht, nach Jahren der »Vagabondage« mit dem damals schon international renommierten und materiell gesichert lebenden Schweizer Autor in jenen bürgerlichen Schutzraum vorzustoßen, den sie seit Jahren vergeblich herbeisehnte. Geborgenheitssuche und Fluchtimpuls – von Anfang an war eines ohne das andere nicht zu denken und trieb die Beziehung doch auf fatale Weise voran.

An ihren »liebsten Hans« schrieb sie nach ihren ersten, gemeinsam mit Frisch verbrachten Tagen in Paris, dass ihr der neue Zustand sehr zusetze, und bat, den Sommer wie gewohnt bei ihm in Neapel verbringen zu dürfen. Zu diesem Zeitpunkt glaubte sie noch, dass ihre Liaison mit Frisch nicht von Dauer sein könne, »weil es nicht mehr geht, weil ich nicht mehr kann, und weil die Arbeit auch derart unter allem leidet, dass es untragbar ist«.[13] Attraktion und Angst hielten sich die Waage, ein unhaltbarer Zustand, dem sich Bachmann durch Flucht zu entziehen suchte. Tatsächlich verbrachte sie den Sommer wie in den Jahren zuvor bei Henze in Neapel. Frisch reiste ihr nach. Im September trafen sich beide in der Hafenstadt La Spezia wieder. Dort, am Golfo dei Poeti, ein letzter Fluchtversuch von Frisch, aufrichtig beschrieben als »Schlottern auf einer öffentlichen Bank, alles Denken hilflos, ich weiß nicht in welcher Richtung die Zukunft liegt«.[14] Anfang Oktober weihte Bachmann dann Celan in »das Neue, das geschehen ist«, ein und umriss sehr genau das Wagnis dieses Unternehmens: »wir wissen es doch, – daß es für uns fast unmöglich [ist], mit einem anderen Menschen zu leben.«[15] Doch die Hoffnung überwog. Max Frisch war zu ihr nach München gekommen und hatte sie gefragt, ob sie sich ein gemeinsames Leben mit ihm vorstellen könne. Nach Monaten voller Zweifel und Ängste fiel die Entscheidung nun denkbar schnell. Es gab kein Zurück.

Der Schweizer Schriftsteller begegnete Ingeborg Bachmann in einer für sie äußerst produktiven Zeit. Die Aussicht auf ein gemeinsames Leben bedeutete für sie, dass sie sich endlich wieder uneingeschränkt ihren literarischen Arbeiten zuwenden konnte, ohne Rücksicht auf dramaturgische Verpflichtungen und andere Brotarbeiten. Mehr als alles andere wollte sie an den Erzählungen ihres ersten Prosabandes, *Das dreißigste Jahr,* weiterarbeiten, darüber hinaus existierten bereits die mit dem Piper-Verlag abgesprochenen Romanpläne zu ihrer Wiener Zeit.[16] Doch ihre Entwürfe blieben Fragment. Essays und Preisreden nahmen viel Zeit in Anspruch, die umfangreichen Vorbereitungen zu der vom Fischer-Verlag nach angelsächsischem Vorbild gestifteten Frankfurter Poetikdozentur folgten. Mit Hans Werner Henze gab es eine Vielzahl von Plänen zur künftigen Zusammenarbeit, und last but not least galt es noch ihre Verpflichtungen gegenüber dem Bayerischen Rundfunk abzuwickeln.

Darüber hinaus war Ingeborg Bachmann stärker als je zuvor zu einer Figur des öffentlichen Lebens geworden, die zunehmend auch zu tagespolitischen Anliegen befragt wurde. Ihr lyrisch dokumentierter Maßstab »Seht zu, daß ihr wachbleibt!«[17] galt zuallererst für sie selbst. In einer immer stärker auf Wirtschaftskraft und wachsenden Konsum ausgerichteten Nachkriegsgesellschaft blieb ihre eigene Haltung unbeirrbar an die traumatischen Erfahrungen ihrer Jugend gebunden. Schärfer als andere Zeitgenossen bezog sie öffentlich Stellung gegen die militärischen Gelüste in den Zeiten des Kalten Krieges. Wo andere der Verdrängung frönten, beharrte sie darauf, Mahnwache zu halten. Hermann Kesten schlug ihre Aufnahme in die deutsche Sektion des Schriftstellerverbandes PEN vor, und wenig später wurde ihr am 17. März 1959 im Bonner Plenarsaal des Deutschen Bundesrates der hochgeachtete Hörspielpreis der Kriegsblinden verliehen. Ihre Dankesrede »Die Wahrheit ist dem Menschen zumutbar« wurde zum intellektuellen Zündstoff im Wirtschaftswunderland der Adenauer-Republik, die im Bemühen um eine bessere Zukunft die zurückliegenden Gräueltaten der Nazi-Zeit mit Macht zu verdrängen suchte. Mutig und klar definierte Ingeborg Bachmann ihre Rolle als zeitgenössische Dichterin und ließ keinen Zweifel an der Unbeirrbarkeit ihres künstlerischen Auftrages:

So kann es auch nicht die Aufgabe des Schriftstellers sein, den Schmerz zu leugnen, seine Spuren zu verwischen, über ihn hinwegzutäuschen. Er muß ihn, im Gegenteil, wahrhaben und noch einmal, damit wir sehen können, wahrmachen. Denn wir wollen alle sehend werden. Und jener geheime Schmerz macht uns erst für die Erfahrung empfindlich und insbesondere für die der Wahrheit. Wir sagen sehr einfach und richtig, wenn wir in diesen Zustand kommen, den hellen, wehen, in dem der Schmerz fruchtbar wird: Mir sind die Augen aufgegangen. Wir sagen das nicht, weil wir eine Sache oder einen Vorfall äußerlich wahrgenommen haben, sondern weil wir begreifen, was wir doch nicht sehen können. Und das sollte die Kunst zuwege bringen: daß uns, in diesem Sinne, die Augen aufgehen.[18]

Hatte sich Ingeborg Bachmanns strategische Entschlossenheit, ihre Existenz als Schriftstellerin in den Mittelpunkt ihres Lebens zu stellen, schon in ihrer Beziehung zu Paul Celan als Problem erwiesen, so stellten ihre umtriebige literarische Korrespondenz, ihre rastlosen Reisen quer durch Europa und ihre diskret betriebenen Verabredungen mit Schriftstellerkollegen ohne Einbezug des Lebenspartners auch das männliche Selbstverständnis von Max Frisch auf eine harte Probe. Vielleicht spürte sie auch, dass sie einem Mann wie Frisch ihre eigenen Fragen und Ängste nur bedingt zumuten konnte. Also suchte sie Rat und Unterstützung bei ihren bisherigen Freunden und Lebensgefährten – und bemühte sich stärker denn je, ihre so unterschiedlichen Lebensbahnen und Freundeskreise voneinander getrennt zu halten. Für Max Frisch bedeutete diese Haltung eine Herausforderung seines männlichen Selbstverständnisses. Der Verlust seiner Souveränität machte ihn hilflos. Seine Tochter aus erster Ehe, Ursula Priess, die Bachmann als Teenager kennenlernte und sehr mochte, resümiert schonungslos, dass Max »an seiner rasenden Eifersucht schier krepiert ist«, eine »Eifersucht ohne ein Gegenüber«, eine »Eifersucht auf Verdacht«.[19]

Für seine Familie wie seinen Freundeskreis waren Frischs Eifersuchtsanfälle Legion. Das »Monster« Max, das da zum Vorschein kam, muss strapaziös gewesen sein, ein großer Zerstörer wohl auch, der sich von nichts und niemandem aufhalten ließ. Was ihn kränkte, wurde attackiert: »In ihrer Nähe gibt es nur sie, in ihrer Nähe beginnt der Wahn.«[20] Rückblickend fragt sich die Tochter, ob sich ihr Vater in solchen Situationen gewalttätig verhalten hat. Eine physische Gewalt mag sie sich nicht vorstellen, relativiert aber: »Die Gewalt, mit der er vorging, die Macht, die er ausübte, sah er nicht als solche. Und: Gewaltsam ging er auch gegen sich selbst vor, erbarmungslos, schonungslos, rücksichtslos; er hatte wohl wirklich keine andere Wahl.«[21]

Die fehlende Balance zwischen Nähe und Distanz machte die Beziehung Bachmann – Frisch zu einem Himmelfahrtskommando, bei dem die Liebenden wie im *Guten Gott* früher oder später in die Luft fliegen mussten. Vergeblich versuchte Bachmann, in dieser Beziehung jenen »Abstand« einzufordern, ohne den sie nicht leben, ohne den sie aber auch nicht arbeiten konnte. In ihrer Lyrik und in ihrer Prosa hatte sie immer die Kraft des Eros gefeiert und den Abgrund benannt, an dem sich die Liebenden bewähren müssen. Wieder einmal stand sie selbst davor. »Ja, Liebe führt in die tiefste Einsamkeit. Wenn sie ein ekstatischer Zustand ist, dann ist man in keinem Zustand mehr, in dem man sich durch die Welt bewegen kann. Man sieht die Welt nicht mehr mit den Augen der anderen.«[22]

Ihr enormer dichterischer Erfolg in den gemeinsamen Jahren mit Frisch – 1959 die Verleihung des Hörspielpreises der Kriegsblinden, 1961 das Erscheinen des sogleich mit dem Deutschen Kritikerpreis ausgezeichneten Erzählbandes *Das dreißigste Jahr* und die Übernahme der im Wintersemester 1959/60 an der Frankfurter Universität neu gestifteten Poetikdozentur, die sie als erste Frau übrigens mit fünf viel diskutierten Vorlesungen abhielt – machte es für einen Mann wie Max Frisch nicht einfacher. Wie in einer Endlosschleife rekapitulierte er in *Montauk* den Höllenkreis seiner Verfehlungen: »Ich bin ein Narr und weiß es. Ihre Freiheit gehört zu ihrem Glanz. Die Eifersucht ist der Preis von meiner Seite; ich bezahle ihn voll.«[23]

Eine selbstständige Frau hatte er gewollt, auf das Ausmaß ihres Freiheitsentwurfes aber war er nicht vorbereitet gewesen. Seit ihren frühen Studententagen hatte sie eine für eine Frau ihrer Zeit eher seltene sexuelle Libertinage gelebt. Dahinter verbarg sich eine Kompromisslosigkeit im Umgang mit ihren persönlichen Entscheidungen, die sie vehement gegen alle Einflussnahmen zu verteidigen wusste. Dass sie sich damit außerhalb gängiger Konventionen bewegte, interessierte sie nicht; ihr Lebensgefühl entsprang dem Augenblick, an Festlegungen war sie nicht interessiert, auch wenn sie sich in bestimmten Momenten ihres Lebens danach sehnen mochte. Der mit Bachmann befreundete Schweizer Schriftsteller Kuno Raeber schrieb ein Jahr nach ihrem Tod in der *Süddeutschen Zeitung*:

Nie hatte sie einen Begriff davon, was Zeit bedeutet, sie lebte im Augenblick, faßte Pläne und stürzte sie sogleich wieder um. Das war nur der Ausdruck dafür, daß sie alle Festlegungen haßte, jeden Augenblick frei über sich verfügen wollte. Gegen alles, was sie unter Druck setzen, in ein Schema hineinpressen, sie lenkbar und berechenbar machen wollte, reagierte sie mit stillem, aber unerbittlichem Widerstand. Sie behielt sich vor, immer wieder neu anzufangen. Auf diesem Gefühl der Freiheit, daß immer alles offen sei nach allen Seiten, darauf beruhte ihre Produktivität. Daher aber kam zweifellos auch ihre Einsamkeit, ihre Unrast, sie suchte Schutz und Halt und verabscheute zugleich, festgehalten zu werden.[24]

Celan hatte an ihrem nur sich selbst verpflichteten Freiheitsmaß gelitten, Henze ließ sich von ihrem luxuriösen Umgang mit Zeit und Lebensenergie zur Weißglut treiben, bei Frisch wollte sie Kompromisse finden. Nachdem die monatelang hin und her gewendete Entscheidung für ein gemeinsames Leben gefallen war, zeigte sich Bachmann zu Zugeständnissen bereit, die sie so noch keinem Mann entgegengebracht hatte. Sie tauschte ihren über Ländergrenzen hinweg stets beibehaltenen urbanen Lebensentwurf gegen eine damals in Zürich noch spürbar provinzielle Überschaubarkeit und gab im November 1958 ihre Münchner Bleibe auf, um in die Schweiz zu ziehen. Fürs Erste bezog sie eine kleine Wohnung in der Zürcher Feldeggstraße 21, die ihr ein langjähriger Freund von Frisch, der Maler Gottfried Honegger, zur Verfügung gestellt hatte. Kaum eingezogen, wurde sie von neuen Zweifeln überrollt. Immer wieder wanderten ihre Gedanken vom Zürichsee zurück zu Celan, wurden die Erinnerungen an den Verzicht auf ihre große Liebe übermächtig. »Ich habe noch schwere Tage gehabt, mit vielen Zweifeln, Verzweiflungen, aber man kann die Ängste nur in die Wirklichkeit tragen und sie dort auflösen, nicht im Denken«[25], hatte sie ihm kurz vor ihrer Übersiedlung geschrieben. Hier nun, in Zürich, war sie auf sich selbst zurückgeworfen. »Es ist so still hier«, gestand sie ihm drei Tage vor seinem Geburtstag am 23. November 1958, »der vergangene Herbst drängt sich in diesen Herbst.«[26] Nein, sie hatte die Trennung von Celan noch längst nicht verwunden. Ihre Entscheidung für Frisch war eine Kopfentscheidung gewesen, doch erst Jahre und einen verzweifelten Zusammenbruch später würde sie sich eingestehen können, dass sie damit ihr »Gesetz« verletzt hatte, dass sie sich selbst fremd geworden war.[27]

Vorerst fühlte sie sich nur fremd in Zürich, und die Zürcher reagierten bald befremdet auf diese unkonventionelle junge Frau. Nicht nur, dass die Schriftstellerin mit dem rotblonden Bubikopf unablässig rauchte und nachts alle Lichter brennen ließ, nein, sie lebte auch noch mit einem Mann zusammen, der eine Frau aus der angesehenen Zürcher Familie von Meyenburg mit drei Kindern sitzen gelassen hatte. Als Bachmann eines christlichen Sonntags auch noch auf die Idee kam, nur im Pyjama bekleidet im Innenhof des Miethauses Teppiche auszuklopfen, war der Eklat perfekt. Der Vater Gottfried Honeggers, dem die Wohnung gehörte, wollte sich dieser Mieterin schnellstmöglich entledigen und forderte von seinem Sohn den Schlüssel zurück. Der drohende Rauswurf konnte erst in letzter Minute verhindert werden.[28] Dieses Schauspiel bildete für Bachmann den Auftakt ihrer Schweizer Jahre, die sich bald vorwiegend in Frischs Domizil im Haus zum Langenbaum in Uetikon am See abspielen sollten. Das massiv gebaute, zweiflügelig dastehende Gebäude, Seestraße 152, ist das älteste Haus am Platz und liegt direkt an der Durchgangsstraße ins benachbarte Männedorf. Da war sie also, die ersehnte Bürgerlichkeit, die hier sehr schweizerisch, kolossal und mit provinzieller Attitüde daherkommen sollte. Doch der schöne Seeblick konnte nicht darüber hinwegtäuschen, dass der Achtundvierzigjährige und die Zweiunddreißigjährige auch hier über Gebühr beäugt wurden, ein Zustand, der für Bachmann bald unerträglich wurde. Doch was immer sie anstellen sollte – die propere Schweiz und Bachmann blieben Fremde. Bald schon träumte sie wieder von Rom und versuchte Frisch die Aussicht auf ein dortiges gemeinsames Leben schmackhaft zu machen. Um mobiler zu werden, nahm sie Fahrunterricht, den sie im März 1959 mit bestandener Führerscheinprüfung abschloss.[29]

Von ihren Zürcher Wohnungen aus arbeitete Ingeborg Bachmann intensiv an den Erzählungen *Alles* und *Jugend in einer österreichischen Stadt.* Wie schon bei ihren Gedichten, so gewann die motivische und strukturelle Arbeit mit Erinnerungsfragmenten auch in ihren erzählerischen Arbeiten herausragende Bedeutung. Nach Jahren in Rom und nun in Zürich lebend, blieben ihre österreichische Herkunft und ihre Wiener Erfahrungen in ihrem Schreiben unverändert präsent.

Trotz ihrer neuen Lebensumstände zog es sie wie in den Jahren zuvor zu Besuchen zurück in ihr Kindheitsland. Mit ihrem Lebensgefährten reiste sie nach Klagenfurt und zeigte ihm die Orte ihrer Herkunft. Max Frisch war nach Weigel der erste Mann, den sie ihren Eltern und ihren Geschwistern vorstellte. Heinz Bachmann erinnert sich an eine kleine Ansprache, die der Vater Ingeborg Bachmanns zu Ehren des Schweizer Schriftstellers hielt. Doch trotz des freundlichen Willkommens gestaltete sich diese Zusammenkunft nach den Erinnerungen der Geschwister Isolde Moser und Heinz Bachmann als nicht unproblematisch. Wenn sich Frisch unwohl fühlte, verbarg er das gerne in der Rolle des *bad guy* und versuchte sich mit Provokationen Luft zu verschaffen. Bei einer Autofahrt von Klagenfurt nach Kötschach, wo Isolde lebte, traktierte Frisch das Gaspedal so heftig, dass Ingeborgs jüngerem Bruder angst und bange wurde, eine Angst, die Frisch zweifelsfrei genoss.

Wie vielen seiner Schriftstellerkollegen erschien Frisch die Rolle der »Weltbürgerin« Bachmann als nicht vereinbar mit ihrer tiefen Heimatverbundenheit und ihrer emotionalen Bindung an ihre Familie. Er zeigte sich befremdet, und die Familie Bachmann offenbarte ein feines Gespür für die demonstrierte Distanz. Die Herzlichkeit, die zwischen den Eltern und der Schriftstellertochter herrschte, die enge Bindung an den geliebten Bruder Heinz wie auch die unverbrüchliche Zuneigung zu ihrer Schwester Isolde über alle getrennten Lebensentwürfe hinweg irritierten den Schweizer. »Aber die lieben dich ja«, war sein hilflos-mokanter Kommentar, als er mit Ingeborg Bachmann das Kärntner Tal wieder verließ.[30]

Doch nicht nur im Kreis ihrer österreichischen Familie fühlte sich Frisch als Außenseiter, auch viele ihrer literarischen Zusammenkünfte absolvierte Bachmann lieber allein. Dass die Schriftstellergefährtin keine Anstalten machte, ihn zu Treffen der deutschen Autorenelite mitzunehmen, kränkte Frisch über die Maßen: »Sie möchte nicht, daß ich je zu einer Tagung der GRUPPE 47 erscheine; das bleibt ihre Domäne. Sie hat mehrere Domänen. Dann und wann verdrießt mich die Geheimnistuerei. Was fürchtet sie?«[31]

Der Frankfurter Abschied von dem sterbenden Peter Suhrkamp im März 1959 gehörte zu den wenigen verbindenden Erlebnissen des Autorenpaares. Als Frisch nur wenige Monate später eine gefährliche Hepatitisinfektion erlitt und einen wochenlangen Krankenhausaufenthalt auf sich nehmen musste, hatten beide Schwierigkeiten, mit dieser Situation umzugehen. Denn Bachmann hatte eine römische Wohnung in Aussicht, die sie am liebsten sofort mit Frisch bezogen hätte. Darüber hinaus musste eine gemeinsam für Mai geplante Spanienreise aufgegeben werden. Alle Versuche Bachmanns, den Kranken mit ihren Besuchen aufzuheitern, misslangen. Vor dieser umschwärmten Frau auf so erbärmliche Art krank daniederzuliegen ging Frisch entschieden gegen den Strich, er wehrte sich – mit seinen Mitteln: »Ich bin gelber als ein echter Chinese und verfüge den Kauf von zwei Volkswagen, einen für sie, einen für mich, wenn ich aus diesem Spital komme.«[32] Mit dem überreichten Autoschlüssel bot er ihr einen Ausweg aus dem Einerlei der Spitalbesuche, und sie ergriff ihre Chance. Nach Rom wollte sie Frisch nun vorausreisen, doch sie war nicht allein. Bei ihrer Fahrt nach Italien ließ sie sich von ihrem Schriftstellerkollegen und Freund Hans Magnus Enzensberger begleiten und trieb den erkrankten Frisch damit fast zur Raserei. Schonungslos berichtet er in *Montauk* von quälender Eifersucht und schlaflosen Nächten. Keine Frage, er litt wie ein Hund. Die angebetete Bachmann ließ sich Zeit. Statt direkt nach Rom zu fahren, besuchte man gemeinsam Alfred und Gisela Andersch in ihrem Haus in Berzona und machte auch in Enzensbergers italienischem Haus Station. Das Treffen zwischen Andersch und Bachmann führte erneut zu ausschweifenden Plänen. Die alte Idee einer Nordafrika-Reportage wurde wieder hervorgeholt und schließlich von der noch kühneren Fantasie, im Auftrag des SWF »In achtzig Tagen um die Welt« zu reisen und darüber eine Fernsehsendung zu machen, übertroffen.[33]

Ganz offensichtlich bemühte sich die Schriftstellerin zu diesem Zeitpunkt wieder darum, neue und eigene Erwerbsquellen aufzutun. Doch auch diese Vorhaben zerschlugen sich.[34] Als Frisch nach mehreren Wochen endlich genesen war, bat er die mittlerweile in einer Wohnung in der Via della Stelleta 23 in Rom weilende Ingeborg Bachmann schriftlich darum, seine Frau zu werden. Während er in Zürich saß und ihrer Antwort entgegenfieberte, zeigte sie keine Reaktion. Auch seine Versuche, sie telefonisch zu erreichen, schlugen fehl: »ROMA NON RISPONDE«. Wieder einmal war Bachmann abgetaucht und suchte Zuflucht in ihrem ureigenen Element, einem Freiheitsentwurf und einer nur sich selbst gehörenden Verantwortlichkeit, die den auf Vermessung seiner Lebenskreise bedachten Baumeister Frisch brüskieren mussten: »Was in Rom gewesen ist, sagt sie.«[35] Alles, was sie über die nur ihrer Kunst verpflichtete *Undine*-Figur schrieb, hätte auch ihre damalige Lebenssituation umreißen können.[36] Mit leisem Spott konstatiert sie:

»Wenn dir nichts mehr einfiel zu deinem Leben, dann hast du ganz wahr geredet, aber auch nur dann.«[37]

Erst Anfang August reiste Ingeborg Bachmann von Rom zurück in die Schweiz. An der italienisch-schweizerischen Grenze wartete Max Frisch sehnsüchtig mit seinem Wagen, gemeinsam rollten sie zurück ins behäbige Zürich. Hier erfuhr Frisch auch, dass sie seine Briefe sehr wohl erhalten hatte. Rückblickend musste er einräumen, dass die österreichische Dichterin sehr viel schärfer als er erkannte, dass er ihr hier ein Muster ohne Wert angetragen hatte: »Was hätte ich, ein halbes Jahr nach der späten Scheidung meiner bürgerlichen Ehe, unter Ehe verstanden?«[38]

Zurück in Zürich, war Bachmann im Spätsommer 1959 voller Pläne und Arbeitsvorhaben. Das fragile Idyll schien also aufs Neue gefestigt, eine Wendung, die nicht nur ihren alten Freund Hans Werner Henze erstaunte. Mit Bachmanns Gefährten Frisch konnte er sich nie anfreunden. »Es ist seltsam, Dich in Zürich zu wissen, mir kommt es wie eine riesige Veränderung vor«, schrieb er ihr spürbar enttäuscht, »die ganze Welt hat ein anderes Gesicht bekommen. Weniger romantisch, weniger phantastisch. […] Ich dachte nicht, dass Deine Entscheidung, nach Z. zu gehen, so viel bedeuten könnte.«[39] Mehr als alles plagte Henze die Angst, dass seine illustre Zwillingsschwester abtrünnig werden, den gemeinsamen Geist verraten könne. Doch Bachmann dachte nicht daran. Ihrem eigenen Rhythmus gemäß, der zum immerwährenden Verdruss des Maestro stets langsamer blieb als sein eigenes »presto, presto«, überarbeitete sie 1959 die Kleist'sche Vorlage zu seiner Oper *Der Prinz von Homburg*. Darüber hinaus stellte sie ihre Erzählung *Alles* fertig und trug sie auf dem Herbsttreffen der *Gruppe 47* im Oktober auf Schloss Elmau vor.

In dieser Erzählung hatte Bachmann ihren biografisch ungeklärten Wunsch nach einem Kind auf eine poetische Ebene übertragen, das Leben mit einem Kind wurde zur Metapher

eines utopischen Neuanfangs, vor dem bestehende gesellschaftliche Rollenzuweisungen keinen Bestand hatten:

> Er war der erste Mensch. Mit ihm fing alles an, und es war nicht
> gesagt, daß alles nicht auch ganz anders werden konnte durch
> ihn. Sollte ich ihm nicht die Welt überlassen, blank und ohne
> Sinn? Ich mußte ihn ja nicht einweihen in Zwecke und Ziele,
> nicht in Gut und Böse, in das, was wirklich ist und was nur so
> scheint. Warum sollte ich ihn zu mir herüberziehen, ihn wissen
> und glauben, freuen und leiden machen! Hier, wo wir stehen, ist
> die Welt die schlechteste aller Welten, und keiner hat sie verstan-
> den bis heute, aber wo er stand, war nichts entschieden. Noch
> nichts. Wie lange noch? Und ich wußte plötzlich: alles ist eine
> Frage der Sprache und nicht nur dieser einen deutschen Sprache,
> die mit anderen geschaffen wurde in Babel, um die Welt zu ver-
> wirren. Denn darunter schwelt noch eine Sprache, die reicht bis
> in die Gesten und Blicke, das Abwickeln der Gedanken und den
> Gang der Gefühle, und in ihr ist schon all unser Unglück. Al-
> les war eine Frage, ob ich das Kind bewahren konnte vor unserer
> Sprache, bis es eine neue begründet hatte und eine neue Zeit ein-
> leiten konnte.[40]

Für den soeben aus der DDR übersiedelten Schriftsteller Uwe
Johnson bedeutete dieses Elmauer Treffen seine erste Begegnung mit den Persönlichkeiten der legendären Gruppe. Zwischen dem verschlossenen Johnson und Ingeborg Bachmann
entstand bald eine freundschaftliche Verbindung. Dabei war
es gerade ihre Scheu vor allzu großer Vertrautheit und der beiden eigene Wunsch nach Zurückhaltung, die sie im lärmigen
Literaturbetrieb der Gruppe aufeinander aufmerksam machten und die Johnson für Bachmann in den folgenden Jahren
zu einem wichtigen Verbündeten werden ließen, auf den sie
sich immer verlassen konnte. In dem 1974 veröffentlichten Er-
innerungstext *Eine Reise nach Klagenfurt* hat er ihrer so diskre-

ten wie liebevollen Freundschaft ein berührendes Denkmal gesetzt.

Zurück von ihren Tagungs- und Lesereisen, blieb der Zürcher Alltag bemüht. Eine besondere Herausforderung bedeutete die angenommene Poetikdozentur an der Frankfurter Goethe-Universität. Die junge Schriftstellerin wollte keine theorielastige Vorlesung halten, sondern ihre Schreib- und Lektüreerfahrungen in den Diskurs mit den Studenten stellen – damals ein kühnes Unterfangen, für das es kein Vorbild gab. Voller Stolz schrieb Bachmann an ihre Eltern, dass sie vom Senat der Frankfurter Universität einstimmig gewählt worden war: »darunter sind zum Beispiel Prof. Adorno, der Weltruf hat als Wissenschaftler und der mir sogar ein Telegramm geschickt hat, wie sehr er sich freue, wenn ich nach Frankfurt komme.«[41] Für diese Arbeit brauchte sie Ruhe und Konzentration, und so mietete Ingeborg Bachmann im Oktober 1959 erneut eine kleine Arbeitswohnung in der Zürcher Innenstadt, diesmal im Gottfried-Keller-Haus in der Kirchgasse 33, direkt hinter dem Grossmünster. Ihre Frankfurter Vorlesungen hatten nichts Geringeres als die »Probleme zeitgenössischer Dichtung« zum Thema. Bei ihrer ersten Vorlesung am 25. November 1959 wurde sie noch von Max Frisch begleitet. Da saß er nun in der ersten Reihe, selbst ein weltberühmter Dramatiker und Erzähler, und versuchte ihren Mantel auf den Knien zu halten. Auch für diese Situation gab es in ihrer Generation kein Vorbild, und Bachmann konnte nicht übersehen, wie unwohl er sich in seiner Rolle als Schattenmann seiner glanzvollen Gefährtin fühlen musste. Schon bei der Eröffnungsveranstaltung geriet der Medienhype um ihre Person so außer Rand und Band, dass Bachmann drauf und dran war, ihre Entscheidung für diese Dozentur zu bereuen. Sie verbot Frisch, sie ein weiteres Mal zu begleiten. Wenigstens ihr Privatleben sollte für die Journalisten außen vor bleiben.

Doch auch ohne die Begleitung des Schweizer Dramatikers

schien der Auftritt der jungen Autorin mindestens so berichtenswert zu sein wie die Inhalte ihrer Vorlesung. Von der Haarlänge bis zur Brillenfassung wurde alles so dezidiert unter die mediale Lupe genommen, dass sich Bachmann wie auf einem Seziertisch fühlen musste. Ihre Befangenheit übertrug sich auf die Hörer, die Studenten nahmen ihre Vorlesungsreihe durchaus zwiespältig auf. Für die neue Poetikdozentur hatte man auf eine strahlende, selbstbewusste Dichterin gesetzt, die als preisgekrönte Stimme ihrer Generation diesen Vorlesungen und last but not least der Frankfurter Universität Glanz verleihen sollte. Doch die Frau, die da, seltsam verloren wirkend, auf dem Podium stand, hatte nichts von all dem. In dem mit Studenten, Wissenschaftlern und Frankfurter Verlegern wie Gottfried Bermann Fischer und Siegfried Unseld überfüllten Hörsaal verweigerte Bachmann sich der dozierenden Attitüde. Stattdessen machte sie ihre Hörer zu Komplizen ihres eigenen Sprachzweifels und setzte sie der von ihr erlebten Schreibverzweiflung aus, eine Situation, die nicht wenige überforderte.

In den fünf Vorträgen, die Bachmann vom 25. November 1959 bis zum 24. Februar 1960 in Frankfurt hielt, umkreiste sie die »Probleme zeitgenössischer Dichtung« und ging in »Fragen und Scheinfragen« von ihren eigenen poetologischen Reflexionen aus. Fragend und zweifelnd tastete sie dabei ein immenses Spektrum an Autoren und Werken ab und konfrontierte ihr Auditorium mit Überlegungen, auf die sie selbst keine Antwort zu geben bereit war. Zu ihren literarischen Wahlverwandtschaften zählte sie neben Hugo von Hofmannsthal, auf dessen »Lord Chandos«-Brief sie sich als »erstes Dokument« moderner Sprachverzweiflung bezieht, auch Franz Kafka und Marcel Proust, James Joyce, Céline, Italo Svevo, Robert Musil, ferner den Philosophen Ludwig Wittgenstein, alles Autoren, die um die kulturgeschichtliche Leerstelle einstiger Gewissheiten kreisen. Für Bachmann stand nicht zur Debatte, dass zu den Erschütterungen des 20. Jahrhunderts auch ein grundlegender Zweifel an der bestehenden Sprache gehört. Nur aus diesem Bewusstsein heraus könne die Kunst ihren Willen zur Veränderung legitimieren: »Mit einer neuen Sprache wird der Wirklichkeit immer dort begegnet, wo ein moralischer, erkenntnishafter Ruck geschieht.« Nur so wird Literatur zur existenziellen Erfahrung, die den Leser erschüttert und verwandelt zurücklässt. Eine Erkenntnis Franz Kafkas wird der leidenschaftlichen Leserin Bachmann zum Credo: »Ein Buch muß die Axt sein für das gefrorene Meer in uns.«

In den nachfolgenden Vorlesungen erläuterte Bachmann ihr großes Thema in Variationen: Die Vorträge »Über Gedichte«, »Das schreibende Ich«, »Der Umgang mit Namen« und »Literatur als Utopie« nahmen die Zuhörer mit auf eine Reise, die von den Niederungen des gewöhnlichen Sprechens zu einem Utopia der Sprache führte. Es war ein verzweifeltes Unterwegssein, an dem sich Bachmann da mit leiser Stimme abarbeitete, eine obsessive Hoffnung auf einen imaginären Sprachtraum, die ihre Hörer irritiert und überfordert zurückließ. In den an die Vorlesungen anschließenden Seminaren wurde das ganze Desaster zwischen Dozentin und Studenten offenbar. Als im Februar 1960 das Frankfurter Experiment ein Ende nahm, atmete Bachmann auf: »Ich möchte nie wieder Professor sein«, gestand sie dem mit ihr befreundeten Autorenkollegen Hermann Kesten.[42]

Trotz der enervierenden Umstände kam es in Frankfurt auch zu bereichernden Begegnungen. Im Umfeld der Vorlesung lernte sie endlich auch Theodor W. Adorno persönlich kennen, der mit ihrer mittlerweile im Frankfurter Westend lebenden Freundin Marie Luise Kaschnitz eng befreundet war. Der daraus erwachsende intellektuelle und freundschaftliche Austausch sollte bis zu Adornos Tod im Jahr 1969 anhalten; er äußerte sich in einem regen Briefwechsel, gegenseitigen Besuchen und inspirierenden Diskussionen, die Bachmann viel bedeuteten. Obwohl sie in Frankfurt wie auch später jeden akademischen Duktus vermeiden und auch philosophische Foren nicht mehr betreten sollte, lag ihr viel am Kontakt mit den herausragenden Denkern ihrer Zeit. Ende der 50er- bis Mitte der 60er-Jahre lernte sie neben Adorno auch Gershom Sholem, Ernst Bloch und Hannah Arendt persönlich kennen, deren Denken vielfältige intellektuelle Spuren in Bachmanns Werk interlassen hat.[43] Auch der Kontakt zu Theodor W. Adorno intensivierte sich rasch. Nach den Erinnerungen von Marie Luise Kaschnitz' Tochter Iris besuchte Bachmann das Ehepaar Adorno mehrfach in seiner Wohnung, offenbar im zeitlichen Umfeld der Vorlesung. Dies bezeugen auch die Briefe Bachmanns an Adorno, in denen sie sich für »die Geduld« seiner Frau bedankte und das Versprechen abgab, beim nächsten Mal »ausgeschlafen und zurechnungsfähig« zu erscheinen.[44] Die Treffen mit Adorno und Kaschnitz fanden mitunter auch in Anwesenheit des mit ihr befreundeten Verlegers Siegfried Unseld statt, der aus dem nah gelegenen Suhrkamp-Verlag hinüber in Kaschnitz' Wohnung in der Wiesenau eilte oder selbst privat einlud.

In seinen 1944 geschriebenen »Reflexionen aus dem beschädigten Leben«, die 1951 als Teil I der *Minima Moralia* erschienen, hatte Adorno immer wieder die Nachkriegsideologie einer schnellstmöglich anzustrebenden Normalisierung kritisiert. In seiner philosophischen Auseinandersetzung mit der geschichtlichen Katastrophe von Shoah und Vernichtungskrieg fand Bachmann das theoretische Äquivalent zu ihrer Dichtung. Die Grundlagen dafür wurden von dem mit Adorno befreundeten Walter Benjamin bereits 1940 gelegt, als dieser im Angesicht der sich anbahnenden Katastrophe *Über den Begriff der Geschichte* reflektierte und die Notwendigkeit einer neuen geschichtlichen Erkenntnis anmahnte, die sich nicht länger an traditionellen Geschichtsvorstellungen orientieren, sondern den »Ausnahmezustand« als Regel begreifen sollte. Die Erinnerungsbilder der Vergangenheit sollten das Hier und

Jetzt so verdichten, dass sich die Erkenntnis über das, was ist, »im Staunen« vollzog.[45]

Von ihren Gedichten, ihren Essays, ihrem ersten Erzählband, *Das dreißigste Jahr,* bis hin zur *Todesarten*-Prosa des letzten Lebensjahrzehnts hat Bachmann Erinnerungsbilder und Symbole sowie die Topografien und Versatzstücke eines individuellen und kollektiven Gedächtnisses aufgenommen und in einem entschiedenen Gestus des Hier und Jetzt radikalisiert. Aus den Dauerspuren eines nicht nur latent wirksamen, sondern immer wieder auch eruptiv hervorbrechenden Gedächtnisses entwickeln sich Themen und Variationen ihrer Texte, die die philosophischen Fragen ihrer Zeit literarisch zu gestalten wissen.

Nach Abschluss ihrer Vorlesungsreihe widmete sich Bachmann in den ersten Monaten des Jahres 1960 vor allem den Erzählungen *Unter Mördern und Irren* und *Undine geht,* die beide in den vom Münchner Piper-Verlag schon dringlich erwarteten Erzählband aufgenommen werden sollten. Hatte sie in *Unter Mördern und Irren* ihre biografischen Erfahrungen der Wiener Nachkriegsjahre zu einer beklemmenden Erzählung gestaltet, in der die Verdrängungshaltung von Tätern und Opfern des Nationalsozialismus in einer dämonisch-gemütlichen Herrenrunde ein gesellschaftliches Zerrbild zutage fördert, so steht die Ortlosigkeit der weiblichen Stimme im Mittelpunkt ihrer surrealen Erzählung *Undine geht*: »Mein Gedächtnis ist unmenschlich. An alles habe ich denken müssen, an jeden Verrat und jede Niedrigkeit. An denselben Orten habe ich euch wiedergesehen; da schienen mir Schandorte zu sein, wo einmal helle Orte waren.«

Nach ihrer Rückkehr aus Frankfurt hielt es sie auch diesmal nicht lange in Zürich. Schon im März 1960 ging Ingeborg Bachmann wieder auf Reisen. Gemeinsam mit ihren Schriftstellerkollegen und literarischen Freunden Hans Magnus Enzensberger, Walter Jens, Peter Huchel, Johannes Bobrowski,

Stephan Hermlin, Ernst Bloch und Georg Maurer nahm sie in Leipzig an einem von Hans Mayer geleiteten Lyriksymposium teil. Am 22. Mai 1960 begleitete sie Hans Werner Henze in Hamburg zur Uraufführung ihrer gemeinsamen Opernarbeit *Der Prinz von Homburg*. Für das Libretto hatte Bachmann das 1811 von Heinrich von Kleist veröffentlichte Drama *Prinz Friedrich von Homburg* auf ein Drittel kürzen und umarbeiten müssen, was eine hohe dramatische Fokussierung nach sich zog. Obwohl sie die Kleist'sche Sprache weitgehend beibehielt, entschlackte sie den Heldenmythos der Vorlage und zeigte die Figur des Prinzen als einen modernen Protagonisten, dessen »komplexes Ich« eine »leidende Kreatur« offenbarte, die als »unaussprechlicher Mensch« mit den Zumutungen einer »zerbrechlichen Welt« zu kämpfen hat.[46] Der große Erfolg der Hamburger Uraufführung bewies, dass es Bachmann und Henze gelungen war, die Substanz der Kleist'schen Vorlage kongenial in die Moderne zu überführen, ein Erfolg, der bald weitere gemeinsame Opernpläne nach sich zog.

Am 25. Mai reiste sie zurück nach Zürich, wo sie am darauffolgenden Himmelfahrtstag gemeinsam mit Max Frisch und Paul Celan Nelly Sachs erwartete, der am 29. Mai 1960 in Meersburg am Bodensee der renommierte Droste-Preis verliehen werden sollte. Dieser Unternehmung war ein umfangreicher Briefverkehr mit Celan vorausgegangen, der nach ihrer Trennung freundschaftlichen Charakter angenommen hatte. Bald wurden auch die jeweiligen Partner in das briefliche Gespräch einbezogen, mitunter dienten sie als Mittler für Botschaften, die eigentlich dem anderen galten. Ein solcher Briefverkehr über Bande konnte nicht unproblematisch bleiben.[47]

In dieser Lebensphase eskalierte ein Thema, das Celan von Beginn seiner literarischen Arbeit an bewegt hatte, ihn immer wieder in tiefe Verstörungen trieb und auch das Verhältnis zu Ingeborg Bachmann auf das Äußerste belastete: Wie weit kann und darf sich eine Dichtung der Kritik aussetzen, die als »Grabschrift« verstanden wird?[48] Celan hatte sich über eine ihm antisemitisch erscheinende Rezension seines Bandes *Sprachgitter* durch Günter Blöcker empört und den Beistand seiner Freunde eingefordert.[49] Hastig schrieb er an Nelly Sachs: »Ach, Sie wissen gar nicht, wie es in Deutschland tatsächlich wieder aussieht«[50], und schüttete ihr sein Herz aus über seinen Kummer, dass niemand Blöcker Paroli biete. Aus der Verbundenheit der exilierten Leidensgefährtin heraus antwortete Nelly Sachs sofort und sparte nicht mit liebevollstem Trost: »Paul Celan, lieber Paul Celan – gesegnet von Bach und Hölderlin – gesegnet von den Chassiden.«[51] Ganz so vorbehaltlos wie die Tröstungen der durch die Shoah selbst zutiefst traumatisierten Freundin war die Reaktion des Zürcher Autorenpaares nicht. Anders als die im Exil lebende Nelly Sachs kannten Bachmann und Frisch die Unzulänglichkeiten des Literaturbetriebes und antworteten nicht ohne Pragmatismus und literaturpolitische Abwägung, eine Haltung, die den hochsensiblen Celan auf das Äußerste kränken musste. Max Frisch schaltete sich mit eigenen Briefen an Celan ein, was die Missverständnisse auf die Spitze trieb. Bei allem Verständnis für Celans Bedrängnis gab der pragmatische Frisch unumwunden zu, dass er mit Celans »Haltung in dieser Sache« nicht einverstanden sei.[52] Der Eklat war perfekt. Ingeborg Bachmanns Versuch, Celans »Notschrei«[53] mit dem Verweis auf die große Anerkennung zu beruhigen, die seinen Gedichten längst entgegengebracht wurde, machte die Sache nicht besser. Seine harsche Reaktion – er drohte ihr mit einem endgültigen Bruch – trieb wiederum sie in eine solche Verzweiflung, dass er nicht anders konnte, als ihr wieder die Hand zu reichen: »Ich bin in Sorge um Dich, Ingeborg.«

Bevor Nelly Sachs tatsächlich in Meersburg eintreffen sollte, bahnte sich ein weiterer Konflikt an. In der Münchner Zeitschrift *Baubudenpoet* hatte Claire Goll einen 1953 schon einmal geäußerten Plagiatsvorwurf gegenüber Paul Celan wiederaufgegriffen. Die Zeitschrift hatte bereits im Vorfeld euphorische Rezensionen zu Celans Gedichtband *Sprachgitter* montageartig zusammengesetzt und mit einem verächtlichen Kommentar des Herausgebers versehen. Im April/Mai-Heft legte die Witwe des Lyrikers Yvan Goll nach und versuchte unter dem Titel »Unbekanntes über Paul Celan« die »traurige Legende« vom Shoah-Poeten zu entzaubern und Celan schlechter Übersetzungsarbeit sowie des geistigen Diebstahls an den Gedichten ihres Mannes zu überführen. Celan, der den von ihm hochgeschätzten Yvan Goll 1949 am Sterbebett besucht hatte, war tief getroffen. Am ärgsten schmerzte ihn der Plagiatsvorwurf, der in Deutschland bald die Runde machte. Claire Goll hatte »Parallelstellen« zitiert und manipulierte Informationen weitergegeben. Ihre Behauptungen waren nicht nur haltlos, sie arbeiteten zudem mit verfälschten Zitaten und irreführenden Daten, ein Umstand, der sich nur in mühsamer Beweisführung darlegen ließ.

Mit ihren dreisten Behauptungen hatte sich Claire Goll die Schlagzeilen gesichert und Celan empfindlich diskreditiert. Der Schaden war immens und Paul Celan außer sich. Obwohl Ingeborg Bachmann bereit war, Celan in dieser Sache beizustehen, ließ sie sich von ihm jedoch nicht zu übereilten Aktionen drängen. Sie verweigerte zunächst die Unterschrift unter eine gemeinsame Erklärung, die von Klaus Demus und Paul Celan vorformuliert worden war: »Paul, ich muß Dir sagen, muß es leider auch Klaus schreiben, daß ich sie nicht gut finde, daß sie mir, in dieser Form, nur schädlich erscheint.«[54] Celan war tief gekränkt, doch es gelang Bachmann, ihn davon zu überzeugen, dass die Gegeninitiative strategisch überlegt und publizistisch überzeugend platziert werden sollte.

Gemeinsam mit Marie Luise Kaschnitz und Klaus Demus bereitete Bachmann eine »Entgegnung« vor, die in der Literaturzeitschrift des Frankfurter Fischer-Verlages, *Die neue Rundschau,* im November 1960 veröffentlicht wurde.[55] Auch Hans

Magnus Enzensberger, Peter Szondi und Walter Jens engagierten sich für Paul Celan und wiesen die Goll-Attacke unter dem Titel »Leichtfertige Vorwürfe gegen einen Dichter« entschieden zurück.

Mitten in den Debatten und Initiativen für den angegriffenen Celan sollte es also zu einer Begegnung mit Nelly Sachs kommen. Bis zuletzt bangten er und Bachmann, ob sie tatsächlich wohlbehalten aus Stockholm eintreffen würde. Die fragile Existenz der vom NS-Regime Verfolgten war immer gefährdet, das Trauma des nationalsozialistischen Terrors hatte sich tief in ihre Seele gebrannt. Sie litt unter Verfolgungsängsten und fühlte sich nicht in der Lage, durch Deutschland zu reisen. Die Reise über Zürich und eine Schifffahrt über den Bodensee nach Meersburg war der einzig denkbare Kompromiss. Um der gequälten Freundin zu helfen, setzten Paul Celan und Ingeborg Bachmann ihre eigenen Probleme hintan, die die Konstellation einer solchen Begegnung in sich barg. Doch das Aufeinandertreffen des hochsensiblen Paul Celan mit dem bodenständigen Schweizer Max Frisch, der seine eigene Empfindsamkeit hinter undurchdringlichen Männerattitüden zu verbergen wusste, ging Ingeborg Bachmann sehr nahe. Auch für Celan, der sich nicht nur Bachmann, sondern auch Nelly Sachs tief verbunden fühlte, war es eine hochemotionale Begegnung. Beglückt notierte seine Stockholmer Freundin am 26. Mai aus dem Zürcher Hotel »Zum Storchen«: »Am Flughafen die Familie *Celan* aus Paris, der kleine Sohn mit einem Riesenstrauß Rosen [...]. Alles in herrlichster Harmonie, auch *Max Frisch* kam. Wie soll ich das nur fassen, alles nach soviel Dunkelheit.«[56]

Nach all den Vorwürfen und maßlosen Tiraden (»Schämst Du Dich nicht, Ingeborg?«), die Celans Briefe an Bachmann in diesem Frühjahr durchzogen hatten, war die Begegnung in Zürich Balsam auf ihren Wunden. Die gemeinsame Fürsorge für Nelly Sachs brachte sie einander wieder näher. »Ich war sehr glücklich und zuversichtlich in den Tagen«[57], schrieb sie ihm danach. Ein gemeinsames Wiedersehen anlässlich eines Treffens im Pariser Hôtel du Louvre, bei dem auch Siegfried Unseld und Max Frisch anwesend waren und ihr beherztes Eintreten in der Goll-Affäre zur Sprache kam, festigte das brüchig gewordene Band: »ich bin so froh [...], daß ich Dich wiedergefunden habe an diesem Regentag in Paris.«[58] Doch die neu gewonnene Harmonie bewegte sich auf dünnem Eis, die Tonlage ihrer Korrespondenz, die stärker als je zuvor auch die beiden Partner umschloss, blieb brüchig, auch wenn man Grüße über Bande ausrichten ließ und gegenseitige Besuche in Aussicht stellte. Celans Beteuerungen, Freundschaftserklärungen und Verbundenheitsgesten zum Trotz fühlte sich Bachmann von seinen unvermutet über sie hereinbrechenden Gemütsschwankungen zunehmend verstört.

Ich empfinde es anders: Einbrüche von Schweigen, ein Ausbleiben von den einfachsten Reaktionen, etwas, das mich hilflos macht, weil ich nur Vermutungen anstellen kann, mit denen ich mich verirren muss, und dann höre ich wieder von Dir, wie jetzt, höre, wie schlecht es Dir geht, und bleibe so hilflos wie in dem Schweigen und weiss nicht, wie herausfinden und wie ich jemals wieder lebhaft und lebendig werden kann Dir gegenüber.[59]

Ihr menschlich bewegender, von unbestechlicher Klarheit zeugender Brief vom 27. September 1961 ist ein großes Dokument verlorener Illusionen. Alles Bemühen um die Klärung beständig wiederkehrender Konflikte ist an einem Ende angekommen, sie ist nicht länger bereit, für ihn den Sündenbock zu spielen, sie kann und will sich nicht mehr sein ganzes Elend auf ihre Schultern laden lassen, weil ihre Opferbereitschaft und die unverbrüchliche Solidarität mit ihrem ältesten und wichtigsten Lebensfreund an seiner Verzweiflung nichts ändern konnten. »Ich glaube wirklich«, schrieb sie, »dass das grössere

Unglück in Dir selbst ist. Das Erbärmliche, das von aussen kommt – [...], es muss zu überstehen sein. Es kann jetzt nur von Dir abhängen, ihm richtig zu begegnen.«[60] Leidenschaftlicher, unbeirrbarer als in diesem Brief kann man kaum auf einen anderen Menschen zugehen. Und doch hat dieser Brief Celan nicht erreichen können. Er blieb unabgeschickt wie alle wirklichen, großen und letzten Fragen, die die Menschen verstummen lassen. »Du willst das Opfer sein, aber es liegt an Dir, es nicht zu sein«, schrieb sie verzweifelt und erlaubte sich doch zum ersten Mal, auch die eigene Existenz offensiv und fordernd mitzubedenken. »Und ich frage mich eben, wer bin ich für Dich, wer nach soviel Jahren? [...] Denn für mich ist viel geschehen und ich möchte der sein, der ich bin, heute, und nimmst Du mich heute wahr? Das eben weiss ich nicht, und das macht mich verzweifelt.«[61]

Dieser nicht abgeschickte Brief ist das letzte große Zeichen, mit dem diese beiden sich verfehlen. Die Lücke, die er hinterlässt, haben sie nie mehr schließen können. Eine nichtssagende Weihnachtskarte, von Ingeborg und Max Frisch im römischen Dezember 1961 nach Paris gesandt, beendete den an Glück und Schmerz so reichen Austausch zwischen 1957 und 1961. Nur noch wenige vereinzelte Zeichen sollten folgen.

11. Höhepunkt und Höllenfahrt –
»Er hat mir mein Strahlen genommen«

Auf dem Höhepunkt ihrer Schaffenskraft wollte Ingeborg Bachmann von den wichtigsten Männern ihres Lebens auch als ebenbürtig anerkannt und – was ihr noch wichtiger war – in der Vielschichtigkeit ihrer Persönlichkeit auch geliebt werden. Paul Celan hatte dem nicht standhalten, Hans Werner Henze – aus anderen Gründen – nur phasenweise damit leben können, und auch Max Frisch sollte sich angesichts eines so rasant angewachsenen weiblichen Selbstwertgefühls zunehmend in die Defensive gedrängt sehen. Die Erfahrungen mit der Frankfurter Vorlesungsreihe, Bachmanns Begegnungen mit wichtigen Philosophen ihrer Zeit wie auch die Wiederbegegnung mit Celan hatten das Zusammenleben der beiden Starautoren nicht einfacher gemacht. Die gern zitierte avantgardistische Einstellung der Künstler in Partnerschaftsfragen sollte hier nicht überschätzt werden. Im gelebten Alltag herrschte die gleiche Hilflosigkeit wie bei Herrn Jedermann, wenn das Bett leer, der Tisch ungedeckt und die Lebenspartnerin auf ihren Reisen nicht erreichbar war. Statt der damals gern hervorgehobenen klugen Frau, die hinter einem erfolgreichen Mann stehen sollte, sah sich Frisch mit einer Partnerin konfrontiert, die mühelos mit einem seiner Jugendfreunde über Wittgenstein diskutierte, ein Thema, an dem er sich nicht beteiligen konnte. Dass dieser Freund, aber auch andere Schriftstellerkollegen und Bekannte mit nicht geringer Spottlust darüber spekulierten, »wie der Frisch zu einer solchen Gefährtin gekommen sei«, rekapitulierte er, sichtlich verletzt, noch Jahrzehnte später.[1]

Auch Bachmanns Lektor Reinhard Baumgart erinnerte sich gut an die Spannungen und Provokationen, die das Zusammenleben des Autorenpaares immer wieder beeinträchtigten. Dass Bachmann die offenkundige Bewunderung ihres Lektors als Aphrodisiakum benutzte, erzürnte Frisch über die Maßen. In Bachmanns Arbeitswohnung in der Zürcher Altstadt kam es zu grotesken Szenen, wenn Frisch etwa den dienstbaren Lektor auf einen Schemel drängte, der seinem eigenen Ohrensessel zu Füßen stand, um sich in unfassbarer Weise als alter Mann zu gerieren, den der Jüngere doch nur noch bemitleiden könne. Eine Eifersuchtsszene, die allein dem Zweck diente, den Verlagslektor in Verlegenheit zu treiben und sich an dessen stotternd hervorgebrachtem Widerspruch zu ergötzen. In dem Maße, wie sich die Lektoratssitzungen im Hinblick auf den Erscheinungstermin auswuchsen, kam auch das »Monster Max« zum Vorschein und bezichtigte den verunsicherten Lektor in so grotesker Weise der Intrige und des Lügenspiels, dass dieser erst einige Zeit später auf dem Bahnhof in der Lage war, den Ausbruch vollständig zu erfassen.

Zu diesem Zeitpunkt aber hatte Baumgart längst begriffen, dass Bachmanns »Lektorenspiel«, das stundenlange Hin und Her der Argumente, das Für und Wider ihrer Fragen – »Geht das so, wirklich? Kann man das denn so sagen? Muß das nicht genauer sein? Oder sollen wir das nicht lieber streichen?« – nicht etwa der eitlen Selbstbespiegelung dienten, sondern allein ihrem Text. Ihre kompositorische Arbeit kannte nur ein Ziel: die Wirkung des Textes auf »die Welt, die Nachwelt, für die Leser«.

Max Frisch war der Zutritt zu Bachmanns »Beratungs- und Begeisterungszimmer« verboten worden. Er rächte sich, indem er »mit schweren, ungeduldigen Schritten« den Flur davor auf und ab ging, hin und wieder eskortiert von Siegfried Unseld, wenn das vereinbarte Arbeitsende allzu lange auf sich warten ließ. Baumgart fand sich »Jahre vor der Katastrophe« in ein Minenfeld geraten und wusste erst viel später zu deuten, dass er den tobenden Herrn Gantenbein erlebt, den Eifersüchtigen in der Maske des Blinden leibhaftig erlitten hatte.[2] Noch konnte Bachmann über diese Szenen lachen, noch rieb sie sich nicht daran, dass sie täglich seine Schreibmaschine einem Uhrwerk gleich nach fest umrissenen Stundenplänen zu hören bekam. Was für ein Dissens in Rhythmus und Intention! »Frisch, der auch an der Schreibmaschine flüssig sein Parlando durchhielt, schon um sein Tagebuch auf dem laufenden zu halten, und Bachmann, die immer um ihre Schreibkondition kämpfen mußte, angewiesen auf ekstatische Augenblicke und Findungen, immer gefaßt auf lange, bange Pausen des Stockens und Verstummens.«[3]

Wie immer, wenn es zwischen den beiden schwierig wurde, hielt Bachmann unverzüglich nach einer neuen Wohnung Ausschau. Diesmal sollte es endlich nach Rom gehen. Im Dezember 1960 feierten Bachmann und Frisch bereits ihr erstes Weihnachten in der Via Giulia 102, in der sie eine Ausweichwohnung bezogen hatten, die sie im Wechsel mit ihrem Zürcher Domizil nutzen wollten. Für ein gemeinsames Leben aber erschien ihnen die neue römische Unterkunft bald zu beengt, und so setzte erneut eine fieberhafte Suche ein. Parallel zur Wohnungssuche trieb Bachmann die Arbeiten an ihrem für den Sommer angekündigten Erzählband voran und schrieb vor allem an den Texten *Ein Wildermuth* und *Ein Schritt nach Gomorra*. Darüber hinaus beendete sie ihre Übertragungen von Gedichten des italienischen Lyrikers Giuseppe Ungaretti, an denen sie seit 1960 gearbeitet hatte. Noch bevor der Ungaretti-Band im Juni bei Suhrkamp und der Erzählband bei Piper erscheinen sollten, hatte sich Bachmann vom 10. Februar bis zum 16. März 1961 für eine strapaziöse Lesereise verpflichten lassen, die sie kreuz und quer durch Westdeutschland

236

führte und sie in Düsseldorf, Göttingen, Braunschweig, Dort-
mund, Darmstadt, Hamburg, Kiel, Lübeck, Tübingen, Hannover, Remscheid, Oberhausen, Münster, Wiesbaden, Duis-
burg, Wuppertal und Köln Station machen ließ.

Bevor ein neuer Umzug anstand, reisten Bachmann und
Frisch im Mai nach Griechenland. Ingeborg Bachmann hatte
Max Frisch anlässlich seines fünfzigsten Geburtstages zu dieser
Unternehmung eingeladen, voller Freude, endlich einmal die
antiken Stätten kennenzulernen. Frisch zeigte sich beeindruckt
von ihrer Großzügigkeit und bestaunte ihren unbekümmer-
ten Umgang mit Geld: »Ihre Herkunft kleinbürgerlich wie die
meine; nur ist sie frei davon.« Geld hatte man, oder man hatte
es eben nicht. »Wenn sie rechnet, dann rechnet sie mit Wun-
dern.«[4]

Der Juni erwies sich dann als Höhepunkt des Jahres. Zwei
neue Bachmann-Bücher erschienen, darüber hinaus absolvierte
sie eine Lesung und eine Rundfunkaufzeichnung in Zürich.
Vor allem aber konnte das Autorenpaar ab Juni 1961 auf eine
neue Adresse verweisen: Via de Notaris, 1 F, eine herrschaftliche
zweistöckige Wohnung auf einem Hügel im feinen römischen
Diplomatenviertel, gegenüber der Villa Borghese: »das ist die
langgesuchte und endlich gefundene Wohnung, die fast zu
schön ist, um wahr zu sein«, jubelte Bachmann in einem Brief
an Bölls Frau Annemarie.[5] Diese Wohnung, die Freunde und
Familie immer wieder beschrieben und in privaten Runden
auch kommentiert haben, war von demonstrativer Grandezza.
Die hochherrschaftlichen Räume mit ihren Marmorböden,
Buchattrappen, hochpolierten Holztäfelungen und falschen
Spiegeln schienen dem Paar endlich die adäquate Bühne für
ihren groß angelegten Lebensentwurf zu bieten, auf der sich
Ingeborg Bachmann sehr wohl und Max Frisch bald äußerst
unbehaglich fühlen sollten. Für Bachmann bedeutete diese
elegante Wohnung viel, sie war die heiß umkämpfte Trophäe
eines harten gesellschaftlichen Aufstiegs, sie demonstrierte

der ganzen literarischen Welt, dass sie, die Unbehauste, endlich angekommen war: »Ihr Glanz; wir sitzen vor einem römischen Makler, der die Wohnung einer Baronessa vermietet und zu verstehen gibt, die Baronessa könnte als Mieter einen amerikanischen Diplomaten vielleicht vorziehen, DOTTORE, sagt sie entgeistert wie eine Königstochter, die nicht erkannt worden ist und zögert, SENTA, sagt sie, SIAMO SCRITTORI, und wir bekommen die Wohnung; Terrasse mit Blick über Rom.«[6]

Wie immer, wenn das Schicksalsbuch von hinten aufgeblättert wird, lassen sich Warnzeichen erkennen, blenden Irritationen und Grotesken auf, die das ganze Unternehmen in einem seltsam schiefen Licht erscheinen lassen. Wie ein überdimensioniertes Bühnenbild kam diese Wohnung daher, in der oft einer der Partner fehlte, in der der Inszenierungswille und demonstrative Theaterdonner die fehlende Zweisamkeit zu überdecken suchten und die Einsamkeit eines jeden hinter beeindruckendem Blendwerk verbargen. Frisch, der zu diesem Zeitpunkt kaum Italienisch sprach, fühlte sich in Bachmanns Rom bald so fremd, wie sie sich in Zürich gefühlt haben musste, während sie voller Stolz ihre Freunde nach Rom einlud, um endlich auch einmal Gastgeberin im eigenen, großzügigen Heim zu sein. In der Zeit ihres so demonstrativ zur Schau getragenen Starautorenlebens entstand kein einziges gemeinsames Foto. Von Ingeborg Bachmann gibt es sehr schöne und nachdenkliche Bilder, die ihr Bruder Heinz in der Via de Notaris aufgenommen hat, und von Max Frisch nur ein einziges, völlig groteskes Strizzi-Bild, das ihn in schiefer Dandypose mit schwarz-weißen Schuhen, weißer Hose und Hemd und pomadierten Haaren zeigt, die Zigarre unangezündet zwischen den Fingern, die Augen undurchdringlich hinter spiegelnden Gläsern verborgen. Ein Zweifler in Weltmannspose, so falsch wie der Baudelaire im Bücherregal, den erstaunte Besucher als Attrappe decouvrierten.

Die neue Wohnung, die, wie Bachmann an Unseld schrieb,

endlich auch mit »zwei Schreibzimmern« ausgestattet war, »die weit genug auseinander liegen«[7], wurde am 5. Juni 1961 bezogen. Im selben Monat erschien Bachmanns erster Erzählband im Piper-Verlag in München. Die Kritik reagierte auf *Das dreißigste Jahr* durchaus zwiespältig; der positiven Aufnahme in vielen Zeitungen standen harsche Ablehnungen wie Marcel Reich-Ranickis Verdikt von der »gefallenen Lyrikerin« entgegen. Wer sich die von Kritik und Lesern Ende der 50er-Jahre favorisierten Erzählhaltungen vor Augen führt, wundert sich nicht, dass Bachmanns Erzählband anachronistisch wirken musste. Die damals erfolgreichsten deutschsprachigen Erzähler, wie Heinrich Böll, Siegfried Lenz und Günter Grass, vertraten bei aller Unterschiedlichkeit in Sujet und Darstellung realistische Literaturkonzepte. Dabei reichte das Spektrum von einem eher moralisch motivierten Erzählen konventioneller Provenienz (Böll) bis zu deren grotesker Zuspitzung (Grass), die aber auch noch im Entwurf des Antihelden auf die Tradition eines individuell ausgerichteten Erzählens reflektierte.[8] Selbst ein literarischer Außenseiter wie Wolfgang Koeppen blieb mit seinem mitunter montagehaft praktizierten Erzählverfahren, das innere Monologe, Dialoge und Bildsequenzen ineinanderspiegelt, doch an die verdichtende Darstellung zeitgeschichtlicher Realität gebunden. Einzig Arno Schmidt ging in der Radikalität seines Literaturentwurfes darüber hinaus und steigerte die experimentelle Auflösung semantischer und syntaktischer Strukturen an einen bis dahin nicht gekannten Punkt.

Demgegenüber hielt sich Bachmann in ihrer Prosa sowohl von realistischen als auch von experimentellen Erzählkonzepten fern. Zum Zeitpunkt ihres Erscheinens war in Deutschland die Tradition der großen österreichischen Erzähler, allen voran das Werk Robert Musils, fast vollständig in Vergessenheit geraten, sodass Bachmanns musikalische Tonalität wie auch die Kunst ihrer polyphonen Figurenführung seltsam traditionslos erscheinen mussten. Ein gegen Bachmanns Erzählungen immer wieder vorgebrachter Kritikpunkt betraf die fehlende Individuation der Figuren, deren Mangel an verlässlichen »Eigenschaften« ihre »Empfindungen, Gedanken und Äußerungen [...] austauschbar« erscheinen lassen.[9]

Den kritischen Stimmen stand ein enormes Leserinteresse gegenüber, das dem Erzählband schließlich doch noch zu dem ersehnten Erfolg verhalf. Und so bedeutete es für Ingeborg Bachmann keine geringe Genugtuung, dass ihr nach einer Lesung im Rahmen der von Walter Höllerer in der Berliner Kongresshalle initiierten Reihe »Literatur im technischen Zeitalter«, bei der mehr als 1500 Zuhörer anwesend waren, am 19. November 1961 der Literaturpreis des Verbandes der Deutschen Kritiker verliehen wurde.[10] Der Jahresausklang hielt noch eine weitere Ehrung für sie bereit: Ingeborg Bachmann wurde als Mitglied der literarischen Sektion in die hochangesehene Akademie der Künste in Berlin aufgenommen. Es dauerte Jahrzehnte, bis die Bedeutung des *Dreißigsten Jahres* in Kritik und Forschung zur Gänze erkannt und diskutiert werden konnte. Was die Debatte um Bachmanns vermeintlichen Genrewechsel von der Lyrik zur Prosa gründlich verdeckt hatte, war die eigentliche Zäsur, die diese Erzählungen für ihr Werk bedeuteten.[11] Heute besteht kein Zweifel mehr daran, dass Bachmanns eigene, ganz und gar unverwechselbare Erzählweise die bisherigen Gattungsgrenzen ihrer Lyrik, Prosa, Essayistik und dramatischen Hörspielkunst aufbrach, um Versatzstücke aller Gattungen zu einem neuen, aufregenden Sound zu verschmelzen. Dabei gehen zentrale Motive und Topografien früherer Werke, wie Geschichtserfahrung, existenzielle Reflexion und Identitätsverlust, Sprachverlust und utopische Sprachhoffnung, monströses Liebesverlangen und die Erfahrung des Liebesverrats, in diese Geschichten ein, die in ihrer Komposition und Erzählstruktur wie von Zauberhand zusammengehalten scheinen. Vor allem in den Prosatexten *Das dreißigste Jahr, Ein Wildermuth, Unter Mördern und Irren* und *Undine geht* erweist sich die Erinnerung als ein höchst subversives Motiv, das sowohl Psychologie und Handlung der Figuren steuert als auch einer dem Traum verwandten archetypischen Logik nach die Struktur des Erzählens selbst beeinflusst. Die ehemalige Wiener Psychologiestudentin Bachmann war mit den Werken Freuds und Jungs bestens vertraut und wusste deren Techniken auch für den Prozess ihres eigenen Schreibens zu nutzen. Als Moment der Erzähltechnik reflektieren die Erinnerungsprozesse der Bachmann-Figuren immer auch deren psychisches Zustandsbild, das sich pars pro toto als Metapher einer verstörenden Realität entpuppt. Das historische Trauma des Nationalsozialismus diffundiert in diesen Erzählungen in die erzählte Zeit der 50er- und frühen 60er-Jahre hinein und legt so die Brüche im sozialen Verhalten und ethischen Empfinden ihrer Protagonisten offen.

Von den großen Anstrengungen, die sie ein solches erzählerisches Unternehmen gekostet hatte, dürfte sie Frisch kaum berichtet haben. Über ihre Arbeiten haben beide nur wenig miteinander gesprochen[12], die Qual der Entstehungsprozesse, so gut es ging, voreinander zu verbergen gewusst. Nur gegenüber engen Vertrauten gestand das Paar ein, dass sich jeder durch die Schreibmaschine aus dem Arbeitszimmer des anderen massiv gestört fühlte, was vor allem bei Bachmann bald zu Blockaden führte. Reinhard Baumgart, der auch ihren ersten Erzählband betreut hatte, erinnerte sich nur zu gut an die stets wiederkehrenden Klagen: »Sie hat mir oft erzählt: Was mich wahnsinnig macht, ist, er geht nach dem Frühstück rauf und schon höre ich nach kurzer Zeit seine Schreibmaschine klappern, das läuft und läuft. Und ich sitze da und brüte und es kommt und kommt nichts.«[13] Umgekehrt wurde Frisch durch die schreibende Frau in seinem Haus irritiert, ein Umstand, den der eifersüchtige Freund Henze nicht ohne Spott kommentierte: »Hörte er ihre Maschine klappern, mußte er aufhören zu arbeiten: Er wußte, daß dort drüben, wo es klapperte, Qualität in Arbeit war, Überlegenheit.«[14]

Ingeborg Bachmann arbeitete bevorzugt nachts, der gelernte Architekt Frisch folgte einem bürgerlicheren Schreibrhythmus und schrieb zu festen Tageszeiten. Auch in der zweistöckigen römischen Wohnung wurde der Versuch des Autorenpaares, gemeinsam zu Hause zu arbeiten, zur Belastung. Wenn der morgendliche Besuch beim Friseur nicht mehr weiterhalf oder die verbummelten Stunden in dem von ihr bevorzugten Caffè Greco keine Abwechslung mehr brachten, ergriff Bachmann wieder die Flucht. Oft war sie wochenlang unterwegs, und Frisch saß alleine in der eleganten Diplomatenwohnung und fühlte sich einsam. Einmal, als er sie bereits auf der Rückreise wusste, fuhr er ihr mit seinem Wagen entgegen, wartete an einer sorgfältig ausgewählten Stelle, doch sie erkannte ihn nicht und fuhr vorbei. Er jagte ihr nach, stoppte sie, eine Machoszene wie aus einem alten Agentenfilm. Sie reagierte ungläubig, fühlte sich brüskiert, überwacht. Ein anderes Mal brach er mitten in der Nacht von Rom aus überstürzt zu ihr nach Zürich auf. Vierzehn Stunden raste er liebeskrank allein zurück, kam bei Nebel und Regen hoch in den Alpen von der Straße ab, um Haaresbreite gerettet. Als er endlich in Zürich eintraf, reagierte sie verärgert. Warum er nicht wenigstens angerufen habe, fragte sie ihn. Doch nicht nur bei ihren Reisen, auch in Rom selbst bestand Bachmann darauf, frei für sich zu entscheiden. Oft ging sie alleine aus, und wenn sie ihn mitnahm, setzte sie sich über konventionelle Vorstellungen einfach hinweg:

In einem italienischen Restaurant kommt ein Deutscher an unseren Tisch, ich sehe eine Begrüßung voll Freude über den Zufall dieser Begegnung und höre eine halbe Stunde lang zu; sie stellt mich nicht vor und ich stelle mich nicht vor, weil ich weiß, daß sie es nicht möchte, und er, Peter Huchel, wagt sich auch nicht vorzustellen, obschon er mich erkannt hat. Manchmal ist es komisch. Als ich sie in Neapel besuche, zeigt sie das Haus nicht, wo sie wohnt, und nicht einmal die Straße; das verstehe ich. Sie hat eine große Scheu davor, daß Menschen, denen sie nahesteht, einander begegnen.[15]

Ingeborg Bachmann wiederum reagierte auf Frischs demonstrativ zur Schau getragene Kränkung verstört. Die kleinen Fluchten häuften sich, ihre Unruhe wuchs. Noch glaubte sie, dass die Fesseln, die ihr Frisch insgeheim gerne anlegen wollte, in diesem gemeinsamen römischen Leben zu überwinden wären. Die Einheit von Zeit und Ort, die sie in *Malina* noch einmal beschwören würde, konnte sie schon damals nicht mehr garantieren:

Wie aber hat das bloß angefangen? Hat nicht vor Jahren schon die Unterdrückung, die Bevormundung durch die Netzwerke der Feindschaften und Freundschaften eingesetzt, bald nachdem er sich in die Händel der Gesellschaft hatte verstricken lassen. Hat er nicht, in seiner Mutlosigkeit, seither ein Doppelleben ausgebildet, ein Vielfachleben, um überhaupt noch leben zu können? Betrügt er nicht schon alle und jeden und vielfach sich selber?[16]

Und doch: Als 1961 zu Ende ging, konnte Ingeborg Bachmann auf ein erfülltes Jahr zurückblicken. Sie hatte sich erneut als Schriftstellerin bewiesen und sich erstmals auch als Erzählerin durchgesetzt. Die Jahre des Unbehaustseins schienen vorbei zu sein. Sie lebte mit dem Mann, den sie gewählt hatte, in »ihrer Stadt« Rom, nicht mehr wie früher in kleinen lärmigen Zimmern, sondern in einer repräsentativen Wohnung, in der sie zum ersten Mal auch Gastgeberin sein und literarische Freunde empfangen konnte. Frisch hatte zwar seine Arbeitswohnung in Zürich behalten und dort sein Theaterstück *Andorra* geschrieben, aber die unterschiedlichen Rhythmen ihrer unruhigen Schriftstellerleben schienen sich einander anzunähern. Das Jahr fand seinen Abschluss mit einer gemeinsamen Reise im Dezember nach London, um einer dortigen Aufführung von Max Frischs Theaterstück *Biedermann und die Brandstifter* beizuwohnen.

Auch das Jahr 1962 begann für Bachmann mit jenem – nun schon erprobten – Wechselspiel von Rom-Aufenthalten und literarischen Reisen. Im März 1962 machten Hans Magnus Enzensberger und Uwe Johnson in der Via de Notaris Station, um Ingeborg Bachmann zu besuchen. Es wurden Filmpläne geschmiedet, der Regisseur Egon Monk wollte ihr Hörspiel *Der gute Gott von Manhattan* verfilmen, doch diesem Projekt war wie allen Filmplänen Bachmanns kein Erfolg beschieden. Ihre Reise nach Hamburg im April führte zu weiteren Drehbuchplänen, die sich aber letztlich nicht realisierten. Eine zweite Schiffsreise nach New York im Juni, wo sie auf Einladung von Hans Egon Holthusen im dortigen Goethe-Institut eine Lesung absolvierte, markierte die letzte unbeschwerte Erfahrung dieses Jahres. In New York lernte sie Hannah Arendt endlich persönlich kennen. Die Begegnung wurde für Bachmann, die ohne intellektuelle weibliche Vorbilder aufgewachsen war, zu einem Schlüsselerlebnis: »Ich habe nie daran gezweifelt, dass es so jemanden geben müsse, der ist wie Sie«, schrieb sie der Philosophin beglückt, »aber nun gibt es Sie wirklich, und meine außerordentliche Freude darüber wird immer anhalten.«[17]

Ein Foto aus jenen Tagen zeigt Ingeborg Bachmann in unvergleichlicher Strahlkraft. Eine Frau im intellektuellen Glanz, auf dem Gipfel ihres Lebens. Sie war ihrer selbst und ihrer Wirkung so sicher, dass sie alle Warnungen übersah, nicht sehen wollte oder nicht sehen konnte, dass der Einsturz ihrer so sicher gewähnten römischen Lebensbühne unmittelbar bevorstand. »Oft ist sie für Wochen weg, ich warte in ihrem Rom«, schrieb Frisch in *Montauk*. »Einmal habe ich getan, was man nicht tun darf: ich habe Briefe gelesen, die nicht an mich gerichtet sind, Briefe von einem Mann.« Die Eifersucht, die Frisch in den vier Jahren so in Atem hielt, erstickte an sich selbst. Dem Mann ging die Luft aus, seine »Hörigkeit« war aufgebraucht.

Im Jahr 1962 erhielten zwei deutsche Schriftsteller ein Stipendium in der Villa Massimo, mit denen Bachmann und Frisch bald freundschaftlichen Umgang pflegten. Der eine war Uwe Johnson, der die Nachbarschaft zu beiden genoss und im römischen Miteinander für Bachmann bald zu einem engen Vertrauten wurde. Als einem der ganz wenigen gelang ihm das Kunststück, nach der Trennung des Autorenpaares auch mit Frisch befreundet zu bleiben, dank seiner enormen Diskretion und unantastbaren persönlichen Loyalität. Auch den zweiten Stipendiaten, Tankred Dorst, luden Bachmann und Frisch zu sich ein. Bei einem gemeinsamen Abendessen brachte der seine junge Freundin mit: die Romanistikstudentin Marianne Oellers. Der Abend verlief entspannt, man lachte und trank miteinander. Stolz flüsterte Dorst seiner Freundin zu: »Sie sind beide von dir begeistert.«

Der temperamentvoll erlebte und geistreich verbrachte Abend forderte Gegenbesuche heraus. Zu viert traf man sich in der Villa Massimo, spielte Boccia oder genoss den abendlichen Wein. Wenn Bachmann auf Reisen war, kam Frisch allein, um seinen Fiat-Sportwagen auszuführen. Ein Zweisitzer. Einmal hatte er einen Ausflug nach Tarquinia geplant, er wollte die etruskischen Gräber besuchen. Für Tankred Dorst war leider kein Platz. Max Frisch und Marianne Oellers fuhren allein.[18]

Bachmanns so leidenschaftlich gewollte Verbindung zu Max Frisch zeigte allen äußeren Befestigungen zum Trotz nicht zu übersehende Risse, die schließlich das fragile Konstrukt von vier gemeinsamen Jahren, mehreren Wohnsitzen und unzähligen getrennten Unternehmungen zum Einsturz brachten. Dass er die Liebe zu der erfolgreichen und schönen Schriftstellerin Ingeborg Bachmann mit Hörigkeit und Eifersucht bezahlen musste, hat Frisch in *Montauk* schonungslos offengelegt. Dass er ihren unbedingten Freiheitswillen, den er anfangs so sehr bewundert hatte, in seinem Leben mit ihr nicht aushalten konnte, hat er in dem Kapitel »My life as a man« als persönliches Scheitern dokumentiert. Der grundsätzliche Unterschied im Selbstverständnis des Schriftstellers Max Frisch und der Schriftstellerin Ingeborg Bachmann hat den Verlauf eines menschlichen und künstlerischen Dramas maßgeblich bestimmt. Während Frisch sich nach eigener Aussage nur ungern mit dem aufhielt, was er nicht in Worte fassen konnte, und immer Ausschau hielt nach »Gefühlen, die sich zur Veröffentlichung [...] eignen«[19], war Ingeborg Bachmann die Veröffentlichung von »Lebensläufen, Privatgeschichten und ähnlichen Peinlichkeiten« verhasst.[20]

Wer aus dem Abstand von mehr als dreißig Jahren die Texte der beiden Schriftsteller aus ihrer gemeinsamen Zeit und den Jahren danach einer vergleichenden Lektüre unterzieht, der kann eine leichte Beklommenheit nicht verhehlen. Nicht nur, dass die beiden Schriftsteller in ihren Romanen immer wieder auf Person und Werk des anderen Bezug nehmen und damit das nicht verarbeitete Scheitern dieser Liebe auf künstlerisch höchst unterschiedliche Weise dokumentieren. Auch in ihren öffentlichen Stellungnahmen zur Aufgabe des Schriftstellers, etwa in ihren Preisreden oder Vorlesungen nehmen beide so konträre Positionen ein, dass die gravierenden persönlichen Kränkungen, die aus dieser unterschiedlichen Auffassung von Literatur erwachsen sind, aus dem historischen Abstand nahezu unvermeidlich erscheinen.[21] Für Frisch war die Gefühlswelt eines Schriftstellers untrennbar mit seinem Impuls zur Veröffentlichung des Erlebten verbunden. Ja er unterwarf seine Wahrnehmungen sogar der Frage, ob sie »beschreibenswert« waren oder nicht. Frisch war sich sicher, dass ein Schriftsteller nur ungern erlebt, »was er keinesfalls in Worte bringen kann. Diese Berufskrankheit des Schriftstellers macht manchen zum Trinker.«²² Ein schärferer Gegensatz zu Bachmanns Literaturauffassung lässt sich kaum denken. In einem Interview gestand sie 1971: »Ich glaube, ich bin kein sehr guter Beobachter – Beobachten kommt mir so indiskret vor. Was sich anhäuft an Gesehenem, Erlebtem, eben das, was man mit dem hilflosen Wort ›Erfahrung‹ bezeichnet, das macht einen eines Tages fähig, Prosa zu schreiben. Und das kommt daher bei allen ziemlich spät.«²³

Als Marianne Oellers mit Tankred Dorst nach Deutschland zurückkehrte, hatte Frischs Sehnsucht ein neues Ziel. Er wollte Marianne wiedersehen, er schickte ihr ein Flugticket für Rom, doch sie zögerte. Sie wollte diese Heimlichkeiten nicht und bestand auf einem Gespräch mit Ingeborg Bachmann, die zu diesem Zeitpunkt in München weilte. Die Frauen trafen sich im Hotel Carlton. Marianne Oellers wollte wissen, wie es um die beiden stand: »Warum sind Sie nicht in Rom?«, fragte sie und legte ihre Situation offen. Ingeborg Bachmann bewahrte Haltung, sie lächelte sogar. Und riet ihr zur Reise. »Bitte, fahren Sie!«²⁴ Mit dieser Entscheidung blieb sich Bachmann völlig treu. Natürlich sah sie kein Problem darin, Max Frisch jene Freiheit zuzugestehen, die sie auch für sich selbst immer in Anspruch genommen hatte. Vielleicht hoffte sie sogar, dass eine Affäre Frischs seine Besitzansprüche ihr gegenüber auf ein lebbares Maß reduzieren, seine Eifersuchtsattacken mäßigen könnte.

Dass sich Frisch jedoch unsterblich in die junge Frau verlieben sollte, hielt Bachmann für ausgeschlossen. Eine Affäre? Ja. Aber gewiss keine große Liebe, die hatte er unzweifelhaft für sie reserviert. Ein folgenschwerer Irrtum. Als Frisch seiner Lebensgefährtin im Spätsommer 1962 gestand, dass er sich in die Literaturstudentin Marianne Oellers verliebt hatte, nahm ein menschliches Drama seinen Lauf. Fürs Erste suchte Bachmann Zuflucht in ihrem gemeinsamen Schweizer Domizil. Frisch blieb in der römischen Prunkwohnung zurück. Verzweifelte

Treffen folgten. Doch die Aussprachen liefen ins Leere. Für Frisch gab es kein Zurück. Dass Frisch Bachmanns heiß geliebte römische Lebensbühne nun mit seiner jungen Geliebten teilte, war zu viel für sie. Im November kam es zu einem »totalen und fast tödlichen Zusammenbruch«[25], in dessen Folge sie sich selbst in die Zürcher Bircher-Benner-Klinik einweisen ließ. Ingeborg Bachmann hatte versucht, sich umzubringen. Gegenüber ihrem alten Freund Henze, den sie in einem großen, schonungslosen Brief vom 4. Januar 1963 um Beistand bat, sprach sie zudem von einer »Operation, die auch sehr schwer für mich war, mehr psychisch, aber dadurch auch physisch schwerer«. Eine Textvariante ihres in dieser Zeit entstandenen »Enigma«-Gedichtes, das sie Hans Werner Henze widmete, lässt eine Abtreibung vermuten:

Du sollst ja nicht
und wie ich, nicht leben,
sagt das Kind,
aber du sollst ja nicht weinen.[26]

Frisch selbst war zu einem radikalen Neuanfang entschlossen. Auf eine lange, noch gemeinsam mit Ingeborg Bachmann geplante USA-Reise sollte nun die junge Geliebte mitkommen. Als der Schweizer Schriftsteller nach langem Zögern die erkrankte Dichterin kurz vor seiner Abreise doch noch in der Klinik besuchte, war er, obwohl physisch anwesend, psychisch schon nicht mehr für sie erreichbar. Er stellte sich taub, hielt ihren Zustand für eine Scharade, einen letzten Versuch, ihn zur Umkehr zu bewegen. Zwei Menschen, die einander nah gewesen waren, standen sich nun hilflos, wie Fremde, gegenüber: »Man stirbt ja auch nicht wirklich an Krankheiten. Man stirbt an dem, was mit einem angerichtet wird.«[27] Doch ganz so kaltschnäuzig, wie er nach außen auftrat, kann ihm nicht zumute gewesen sein. In ihrem Zimmer registrierte er einen prachtvollen Strauß Rosen, fünfunddreißig an der Zahl. Bachmann deutete einen Verehrer an, einen Fremden, der ihr regelmäßig diese Blumen schicke. Er glaubte ihr sofort, er kannte es gar nicht anders. Monate später gestand sie ihm, sich diese Blumen selbst geschickt zu haben, um ihn noch einmal eifersüchtig zu machen. Frischs Tochter Ursula Priess erinnert sich daran, wie ihren Vater dieses letzte Einander-Verfehlen nie mehr losließ, wie er in seinen letzten Jahren unausweichlich immer wieder auf »Ingeborg« zu sprechen kam und die eigene Blindheit im Zürcher Krankenzimmer umkreiste.[28] Seinem Freund Peter von Matt erzählte Max Frisch kurz vor seinem Tod, dass er sich Nacht für Nacht bemühe, von Ingeborg zu träumen. Es ist ihm nie mehr gelungen.[29]

Im Frühjahr 1963 traf sich das einstige Liebespaar zu einer letzten Aussprache in einem römischen Café. Ingeborg Bachmann hatte in der Zürcher Wohnung Frischs Tagebuch der gemeinsamen Jahre entdeckt und es in ohnmächtigem Zorn verbrannt. Geholfen hat es ihr nicht. Die Erinnerung an diese Lektüre konnte sie nie mehr aus ihrem Gedächtnis tilgen. Sie konnte auch nicht verhindern, dass seine nun folgenden Veröffentlichungen wieder und wieder um ihre gemeinsamen Jahre kreisten: »Ein Mann hat eine Erfahrung gemacht, jetzt sucht er die Geschichte seiner Erfahrung.«[30] In dem zwei Jahre nach der Trennung veröffentlichten Roman *Mein Name sei Gantenbein* erzählte Frisch vom Zusammenleben seines Protagonisten mit einer großen Schauspielerin. Die Figur der Lila trägt so unübersehbar Züge von Ingeborg Bachmann, dass sie sich bloßgestellt fühlen musste. Dass er intimste Details ihres gemeinsamen Lebens so kurze Zeit nach der Trennung einer literarischen Öffentlichkeit preisgab, hat sie ihm nie verziehen. »Das Ende haben wir nicht gut bestanden, beide nicht.«[31]

Schon in der Titelerzählung ihres ersten Prosabandes, *Das dreißigste Jahr*, hatte Bachmann die Erfahrung ihrer Jugendjahre, »daß die Menschen sich an einem vergingen«, in suggestive Bilder gebannt und von der »ungeheuerlichen Kränkung« gesprochen, die das Leben für einen jeden bereithält.[32]

Die völlige Agonie aber, die sie nach der Trennung von Frisch befiel, hatte eine entschieden andere Dimension. Ihrem Freund Henze gegenüber, den sie um Beistand anflehte, versuchte sie zu erklären, was ihr doch selbst ein Rätsel war: »Aber ich hätte nie geglaubt, dass alles so schlecht für mich ausgehen würde [...]; vielleicht weil ich, vor vielen Jahren, wirklich etwas Dauerhaftes, ›Normales‹, begründen wollte, bisweilen gegen meine Lebensmöglichkeiten, immer wieder habe ich darauf bestanden, auch wenn ich von Zeit zu Zeit gespürt habe, dass die notwendige Transformation mein Gesetz verletzt oder mein Schicksal – ich weiss nicht, wie ich es ausdrücken soll. Vielleicht sind auch diese Erklärungen falsch – doch Tatsache ist, dass ich tödlich verletzt bin und dass diese Trennung die grösste Niederlage meines Lebens bedeutet«.[33]

12. Das »Königreich« des Schreibens gegen das »Schizoid der Welt«

Wiederholt hatte Ingeborg Bachmann erfahren müssen, dass die Kehrseite einer erfüllten Liebe Preisgabe und Verlassensein ist. Doch der ungeheure Abgrund, der durch die schmerzliche Trennung von ihrem Lebensgefährten Max Frisch aufgerissen wurde, ließ sich mit dem verständlichen Liebeskummer einer selbstständigen Frau, die um den Verlust ihres Partners trauerte, allein nicht erklären. Nicht nur ihre berechtigte Furcht vor der Verwertung ihres gemeinsamen Lebens als literarisches Material bedrückte sie. Da war etwas, »das weiter reichte« als das erfahrene »Unglück« einer ungewollten Trennung. Der dünne Firnis einer mühsam erworbenen Souveränität war dahin, das Zerwürfnis mit Frisch zerrte an den Grundfesten ihrer Persönlichkeit.

Die Erfahrung eines frühen und schockartig erfahrenen Verlassenseins hatte Ingeborg Bachmann wieder eingeholt. Schon einmal war sie aus einer lebensvollen Gemeinschaft herausgefallen und allein im räumlichen und seelischen Dunkel zurückgeblieben – diese Erfahrung ihrer Jugend wiederholte sich nun auf verhängnisvolle Weise. Der Trennungswunsch von Max Frisch kam für Ingeborg Bachmann völlig unerwartet. Das plötzliche Alleinsein zu einem Zeitpunkt, als sie die Jahre des Unbehaustseins endlich hinter sich glaubte, war ein tiefer Schock. Was einst Nazi-Terror und Krieg angerichtet hatten, wurde nun durch eine gewaltsam erfahrene Trennung ausgelöst. Dass dem privaten Leben eine Vernichtungserfahrung innewohnt, die soziohistorisch nur dem politisch motivierten Krieg zugeordnet ist, wurde zur Schlüsselerfahrung ihres Lebens, die sie unter dem Arbeitstitel *Todesarten* jahrelang schreibend zu bewältigen suchte. »Über den Krieg kann jeder etwas schreiben, und der Krieg ist immer schrecklich«, sagte sie nach der Veröffentlichung ihres *Malina*-Romans 1971. »Aber über den Frieden etwas zu schreiben, über das, was wir Frieden nennen, denn das ist der Krieg... Der Krieg, der wirkliche Krieg, ist nur die Explosion dieses Krieges, der der Frieden ist.«[1]

Das demütigende Gefühl, ausgerechnet von dem Mann allein zurückgelassen worden zu sein, dem sie bedingungslos vertraute, warf sie in die Ängste ihrer Jugend zurück. Aufgrund ihrer geistig wie emotional äußerst engen Vaterbindung hatte die kriegsbedingte jahrelange Trennung vom Vater zu den schmerzlichsten Erlebnissen ihrer Jugend gehört. Nun holte sie ein nur oberflächlich bewältigtes Trauma wieder ein. Es darf auch nicht vergessen werden, dass der Schockerfahrung mit Frisch ein zermürbendes und kräftezehrendes Ringen um Celan vorausgegangen war, ein unendliches Bemühen um Freundschaft und Verständigung, das sie kaum mehr als ein halbes Jahr vor der Trennung von Frisch unwiderruflich hatte aufgeben müssen. Letztendlich hatte keine ihrer großen Lieben ihrer eigenen Unbedingtheit standgehalten. Mit Mitte dreißig sah sie sich vom Olymp der schönsten Hoffnungen in die Hölle der Verlassenheit gestürzt, eine Erfahrung, die vielen Menschen zuteil wird. Doch nur wenige dürften so bedingungslos gekämpft und in einer so maßlosen Verausgabung ihrer Energie ihre Lebensziele verfolgt haben wie sie. Nach dem Bruch mit Frisch fühlte sie sich aller Kräfte beraubt.

Die vernichtende Erfahrung, ausgerechnet von einem so wichtigen Lebensmenschen einem zerstörerischen Verhängnis preisgegeben worden zu sein, löste einen neuerlichen Schock aus, der tiefgreifende Konsequenzen für ihr Schreiben zeigen würde. So wie der Kriegsschauplatz ihrer Jugend ihr privates Familienerleben auf den Kopf gestellt hatte, so bescherte ihr die private Katastrophe einen psychischen Kriegszustand, der ihren Körper malträtierte und sie mitten im friedlichen Nachkriegseuropa zur seelischen Kriegserklärung zwang. Als sie in ihrer Jugend durch Nazi-Terror und Krieg in Todesangst und Einsamkeit geriet, war sie fähig und willens gewesen, mit ihrer Sprache ein neues Lebensfundament zu begründen. Nun passierte das Gegenteil. Die Schriftstellerin Bachmann fühlte sich vollständig gelähmt. Zwischen 1962 und 1964 war sie fast unablässig krank, veröffentlichte keinen einzigen Text und gab vor, auch nichts für die Schublade geschrieben zu haben: »Es gibt kein Gedicht, kein Krümel Prosa, einfach nichts.«[2] Doch so ganz stimmte das nicht. Noch vom Krankenbett aus schrieb sie Gedichte, in denen sie manisch und verzweifelt ihre persönliche Vernichtungserfahrung umkreiste. Nein, sie lieferte »Keine Delikatessen«[3] mehr, das blanke Entsetzen war an die Stelle der kunstvollen Komposition getreten, Verstörung und Auslöschung wurden nun unverstellt zur Sprache gebracht:

Meine Gedichte sind mir abhanden gekommen.
Ich suche sie in allen Zimmerwinkeln.
Weiß vor Schmerz nicht, wie man einen Schmerz
aufschreibt, weiß überhaupt nichts mehr.[4]

Es sind Gespenstergedichte, Gedichte, die um Verlorenes kreisen und den Schrecken in schmerzerfüllten Bildern zu bannen suchen: »Die Drogen, die Worte«, die ungeborenen »Julikinder«, die »Gnade Morphium, aber nicht die Gnade eines Briefs«, die »Besucher [...] verdammt, im Besuchersessel«, wie sie »angestrengt auf die Uhr blickend vor dem Spucknapf und hellem Lack« ihren alten Witz bemühen. Unter einem sprachlosen Himmel wird ein ganzer Reigen von *Todesarten* entworfen, gegen den ihr lyrisches Ich anschreit, anfleht oder im

Drogenrausch halluziniert, um alle einmal aufgerufenen moralischen Kategorien wie Gut und Böse, Wahrheit und Lüge, Recht und Unrecht endgültig in die Luft zu sprengen:[5]

> Oft habe ich gedacht, wenn der Haß
> stärker war und wenn ich springen
> wollte, von der obersten Terrasse,
> dich dorthin zu rufen, wo Verzeihung
> und Gericht sein könnte.[6]

Diese Gedichte, die zu Lebzeiten nicht veröffentlicht wurden, bezeichnen den entscheidenden Umschlagpunkt ihres Schreibens. In dem traumatisierten Ich schlummert ein Sprengsatz, der die Welt in Stücke reißen will. Das Gedicht wird zum fragmentierten Torso, in dem Erinnerungsbilder, Metaphern und Topografien nur noch schockartig beleuchtet sind, aber nicht mehr zu einem kompositorischen Ganzen finden können. Ein Bildersturm, der die Galerie präsentabler Sprachkunst mit seismografischer Präzision zerschlägt. Die Tür zu einer aufregend anderen Wirklichkeitserfahrung, die Bachmann bereits in ihrem Erzählband *Das dreißigste Jahr* geöffnet hatte, radikalisierte sich erneut. Nicht nur ihr lyrisches Sprechen, auch ihr Erzählen würde nie mehr hinter diese Erfahrung zurückgehen können.

Neben der überwältigenden Not in ihren lyrischen Entwürfen gab es nach der Trennung von Frisch noch etwas anderes, auf das sie zutrieb, einen imaginären Schreibort, der die einzelnen Bilder, psychischen Zustände und aufblitzenden Figuren wie ein unterirdisches Wasser miteinander verband und sie in einzelnen Tonfolgen, Rhythmen und Klängen heraufbeschwor. Tief vertraut und völlig neu galt es dieses Traumbild nun anders zu begreifen und als einen psychischen Topos neu zu fassen: Bachmanns österreichische Heimat. Wien. Kärnten, das Kindheitsland. In ihrer kriegsversehrten Jugend war ihr Wien als Sehnsuchtsort erschienen. In Wien fand sie zu ihrer persönlichen Selbstständigkeit, in Wien hatte ihre Professionalisierung als Schriftstellerin begonnen. Verwaist im ungeliebten Zürich, dem Verrat ihres römischen Lebens hilflos ausgeliefert, wurde Wien für Ingeborg Bachmann zum Fluchtort ihrer literarischen Imagination. Vertraut und fern zugleich, angefüllt mit wegweisenden Erfahrungen ihrer frühen Erwachsenenjahre und doch weit entfernt von den beschämenden Alltagsfolgen einer traumatisch erlittenen Trennung, kehrte Ingeborg Bachmann mit ihrem Schreiben endgültig in die Stadt ihrer Jugend zurück. Wenn sie auch ihrem realen Leben keine dauerhafte Behausung zu geben vermochte, aus dem »Königreich« ihres Schreibens konnte sie keiner vertreiben. Über »dem Stadtplan von Wien liegend«[7], entwarf Ingeborg Bachmann in jenem verzweifelten August 1962 die ersten Koordinaten eines erzählerischen Projektes, das die letzten zehn Jahre ihres Lebens beherrschen sollte und von dessen mehreren tausend Manuskriptseiten einzig der Roman *Malina* veröffentlicht werden konnte. Mit ihren in Zürich entstandenen Skizzen schuf sie den Nukleus ihres ersten *Todesarten*-Romans um Eugen Tobai, Fanny Goldmann, Toni Marek und Karin Krause, der ihr früheres, noch auf die 50er-Jahre zurückgehendes Romanprojekt ablöste und ab 1963 das Zentrum ihrer literarischen Arbeit bildete.

Ihrem damaligen Verleger Klaus Piper schrieb Ingeborg Bachmann am 7. August 1962, dass sie versuchen wolle, »eine neue Arbeit« anzufangen. Der Plan stand, doch die Kraft dazu ließ auf sich warten. Auch wenn ihr Freunde wie Hans Werner Henze oder Inge Feltrinelli, die sie nach der Trennung auf Wochen in ihre Villa am Comer See einlud, zu helfen versuchten, ihre Lebensenergie kam nicht zurück.[8] Erst im Sommer 1964 fühlte sie sich so weit wiederhergestellt, um sich der intensiven Arbeit an ihrem *Todesarten*-Zyklus widmen zu können. Zur Jahreswende 1962/63 wusste Ingeborg Bachmann nicht, wie es weitergehen sollte, den ursprünglich für Dezember geplanten Auszug hatte sie aufgeschoben. Die ehemals gemeinsame Wohnung in Uetikon war ihr zu einem seelischen Gefängnis geworden, aus dem sie mit eigener Kraft nicht mehr herausfand; der viel gerühmte Seeblick schien ihr zur Kulisse erstarrt, die ihrer eigenen Situation spottete.[9] Manchmal verfiel sie tagelang in Agonie und war für niemanden erreichbar. Doch das Zürcher Domizil gehörte Max Frisch, auf Dauer wollte und konnte sie da nicht wohnen. Wieder einmal war sie ohne Bleibe. Stärker als in den Wanderjahren ihrer Jugend schmerzte sie nun das Gefühl, »kein Dach mehr über dem Kopf«[10] zu haben. Ein neuer Lebensmittelpunkt musste gefunden werden, und die durch Freunde initiierte Einladung der amerikanischen Ford Foundation, für ein Jahr als Stipendiatin nach Berlin überzusiedeln, erwies sich als Lichtblick in einer tiefen persönlichen Misere. Doch zu einem raschen Aufbruch fehlte ihr die Kraft, und so ließ sich Bachmann zur Jahreswende 1962/63 erneut in die Zürcher Bircher-Benner-Klinik einweisen, kurz darauf folgten Krankenhausaufenthalte in Baden-Baden und Berlin. In diesen Monaten wurde der Preis sichtbar, den Bachmann für ihr Festhalten am Zusammenleben dieser beiden so unterschiedlichen Schriftstellerpersönlichkeiten bezahlt hatte ihr körperlicher und seelischer Zustand war beängstigend. Zu einem in Bachmanns Generation nicht ungewöhnlichen sorglosen Umgang mit Schlaf- und Aufputschmitteln hatte sich eine Alkoholabhängigkeit eingestellt, von der sie sich in zahlreichen vergeblichen Anläufen zu befreien suchte.

Mit letzter Kraft versuchte sie sich in alter Strahlkraft zu inszenieren und nahm am 20. März 1963 im seidenen Abendkleid und mit ausladender Pelzstola an der Zürcher Uraufführung von Friedrich Dürrenmatts Drama *Herkules und der Stall des Augias* teil. Bei der anschließenden Premierenfeier in der Zürcher Kronenhalle wurden Bilder gemacht, die ihren Zustand festhalten: Statt Glanz und Schönheit sehen wir ein von Schlaflosigkeit, Tabletten- und Alkoholmissbrauch aufgedunsenes Gesicht, den Blick ins Nirgendwo gerichtet.

Als Bachmann im April 1963 endlich ihr einjähriges Arbeitsstipendium der Ford Foundation antreten konnte, bezog sie zunächst ein kleines Gästeappartement in der Akademie der Künste in Berlin-Tiergarten. Die Unterkunft war ein Provisorium, doch mehr als die räumliche Enge machte ihr die Einsamkeit zu schaffen. Herausgerissen aus allen selbst geschaffenen Lebensbezügen, fühlte sie sich wie nie zuvor verloren und exiliert. Schon seit Jahren war sie eine aufmerksame Beobachterin der politischen Entwicklung in Deutschland gewesen und hatte, wann immer ihr es nötig schien, ihre Stimme erhoben oder Petitionen unterzeichnet. Unfreiwillig in Deutschland ansässig geworden, verschärfte sich ihr Blick erneut. Mit seismografischer Genauigkeit nahm sie die politische und soziale Realität der geteilten ehemaligen Hauptstadt auf. Alte Kriegswunden und neue Grenzziehungen hatten in Berlin wie in keiner anderen europäischen Stadt die Herrschaft über das Alltagsleben der Bewohner gewonnen. Nicht die schnellstmögliche Glättung der Fassaden dominierte hier die Bemühungen des Wiederaufbaus, pragmatisch und lakonisch versuchten die Menschen vielmehr, sich in ihrem Leben zwischen den Ruinen und schmucklosen Neubauten einzurichten. Berlin war das Symbol der europäischen Teilung in West und Ost, es war der Zankapfel des Kalten Krieges, der sich bei Bachmanns Ankunft auf dem Höhepunkt befand. So sehr Berlin seinem vernarbten Antlitz jede Camouflage verweigerte, so wenig war Bachmann zu diesem Zeitpunkt imstande, ihre öffentlichkeitswirksame Rolle als strahlende Poetin weiterzuspielen. In ihrer Wahrnehmung verknüpfte sie den zerstörten Corpus der alten europäischen Metropole mit ihrem eigenen körperlichen Versehrtsein zu einer verwüsteten Topografie, deren malträtierter Körper auf eine zurückliegende Schreckensgeschichte verwies: »Teilung: das ist ein anderes Wort, es nimmt vieles ab, das Denken nicht zuletzt. Es hört sich an nach: Operation, postoperative Schmerzen nicht ausgeschlossen, letaler Ausgang selten.«[11]

Ingeborg Bachmann fühlte sich zutiefst verwundet, ihrem persönlichen Leben war die Existenzgrundlage entzogen worden. Sie scheute öffentliche Auftritte und suchte Halt bei ausgewählten Vertrauten und Weggefährten der *Gruppe 47* wie Uwe Johnson, Günter Grass, Walter Höllerer, Reinhard Lettau und Hans Werner Richter. Einer der wenigen Fremden, auf die sie neugierig wurde, war ein Mitstipendiat, der zweiundzwanzig Jahre ältere, gleichermaßen exiliert lebende polnische Autor Witold Gombrowicz, dem sie in einem unveröffentlichten berührenden Essay ein literarisches Andenken bewahrte.[12] Ihre Erinnerung an ihn als einen »der wenigen diskreten Menschen, die ich in meinem Leben getroffen habe«, bedeutete höchstes Lob.[13] Nach Hitlers Einmarsch in Polen war der ausgebildete Jurist 1939 nach Argentinien geflohen, und doch zog es ihn nach dem Krieg immer wieder auf den alten Kontinent zurück. Er liebte Frankreich, wo seine psychoanalytisch inspirierte und mitunter grotesk-fantastische Prosa besonderen Anklang fand. Seine Heimatlosigkeit, die ihn zum »einsamsten Menschen« machte, erinnerte sie an Paul Celan. Sie registrierte sofort, »dass meinen Berliner Freunden dieser Mann, der ein Gespräch suchte, das sie nicht führen konnten und wollten, völlig absurd« erschien – auch das ein Déjà-vu zu Celans Außenseitertum in der literarischen Nachkriegsszene. So wie sie einst Paul Celan mit der ihr eigenen Entschlossenheit in die *Gruppe 47* integrieren wollte, versuchte sie nun auch, Gombrowicz in den Niederungen des Berliner Alltages beizustehen: »Ich erinnere mich, daß wir durch die uns beiden so fremden Straßen von Berlin gingen und oft lachten und riefen: Voyez, il y a quelqu'un, denn die Straßen waren so unendlich leer, jedenfalls für uns.« In der gegenseitigen Verzweiflung erkannten sie einander, manchmal konnten sie auch darüber lachen: »am Ende sagte er, wir, Sie und ich und die andren, wir werden hier einen kollektiven Selbstmord begehen, und den wird die arme Ford Foundation auch noch bezahlen müssen.«[14]

Trotz der unerwarteten Nähe zu Gombrowicz hielt es Bachmann in ihrem Zimmer in der Akademie nicht lange aus. Sie suchte und fand bald eine größere Bleibe in der Königsallee 35 in Berlin-Grunewald. Noch heute ist es ein wenig einnehmender Ort, ein eher abweisendes Gebäude, in dem Ingeborg Bachmann eine Wohnung fand, die sie mit Unterbrechungen bis 1965 bewohnen sollte. Hinter der vornehm anmutenden Adresse verbarg sich ein mehrstöckiger, merkwürdig verschachtelter und verwinkelter Bau, zu dem es mehrere Hauseingänge gab. Mit der Großzügigkeit der benachbarten Villen hatte dieses Haus nichts gemein, düster und abweisend steht es auch heute noch da, ein Fremdkörper in einer großbürgerlichen Gegend.

An das nahe am Berliner Königssee gelegene Domizil der Schwester erinnert sich auch Isolde Moser, die Ausflüge in kleine Gaststätten, die von der nahe gelegenen Bushaltestelle »Hasensprung« aus unternommen wurden, stehen ihr auch heute noch lebhaft vor Augen. Wie fremd sich ihre Schwester in Berlin fühlte, ist auch Isolde nicht entgangen. Mit ihrer aggressiven Direktheit waren die Berliner eine eigene Spezies, kein Wiener Schmäh ummantelte das Elend, und von der römischen Grandezza in der Bewältigung der alltäglichen Misere zeigten sich die Bewohner der Stadt gleichermaßen weit entfernt. Der ernüchternde Berliner Alltag rief Ingeborg Bachmann das Scheitern ihres geliebten römischen Lebens umso schmerzlicher vor Augen. »Ihr Alleinsein fiel auf in dieser Stadt«, erinnerte sich Uwe Johnson, und Walter Höllerer, der Leiter des »Literarischen Kolloquiums« am Wannsee, resümierte: »Es war eine schlechte Zeit für Ingeborg Bachmann.«[15]

Doch trotz ihres angegriffenen Gesamtzustandes setzte sich

Bachmann wiederholt und engagiert mit der restaurativen politischen Lage der letzten Adenauer-Jahre auseinander. Bereits 1958 war sie dem »Komitee gegen die Atomrüstung« beigetreten, hatte 1961 einen offenen Brief gegen den Algerienkrieg unterzeichnet und reichte nun im intellektuellenfeindlichen Klima der *Spiegel*-Affäre gemeinsam mit Günter Grass und Uwe Johnson Klage beim Berliner Landgericht ein, um gegen eine Äußerung des CDU-Generalsekretärs Josef Hermann Dufhues zu protestieren, der die *Gruppe 47* als »Reichsschrifttumskammer« bezeichnet hatte. Auch in den Folgejahren blieb sie eine aufmerksame politische Beobachterin, die sich 1965 kompromisslos gegen die Verjährung von Nazi-Verbrechen aussprach und eine Erklärung gegen den Vietnamkrieg unterzeichnete. Ihr kritisches Engagement gipfelte in ihrer gemeinsam mit Günter Grass und Hans Werner Henze öffentlich reklamierten Unterstützung für Willy Brandt und ihrer Teilnahme an einer Wahlkampfveranstaltung für den SPD-Kanzlerkandidaten 1965 in Bayreuth.

Noch in ihrem ersten Berliner Jahr nahm Bachmann trotz aller persönlichen Schwierigkeiten ihre rege Reisetätigkeit wieder auf. Vor ihrem Umzug in die Königsallee reiste sie Mitte April gemeinsam mit Uwe Johnson und dem Suhrkamp-Übersetzer und -Lektor Walter Boehlich nach Paris, um an einer Tagung für die geplante europäische Kulturzeitschrift *Gulliver* teilzunehmen, an der sich von französischer Seite Gallimard, von italienischer Seite Einaudi und von deutscher Seite zuerst S. Fischer und später Suhrkamp beteiligen wollten. Dem Projekt war allerdings kein Erfolg beschieden. Im Juni 1963 reiste Ingeborg Bachmann zu ihrer Familie nach Kärnten, doch bald darauf zwang sie ihr labiler Gesundheitszustand zu einem erneuten Klinikaufenthalt. Im Juli und August verbrachte sie mehrere Wochen in der Martin-Luther-Klinik in Berlin-Grunewald. Dabei kam es nach Auskunft der Familie zu einer verhängnisvollen Fehlbehandlung, in deren Folge die

Medikamentenabhängigkeit Bachmanns sich dramatisch verschärfte und zu einer weiteren Zerrüttung ihrer angegriffenen Gesundheit führte.

Im Krankenhaus hatte sich Bachmann ein Treffen mit Siegfried Unseld gewünscht und Uwe Johnson um Vermittlung gebeten. Doch der Suhrkamp-Verleger zögerte. Die Wunden, die die Trennung der beiden Starautoren geschlagen hatte, waren auf beiden Seiten noch nicht verheilt, und Unseld fürchtete zwischen die Fronten zu geraten. Obwohl ihn seit ihrer gemeinsamen Amerikareise eine wirkliche Freundschaft mit Bachmann verband, sollte er auch die folgenden Jahre mit äußerster Vorsicht agieren, wenn es um private Treffen mit Bachmann oder mit dem von ihm gleichfalls verehrten Frisch ging. Noch 1971, als sich Frisch und Unseld im Juli trafen, zeigte sich der Verleger äußerst besorgt, dass Bachmann davon erfahren könnte.¹⁶ Dabei war sich Unseld Bachmanns desaströser Lage nur zu bewusst. An Uwe Johnson schrieb er im Sommer 1963: »Die Lage von Ingeborg ist zutiefst bedauerlich. Helfen kann ihr niemand, das weiß ich aus Erfahrung mit ihren Krankheiten, es sei denn, ein Mann, ein vermöglicher, nimmt sich ihrer an, und mit vermöglich meine ich nicht nur Materielles, sondern einen Mann mit viel Zeit, die er ihr opfern kann.«¹⁷

In der zweiten Hälfte des Jahres 1963 rückte das am Zürichsee bereits erwogene, dann kraftlos liegen gelassene und nun wiederaufgenommene neue Romanprojekt in den Mittelpunkt ihrer literarischen Anstrengungen. Seit den 50er-Jahren hatte es immer wieder Romanpläne gegeben, und der Verleger Klaus Piper hatte über die Jahre hin immer wieder brieflich und persönlich versucht, einen Einblick in den Stand ihres Romanvorhabens zu gewinnen. Vom 21. bis 23. Oktober hielt sich Bachmann zu einem Treffen mit Piper in München auf. Bei diesen Gesprächen wurden auch die Möglichkeit eines neuen Gedichtbandes erörtert und die Entwürfe aus der Zeit der Trennung von Max Frisch gesichtet. Die Radikalität der Texte wie auch ihr größtenteils kompositorisch unausgereifter Charakter ließen Klaus Piper wie auch seinen Lektor Otto F. Best von der Idee einer Veröffentlichung Abstand nehmen.[18] Die Öffentlichkeit erfuhr von dieser Entscheidung nichts – im Gegenteil. Bereits im Januar hatte Bachmann ihre Leser in einem Interview mit dem befreundeten Kollegen Kuno Raeber sehr bewusst auf eine falsche Fährte gesetzt und erklärt: »Ich habe aufgehört, Gedichte zu schreiben, als mir der Verdacht kam, ich ›könne‹ jetzt Gedichte schreiben, auch wenn der Zwang, welche zu schreiben, ausbliebe.«[19]

Das Gegenteil war wahr. Niemals hatte sie mit mehr Not und Verzweiflung lyrische Texte verfasst als in den unmittelbar zurückliegenden Monaten, doch die Öffentlichkeit sollte glauben, dass eine Dichterin auf der Höhe des Ruhms einen souveränen Genrewechsel vollzog. Wieder einmal ließ sie sich nicht in die Karten blicken und versuchte trotz der inzwischen bekannt gewordenen Trennung von Frisch die Hoheit über ihr Bild in der Öffentlichkeit zu behalten.

Auch das Ent- und Verwerfen von Romanfiguren und erzählerischen Konstellationen erwies sich in ihrer damaligen Lebenssituation als besonders schwierig. In Bachmanns Prosa stehen die Figuren nie nur für sich, immer symbolisieren sie auch einen sozialen, kulturellen und psychischen Typus, dessen Welthaltung über sein Einzelschicksal hinausweist. Die existenzielle Repräsentanz, die Ingeborg Bachmann ihren Figuren auferlegte, setzte ihr Schreiben von Jugend an unter einen enormen Druck und forderte ihrer schriftstellerischen Arbeit stets auch eine reflektierende kompositorische Erzähltechnik ab. Das Drama mit Frisch hatte der Autorin vor Augen geführt, dass die schmerzlichen Erlebnisse einer ungewollt erlittenen Trennung in ihrem traumatischen Gewaltpotenzial den historischen Gewalterfahrungen in nichts nachstehen – dies wollte sie aufgreifen. Das von ihr in den 60er-Jahren schreibend umkreiste Romanprojekt *Todesarten* sollte nun genau das darstellen. In unzähligen Manuskriptvarianten und Textfassungen entwarf sie von nun an Möglichkeiten des Zu-Tode-Kommens durch zerstörerische Nähe. Der menschliche Kriegsschauplatz des scheinbar Privaten zielte ins Herz einer bürgerlichen Nachkriegsgesellschaft, die sich auf ihre Befriedung so viel zugute hielt und die die Dämonie ihrer Entstehung an die Ränder einer lauthals postulierten Gemütlichkeit verbannen wollte.

Wie schwer es Bachmann tatsächlich fiel, das Trauma einer auseinanderbrechenden Lebens- und Spracherfahrung erzählerisch zu fassen, belegen ihre auf diese Entstehungszeiträume zu datierenden Manuskripte aus dem Nachlass.[20] In diesen Entwürfen zeigt sich auch, dass ihre 1964 in Darmstadt gehaltene Büchner-Preis-Rede »Ein Ort für Zufälle« nicht einem zufälligen Schreibimpuls entsprang, sondern sich in einzelnen, mitunter eruptiv hervorbrechenden Schreibschüben lange vorbereitet hatte.

Verhaftet diese Wörter, geheime Wortpolizei, verhaftet sie, die nichts mehr heißen sollen und wollen und als und wenn dann. Ich sage Leidenschaft. Ich sage Gerechtigkeit, oder die Blätter sollen abwirbeln in den Orkus, und die Maschine, auf der dies abgetippt, herausgetippt wird, soll in die Luft fliegen, ich fürchte mich vor dem Buch, ich fürchte die Leidenschaft, die mich tagauf tagab bewegt, ich halte mich für krank, ich bin krank vor Leidenschaft und vor Verlangen nach Gerechtigkeit, ich bin im Wahn, ich bin der Wahn, ich will ihn ausdrücken [...].[21]

So ungefiltert und beängstigend nah, wie diese Texte ihren psychischen Zustand widerspiegeln, so schwer fiel ihr auch die Transformation in ein Erzählen, das das unmittelbare Erleben abstreifen, das unverkennbar Biografische in die Komposition einer »geistigen, imaginären Autobiographie«[22] verwandeln sollte. Nichts lag ihr ferner als »nach dem Leben schreiben«, wie es Frisch so unbekümmert praktizierte. Diese Haltung sollte ihr ein jahrelanges Ringen um die richtige Form abverlangen. 1963 steckte sie in einem unlösbaren Dilemma. Sie wollte einen Roman schreiben und verabscheute doch die Auswahl eines »Helden«, wehrte sich gegen die Vorstellung von einer »Hauptperson«, ja, sie konnte sich zu diesem Zeitpunkt noch nicht einmal eine »mithandelnde«, eine »mitdenkende« Person vorstellen, »nicht einmal der Embryo zu einem Helden« ließ sich fassen, das Schreiben selbst war ihr zu einem anarchischen Zustand geworden, der ihren Körper zum Kriegsschauplatz ausgewählt hatte: »Womit begann es eigentlich. Es begann wahrscheinlich nicht, sondern es lauerte in ihm, es brach auf, es brach aus, es lauerte wieder, es stampfte durch seinen Körper und durch sein Hirn, durch seine Blutbahnen, es stampfte gemächlich, es legte sich nieder, es lauerte, es stand auf. Es war nichts, könnte man sagen. Es war doch etwas.«[23]

Nach den schwierigen Anfangsmonaten in Berlin wollte Bachmann im Herbst 1963 wieder nach Rom reisen, um ihre alten Freunde wiederzusehen. Aus Hans Werner Henze war längst ein erfolgreicher Komponist und Weltbürger geworden, der zwar beständig zwischen den Metropolen der Alten und Neuen Welt hin und her pendelte, sein italienisches Leben aber gleichwohl vermisste. Seine Wohnung in Neapel hatte er aufgelöst und zur gleichen Zeit wie Bachmann und Frisch nach einem römischen Domizil Ausschau gehalten. Doch als er 1960 eine Wohnung in Rom bezog, kam es nur selten zu gemeinsamen Treffen, aus einfachem Grund: Henze konnte Frisch nicht ausstehen. Eifersucht war auch hier im Spiel, ganz sicher von beiden Seiten. Frisch reagierte wie üblich mit provokanter Gleichgültigkeit, Henze wurmte die ostentative Geringschätzung. Er rächte sich, indem er vergiftete Sottisen gegen Frisch im Freundeskreis streute und seine Lebenserinnerungen mit scharfzüngig kommentierten Frisch-Episoden würzte. Mehr als zwei Jahrzehnte nach Bachmanns und viele Jahre nach Frischs Tod holte er noch 1996 zu einem selbst erklärenden Rundumschlag aus, der über den Schmähenden mindestens so viel preisgab wie über den Geschmähten: »Ich fand, dass dieser Schweizer kaum den richtigen Partner abgab für eine so elegante und elfenhafte Erscheinung wie Frau Dr. Bachmann [...]. Ich erlebte ihn als einen rechten Widerling, der sich dann auch noch erlaubt hat, meine geliebte Freundin mit einer Jüngeren zu hintergehen. Immerfort musste er der Welt beweisen, dass er der Don Juan Nummer eins ist – ein Beweis, der einfach nicht gelingen wollte.«[24]

Nach der für Bachmann so bitteren Trennung war Henze sofort zur Stelle. Er hoffte, die von ihm innig verehrte Freundin durch gemeinsame Arbeit wieder zu ihrem alten Elan zurückzuführen. Zu diesem Zeitpunkt hatte er sich in den Kopf gesetzt, eine *Opera buffa*, eine komische Oper, zu komponieren, und Bachmann schon Monate vorher um die Bearbeitung von Shakespeares *Verlorener Liebesmüh* gebeten. Vergebens: »Wir verbrachten gemeinsam einen wenig fröhlichen Abend. Platzende Projekte ringsum. Es war der rechte Auftakt, um eine Elegie zu schreiben.« Statt des Shakespeare-Textes schlug ihm Bachmann eine Bearbeitung von Wilhelm Hauffs Parabel *Der junge Lord* vor. Henze war sofort begeistert. Das neue Ziel euphorisierte ihn, der gemeinsame Weg dorthin musste allerdings erst gefunden werden. Da der Komponist die Schwierigkeiten seiner Dichterin bei der Einhaltung von Abgabeterminen kannte, befürchtete er angesichts ihres angeschlagenen Zustands das Schlimmste. Zu oft hatte er ohnmächtig mit ansehen müssen, wie fest terminierte gemeinsame Projekte auf Monate oder Jahre hin verschoben wurden – das sollte ihm diesmal nicht passieren:

Dagegen half nur rohe Gewalt: ich nahm Ingeborg Bachmann mit in mein Haus bei Rom, sperrte sie dort in einem Zimmer ein, zog den Schlüssel ab und ließ die Gefangene nur frei (und zu Tisch gehen), wenn sie ihr Tagespensum abgeliefert hatte. Ausbrüche zu den römischen Couturiers wurden verhindert, sogar einen Anfall von Zahnschmerz sah ich nur als ›Flucht in die Krankheit‹ an, brachte die Gefangene zwar zum Zahnarzt, überwachte aber die Behandlung, die auf meine Anordnung sogleich begonnen und abgeschlossen werden mußte. Sofort schloß sich wieder die Tür hinter meiner Dichterin – und sechs Wochen später war das Libretto fertig. Es erfuhr später nur einige kleine Umarbeitungen und Bereicherungen.[25]

Anfang des Jahres 1964 schien sich Bachmanns angegriffener Gesundheitszustand etwas zu stabilisieren, das Gefühl der seelischen Lähmung war überwunden. Auch ihre Berliner Freunde, allen voran Uwe Johnson und Hans Werner Richter, registrierten so etwas wie eine Aufbruchsstimmung. Bachmann hatte sich entschlossen, etwas für ihre Gesundheit zu tun, und steckte die beiden Freunde mit ihren Plänen an. Gemeinsam gründete man einen »Radfahrerclub« und ließ sich auch von dem im Februar und März gelegentlich noch auftretenden Schneefall nicht davon abbringen, ein- oder zweimal in der Woche durch den nahen Grunewald zu streifen.[26] Offizielle Verschnaufpausen, etwa in Ausflugslokale, waren verpönt, doch immer wenn Bachmanns Atem etwas zu schnell ging, stieg Johnson sofort vom Fahrrad ab und beanspruchte eine Pause – für sich. Hans Werner Richter hatte seine beiden Schäfchen gut im Blick und wusste sie zu nehmen. Er beschrieb Johnson als »in einer seltsamen Art gegenüber Ingeborg galant, es war nach meiner Ansicht eine pommersche Galanterie, nicht gleich für jeden sichtbar, mehr versteckt als offen«[27]. Auch ihm war nicht verborgen geblieben, dass es ihr in Berlin nicht sonderlich gut ging, ein Umstand, den er auch ihrer Herkunft zuschrieb: »Sie litt in Berlin, meistens fror sie, alles war ihr zu kalt, zu nüchtern, zu sehr ohne Leben wie sie es sich wünschte.«

Ein hin und wieder aufflammender Kopfschmerz begleitete ihre Unternehmungen, doch sie bemühte sich nach Kräften, sich von ihrer Schwäche nicht unterkriegen zu lassen. Auf dem Rad, in diesen Stunden im Grunewald, schien sie den Freunden fest entschlossen, alles Bedrückende hinter sich zu lassen, war »fröhlich, ausgelassen und sprang auf ihr Fahrrad wie ein junges Mädchen, fast sportlich, ohne die sonst allgegenwärtigen ›Ermüdungserscheinungen‹«.[28] Das Fahrradfahren war ein erster Schritt. Doch um sie dem Leben wirklich zurückzugeben, musste schon anderes geschehen. Etwas Überwältigendes, das imstande war, sie aus der Lethargie des zurückliegenden Jahres herauszureißen.

Im tiefsten Berliner Winter, am 5. Januar 1964, hatte sich ein junger österreichischer Autor, Adolf Opel, zum Tee bei »Frau Dr. Bachmann« in der Königsallee angesagt. Das Treffen war über den Geschäftsführer der »Österreichischen Gesellschaft für Literatur« initiiert worden. Dass es dann aber wirklich zustande kam, verdankte sich einer merkwürdigen Verkettung von Zufällen. Zu diesem Zeitpunkt eilte ihr ein verstörender Ruf voraus, ihre schwierige persönliche Lage hatte sich in der literarischen Szene längst herumgesprochen. Als Opel dann vor ihr stand, war er überrascht. Die Frau, die er antraf, war weitaus »jünger, eleganter, auch hübscher« als gedacht, unvermutet fand er sich in ein anregendes Teegeplauder verwickelt: »die Wohnung in bevorzugter Lage, mit Biedermeier-Möbeln und schön anzuschauenden Gegenständen in der Vitrine, suggeriert Wohnlichkeit, abgesicherte Existenz in Gediegenem; hier müsste es sich gut arbeiten lassen, hier sollte es einem an nichts fehlen, was den Alltag erträglich machen kann.« Auch Bachmann war wohl angenehm überrascht, dass ihr da ein junger und überaus attraktiver Mann so ins Haus schneite, ein Bewunderer obendrein. Er erzählte ihr von einer für die folgende Woche geplanten Pragreise, ermuntert von ihrer Aufmerksamkeit erwähnte er weitere Reisepläne, sprach von Ägypten, der Wüste, dem Roten Meer. Unbeschwerte Reisepläne, hinter denen sich die Abenteuerlust eines jungen Mannes verbarg, der die Kontakte und Freundschaften jener Jahre zu nutzen verstand. Opel spürte, dass er da etwas entfacht hatte, er traute sich was. Fragte »wie aus dem Nichts heraus«, ob sie nicht mitkommen wollte – »nach Prag und Ägypten«. Das Unglaubliche trat ein. Sie sagte Ja. Als er wegen einer Theatereinladung aufbrechen musste, schien die Situation zu kippen. Doch die Dichterin blieb cool, ja, sie zeigte sich amüsiert von seiner Verlegenheit – und forderte ihn auf, am nächsten Tag wiederzukommen.[29]

Als der junge Mann keine vierundzwanzig Stunden später wieder vor ihr stand, blieb es nicht bei Tee und Gebäck. Sie wurden ein Paar, doch nun war sie es, die die Regeln bestimmte. Sie bestand auf dem »Sie«, wechselte in sehr persönlichen Momenten in die französische Sprache und erteilte dem jungen Mann Lektionen, die ihm helfen sollten, die für sie lebensnotwendige Disziplin im Wechselspiel von Nähe und Distanz aufrechtzuerhalten. Bei einer abendlichen Party im Haus des brasilianischen Konsuls in Berlin-Zehlendorf lernte der überwältigte junge Mann die mondäne Seite Bachmanns kennen. Elegantes Cocktailkleid, großes Make-up, Small Talk in verschiedenen Sprachen, Samba und Bossa Nova auf dem Tanzparkett – all das machte ihr sichtlich Spaß. Überrascht beobachtete er diese unbeschwerten Momente, in der sie einen kosmopolitischen Lifestyle zu inszenieren und zu genießen wusste. Wiederholt musste der Nichtraucher der manischen Kettenraucherin Feuer geben – da passierte es: Durch sein Ungeschick fiel eine brennende Kerze auf ihren Schoß, das Abendkleid war ruiniert, was ihr nicht viel auszumachen schien. Etwas anderes hatte ihre Aufmerksamkeit erregt, etwas, was er in diesem Moment nicht zu deuten wusste, was er sehr viel später erst als »Stimulans« eines körperlichen Schmerzes decouvrieren konnte.[30] Was er kaum für möglich gehalten hatte, geschah: Sie wollte ihn nach Prag begleiten. Am 15. Januar, genau zehn Tage nach ihrer ersten Begegnung, brachen sie auf. Ein in jeder Hinsicht überstürztes Unternehmen. Berlin war im Schnee versunken, als sich Bachmann hinter das Steuer ihres Volkswagens setzte. Vor Nervosität unablässig redend, die Brille pausenlos auf- und absetzend, blinzelte Bachmann verzweifelt gegen das schneegleißende Licht. Opel begriff rasch, dass man sie nicht wirklich als routinierte Autofahrerin bezeichnen konnte. Prag, das hieß für die Österreicherin Bachmann erst einmal, dass es »nach Süden« gehen, der Schneefall sicher nachlassen und die Autostraßen befahrbarer werden sollten. Doch das Gegenteil war der Fall. Irgendwann hinter dem Grenzübergang Drewitz, mitten auf einer nicht vom Schnee geräumten DDR-Autobahn, prallten sie auf eisglatter Fahrbahn gegen eine Leitplanke – und kehrten um. Die Königsallee im Berliner Grunewald wurde »wie durch ein Wunder« unversehrt erreicht.

Am nächsten Tag bestieg das ungleiche Paar dann den Zug. Auch in Prag war es klirrend kalt, doch im Hotel Alcron am Wenzelsplatz hatten sie ein komfortabel beheiztes Zimmer reserviert, in dem sich Bachmann vom ersten Moment an wohlfühlte. Ihr Gesundheitszustand blieb schwankend und erlaubte ihr noch immer keine längeren Fußmärsche durch die winterliche Stadt, doch kleine Ausflüge, etwa zu Kafkas Grab, ins Theater, oder entspannte Cafébesuche, taten ihr gut. Er entdeckte, dass die von ihm annoncierten Unternehmungen am ehesten zu verwirklichen waren, wenn sie spontan und ungeplant daherkamen. Opel entdeckte ihre Lust am sorglosen Parlando, ihre Unbefangenheit, mit der sie sich auf Menschen und Situationen einließ, die sie zu nichts verpflichteten, aber auch ihre kaltblütige Entschlossenheit, mit der sie sich absurder Situationen zu erwehren wusste, in der andere die Nerven verloren hätten. Prag, das war für Bachmann zu diesem Zeitpunkt eine Stadt ohne quälende Erinnerungen, die sie doch zaubergleich in den lange vermissten Donauraum ihrer Herkunft, in die Geschichte des »Hauses Österreich« zurückgeführt hatte. Nach der bedrückenden Fremdheitserfahrung in Berlin bedeutete Prag die Rückkehr in ein lange vermisstes Lebensgefühl, ein Eintauchen in die slawische Mentalität, die sie hier, zum ersten Mal wieder, als ihrem eigenen Wesen gemäß empfand. Die Wiederbegegnung mit dem böhmischen Erbe ihrer Herkunft riss sie aus dem Dunkel des persönlichen und geografischen Exils. Das *Königreich* ihres Schreibens lag innerhalb des untergegangenen Vielvölkerstaates, nur hier war sie wirklich zu Hause. Zum ersten Mal seit Jahren schrieb sie wieder Gedichte, in denen ihre Wahrnehmung und die große lyrische Form in traumwandlerischer Sicherheit zusammentrafen: »Böhmen liegt am Meer« und »Prag Jänner 64«. Beide Gedichte gehören zu den eindrucksvollsten Beispielen eines reifen lyrischen Sprechens, das sich nichts mehr beweisen muss, in denen Wort und Klang unverrückbar zusammengehören. In »Prag Jänner 64« heißt es:

Seit jener Nacht
gehe und spreche ich wieder,
böhmisch klingt es,
als wär ich wieder zuhause,

wo zwischen der Moldau, der Donau
und meinem Kindheitsfluß
alles einen Begriff von mir hat.

Gehen, schrittweis ist es wiedergekommen,
Sehen, angeblickt, habe ich wieder erlernt.[31]

Zum ersten Mal seit Langem hatte sie das Gefühl, »die Vergangenheit überwinden«[32] zu können. Doch als Bachmann Ende Januar mit ihrem jungen Begleiter nach Berlin zurückkehrte, holten sie die alten Probleme sogleich wieder ein. Opel musste zurück nach Wien, und auch ihr einjähriges Stipendium der Ford Foundation sollte im März auslaufen. Wieder spielte Bachmann mit dem Gedanken, zurück nach Rom zu gehen. Am 9. April 1964 schrieb sie ihrem jungen Geliebten: »Hier ist es jeden Tag so grau, daß ich es nicht zu beschreiben vermöchte, man kann weder schlafen noch aufstehen, und ich kann Berlin nicht mögen, ich kann es wirklich nicht.« Umso erwartungsvoller hielt sie an der Aussicht der schon bei ihrem ersten Treffen verabredeten Ägyptenreise fest. Auf einmal gab es all das wieder in ihrem Leben: Erwartung, Freude, Neubeginn. Sie gestand Opel ihre Hoffnung, »daß wir sehr sehr glücklich sein werden, daß es die schönste Reise wird, für Sie und für mich«[33].

Sechs Wochen waren beide unterwegs. Doch ganz so einfach, wie es sich Bachmann erträumte, ging dieses Unternehmen nicht vonstatten. Obwohl beide einer klassischen Reiseroute folgten und die Annehmlichkeiten luxuriöser Hotels und eleganter Restaurants für sich in Anspruch nahmen, kam es doch immer wieder zu Zwischenfällen, Unpässlichkeiten und kleinen Zusammenbrüchen. Ihr Zustand blieb fragil, und doch schien sie mit jedem Kilometer, den sie sich aus ihrem alten Leben entfernte, Abenteuerlust und Leichtsinn zurückzugewinnen. Noch in Athen begann ein Reigen aus Flirt und Tanz, ungezwungener Geselligkeit und erotischen Eskapaden, die sie sorglos mit ihrer Beziehung zu dem jungen Wiener Autor zu verbinden wusste. Museen wurden besucht, Kinofilme angeschaut, im Gespräch über gemeinsame Bekannte und persönliche Erlebnisse wurden intime Fantasien ausgetauscht, auch verborgene sexuelle Obsessionen. An ihrem Lebensfreund Hans Werner Henze hatte Bachmann jahrelang studieren können, dass ein radikaler persönlicher Freiheitsentwurf ohne »kaltherzige Promiskuität« nicht zu haben war, und sie hatte die Idee der *open relationship* auch in ihren Beziehungen für sich reklamiert. Nun, am Ende aller Bindungsträume, gab es für sie keine Tabus mehr. Der Ausbruch der sexuellen Revolution in den Sechzigern suggerierte den additiven Lustgewinn als ultimativen Befreiungsschlag – ein Erlösungstraum, der manchen nicht nur die Gesundheit, sondern auch das Leben kostete. Das Schicksal des mit Henze eng befreundeten und mit Bachmann gut bekannten Filmemachers Pier Paolo Pasolini warf ein Licht auf die Risiken eines exzessiven Lebensstils, der durchaus nicht nur für Homosexuelle anziehend wirken musste.

In seinen rückblickend verfassten Tagebüchern der gemeinsamen Prag- und Ägyptenreise benennt Opel recht unverblümt die Details von Bachmanns Vergewaltigungsfantasien und beschreibt Einzelheiten einer angeblich in Athen stattgefundenen »Orgie« mit zwei weiteren jungen Männern, flüchtigen Reisebekanntschaften der zurückliegenden Tage. Was immer in dieser Nacht des 27. April 1964 in Athen stattgefunden haben mag, aufschlussreich für uns ist allein, dass sich diese Episode in Bachmanns Nachlass wiederfindet, dass sie das Thema der sexuellen Erlösung in verschiedenen Textfassungen umkreist und das Athener Erlebnis in ihren Entwürfen zu einem *Wüstenbuch* und zu *Das Buch Franza* auf den Schauplatz der letzten Reisestation am Nil, Wadi Halfa, transformiert. Die beiden Männer heißen nun »Achmed« und »Sallah«, in einem anderen Entwurf arbeitet sie mit den Namen »Muammed« und »Achmed«, der dritte Mann heißt »Abdu«. Die Unterwerfung des Intellekts unter die Herrschaft fremder Körper – in Bachmanns Texten wird diese Erfahrung zum befreienden Erlebnis, das dem weiblichen Ich das Gefühl für sich selbst zurückgibt:

Drei Körper, die sich verschlingen, die einzige Befriedigung, die Tötung der anderen Rasse. Ich weiß, sie werden sich aussöhnen, sie müssen sich aussöhnen, aber ich habe in diesem Augenblick mich für immer von der höheren Rasse entfernt. Ich habe meine Rache gehabt in diesem Augenblick, über alle Biedermänner, denen ich geopfert habe, über alle Eitelkeiten und Vorstellungen, die ich selbst hatte in der Welt der Biedermänner.[34]

Als sich Bachmann nach einer Woche in Athen am 28. April nach Alexandria einschiffte, konnte sie noch nicht wissen, dass ihr diese Reise zu einer großen Zäsur werden würde, zum Wendepunkt in einer langen Krankheitsgeschichte, nach der ihr das Vergangene endlich als vergangen erschien und die Hoffnung auf einen persönlichen wie literarischen Neuanfang plötzlich greifbar wurde. Da brach sich etwas Bahn, was lange verschüttet war, zum Schweigen verurteilt, in die Krankheit gebannt. Die Reise nach Ägypten und in den Sudan wurde zur Wiedergeburt der Schriftstellerin Ingeborg Bachmann. Sofort nach ihrer Rückkehr nach Berlin versuchte sie die Stationen ihrer Ägyptenreise in einer Art Reisetagebuch, ihrem *Wüstenbuch,* zu literarisieren. Nordafrika erschien hier als exotische Utopie, die gegenüber einer müden und dekadent gewordenen europäischen Gesellschaft einen magischen Raum eröffnet. Doch was in diesen ersten Entwürfen noch als holzschnittartiger Exotismus wirken musste und so von ihr auch nicht veröffentlicht wurde, beschäftigte sie weiter und trug schließlich maßgeblich zum Konzeptionswandel der *Todesarten* bei. Zwei Jahre später begann sie, nun schon wieder von Rom aus, ein weiteres Romanprojekt mit dem Titel *Todesarten,* das den ersten Roman um die Figuren Eugen, Fanny und Karin Krause ablösen sollte und Motive des *Wüstenbuches* in sich aufnahm.

In *Das Buch Franza,* das schließlich aus diesem *Todesarten*-Roman hervorging, hat Bachmann konkrete Stationen ihrer Ägyptenreise aufgenommen und in dem Kapitel »Die ägyptische

Finsternis« literarisiert. Ausgehend von der Hauptfigur Franziska Ranner, die von ihrem Mann, dem Wiener Psychiatrieprofessor Leo Jordan, in einer patriarchalisch dominanten Ehe erst unterdrückt, dann krank gemacht und schließlich psychiatrisiert wird, begreift Bachmann das Geschlechterverhältnis der bürgerlichen Nachkriegsgesellschaft als Kern ihres Dramas. Indem sie den hinter der bürgerlichen Fassade sorgsam verborgenen »Virus Verbrechen« aufgreift, »der nach zwanzig Jahren nicht weniger wirksam ist als zu der Zeit, in der Mord an der Tagesordnung war, befohlen und erlaubt«[35], durchleuchtet sie die latente Gewaltbereitschaft der Nachkriegsgesellschaft von ihren »unterirdischen Querverbindungen« zum Nationalsozialismus und Neokolonialismus her.

In *Das Buch Franza* versucht die seelisch und körperlich zerrüttete Franza die Herrschaft der *Weißen* hinter sich zu lassen, die als männliche Vertreter der weißen Herrenrasse alles bekämpfen müssen, was *anders* ist. Eine von ihrem erfolgreichen und mächtigen Mann gedemütigte Frau tritt eine lange und beschwerliche Reise an, um sich in der arabischen Wüste endlich mit sich selbst zu konfrontieren. Für die literarische Darstellung einer persönlich als gewaltsam erlebten Trennung hat Bachmann Jahre um die lyrischen und erzählerischen Ausdrucksformen dieser Erlebnisse gerungen. Sie verweigerte sich dem Nacherzählen des eigenen Lebens; was sie in unzähligen Manuskripten und Textentwürfen zu ihrem großen Romanprojekt suchte, waren Motive und Strukturen, die die Rebellionen der Psyche und des Körpers im Erzählen sichtbar machen.[36] Die von ihr gezeichneten *Todesarten* reichen weiter als jeder pathologische Befund. Die »Auslöschung« durch einen anderen zielt auf etwas, was mit dem leiblichen Tod eines Menschen zwar seinen Abschluss erfährt, in seinem Vernichtungspotenzial aber darüber hinausgeht. Ausgelöscht werden sollen die »Magie« einer persönlichen Aura, eines künstlerischen Ausdrucksvermögens, die individuelle Würde. In *Das Buch Franza* heißt es:

Er hat mir meine Güter genommen. Mein Lachen, meine Zärtlichkeit, mein Freuenkönnen, mein Mitleiden, Helfenkönnen,
meine Animalität, mein Strahlen, er hat jedes einzelne Aufkommen von all dem ausgetreten, bis es nicht mehr aufgekommen
ist. Aber warum tut das jemand, das versteh ich nicht, aber es ist
ja auch nicht zu verstehen, warum die Weißen den Schwarzen
die Güter genommen haben, nicht nur die Diamanten und die
Nüsse, das Öl und die Datteln, sondern den Frieden, in dem die
Güter wachsen, und die Gesundheit, ohne die man nicht leben
kann […].[37]

Die Bilder der realen Ägypten- und Sudanreise, die Bachmann
Ende April 1964 nach Alexandria führen sollte, vom 1. bis
10. Mai nach Kairo, vom 10. bis 14. Mai nach Hurghada am
Roten Meer und dann noch einmal zehn Tage lang mit einer
Busreise weiter zu den antiken Stätten am Nil, Luxor und The-
ben, mit dem Flugzeug nach Assuan und mit dem Raddampfer weiter nach Abu Simbel und Wadi Halfa – in ihren Texten
wirken sie überlebensgroß nach. Ihre Reise auf dem nordafri-
kanischen Kontinent wurde für Bachmann zu einem Schlüsselerlebnis. Schärfer als je zuvor erkannte sie die Grenzen des
europäischen Denkens und die fragwürdige Einseitigkeit der
westlichen Zivilisation. Die in klassischen Reiseschilderungen
viel beschworene Macht der Wüste erwies sich auch für Bachmann als kathartische Kraft, die zu einem zentralen Topos
ihrer *Todesarten*-Prosa werden sollte: »Die arabische Wüste ist
von zerbrochenen Gottesvorstellungen umsäumt.«
    In seinen Tagebuchnotizen beschreibt Adolf Opel, wie sich
Bachmann auf dieser Reise schrittweise öffnete, wie vor allem
die zwei Tage und zwei Nächte dauernde Fahrt auf einem su-
danesischen Raddampfer, der sich gemächlich dem Nilverlauf
folgend der Nubischen Wüste näherte, sie auf das eine große
Thema zusteuern ließ, von dem sie »bis zum letzten Atemzug« nicht mehr losgekommen ist. Im Blick auf die überzeit-

lichen Bilder der Nillandschaft konnte sie plötzlich benennen, was sie Opel gegenüber bis dato nur in »dunklen Andeutungen« wie »Verwüstung« und »Katastrophe« zu umkreisen vermochte. In der mörderischen Hitze ihrer Außenkabine benannte sie nicht länger nur die Tat, sie erwähnte auch den Täter: Max Frisch. Hier, unweit des Äquators, gestand sie Opel, dass sie die zu diesem Zeitpunkt bereits angekündigte Veröffentlichung des Frisch-Romans *Mein Name sei Gantenbein* mit »nacktem Horror« erwarte. Der ehemalige Lebensgefährte habe sie »zum Studienobjekt missbraucht«, bloßgestellt und seziert, zu einem »Fall gemacht«, an »jeder Stelle ihres Körpers« beleidigt. In Absprache mit dem Suhrkamp-Verlag hatte ihr Frisch die Druckfahnen vorab übermitteln lassen. Bachmann hatte daraufhin bei Unseld interveniert und auch die Streichung einer bestimmten Textpassage durchsetzen können. Ihr Eingreifen löste offenbar neue Provokationen aus. Bachmann erzählte Opel, dass Frisch nun verbreiten ließ, sie sei »in seine Wohnung eingedrungen, um das gesamte Manuskript zu vernichten«.[38]

Hier auf dem Nil machte Bachmann ihren jungen Liebhaber zum Zeugen ihres Liebesstreits. Opel musste sich eingestehen, dass aus ihrer tief empfundenen Kränkung längst eine Obsession geworden war, ein spiralförmiges Denken, das ebenso manisch wie vergeblich Genugtuung forderte: die Wiederherstellung ihrer »Ehre«.[39] Das Motiv der vergeblichen Briefe, dem im *Malina*-Roman eine so große Bedeutung zukommt, lässt diese Waffe in einem aussichtslosen Liebesstreit zum literarischen Topos werden. Wann immer ihre literarische Arbeit in diesen Jahren ins Stocken geriet, schrieb sie Briefe, Briefe an Frisch. Opel erfuhr nun von ihr, dass sie niemals einen davon abgeschickt hat: »sie nimmt seine Antworten vorweg, probt immer wieder verschiedene Anreden und Schlussfloskeln, variiert und verwirft alle.«[40] Die Schmach blieb ungesühnt, doch Ägypten half Bachmann, hinter ihrer individuellen Leidensgeschichte ein kulturhistorisches Paradigma zu erkennen, in dem Macht und Ohnmacht, Weiße und Schwarze, Männer und Frauen ihren Kampf ausfechten. Der Besuch der antiken Tempelanlagen öffnete ihr die Augen. Schockiert stand sie vor den geschändeten Statuen und Reliefs der altägyptischen Pharaonin Hatschepsut im Tal von Karnak. Was sie privat kaum auszuhalten wusste, vermochte sie im Spiegel einer herausragenden weiblichen Regentschaft zu erkennen. In *Das Buch Franza* decouvriert sie das zerstörte Andenken an die ägyptische Königin Hatschepsut als Symbol einer blindwütigen männlichen Zerstörungswut, die die Botschaft des Weiblichen zwar beschädigen, aber niemals auslöschen kann:

> Mit so unvereinbaren Vorstellungen gingen sie durch die Totenstadt, und Martin konnte erst wieder mit Franza rechnen, als sie die ausgekratzten Zeichen sah, in Dêr el-Báhari, in dem Tempel der Königin Hatschepsut, von der jedes Zeichen und Gesicht getilgt war auf den Wänden, durchgehend die Zerstörung, aber keine durch Plünderer und keine durch Archäologen, sondern zu ihrer Zeit zerstört oder nach ihrem Tod, [von] dem dritten Tuthmosis. Siehst du, sagte sie, aber er hat vergessen, daß an der Stelle, wo er sie getilgt hat, doch sie stehen geblieben ist. Sie ist abzulesen, weil da nichts ist, wo sie sein soll.[41]

Bei ihrer Rückkehr im Juni 1964 fand Ingeborg Bachmann die Nachricht vor, dass ihr im Oktober der Georg-Büchner-Preis verliehen werden sollte. Dieser wichtigste deutsche Literaturpreis, der von der Deutschen Akademie für Sprache und Dichtung in Darmstadt vergeben wird, kam zur rechten Zeit. Mitten im Niemandsland unfertiger Projekte und zerstörter persönlicher Träume war er ein Lichtblick, der nach den hoffnungsvollen Impulsen der ägyptischen Reise auch ihre durch Krankheiten und seelische Unwägbarkeiten fragil gewordene Position als Autorin in Deutschland erneut festigte. Und doch bedeutete dieser erste große öffentliche Auftritt nach der Trennung von Max Frisch eine Zäsur. Ingeborg Bachmann war nicht länger bereit, sich wie in den zurückliegenden Jahren als Autorin glanzvoll in der Öffentlichkeit zu inszenieren. Sie konfrontierte die literarische Festgesellschaft am 17. Oktober 1964 in Darmstadt mit einem frappierenden Text, der die existenziellen Verstörungen des Individuums in der von Faschismus und Krieg versehrten Stadt Berlin spiegelte.

Zum ersten Mal ließ sie die literarische Öffentlichkeit an jener traumatischen Disposition der Weltwahrnehmung teilhaben, die seit Längerem ihr Schreiben bestimmte. Was Jahre später in *Malina* als »Schizoid der Welt, als wahnsinniger, sich weitender Spalt« beschrieben wird, zeichnet jenen »Wahnsinn von außen« weiter, den Bachmann in ihrer Büchner-Preis-Rede mit chirurgischer Genauigkeit benennt. Die geteilte Stadt Berlin wird dabei zum Synonym für jenen »Riß«, der sich als Metapher von Verstörung und Zerstörtsein durch Bachmanns ganzes Werk zieht. In ihrer Festrede »Ein Ort für Zufälle« korrespondieren die kriegsbedingten Beschädigungen der Stadt Berlin mit den Schmerzen und Krankheitssymptomen einer traumatisierten Ingeborg Bachmann, ein Phänomen, das sie in ihrer Preisrede als »Konsequenz von variablen Krankheitsbildern, die wiederum Krankheit hervorruft«[42], umschreibt. In beunruhigenden Motiven und schmerzlich genau gezeichneten Metaphern entspricht der Topos Berlin dem Sprachbild eines versehrten Körpers, der seine inwendigen Verletzungen nach außen stülpt und sich zu seinen Narben bekennt: ungeschützt, ungeschminkt, der Inszenierungen müde. »Alles ist versehrt, nicht durch Geschosse, sondern inwendig, die Körper sind durcheinander, sie sind oben oder unten zu kurz, das Fleisch ist ganz stumpf und gelähmt in den Gesichtern, ganze Mund- und Augenwinkel sind schief, und der unsichere Bahnhofsschatten macht alles noch ärger.«[43]

Noch im September 1964 hatte sich Ingeborg Bachmann in

St. Moritz in Behandlung begeben, nachdem sie im Juli Adolf Opel in Wien besucht und im Anschluss daran eine mögliche Übersiedlung in die Stadt ihrer Jugend erwogen und dann doch wieder verworfen hatte. Seit einiger Zeit war sie mit dem Schweizer Arzt Fred Auer und dessen Frau Heidi befreundet, und es gelang ihr damals und in den folgenden Jahren, von beiden beträchtliche Mengen des Psychopharmakons Seresta zu erhalten. Was bei anderen als vorübergehende Hilfe funktionieren konnte, wurde für Ingeborg Bachmann zu einem Problem. Ihr langjähriger Umgang mit Aufputsch- und Beruhigungsmitteln führte sie in eine Spirale von Abhängigkeiten hinein, aus der sie sich mit eigener Kraft immer weniger zu lösen vermochte. Die 1964 erfolgte Veröffentlichung des Frisch-Romans *Mein Name sei Gantenbein* hatte bei Bachmann eine erneute Krise entfacht. Die Verzweiflungsschübe häuften sich. Besorgt registrierten Freunde, wie ihre Medikamentenabhängigkeit zunahm und zusammen mit ihrer Nikotinsucht und einer unübersehbaren Alkoholabhängigkeit zu einem immer schnelleren Kreislauf von körperlichen Zusammenbrüchen und einer äußerst labilen psychischen Disposition führte.[44] In ihren Erzählentwürfen zu dem unveröffentlicht gebliebenen *Eugen*-Roman schrieb sie 1964 über die Figur der Schauspielerin Fanny Goldmann:

Fanny trank nun weniger, aber sie trank jeden zweiten oder dritten Tag, und wenn sie am Tag darauf aufstehen wollte, merkte sie, daß es nicht mehr ging. Sie zitterte schon im Bett, um sieben Uhr früh, sie blieb liegen, sie bekam Kopfschmerzen gegen 10 Uhr morgens, nach dem Einkaufen hatte sie Schwindel im Kopf, nach dem Kochen mußte sie sich niederlegen, am Nachmittag rief sie Klari an, um ihr zu sagen, daß sie unmöglich abends ausgehen könne, sie ließ sich so gehen, daß sie Klari jedesmal sagte, als sei jeder Tag wie der Tag vorher, es geht mir schlecht, ich kann nicht, wir sehn uns besser nicht, hab Geduld, es geht mir scheußlich, bitte versteh mich, ich kann nicht drüber reden (und darüber redete sie dann zwanzig Minuten, bloß darüber, daß es ihr unmöglich sei, darüber zu reden!), und Klari sagte, ich versteh dich, aber nein, das ist wirklich schrecklich, du mußt etwas tun, was sagt denn der Arzt, komm doch zu mir, ich seh dich morgen, see you tomorrow, darling, Liebes, das kann nicht so weitergehen, du ruinierst dich, es steht doch nicht dafür.[45]

Anfang Dezember 1964 reiste Bachmann nach Sizilien, wo in Taormina der von ihr sehr verehrten russischen Lyrikerin Anna Achmatowa der Premio Etna-Taormina verliehen werden sollte. Gemeinsam mit dem Organisator der *Gruppe 47*, Hans Werner Richter, gehörte sie der Jury an. Richter hatte Bachmann seit 1952 in unterschiedlichsten Lebensphasen erlebt und zuletzt beim Radfahren in Berlin ihre sportlichen Bemühungen um die Wiedererlangung ihrer physischen Stabilität unterstützt. Hier in Taormina wurde auch er von ihrer offenkundigen Einsamkeit überwältigt. Einen Tag vor dem Festakt hatten sich beide das Amphitheater angesehen und von den Steinbänken aus dem Rauschen des Meeres zugehört. Touristen waren um diese Jahreszeit keine da, sie waren allein. Wieder einmal war sie verzweifelt gewesen, er kannte das schon, und doch war etwas anders als in den Jahren zuvor. Er hatte das Gefühl, dass sie in einen Abgrund blickte, aus dem ihr keiner mehr heraushelfen konnte: »Ihre Tränen von damals in dieser halbverfallenen antiken Welt haben mich nie ganz verlassen. [...] Nein, ich tröstete sie nicht, ich fand auch nicht die Worte, die sie hätten trösten können. Mein Trost, das wußte ich, war überflüssig, er hätte nichts ändern können.«[46] Am darauffolgenden 12. Dezember, dem Tag der Preisverleihung im antiken Theater, hatte sie sich wieder ganz in ihrer Gewalt. Ja, sie trug sogar der Achmatowa gewidmete Zeilen vor, die zugleich ein sehr persönliches poetologisches Bekenntnis enthielten, das Gedicht »Wahrlich«:

Wem es ein Wort nie verschlagen hat,
und ich sage es euch,
wer bloß sich zu helfen weiß
und mit den Worten –

dem ist nicht zu helfen.
Über den kurzen Weg nicht
und nicht über den langen.

Einen einzigen Satz haltbar zu machen,
auszuhalten in dem Bimbam von Worten.

Es schreibt diesen Satz keiner,
der nicht unterschreibt.[47]

Bachmanns Auftritt überraschte alle. Nicht gehemmt und stockend wie sonst hatte sie ihre Verse vorgetragen, sondern selbstbewusst und klar. Anna Achmatowa und die sie begleitende russische Delegation waren begeistert. Stunden später, bei einem glanzvollen abendlichen Fest mit sizilianischen Honoratioren und ansässigem Adel, brachte die illuminierte Bühne wiederum eine völlig andere Ingeborg Bachmann hervor, eine strahlende Königin der Nacht, die den intellektuellen Habitus wie ein Tageskleid abzustreifen vermochte. »Alles schien von ihr abgefallen, sie war elegant gekleidet, sie trug ihre Haare anders als sonst, offen und auf die Schultern fallend, sie war nicht weniger mondän als die sizilianischen Damen.«[48] Ihr Auftritt zeigte allen, dass sie sich noch immer perfekt zu inszenieren wusste – eine Inszenierung freilich, die kaum den Abend überstand. Denn als sich das Fest dem Ende zuneigte, brach auch der schöne Schein zusammen: Die Tränen verwüsteten ihr Make-up, die kunstvoll gelegte Haarpracht geriet aus der Fasson, das Designerkleid war nur noch traurige Hülle. Eine Verzweiflung brach hervor, die alles mit sich riss, was dieser Tag an Schönem, Ehrenvollem bereitgehalten hatte, eine Verzweiflung, die keine Grenzen kannte und der kein Außenstehender Einhalt gebieten konnte. Richter war tief betroffen. »Sie hielt ihr ganzes Leben für wertlos, sie hatte es vertan, weggeworfen, nicht gelebt, wie sie vielleicht hätte leben können. Es war ein Zusammenbruch und wohl mehr als das: Es grenzte an die Absicht, ein Ende zu finden, die Qual und die Last ihres Lebens schienen ihr zu groß. Ich sprach von ihren Erfolgen, von dem großen Ansehen, das sie genoß, aber alle meine Worte gingen ins Leere, sie erreichten sie nicht.«[49]

An diesem sizilianischen Abend hat Richter Ingeborg Bachmann zum letzten Mal gesehen. Die Vertraute so vieler Gruppentreffen, die von ihm hochgeschätzte Ratgeberin bei unzähligen Querelen, seine persönliche Mutmacherin, wenn er, zerrieben zwischen all den Autoreninteressen, mal wieder alles hinwerfen wollte, sie blieb fortan für ihn unerreichbar. An der USA-Tagung in Princeton nahm sie schon nicht mehr teil, auch dem letzten Treffen der *Gruppe 47* in der Pulvermühle blieb sie fern. Für die Radikalität ihrer eigenen Unternehmungen, für das seit 1964 immer weiter ausufernde Prosawerk ihrer *Todesarten* hatte die Gruppe keine Bedeutung mehr.

Das seit der Trennung von Max Frisch wieder aufflackernde Gefühl »kein[en] Boden unter den Füßen«[50] zu haben, ließ bei Bachmann eine lange verschüttete Sehnsucht nach ihrer österreichischen Heimat entstehen. Die Pragreise hatte nostalgische Gefühle für ihr »Haus Österreich« entfacht und das Bewusstsein für die eigene Mentalität gestärkt. Sie wusste nun, dass sie in Deutschland nicht heimisch werden konnte: »Unser Denken ist anders, weil unsere Sprache anders ist.«[51] Wieder in Österreich zu leben wurde zu einer fixen Idee. Die Planspiele, sich in Wien niederzulassen, hatte sie aufgegeben, stattdessen wandte sie sich nun entschieden ihrer Kärntner Heimatregion zu. Sie spielte sogar mit dem Gedanken, ein Bauernhaus zu kaufen. Ingeborg Bachmann war der »Vagabondage« müde, sie suchte ein Refugium, das ihr endlich die ersehnte Kraft und Ruhe für ihre Arbeit geben könnte.[52]

Doch immer, wenn auf ihre Übersiedlungspläne nach Österreich Taten folgen sollten, machte Bachmann einen Rückzieher. Etwas »Unnennbares« hielt sie von diesem Schritt zurück. Sosehr sie sich auch nach »Frieden« sehnte, so genau wusste sie wohl auch, dass eine Frau wie sie nur in der urbanen »Anonymität« leben konnte.[53]

Ihr Entschluss, Berlin zu verlassen, stand seit Anfang des Jahres 1965 unverrückbar fest, sie fühlte sich in Deutschland nicht wohl. Trotz ihrer zahlreichen literarischen und künstlerischen deutschen Freunde und ihrer politischen Sympathien für Willy Brandt blieb ihr die deutsche Art zu denken fremd. Den schmerzhaften Erinnerungen zum Trotz schien ihr Rom die lebensvollere Zuflucht zu bieten, und sie begann ernsthaft zu überlegen, ob sie noch einmal den Versuch wagen sollte, in Rom endgültig sesshaft zu werden. Doch der Beginn des neuen Jahres verlief wie so oft bei ihr voller Unruhe. Noch im Januar reiste sie nach Paris, aber bereits Ende Februar wurde ein neuer Krankenhausaufenthalt nötig, der sie für mehrere Wochen in Baden-Baden festhielt. Die am 7. April an der Deutschen Oper in Berlin stattfindende Uraufführung von Henzes komischer Oper *Der junge Lord* gehörte zu den Höhepunkten dieses Jahres. Bachmanns Libretto hatte sich der Vorlage von Wilhelm Hauffs *Der Affe als Mensch* bedient, das 1827 in dessen Märchensammlung *Der Scheik von Alessandria und seine Sklaven* erschienen war. Für Henzes Oper spitzte sie die Vorlage in der ihr eigenen sprachlichen Virtuosität zu und fokussierte sich ganz auf die spießbürgerliche Doppelmoral in der biedermeierlichen Idylle. Bachmann macht aus der jungen weiblichen Hauptfigur Luise ein willenloses Geschöpf, das der aggressiven Gewalt hilflos ausgeliefert ist – ein neuer Blick, der ohne ihre gleichzeitige Arbeit am *Todesarten*-Zyklus so wohl nicht möglich gewesen wäre. Mit einem Paukenschlag zum

Schluss wird die Engstirnigkeit der kleinbürgerlichen Vorstellungskraft aufs Schönste demaskiert: Der wegen seiner Vornehmheit gerühmte und von den Bürgern am meisten bewunderte Fremde entpuppt sich als Affe.

Der außerordentliche Erfolg von Henzes Oper, für den Ingeborg Bachmann mit ihrem Libretto einen entscheidenden Beitrag geleistet hatte, krönte die langjährige persönliche Verbundenheit und Arbeitsgemeinschaft der beiden. Und er befreite Bachmann von den drängenden finanziellen Sorgen, die sie all die Jahre begleitet hatten. Bis zu ihrem Tod im Jahr 1973 wurde *Der junge Lord* an 29 Bühnen aufgeführt und gehört bis heute zu den meistgespielten Opern der Nachkriegszeit. Die mit diesem Erfolg verbundenen Aufführungstantiemen, Rundfunkmitschnitte, Fernsehaufzeichnungen und Schallplattenverträge hatten entscheidenden Anteil daran, dass Bachmann die späten 60er-Jahre ohne eine einzige neue Veröffentlichung überstehen konnte.

Anlässlich des 70. Geburtstages ihres Vaters am 23. April 1965 reiste Bachmann zu einem Familientreffen nach Obervellach in Kärnten. Bei ihrer anschließenden Station in Wien wurde ihr Gedicht »Böhmen liegt am Meer« begeistert aufgenommen. Sie las dieses große Bekenntnis zu ihrem »Haus Österreich« und dem Erbe ihrer böhmischen Herkunft am 5. Mai 1965 anlässlich der 600-Jahr-Feier der Universität und auf Einladung der Österreichischen Gesellschaft für Literatur im Palais Palffy. In ihrem Gedicht heißt es:

Sind hierorts Häuser grün, tret ich noch in ein Haus.
Sind hier die Brücken heil, geh ich auf gutem Grund.
Ist Liebesmüh in alle Zeit verloren, verlier ich sie hier gern.

Bin ich's nicht, ist es einer, der ist so gut wie ich.

Grenzt hier ein Wort an mich, so laß ich's grenzen.
Liegt Böhmen noch am Meer, glaub ich den Meeren
    wieder.
Und glaub ich noch ans Meer, so hoffe ich auf Land.

Bin ich's, so ist's ein jeder, der ist soviel wie ich.
Ich will nichts mehr für mich. Ich will zugrunde gehen.

Zugrund – das heißt zum Meer, dort find ich Böhmen
    wieder.
Zugrund gerichtet, wach ich ruhig auf.
Von Grund auf weiß ich jetzt, und ich bin unverloren.[54]

Ende Mai kehrte sie nach Berlin zurück, reiste aber bereits im Juni wieder weiter in die Schweiz, wo sie am 18. Juni für den Schweizer Rundfunk in Basel Aufnahmen machte. Von dort ging es weiter ins italienische Umbrien, wo sie in Spoleto am »Festival zweier Welten« teilnahm und dabei die Bekanntschaft des Beat-Poeten Lawrence Ferlinghetti machte. Kaum zurück in Berlin, begab sie sich bereits im August auf eine Frankreichreise, die sie wiederum über Paris nach Montigny-sur-Loing an der Seine führte. Auch das Jahr 1965 war von einer Vielzahl von Lesungen, Reisen und den unvermeidlich gewordenen Klinikaufenthalten geprägt. Daneben wirkte Ingeborg Bachmann diesmal auch an einer Fernsehdokumentation über die gefeierte Inszenierung des *Jungen Lords* für den Sender Freies Berlin mit. Obwohl sie noch immer an ihrem *Wüstenbuch* arbeitete und für alle weiteren Überlegungen zum *Todesarten*-Projekt erste Skizzen existierten, wusste sie nur zu genau, dass ihr noch der entscheidende Schlüssel zu ihrem Romanvorhaben fehlte. Nicht selten verzweifelt, aber in der Sache unbeirrbar, umkreiste Bachmann das erzählerische Spektrum der *Todesarten*-Fassungen mit immer wieder neu aufgenommenen, scheinbar getrennten Schreibanläufen. Schrittweise, und auch für die Schreibende nur langsam ersichtlich, wurde ihr klar, dass ihre »Gedanken seit vielen Jahren« zu einem einzigen *Roman* führten, ihre Überlegungen zur »Struktur immer [...] demselben« Roman, und nicht etwa getrennten Erzählvorhaben, galten. Die darin liegende Herausforderung war ihr wohl bewusst: »Finden dazu, zur großen Form, muß man schon selber, durch innere Notwendigkeit.«[55] Auch in ihrer literarischen Arbeit kreisten alle Überlegungen um das »Haus Österreich«, führten sie die geistigen Wahlverwandtschaften zwingend in die österreichische Heimat zurück.

Doch obwohl sie Robert Musil, Hugo von Hofmannsthal und Arthur Schnitzler schätzte, suchte Ingeborg Bachmann auch in der Auseinandersetzung mit anderen europäischen Autoren wegweisende Inspirationen. Sie liebte Céline und Proust, fand erzählerische Anregungen bei Baudelaire und Flaubert. Wichtig waren ihr auch Italo Svevo, James Joyce und Samuel Beckett, deren Bedeutung für das zeitgenössische Erzählen sie sehr genau einzuschätzen wusste. Als Leserin wie als Schreibende blieb Bachmann eine *Femme de lettres*, allein in ihrem *Malina*-Roman lassen sich über hundert Bezüge auf andere Autoren und deren Werke nachweisen: »Es gibt für mich keine Zitate, sondern die wenigen Stellen in der Literatur, die mich immer aufgeregt haben, die sind für mich das Leben.«[56]

Nicht nur in ihrem Literaturverständnis, auch in ihrer gesellschaftspolitischen Wahrnehmung und ihrem konkreten kulturpolitischen Engagement war Ingeborg Bachmann Europäerin aus Überzeugung – lange bevor es diesen Begriff in der heute relevanten Bedeutung gab. Mit ihrer großen Sprachbegabung konnte die im Kärntner Dreiländereck Geborene ihre Kindheitswahrnehmung von der kulturellen Vielfalt der Völker verifizieren. Ihre jahrelange Tätigkeit als Übersetzerin[57] verstärkte ihre Sensibilität für die unterschiedlichen Mentalitäten der europäischen Nachbarn. Seit den 50er-Jahren hatte Ingeborg Bachmann immer wieder ihre Vorstellungen von der

Verantwortung des Schriftstellers öffentlich formuliert. Nach der schwierigen Trennung von Max Frisch war sie leiser geworden, doch mit ihrer provozierenden Büchner-Preis-Rede fand sie zu einer neuen öffentlichen Haltung. Hatte Bachmann schon mit ihren ausgedehnten Reisen im Jahr 1964 begonnen, jene verhängnisvolle Selbstfixierung zu durchbrechen, in die sie seit der Trennung geraten war, so gewann sie durch ihr Vorhaben, die Lebensstation Berlin endgültig hinter sich zu lassen, zusätzlich neuen Elan.

1965 wurde ihr politischstes Jahr. Anfang des Jahres unterschrieb sie eine Erklärung gegen die Verjährungsfrist von NS-Verbrechen, die vom Leiter des Wiener Dokumentationszentrums des Bundes Jüdischer Verfolgter des Naziregimes, Simon Wiesenthal, initiiert worden war. Im Verbund mit zahlreichen anderen prominenten Persönlichkeiten unterstützte sie im Herbst eine Wahlkampfveranstaltung der SPD in Bayreuth. Auf Bachmanns Initiative hin hatte Henze hier eine bemerkenswerte Ansprache gehalten, in der er, unter Bezug auf historische Deutschlandkritiker wie Heine, Kleist und Tucholsky, seinen Landsleuten ins Gewissen redete und sich offen gegen mögliche Irrwege, wie etwa die atomare Wiederbewaffnung, aussprach. Die Rede ist von Bachmann mit konzipiert und redigiert worden. Mit ihrem Einverständnis prangerte Henze die Geistfeindlichkeit der bundesdeutschen Regierung an und brandmarkte deren Verirrungen in der *Spiegel*-Affäre, so wie er auch den unverhohlenen Militarismus bestimmter Bonner Kreise attackierte und in bewegenden Worten für die Ziele Willy Brandts eintrat. Mit dem ihm eigenen Furor hatte Henze die politische Bühne betreten, und er genoss die Begeisterung, die er bei den anwesenden Künstlern und Intellektuellen, unter ihnen Bernhard Wicki und Günter Grass, Agnes Fink und Fritz Kortner, ausgelöst hatte. Doch Bachmann wäre nicht Bachmann gewesen, wenn nicht genau dieser Applaus ihre Angst vor schulterklopfender Vereinnahmung geweckt und ihre Skepsis gegenüber allzu parteilichen Zielen aufs Neue sensibilisiert hätte. In einem politisch dezidierten Brief gestand sie ihrem alten Freund, dass sie im Gedanken an die Erlebnisse in Bayreuth »das Frösteln« überkomme, und warnte ihn offen davor, sich mit seinem »ganzen Temperament« zu sehr »zu identifizieren«, auch wenn Brandts Partei »über ein paar ehrenwerte Leute verfügt« und zweifellos »das kleinere Übel« ist.

Nein, sie wollte sich nicht vereinnahmen lassen, ihr künstlerisches Credo blieb ganz bei sich selbst, sie bestand darauf, über den Tag hinaus zu denken, und grenzte sich damit klar und deutlich von jenen ab, die konkret und pragmatisch in der Alltagspolitik mitmischen wollten und ihr wie Günter Grass »Absolutheitswahn« vorwarfen: »Mein ganzes Bemühen ist: weiterdenken.« Was andere belächeln mochten, nahm sie sich zum Ziel, die mühsame Geistesarbeit an den »Konzeptionen der Gerechtigkeit, der Wahrheit, der Freiheit«. Unbestechlich und klar, durchdrungen von historischem und politischem Wissen, übermittelt sie ihrem Freund Henze ein einzigartiges politisches Statement, das für ihre Freundschaft nicht folgenlos bleiben sollte. »Alle meine Neigungen sind auf der Seite des Sozialismus, des Kommunismus«, schrieb sie ihm, »aber da ich seine Verirrungen, Verbrechen etc kenne, kann ich nicht votieren. Ich kann nur hoffen (hoffen, wie man hofft, wenn man weiss, verloren, verloren, für immer verloren), dass im Lauf der Zeit das Gesicht der einzigen Revolution dieser Zeit die menschlichen Züge annehmen wird, die nie ein System annehmen wird.«[58]

Henze sah das anders, er hatte im politischen Forum eine neue Arena ausgemacht, die seinem »stolzen Eigensinn« schmeichelte. Der Bayreuther Beifall gab ihm die einmalige historische Chance, die Rolle des lange »ungeliebten Sonderlings« im deutschen Musiktheater endgültig abzustreifen und die kulturelle Öffentlichkeit mit seinen politischen Provokationen jenseits des musikalischen Elfenbeinturms auf sich aufmerksam zu machen. Bachmann hingegen, die trotz aller persönlicher Empfindsamkeit in Dingen der Freundschaft wie ein »Mann« zu handeln wusste »und nicht weibisch wie die meisten Männer« sein wollte, bestand darauf, ihre persönliche Überzeugung von ihrer Zuneigung zu trennen. Henze fühlte sich allein gelassen. Der Bruch war da und würde sich so ganz nie mehr kitten lassen, trotz ihrer wiederkehrenden Besuche in seinem Anwesen in Marino bei Rom, das er inzwischen erworben hatte und in den folgenden Monaten beziehen sollte, trotz ihrer unverbrüchlichen Freundschaft, die bald auch seinen Lebensmenschen Fausto Moroni einschloss, mit dem er seit 1964 zusammen war. Die Wege liefen von da an auseinander, Bachmanns Arbeit an ihrem *Todesarten*-Zyklus hatte ihren Blick für immer verändert:

> Es ist so leicht zu sagen, wir ›akzeptieren‹ diesen oder jenen Kurs, aber die Welt, die erniedrigte, hat nur einen Kurs, der Hunger nur einen, die Unwissenheit nur einen, und wir schmoren in unseren kleinen Wirtschaftswundern und Kunstwundern, aber die Geschichte ist eine Dampfwalze, die stark ist, und wir sind stark, nicht, wenn wir ›eingehen‹ auf das Gegebene, sondern wenn wir weiterdenken. Mein ganzes Bemühen ist: weiterdenken.[59]

Bachmann hatte ihre Entscheidung getroffen und blieb dabei. Öffentliche Parteilichkeit wollte sie künftig vermeiden, auch wenn sie den intellektuellen Austausch mit politischen Aktivisten durchaus schätzte und sich unter anderem mit Rudi Dutschke auf Hans Werner Henzes Anwesen in Marino traf. Der Maestro selbst aber stürzte sich mit Verve in die politischen Schlachten der aufkommenden Studentenbewegung und zog als »Zirkusgaul« demonstrativ seine Kreise in der Arena der Außerparlamentarischen Opposition, aus deren Kreis er nun auch die Autoren für seine neuen Textbücher gewann, allen voran Gaston Salvatore und Hans Magnus Enzensberger. Ingeborg Bachmann hingegen blieb ihrem Weg treu und bezog dort Stellung, wo es ihr geboten und richtig erschien, ohne sich aber ein weiteres Mal von einer Partei oder außerparlamentarischen Gruppierung vereinnahmen zu lassen.

Ihre Unterzeichnung der im Dezember 1965 verfassten »Erklärung über den Krieg in Vietnam«, die von der Zeitschrift *konkret* abgedruckt wurde, war, wie auch ihre Wahl in den Vorstand der Europäischen Schriftstellergemeinschaft, dem sie ab Herbst 1964 gemeinsam mit Hans Magnus Enzensberger angehörte, ein deutlicher Beleg für ihre Bereitschaft, ihrer öffentlichen Verantwortung als Schriftstellerin wieder verstärkt gerecht zu werden. Ingeborg Bachmann nahm das Engagement an der Seite ihrer europäischen Schriftstellerkollegen sehr ernst. Ihre persönliche Vergangenheit und die europäische Zukunft blieben unauflöslich miteinander verbunden: Im Kriegsdunkel hatte Ingeborg Bachmann ihre Sprache gefunden – und sie würde sie bis zum Ende ihres Lebens gegen den Krieg und für den Frieden einsetzen. Über das ganze Jahr 1965 hin war Bachmann zwischen der Schweiz, Italien, Frankreich und Deutschland hin und her gependelt, bis sie im November endlich ihre neue römische Wohnung in der Via Bocca di Leone 60 beziehen konnte.

13. *Todesarten* und Doppelexistenz – neue Wege des Erzählens

Das erste selbst gewählte Domizil nach Jahren der inneren Heimatlosigkeit beflügelte Bachmanns literarisches Schaffen, die mühevolle Arbeit an den verschiedenen Romanentwürfen gewann an Kontur. Konstanter als in den Jahren zuvor blieb sie vor Ort, in ihrer neuen Wohnung mit großzügiger Terrasse unweit der Spanischen Treppe fühlte sie sich »residente«, auch wenn ihr die nie versiegende Geräuschkulisse im Zentrum der Stadt wie auch der in den 60er-Jahren stetig anschwellende Verkehr und die immer häufiger stattfindenden Streiks mitunter zu viel wurden.[1] »Hier ist alles so geworden, wie ich es mir nicht vorgestellt habe, aber viel besser«, schrieb sie im Juni 1967 an Peter Szondi. So oft schon hatte sie in Rom leben wollen und es doch immer wieder verlassen müssen – nun hoffte sie in dem Palazzo im Renaissanceviertel zu bleiben. In ihrem bereits im Vorjahr konzipierten Romanentwurf unter dem Titel *Todesarten* vereinigte sie nun Elemente des *Wüstenbuches* mit der Geschichte des österreichischen Geschwisterpaares Martin und Franziska Ranner. Dieses Erzählprojekt gewann immer mehr die Struktur eines erzählerischen Zyklus, aus dem sie dann die Geschichte um Franza (Franziska) herauslöste und sie ihrem Verleger Klaus Piper unter dem Arbeitstitel *Das Buch Franza* ankündigte.[2]

Wie schon in ihren 1962 entwickelten Erzählskizzen um die Figur des Kriegsheimkehrers Eugen blieb auch in den neuen Entwürfen unübersehbar, dass sie für das, was sie zu schreiben versuchte, auf Motive und Topografien ihres österreichischen Heimatlandes zurückgreifen musste, dass es ohne Kärnten, ohne Wien, ohne den Zungenschlag des heimatlichen Idioms, das mit seiner Syntax zu spielen versteht und allein durch seinen Sprachrhythmus zu manipulieren und in seiner Sprachmelodie zu dramatisieren weiß, nicht gehen würde. Auch wenn Bachmann vorläufig von der geplanten Rücksiedlung in ihre österreichische Heimat Abstand genommen hatte, entwickelte sie mit der Figur der Franziska Ranner doch ein Alter Ego, für das das großelterliche Haus im Gailtal der erste Zufluchtsort nach einer vernichtenden Kränkung wird. Für die Figur von Franzas Bruder Martin holte sich Bachmann im Frühsommer Rat bei ihrem jüngeren Bruder Heinz, den sie anlässlich seiner Promotion in Graz besuchte, und erbat von ihm eine Reihe von geologischen Skizzen, die sie fast ausnahmslos zur Darstellung von Martin Ranners Forschungen verwandte.[3] Weithin unbemerkt von der literarischen Öffentlichkeit, zog es Bachmann ab Mitte der 6oer-Jahre wieder häufiger in ihr Elternhaus zurück; sie besuchte ihre Familie nun wieder häufiger in Klagenfurt und unternahm Spaziergänge rund um den See, den nahen Hausberg oder gönnte sich Abstecher in das von ihr sehr geliebte Gailtal, mit dem sie die schönsten Kindheitserinnerungen verband.

Die Jugendjahre sind, ohne daß ein Schriftsteller es anfangs weiß, sein wirkliches Kapital. Die ersten Begegnungen mit Menschen, einer Umwelt. Was später dazukommt, was man für viel interessanter hält, bringt seltsamerweise fast nichts ein. Nur daß man erst in späteren Jahren überhaupt zu begreifen anfängt, was man mit dem ersten Blick gesehen hat, den man vielleicht niemals oder nur manchmal wieder geschenkt bekommt. Es ist mir unmöglich, in einem Land wie Italien, in dem ich schon viel länger lebe als in Wien, alle Nuancen zu begreifen. Ich könnte nie über Italien oder italienische Verhältnisse schreiben.[4]

Bereits am 9. Januar 1966 hatte Bachmann in Zürich aus ihren Entwürfen zu *Franza* gelesen, aber auch die Gedichte »Enigma« und »Prag Jänner 64« vorgetragen. Bereits im März konnte sie bei einer vom NDR organisierten Lesereise in Hamburg, Hannover, Berlin und Lübeck einen wesentlich erweiterten Text vorstellen, der schon die letztstufige Fassung der Kapitel »Heimkehr nach Galicien« und »Die ägyptische Finsternis« bereithielt. Nach anschließenden Aufenthalten in Zürich verbrachte sie Zeit bei ihrer Familie in Klagenfurt, wo sie sich bei einem Sturz das Bein verletzte. Bachmann nahm diesen Vorfall zum Anlass, Hans Werner Richter ihre Teilnahme an dem *Gruppe-47*-Treffen in Princeton abzusagen.[5] Im Mai ließ sich Bachmann, wie schon in den Jahren vorher, abermals in eine Klinik in Baden-Baden einweisen, erst Ende des Monats kehrte sie nach Rom zurück. Von hier aus schrieb sie ihren Eltern, dass sie zwar schon wieder laufen, das Knie aber immer noch nicht beugen könne.[6] Die Sache zog sich, doch Bachmann nutzte die Zeit und arbeitete intensiv an dem für *Franza* bedeutsamen mittleren Kapitel »Jordanische Zeit«, musste aber bereits im Frühsommer 1966 feststellen, dass sie die nun vorliegenden Erzählstränge nicht zu einem einzigen Roman verdichten konnte. In Begleittexten, die als Vorreden in die Ausgabe des *Todesarten*-Zyklus eingegangen sind, versuchte sie die geistigen Koordinaten ihres gewaltigen Erzählvorhabens zu beschreiben: »Meine Damen und Herren, dieses Buch ›Todesarten‹ will erzählen von den Verbrechen, die heute begangen werden, vom Virus Verbrechen, der nach zwanzig Jahren nicht weniger wirksam ist als zu der Zeit, in der Mord an der Tagesordnung war, befohlen und erlaubt.«[7]

Das gewaltige Prosavorhaben ließ keinen Zweifel daran, dass das in ihrer Jugend so traumatisch erfahrene Zerstörungspotenzial des Nationalsozialismus auch für die reife Schriftstellerin nichts von seinem Schrecken verloren hatte. Frieden und Nachkriegswohlstand vermochten Bachmann nicht zu täuschen. Die Bereitschaft der Menschen zu Terror und Krieg blieb als latentes Grundmuster ihres Schreibens präsent. Die historischen Anlässe und persönlichen Auslöser mochten wechseln, doch der gesellschaftliche und private Frieden blieb im Verständnis Bachmanns ein hauchdünner Firnis, hinter dem die alte Hydra Gewalt jederzeit hervorbrechen konnte.

Obwohl Bachmann den neuen *Todesarten*-Roman *Der Fall Franza* nun mit großer Energie vorantrieb, tauchten immer wieder auch Motive aus früheren Entwürfen auf, die auf eine Romanfassung zurückgingen, die sie unmittelbar nach der Trennung von Max Frisch konzipiert hatte. Die Geschichte von der Zerstörung der selbstständigen und erfolgreichen Schauspielerin Fanny Goldmann durch ihren Geliebten, den Schriftsteller Tony Marek, der ihr Leben literarisch *ausschlachtet*, beschäftigte Ingeborg Bachmann seit Jahren. Dabei waren die offenkundigen Anleihen an ihr eigenes Schicksal unübersehbar. Doch ihre Pläne, *Requiem für Fanny Goldmann* gesondert im Suhrkamp-Verlag herauszubringen, realisierten sich nicht.

Das Konvolut an Textentwürfen und Manuskriptfassungen zu dem Themenkomplex der *Todesarten* entpuppte sich für die Schriftstellerin immer mehr als Minenfeld, auf dem ihre ursprünglichen literarischen Absichten motivische und erzählerische Metamorphosen durchliefen und am Ende nichts mehr war, wie es schien.[8]

Im November 1966 erfolgte dann die Kapitulation. Ingeborg Bachmann musste sich eingestehen, »daß es so nicht geht«, ihre Textentwürfe zu *Der Fall Franza* erschienen ihr plötzlich wie »eine hilflose Anspielung auf etwas […], das erst geschrieben werden muß«[9]. Zwei neue Romanpläne nahmen Gestalt an. Zum Ersten entstanden erste Entwürfe zu der Doppelfigur eines weiblichen Ich und des Malina, die die Erzählstruktur des *Malina*-Romans maßgeblich begründeten. Zum Zweiten erweiterte sich der Fanny-Goldmann-Stoff um die Figur der

Aga Rottwitz beziehungsweise Eka Kottwitz. Die »Todesarten«
der Schauspielerin Fanny und der deutschen Journalistin Aga/
Eka bleiben eng miteinander verwoben, der elegant inszenierte
Reigen der Wiener Nachkriegsgesellschaft liefert das Tableau
eines mörderischen Miteinanders, in dem die Verbrechen unserer Zeit auf einem gesellschaftlichen Kriegsschauplatz decouvriert werden.

Im darauffolgenden Frühjahr kristallisierte sich mit den
parallel entstehenden Romanprojekten immer stärker ein Zy-
klusgedanke heraus, den sie im Juni 1967 gegenüber Siegfried
Unseld auch explizit erwähnte.[10] Seit Jahren hatte sich dieser darum bemüht, Ingeborg Bachmann für sein Frankfurter
Haus zu gewinnen. Sein leidenschaftlich-kompromissloses Literaturverständnis entsprach dem ihrigen. Er hatte seinen persönlichen Respekt und seine engagierte Unterstützung gerade
auch jenen Autoren gegenüber bewiesen, bei denen sich die
Geburtswehen ihrer neuen Werke manchmal über Jahre hinziehen konnten, allen voran bei Wolfgang Koeppen oder Uwe
Johnson. Auch Bachmann kannte keine Scheu, ihm ihre Nöte
anzuvertrauen, hatte er es doch nie an großzügigen Freund-
schaftsgesten und persönlicher Hilfe fehlen lassen. Als es wegen des ehemaligen Nazi-Schriftstellers Hans Baumann, der
die Gedichte Anna Achmatowas für Piper ins Deutsche übertragen hatte, im Frühjahr 1967 zu Differenzen mit ihrem
Münchner Verlag kam, ergriff Bachmann diese Gelegenheit,
sich von Piper zu trennen. Doch es gab Optionen und Vereinbarungen, die sich nicht so leicht auflösen ließen. Zwar konnte
Malina 1971 wie von ihr gewünscht bei Suhrkamp erscheinen,
ihr Erzählband *Simultan* jedoch, der 1972 erschien, blieb für
Piper optioniert.

Ingeborg Bachmanns Bruder Heinz erinnert sich, wie ihn
seine Schwester Ende 1967 in Oman, wo er beruflich tätig war,
telegrafisch um mehrere tausend Dollar bat, was er sofort für
sie in die Wege leitete. Seine scherzhafte Anfrage, ob ihr denn

ein Geliebter mit dem Geld durchgegangen sei, blieb zunächst unbeantwortet. Erst Jahre später gestand ihm die Schwester, dass sie mit seiner brüderlichen Hilfe die Vorauszahlungen von Piper ausgelöst hatte, um in ihrer Entscheidung für eine neue verlegerische Heimat auch wirklich frei zu sein. In der Korrespondenz mit Siegfried Unseld aus dem Jahr 1967 wird deutlich, dass Ingeborg Bachmann nun in ihren Romanentwürfen zu *Malina* den eigentlichen Beginn des *Todesarten*-Zyklus erkannte.[11]

Trotz aller literarischen Anstrengungen reaktivierte sich das römische Leben der österreichischen Schriftstellerin. Neue Bekanntschaften und Freundschaften wurden geschlossen, eine der wichtigsten galt dem Verlagslektor und Schriftsteller Roberto Calasso, dem Ingeborg Bachmann bis zu ihrem Tod freundschaftlich verbunden blieb. Darüber hinaus war Bachmann, wie schon einmal zu Ende der 50er- und zu Beginn der 60er-Jahre, ein gern gesehener und häufiger Gast im römischen Gesellschaftsleben. Wenn ihr danach war, nahm sie an den Veranstaltungen der römischen Kulturinstitute teil, vor allem aber genoss sie abendliche Verabredungen mit Freunden und zeigte darüber hinaus ein ausgeprägtes Faible für Dinnerpartys und elegante Empfänge. Intellektuelle, Diplomaten und Geschäftsleute, römischer Adel: Bachmanns Freundeskreise bestanden aus durchaus unterschiedlichen Zirkeln, die sie nach wie vor voneinander separierte, eine Haltung, die ihr mitunter den liebevollen Spott naher Freunde einbrachte. »Sektionschefin« nannte sie die ihr sehr zugetane Freundin Toni Kienlechner, und Henze kommentierte scharfzüngig wie immer, wie Frau Bachmann auch unter Freunden »auf eine strenge Trennung« achtete. »Sie hielt nichts von Gruppenbildung. Deswegen glauben heute auch viele, die sie gekannt haben, die einzigen zu sein, die in Sachen Bachmann wirklich zuständig sind.«

Neben italienischen Intellektuellen wie dem Autor und Verleger Calasso und dessen aus der italienischen Schweiz stammender Frau Fleur Jaeggy, dem Autorenpaar Alberto Moravia und Elsa Morante, dem Schriftsteller Italo Calvino, dem Verlegerpaar Giangiacomo und Inge Feltrinelli, dem Filmemacher Pier Paolo Pasolini und dem Lyriker Giuseppe Ungaretti lebten auch einige aus Deutschland und Österreich stammende Autoren, Freunde und Journalisten zu dieser Zeit in Rom oder hielten sich phasenweise dort auf, wie etwa Marie Luise Kaschnitz und deren Tochter Iris, Hilde Spiel, Toni Kienlechner, der Hotelmanager des römischen Hilton, Alfred Grisel, und natürlich immer wieder auch Hans Werner Henze mit seinem Lebensgefährten Fausto Moroni. Mit Henze hatte Bachmann einst die Freuden des mondänen Lebens kennengelernt, und sie nahm sich wie er die Freiheit, für die luxuriöse Innenausstattung ihrer Wohnung, den Besuch angesagter Restaurants, den Kauf von Designerkleidung und die Unterbringung in exklusiven Hotels viel Geld auszugeben.

Im Vergleich zu ihren Anfangsjahren hatten beide durch ihre erfolgreichen Opernunternehmungen ein stattliches finanzielles Polster gewonnen, was bei ihrem Lebensstil aber noch lange keine Sicherheit bedeutete. Wie früher rutschten auch jetzt die Kontostände ins Minus, und wie in alten Zeiten schoben sich »Ingibingi« und »Darling« Hans auch jetzt mit Nonchalance die Honorare zu, wenn es bei dem einen oder der anderen mal wieder klemmte. Geriet der Gedanke an die Rückzahlung beim umtriebigen Maestro allerdings zu sehr in Vergessenheit, scheute Bachmann nicht davor zurück, den auch in dieser Hinsicht großzügigen Freund dezent an eigene Dringlichkeiten zu erinnern: »Du weißt wahrscheinlich, dass ich Fausto einen Scheck von 130 000 Lire gegeben habe, und da ich an diesem Tag sehr geistesabwesend war, verstand ich, dass ich das Geld ein paar Tage später zurückbekommen werde.« Wie immer, wenn ihr »lieber Musicus« etwas zu sehr auf das eigene Wohl bedacht war, baute sie ihm goldene Brücken. Gegenüber Vergesslichkeiten der materiellen Art hatte sie sich seit jeher großzügig gezeigt und meldete sich nur dann, wenn sie selbst nicht weiterwusste: »aber jetzt brauche ich es wirklich dringend, oder sagen wir, ich wäre auch sehr glücklich, auf mein Konto 50 000,– Lire überwiesen zu haben. Es wäre eine große Hilfe für mich.«[12] Über die außerordentliche Großzügigkeit Bachmanns gegenüber Familie und Freunden gibt es eine Vielzahl von Geschichten und Anekdoten, ihre Freude am Schenken war legendär. Haushalterisches Denken und Planen blieb ihr völlig fremd, was überwog, war die Freude am Augenblick, der Genuss im Hier und Jetzt.«[13] Auch ihre Freundin Toni Kienlechner zeichnet in dem Bild einer überaus lebhaften, den Menschen durchaus zugewandten Frau das Gegenteil der introvertierten *poetessa*: »sie war auch eine reizende, amüsante, geistreiche und hübsche Frau in der Gesellschaft, sogar mit Vorliebe in der ›vornehmen Gesellschaft‹, die es in Rom gab – und die sie auch in ihr erfundenes Wien projizierte – wo man geistreich und witzig, ›liebevoll-bösartig‹ miteinander umging, wo man möglichst originell und oberflächlich war, und wo man sich darauf etwas zugute hielt, ›keinen gramvollen Tiefgang zu verraten‹.«[14]

Unabhängig voneinander berichten Freunde und Familie von ermutigenden Erlebnissen, die ihnen Hoffnung machten, dass sich Bachmanns Lebenssituation in der zweiten Hälfte der 60er-Jahre verbessert hatte. Das römische Leben schien stabilisiert, der vor der Trennung von Frisch so energisch betriebene Reigen von Reisen, Lesungen und Veranstaltungen wieder in Schwung gekommen zu sein.

Zu den für Bachmann bedeutsamsten Begegnungen des Jahres 1967 zählte die mit Gershom Sholem, der sich auf Einladung der Universität vom 6. bis zum 12. Januar 1967 in Rom aufhielt und der auf Adornos Rat hin bereit war, sich mit Bachmann zu treffen. Die Zusammenkunft fand in Anwesenheit von Iris Kaschnitz statt, auch das eine Konstellation, die ihm Adorno mit dem Hinweis auf die Freundschaft der beiden »Damen« nahegelegt hatte.[15]

Noch immer suchte und fand Bachmann wertvolle Anregungen für ihr Schreiben in den Diskussionen mit zeitgenössischen Philosophen und kritischen Denkern, und so blieb auch der Austausch mit Sholem nicht ohne Wirkung. Möglicherweise hat Sholems kabbalistische Sprachtheorie Bachmanns Vorstellung von der Wüste als mystischem Ort und ihre Haltung zu den davon beeinflussten *Franza*-Entwürfen verändert. Nach Sholem ist das Nichts durch die Bedeutungslosigkeit des Namens Gottes besetzt, der selbst ohne Sinn ist, obwohl er im Zentrum der Offenbarung steht und darum allem anderen Sinn verleiht.[16] Sholem wiederum ließ sich von Bachmanns Aufzeichnungen über ihren Besuch des Ghettos in Rom zu einem Gedicht inspirieren, dass er ihr persönlich zugeschickt hatte, nach ihrem Tod aber gerne veröffentlicht sehen wollte: »An Ingeborg Bachmann nach ihrem Besuch im Ghetto von Rom«.[17]

In den ersten beiden Februarwochen des Jahres 1967 hielt sich Bachmann zur Erholung erneut im Kurhotel des Ehepaares Auer in St. Moritz auf, im März begab sie sich zur weiteren Behandlung nach Zürich. Ihr Gesundheitszustand schwankte offenbar erneut. Auf stabile Phasen folgten Schwächezustände und nervliche Krisen, die dann aber durchaus auch wieder von Phasen erstaunlicher Energie abgelöst werden konnten. Heinz Bachmann erinnert sich an einen lebhaft verlaufenen Besuch bei seiner Schwester im Mai 1967 in Rom, bei dem die Geschwister im Piper Club tanzen gingen und dort Sammy Davis jr. und seine Musiker erlebten, die sich unter die tanzenden Gäste mischten. Auch wenn ihn seine Schwester einmal um die Besorgung eines Schlafmittels bat, machte sie auf ihn einen ansonsten vitalen Eindruck; ihr Umgang mit Tabletten und Alkohol schien sich gemäßigt zu haben. Unübersehbar für den Bruder war jedoch die große Offenheit, die seine Schwester gerade psychisch labilen Naturen entgegenbrachte, eine Hilfsbereitschaft, die ihr nicht selten Zeit und Nerven raubte, sie mitunter auch in Bedrängnis brachte. Noch im gleichen Monat fuhr Bachmann gemeinsam mit dem stellvertretenen Leiter des österreichischen Kulturinstitutes in Rom, Walter Zettl, zu einer Lesung, die am 12. Mai in Triest stattfinden sollte. An diese Unternehmung schloss sich ein Ausflug in das damalige Jugoslawien an. Wie schon einmal im Jahr 1965 nahm sie auch 1967 am sommerlichen Literaturfestival in Spoleto in der italienischen Provinz Umbrien teil und jettete bald darauf weiter zum Londoner Poetry Festival, wo sie neben anderen die Autoren Yehuda Amichai aus Israel, Allen Ginsberg und Anthony Hecht aus den USA kennenlernte und den Lyriker Erich Fried wiedertraf, den sie seit den frühen 50er-Jahren persönlich kannte. Zu den Gedichten, die Bachmann in London vortrug, gehörten »Enigma« und »Eine Art Verlust«, die beide von der BBC in London aufgenommen wurden. Beide Gedichte setzen sich in unübersehbarer Anspielung auf das mit Frisch erlebte Trennungsdrama mit ihrer »größten Niederlage« auseinander. Für interessierte Leser war diese Trennung längst zu einem literarischen Schlachtfeld geworden, das von den beteiligten Autoren mit immer neuer Munition befeuert und so auch in der öffentlichen Debatte gehalten wurde. Und auch wenn Bachmann anders als Frisch ihre Erfahrungen kompositorisch zu chiffrieren wusste, waren die Akteure des Dramas für kulturell interessierte Leser unschwer zu erkennen. In dem Hans Werner Henze gewidmeten Gedicht »Enigma« heißt es:

Du sollst ja nicht weinen,
sagt eine Musik.

Sonst
sagt
niemand
etwas.[18]

In dem Gedicht »Eine Art Verlust« schiebt sich das unverkenn-
bare Panorama des Zürichsees in den intimen Verlustraum
einer schmerzlich erlittenen Trennung:

Nicht dich habe ich verloren,
sondern die Welt.[19]

Was nach der Trennung von Frisch 1962 noch in der ehemals
gemeinsamen Wohnung am Zürichsee begonnen hatte, nahm
nun in Rom immer weitere Ausmaße an. Für ihre 1966/67 be-
gonnene Konzeption des *Malina*-Romans vertiefte sich Bachmann immer detaillierter in ihren »Stadtplan von Wien« und
machte aus dem Bewegungsraum früher Erinnerungen einen
literarischen Kosmos, in dem sich ihre Figuren wie die Autorin
selbst mit traumwandlerischer Sicherheit zu bewegen wussten.
Eine überaus »anstrengende oder schizophrene Art zu leben«
hatte begonnen, eine Art »Doppelleben«, über das sich Bachmanns römische Freunde bald lustig machten und ihr auf den
Kopf zusagten, dass sie mitten in Rom eine wienerische Wohnung unterhalte und »ostinatamente« an ihrer österreichischen
Welt festhalte: »Aber ich bin besser in Wien, weil ich in Rom
bin, denn ohne diese Distanz könnte ich es mir nicht für die
Arbeit vorstellen.«[20] Das sich im Winter 1967/68 immer weiter
verzweigende Romanprojekt der *Todesarten* entwickelte nun
einen weiteren Strang. Neben Ingeborg Bachmanns Arbeiten
am *Franza*-Text und am *Malina*-Roman entstanden, inspiriert
von der Tradition der großen französischen und österreichischen Erzähler, Sittenporträts verschiedener Wiener Frauen-
figuren – Erzählungen, die unter dem Arbeitstitel *Wienerinnen*

in den Aufzeichnungen der Autorin erwähnt werden und die
in den 1973 veröffentlichten Band *Simultan* eingehen.[21]

> Während ich ein Buch geschrieben habe, dessen Ende ich auch
> heute noch nicht absehen kann und das so schwierig für mich
> [ist], daß es mir nur Mühe macht und so wenig Freude, habe ich
> angefangen, einige Geschichten zu schreiben, die ich manchmal
> für mich »Wienerinnen« nenne, dann wieder ganz anders, weil
> es zwar Wienerinnen sind, die darin vorkommen, aber vor allem
> kleine Begebenheiten, die sich nicht begeben und die etwas mit
> dem Zauber und dem Charme der Wiener Frauen zu tun haben,
> an die ich sonst nie denke. Die Wienerinnen sind mein hommage
> an etwas, das ich sehr vernachlässigt habe, also an die Frauen, die
> auch existieren, während ich mich beschäftige mit den Kontro-
> versen, den Ideen, den Männern also, die sie haben, in diesen
> letzten Jahrzehnten. Meine Wienerinnen sind selbstverständlich
> sehr verschieden, und es könnte sie vielleicht in jedem Land ge-
> ben, sehr tüchtige, sehr unwirkliche, sehr zaghafte, sehr prakti-
> sche weibliche Wesen. Ich kenne sie weniger als alles andre, aber
> nicht ich habe sie erfunden, sie sind eines Tags zu mir gekommen
> und wollten leben.[22]

Konzentrierter als in den Jahren zuvor arbeitete sie im Herbst
1967 monatelang in ihrer römischen Wohnung an den wichtigsten Erzählsträngen ihres *Todesarten*-Projekts. Zum ersten
Mal verzichtete sie auf das Ritual der ständigen Unterbrechungen durch Reisen, allein der alljährliche Weihnachtsaufenthalt
im elterlichen Haus in Kärnten bot die dringend benötigte
Entspannung. Vor allem der Romanentwurf zu *Malina* machte
ihr zu schaffen, das Thema ließ sie auch über die Weihnachts-
tage in Klagenfurt nicht los. An ihren Verleger Siegfried Unseld schrieb sie am 4. Januar 1968: »Auf den Spaziergängen
aber […] ist mir endlich eingefallen, wie ich den Mittelteil
lösen kann […], ich glaube ich habs, obwohl mir schon wie

302

einem Ertrinkenden zumute war. Oder weil mir so zumute war. Jetzt habe ich sofort begonnen [...].« Mit der Niederschrift des so lange gesuchten »Mittelteil[s]« begann für Ingeborg Bachmann eine qualvolle Zeit. Die Traumerzählungen und Traumreflexionen, die in das Kapitel »Der dritte Mann« des *Malina*-Romans eingehen, greifen zum Teil auf Figuren, Episoden und Motive aus Ingeborg Bachmanns frühester Autorenzeit zurück. Schon die Übernahme der beherrschenden Vaterfigur aus ihrem verschollenen Roman *Stadt ohne Namen* aus den frühen 50er-Jahren führt die lebensgeschichtliche Relevanz vor Augen, die die Arbeit an diesem Roman für Ingeborg Bachmann gewonnen hatte. Wie keine literarische Arbeit zuvor zwang sie das Schreiben von *Malina* zu einer psychoanalytischen Tiefenbohrung, der auch robustere Naturen nur mit Mühe standgehalten hätten. Eine Frau wie Ingeborg Bachmann aber, die in den zurückliegenden Jahren mit schweren psychischen und physischen Krankheitssymptomen gekämpft und diesen Kampf nur mit äußerster Willensanstrengung gewonnen hatte, warf diese Arbeit in jenen gefährlichen Zustand zurück, den sie doch endlich überwunden zu haben glaubte.

Der über Jahre wieder aufgebaute römische Alltag wurde brüchig, ihre zunehmend labiler werdende psychische und physische Konstitution ließ sich auch vor den Freunden nicht länger verbergen. Ein schwer durchschaubarer Reigen von zermürbenden Krankheitssymptomen nahm seinen Lauf. Toni Kienlechner erzählt, wie seltsame Anfälle von Panik, Nervenschmerzen, Migränen und chronische Schlaflosigkeit die Schriftstellerin peinigten. In ihren Erinnerungen beschreibt Kienlechner, wie »verzweifelt« Bachmann versuchte, »diese Dämonen in Schach zu halten und mit einem Programm von regelmäßigen, energischen Spaziergängen, die wir zusammen absolvierten, wenigstens ihr physisches Gleichgewicht wieder zu erlangen.«[23]

Das Gefühl der Hilflosigkeit, das die ihr Nahestehenden

bei solchen Attacken überkam, erinnert Bachmanns Schwester Isolde Moser bis heute: »Eben weil man einander gut gekannt hat, versteht man es nicht.«²⁴ Die regelmäßigen Familienbesuche in ihrer Kärntner Heimat, zu denen vertraute Gespräche und ausgiebige Spaziergänge gehörten, boten immer nur vorübergehenden Halt, aufheben konnten sie die quälenden Phobien und Krankheitszustände freilich nicht. Die Vitalität des römischen Lebens, das Ingeborg Bachmann so liebte, wurde im Zuge eines sich über Jahre hinziehenden Schreibprozesses, der sich an den Abgründen ihrer österreichischen Herkunft entlangtastete und immer wieder den Traumata von politischer und privater Gewalterfahrung nachspürte, zunehmend zur Belastung. Es gab Tage, da fühlte sie sich außerstande, ihre Wohnung zu verlassen.²⁵

Immer wieder klingelten Freunde und Autorenkollegen vergeblich an ihrer Tür, wurden feste Verabredungen in letzter Minute abgesagt, zog sie es vor, nicht ans Telefon zu gehen. Mit der fortschreitenden Arbeit an ihrem *Todesarten*-Zyklus wurde Ingeborg Bachmann immer stärker zu einer Gefangenen ihrer einst so geliebten, gleichermaßen chaotischen wie lebensvollen Stadt Rom. Ihre Wohnung in der Via Bocca di Leone kam ihr nun »entsetzlich lärmig« vor, auf einmal litt sie darunter, dass »die zwei wichtigsten Zimmer ohne Tageslicht« waren.²⁶ »Sie wagte nicht mehr Auto zu fahren, verließ immer seltener ihre Wohnung, suchte immer seltener Gesellschaft auf und immer wieder hörte ich ihre bange Frage: Wenn ich mich hübsch anziehen will, Friseur und so weiter – das ist doch ein Zeichen von Gesundheit?«²⁷ Die außerordentlichen Spannungen zwischen einer angestrengten Erinnerungsarbeit und einer labilen psychischen und physischen Konstitution spiegeln sich auch in der existenziellen Bedrängnis der weiblichen Ich-Figur des *Malina*-Romans. Aus der qualvollen Erinnerungsarbeit begründen sich die geistigen Koordinaten einer literarischen Verweigerung, die keine traditionelle Geschichte mehr erzählen will, sondern die Not des Erzählens als Passion der schreibenden Existenz enthüllt. In einem Interview für *Die Zeit* gestand Bachmann ihrer Freundin Toni Kienlechner:

> Für mich ist das eine der ältesten, wenn auch fast verschütteten Erinnerungen: daß ich immer gewußt habe, ich muß dieses Buch schreiben – schon sehr früh, noch während ich Gedichte geschrieben habe. Daß ich immerzu nach dieser Hauptperson gesucht habe. Daß ich wußte: sie wird männlich sein. Daß ich nur von einer männlichen Position aus erzählen kann. Aber ich habe mich oft gefragt: warum eigentlich? Ich habe es nicht verstanden, auch in den Erzählungen nicht, warum ich so oft das männliche Ich nehmen mußte. Es war nun für mich wie das Finden meiner Person, nämlich dieses weibliche Ich nicht zu verleugnen und trotzdem das Gewicht auf das männliche Ich zu legen …[28]

Der im *Malina*-Roman wiederholt thematisierte Konflikt zwischen Erzählvorhaben und Erinnerung zielt auf das Zentrum der Bachmann'schen Schreibnot in den 60er-Jahren. *Malina* ist ein atemloser Text, eine Prosa, die mit allen erzähltechnischen Mitteln um Sprache ringt und in der sich die Sprachlosigkeit, der Topos des Stimm- und Sprachverlustes doch als eigentlichstes Thema erweist: Die Erinnerung steht im Mittelpunkt einer immensen Erzählanstrengung, die sich von widerstrebenden Kräften hin- und hergerissen fühlt. Dem Wissen um das Erzählenmüssen steht ein Gefühl des Nichterzählenkönnens gegenüber, das die Autorpersönlichkeit schier zu zerreißen droht. Der Erzählvorgang selbst wird zum Schauplatz eines gewaltigen psychischen Dramas, was dem Roman einen einzigartigen literarischen Rang verleiht.[29] Die bei oberflächlicher Lektüre rasch erzählte Geschichte einer Schriftstellerin, die zwischen zwei Häusern in der Wiener Ungargasse hin- und herpendelt und dabei mit dem einen Mann, Ivan, eine leidenschaftliche Beziehung unterhält und mit dem anderen,

Malina, in einer platonischen Verbundenheit Wohnung und Leben teilt, bietet nur die erzählerische Fassade, hinter der die Autorin Bachmann ihr eigentliches Anliegen in einer kunstvollen Erzählkomposition verbirgt. Hinter dem schönen Schein einer weiblichen Midlife-Crisis kreisen vor allem in den Albtraumsequenzen die zentralen Motive um Geschlechtlichkeit, Destruktion und Tod der weiblichen Existenz. Die monströse Vaterfigur der Träume repräsentiert eine zerstörerische Autorität, deren patriarchalisches Herrschaftsverhalten zwangsläufig in private und gesellschaftliche Gewalt münden muss. Das weibliche Ich reagiert auf diese Gewalt mit Stimm- und Sprachverlust, der »Schrei ohne Stimme« wird zur zentralen Metapher des zweiten Romankapitels. In der Vision einer herausgerissenen Zunge versinnbildlicht sich das Trauma eines gewaltsam gestörten Ausdrucksvermögens, das die weibliche Existenz verstümmelt und verstört.

Ingeborg Bachmann war sich der Zumutung bewusst, die die Vaterfigur ihres Romans für Matthias Bachmann bedeuten musste. In ihrer Bedrängnis wandte sie sich an ihre Schwester Isolde und bat sie, den Vater auf ihre Romanentscheidung vorzubereiten: »Ich brauche diese Figur.«[30] Zweifellos gehen die beiden großen traumatischen Erfahrungen Ingeborg Bachmanns, ihre jugendliche Todesangst und Verlassenheit, als sie getrennt von ihrer Familie im Bombenhagel in Klagenfurt zurückblieb, und die demütigende Hinnahme einer ungewollten Trennung, die die erfolgreiche Schriftstellerin psychisch und physisch zerschlagen zurückließ, als autobiografische Koordinaten in diesen erzählerischen Kosmos ein. So wie der Mensch Ingeborg Bachmann die ihr zugefügten Kränkungen nicht vergessen kann, so verweigert sich der Roman jeder traditionellen erzählerischen Haltung. Da fügt sich kein erzählerischer Bogen, die sinnstiftende Perspektive wird versagt. Die dunkle Geschichte des weiblichen Ichs ist der Stachel im Text, er zwingt unterschiedlichste Genres, Stil- und Textformen zusammen.

Das gestörte Erinnerungsvermögen der Frau ist nicht integrierbar:»Ich will nicht erzählen, es stört mich alles in meiner Erinnerung.«³¹ All die Brüche, Leerstellen und traumatischen Fixierungen werden von ihrem männlichen Alter Ego Malina mit wachsender Aggressivität kommentiert, attackiert und schließlich vernichtet:»Was du willst, zählt nicht mehr. An der richtigen Stelle hast du nichts mehr zu wollen. Du wirst dort so sehr du sein, daß du dein Ich aufgeben kannst.«³² Das weibliche Ich verschwindet in der Wand, und doch bleibt das männliche Alter Ego nur scheinbar als Sieger zurück. Die Aufzeichnungen des weiblichen Ichs – der Roman selbst – dokumentieren ein Überleben in der Kunst, im Raum des Schreibens.

Doch so wie das weibliche Ich des Romans dieses Überleben mit seiner physischen Existenz bezahlt, so kannte auch die Autorin Bachmann den Preis, den die unbedingte Hingabe an die Kunst von den Künstlern fordert. Im Spiegel berühmter Künstlerinnen wie Sylvia Plath, Margot Fonteyn oder Maria Callas, denen sie eigene Essays widmete, suchte sie nach Antworten auf die ungelösten Fragen ihrer Existenz.³³

Wenn Ingeborg Bachmann über die weltberühmte Sängerin Maria Callas sagte, sie habe »auf der Rasierklinge gelebt«, dann wusste sie wie kaum eine andere, was das bedeutete. Das Opfer der Kunst, so wie Ingeborg Bachmann es verstand, war nichts Geringeres als das Leben selbst:»Ich habe einmal die Margot Fonteyn nach einem Ballett aus der Nähe gesehen, diesen Körper, der doch beim Tanzen kaum vorhanden ist, die schwebt doch Zentimeter über dem Erdboden, und ich war ganz furchtbar erschrocken und mir über den Preis klar, den jemand für das Zaubern und Bezaubern zu bezahlen hat…«³⁴

Das Jahr 1968 stand im Zeichen mehrerer freundschaftlicher Begegnungen. Im April dieses Jahres besuchte sie der ihr verbundene Literaturwissenschaftler Peter Szondi in Rom, und in New York traf sie im Juni erneut mit ihrem literarischen Freund Uwe Johnson zusammen, als sie sich im dortigen Goethe-Institut zu einer Lesung aufhielt. Das Autorenpaar Roberto Calasso und Fleur Jaeggy durfte sie im Sommer sogar nach Klagenfurt begleiten. Als ihr am 21. November 1968 in Wien der Österreichische Staatspreis verliehen wurde, traf sie in der Stadt ihrer Jugend auch Hilde Spiel[35] und Thomas Bernhard. Mit Bernhard entwickelte sich nach dieser Begegnung eine aufrichtige Freundschaft; der von vielen als schwierig und unzugänglich empfundene österreichische Dichter gehörte zu ihren großen Bewunderern. In seinem 1986 erschienenen Roman *Auslöschung* hat er seiner Dichterfreundin, zu der er mehr als eine Wahlverwandtschaft empfand, in der Figur der Maria ein ebenso scharfsinniges wie bewegendes literarisches Denkmal gesetzt: »Maria, die Römerin sein will, gleichzeitig Wienerin und aus diesem gefährlichen Gefühls- und Geisteszustand heraus ihre großen Dichtungen schreibt, dachte ich.« Bernhard fühlte sich Ingeborg Bachmann nicht nur im Hinblick auf ihre schwierige Heimatliebe verbunden, er teilte auch ihre philosophischen Interessen und ihren Mut zur Inszenierung. Beide hatten sie der Enge des Wiener Literaturbetriebes den Rücken gekehrt, doch während Ingeborg Bachmann ihr Exil in den europäischen Nachbarländern suchte, wählte Bernhard die Einsiedelei seiner Höfe, in die er sich monatelang zum Schreiben zurückzog. Mit unvergleichlicher Tiefenschärfe spürte er ihrer Zerrissenheit nach, sie war ihm ein Spiegel, in der er sein eigenes Leiden an Österreich erkannte:

Einmal hat sie zu mir gesagt, *im Grunde will ich nach Wien zurück,* dann aber, oft keine paar Minuten später, genau das Gegenteil, indem sie nämlich mit derselben Überzeugung zu mir gesagt hat, *im Grunde will ich nicht nach Wien zurück,* im Grunde will ich in Rom bleiben und ich will sogar in Rom sterben. Maria hat oft gesagt, daß sie in Rom sterben will, dachte ich. Sie war durch ihren Verstand gezwungen, in Rom zu sein, in Wahrheit Wien zu lieben, aber in Rom zu sein, dachte ich. Aber wenn ein paar Wochen vergangen sind, [...], fing sie wieder an, davon zu reden, schließlich und endlich nach Wien zurückzugehen, das ihre *Heimat* sei, was ich selbst ihr gegenüber immer nur mit einem Lachen zu quittieren hatte, denn das Wort *Heimat* gerade aus ihrem Mund ist immer genauso grotesk gewesen, wie aus dem meinigen, nur spreche ich es niemals aus, weil es mir widerwärtig ist, überhaupt gebraucht zu werden, während Maria immer wieder in diesem Wort Zuflucht suchte, sie sagte auch immer von dem Wort *Heimat*, es sei *das verführerischste*.[36]

Isolde Moser erinnert sich daran, dass Bernhards Lebensmodell auch Bachmanns alte Sehnsucht nach einem abgelegenen Refugium neu entfachte. Wieder einmal wurde der Kauf eines Kärntner Bauernhauses in Betracht gezogen. Die Familie bemühte sich, ihr bei der Suche behilflich zu sein; ein Bauernhaus war bald gefunden. Doch ihre literarischen Freunde liefen Sturm bei dem Gedanken, die Weltbürgerin Bachmann an die österreichische Provinz zu verlieren. Vor allem Siegfried Unseld war außer sich, hatte er doch schon mit Thomas Bernhard einen Autor, der sich bei der Renovierung seiner Häuser in die entlegensten Gegenden zurückzog. Die Vorstellung, dass ihm nun mit Bachmann das Gleiche passieren sollte, trieb ihn in Harnisch, und er versuchte mit aller Macht, der Schriftstellerin dieses Vorhaben auszureden.[37]

Mit der österreichischen Autorin und Kritikerin Hilde Spiel war Ingeborg Bachmann seit Anfang der 50er-Jahre befreundet und traf sie nach deren Rückübersiedelung nach Österreich immer wieder in Wien und in ihrem Haus am Bach in St. Wolfgang. Oft saßen beide auch im Salzburger Café Bazar oder im Tomaselli, andere Künstler gesellten sich während der langen Wochen der österreichischen Sommerfrische gerne dazu. Anders als Ingeborg Bachmann und Thomas Bernhard hatte sich Hilde Spiel mit dem Herzenseifer der Heimgekehrten in das literarische Leben Wiens gestürzt und sich doch bald in den dort herrschenden Feindseligkeiten, Intrigen und politischen Differenzen verheddert.[38] Auch Hilde Spiel litt an Österreich und konnte doch nicht ohne ihren Heimatraum leben. Die ihr zugefügten Kränkungen schmerzten sie tief, Ingeborg Bachmann war ihr dabei eine ebenso erfahrene wie geduldige Zuhörerin.

Wie schon in den zurückliegenden Jahren blieb Bachmanns Gesundheitszustand labil, die enormen Kraftanstrengungen ihres gewaltigen Prosavorhabens zehrten an ihrer Konstitution und an ihren Nerven. Die Fotografien, die von Bachmann anlässlich der Verleihung des Großen Österreichischen Staatspreises im November in Wien gemacht wurden, zeigen ein aufgedunsenes Gesicht, aus dem die Spuren eines übermäßigen Tabletten- und Alkoholkonsums auch mit professionellen Make-up-Künsten nicht mehr wegzuretuschieren waren. Dass sie extra vor der Verleihung noch eine Kosmetikerin aufgesucht hatte, wurde im klatschsüchtigen Wien genauso kolportiert wie ihr bis drei Uhr in der Früh dauerndes Ausharren in der Blauen Bar des Hotels Sacher. Größtes Aufsehen aber erregte sie mit ihrem »opernhaften Aufzug«, den Bernhard in der *Auslöschung* detailliert beschrieben hat und den Hilde Spiel mit dem ihr eigenen Scharfblick als »Pagenkostüm, mit schwarzen Kniehosen und Cherubino-Wams«, charakterisierte.

Der österreichischen Kritikerin entging auch nicht, dass sich einige der literarischen Weggefährten Bachmanns in jenen Jahren von ihr abwandten. Die römischen Freundeskreise hatten sich aufgesplittert, und manch einer nahm es Bachmann übel, dass sie, statt ins römische Goethe-Institut zu gehen, lieber Zerstreuung bei Cocktailpartys der römischen Schickeria suchte. Während sich Henze auf seinem exklusiven Anwesen in Marino einen ästhetischen Traum verwirklicht und eine vom Alltag völlig unbehelligte Lebensbühne geschaffen hatte,

sah sich Bachmann im Zentrum allen Zudringlichkeiten ausgesetzt.

Mit Fausto Moroni hatte Henze einen ihm treu ergebenen
Lebenspartner gefunden, der ihn bedingungslos unterstützte
und aus dem Anwesen »La Leprara« in Marino eine »Art
Traum-Italien« machte, wo es »kosmopolitisch zuging, künstlerisch hochrangig, ambitioniert und geistvoll.«[39] Der von
Fausto unermüdlich kultivierte mediterrane Garten bildete
eine prächtige Kulisse zahlloser Feste und Begegnungen. Für
Bachmann gab es in dieser »apollinischen Idylle« ein Gästeappartement, und sie nutzte diese Möglichkeit, um dem römischen Alltagstrubel zu entfliehen. Doch obwohl beide ihr
heikles Beziehungsspiel früherer Jahre längst in freundschaftliche Bahnen überführt hatten, kam es auch hier immer wieder
zu exaltierten Szenen, Weinkrämpfen und luziden Kränkungen. Dabei spielten sowohl politische als auch künstlerische
Differenzen eine Rolle, Henze gefiel sich inzwischen als »ge-
walttätiger vulgärer Kommunist«[40]; als »Totalitärer«, wie ihm
die Schriftstellerin Elsa Morante vorwarf, verhielt er sich mitunter auch in künstlerischen und persönlichen Dingen. Über
seine Chorfantasie zu Bachmanns *Lieder von einer Insel*, die
am 23. Januar 1967 uraufgeführt worden war, hatte sich in Anwesenheit des Komponisten William Walton und seiner Frau
Susana ein heftiger Streit entfacht, den Waltons Frau in ihren
Erinnerungen nachzeichnete. Nach Walton entfuhr es Bachmann: »Weil Du mich so sehr hasst, dass Du meine Worte
mit Deiner Musik zerstört hast.« Ein Seelendrama brach sich
Bahn, das Gäste und Gastgeber die ganze Nacht beschäftigte.
»Fausto verbrachte die ganze Nacht damit, zwischen Hans'
und Inges Schlafzimmern hin- und herzurennen, versuchte
verzweifelt, Frieden zu stiften zwischen den beiden tödlich be-
leidigten Künstlern.«[41]

Die Themen wechselten über die Jahre, das unterschwel-
lige Sado-Maso-Spiel aber blieb, in dem sich die bei beiden

ungelöste Spannung, dass ein so nahestehender und geliebter Mensch nicht exklusiv zu haben war, entlud. Henze selbst hat die dunkle Seite seiner großen Adorationslust später umkreist und eingestanden: »Eine riesige Rolle spielt, dass ich ein ganz eifersüchtiger Mensch bin, der beim anderen immer Beweise für Lieblosigkeiten finden will. In meinen Freundschaften gibt es immer diese Gier, jemanden vollkommen und bedingungslos zu meinem Eigentum zu machen, ihn mir einzuverleiben. Die Bitternis der Eifersucht geht bei mir bis zum Todeswunsch.«[42]

Die »Ungeheuer mit Namen Hans«[43], sie hatten Bachmann auch in diesen Jahren nicht verlassen. Die mit Celan begonnene Jagd nach der ästhetischen Ausbeute zerstörter Gefühle, das mit Henze bis zur bitteren Neige ausgekostete *heartache* und das mit Frisch bis zur gegenseitigen Raserei getriebene Zerstören und Selbstzerfleischen hatten immer auch die literarische Aneignung der zerstörten Liebe zur Folge. In ihrem Gedicht »Mein Vogel« wusste Bachmann bereits 1956 die anarchische Kraft des Musenkusses in Verse zu bannen:

Wenn auch im Nadeltanz unterm Baum
die Haut mir brennt
und der hüfthohe Strauch
mich mit würzigen Blättern versucht,
wenn meine Locke züngelt,
sich wiegt und nach Feuchte verzehrt,
stürzt mir der Sterne Schutt
doch genau auf das Haar.
Wenn ich vom Rauch behelmt
wieder weiß, was geschieht,
mein Vogel, mein Beistand des Nachts,
wenn ich befeuert bin in der Nacht,
knistert's im dunklen Bestand,
und ich schlage Funken aus mir.

Nach hoffnungsvollem Beginn fühlte sich Bachmann 1968 nicht mehr wohl in Rom. Der Wunsch, Italien den Rücken zu kehren, geisterte wie ein Gespenst durch diese Jahre. Die liebevolle Verbundenheit mit ihrem Bruder Heinz, dem sie bei der Genesung von einer schweren Hepatitis in den Jahren 1968 und 1969 tatkräftig beistand, ließ bei ihr sogar den Gedanken entstehen, sich in seiner Wahlheimat London niederzulassen. Doch auch diese Pläne realisierten sich nicht.[44]

Im Spätherbst 1968 erschienen einige Gedichte Ingeborg Bachmanns in der von Hans Magnus Enzensberger herausgegebenen Zeitschrift *Kursbuch*. Die Gedichte »Enigma«, »Keine Delikatessen«, »Prag Jänner 64« und »Böhmen liegt am Meer« waren alle in den zurückliegenden Jahren entstanden und gehören bis heute zu den Höhepunkten ihres Werkes, denn sie reflektieren über ein reifes lyrisches Sprechen hinaus zugleich den poetischen Ort ihres Entstehens. Vor dem Hintergrund einer politisierten Öffentlichkeit und der 1968 stattfindenden Studentenunruhen mussten diese Gedichte jedoch eigentümlich weltabgewandt und in der Konzeption dieses *Kursbuches* wie Fremdkörper wirken. Mit seinen provokanten Thesen gewann das *Kursbuch* Nr. 15 im 68er-Herbst seine gesellschaftskritische Schlüsselfunktion: Die bürgerliche Gesellschaft hatte versagt, der Bildungsbürger wurde als Hanswurst entlarvt. Im politisierten Hexenkessel dieses Herbstes wurde nichts Geringeres als der »Tod der Literatur« erklärt, eine Haltung, mit der Ingeborg Bachmann keinesfalls einverstanden war. Ein so persönliches wie der eigenen Schreibreflexion verpflichtetes Gedicht wie »Keine Delikatessen« konnte hier nur als allgemeingültige Absage an die Dichtung gründlich missverstanden werden.

Muß ich
mit dem verhagelten Kopf,
mit dem Schreibkrampf in dieser Hand,

unter dreihundertnächtigem Druck
einreißen das Papier,
wegfegen die angezettelten Wortopern,
vernichtend so: ich du und er sie es

wir ihr?

(Soll doch. Sollen die anderen.)

Mein Teil, es soll verloren gehen.

Doch ganz unschuldig war Bachmann an solchen Missverständnissen nicht. Aus dem verständlichen Wunsch, das einengende Etikett der »Lyrikerin« ein für alle Mal abzustreifen, hatte sie die literarische Öffentlichkeit wiederholt und bewusst auf eine falsche Fährte gesetzt.[45] Ungeachtet solcher Manöver blieb ihr das Ausloten des lyrischen Ausdrucks wichtig, auch wenn die Prosa seit Jahren im Mittelpunkt ihres Schreibens stand.

Anfang des Jahres 1969 traf sich Ingeborg Bachmann im Rahmen ihres eigenen Kuraufenthaltes in St. Moritz zu Gesprächen mit ihrem Verleger Siegfried Unseld, der ihre fortdauernde Arbeit am *Todesarten*-Zyklus mit engagiertem Interesse verfolgte.[46] Außer am *Malina*-Roman, der zunehmend an Kontur gewann, und an den Romanmanuskripten zu den Figuren der Fanny Goldmann und Aga Rottwitz schrieb Bachmann weiterhin an den Erzählungen der *Wienerinnen,* zu deren Umkreis auch unveröffentlicht gebliebenen Texte wie *Rosamunde* gehörten. Zu den Erzählungen, die 1969 entstanden, zählten *Probleme Probleme,* ein Text, der die Lebensverweigerung einer Jugendlichen mit abgründiger Situationskomik darzustellen weiß, wie auch *Ihr glücklichen Augen*, eine tragikomische Erzählreflexion über die Möglichkeiten, unangenehme Wahrheiten auszublenden. In einem Interview hat Bachmann ihre »komische[n] Geschichten« in Anlehnung an Honoré de Balzac als literarische Sittengeschichte der Wiener Nachkriegsgesellschaft bezeichnet, indem sie die »Mores« einer Zeit durch einen Reigen von Frauenporträts sichtbar mache.[47] Diese Arbeiten wurden nur von wenigen Unternehmungen unterbrochen. Anfang Mai bot eine Reise nach St. Tropez Erholung, doch stärker als in den Jahren zuvor gewann das Schreiben erneut an Kontinuität. Eine weitere Erzählung über den Psychologen Georg Groddeck entstand, die Bachmann nicht in ihren Erzählband aufnahm, die aber am 14. November 1969 in einer Aufzeichnung des NDR gelesen wurde. Die seit 1967 ungelöste Verlagssituation mit Piper, bei der noch immer eine Option auf die Veröffentlichung des *Franza*-Romans ausstand, fand eine neu ausgehandelte Einigung, bei der Piper nun der Erzählband versprochen wurde, den der Verlag 1973 unter dem Titel *Simultan* veröffentlichte.

Radikaler als in den Jahren zuvor hatte sich Bachmann aus allen gesellschaftlichen Zerstreuungen, aber auch aus ihren literarischen Freundschaften zurückgezogen; nur noch wenige Vertraute drangen zu ihr durch. Der umtriebige Henze schrieb seiner »Carissima Pupa« zwar recht munter aus Detroit und ließ en passant auch eigene New Yorker Exzesse durchblicken, »eine Stadt, in der ich sehr bald auf dem Müll landen würde«. Doch seine Sorge um sie steht zwischen den Zeilen: »Wie immer fragen die Leute nach Dir und ich erzähle ihnen das Blaue vom Himmel herunter, sage ihnen ein wenig meine Dich und Deine Arbeit betreffenden Wunschträume, es ist, als spräche man von einem Gespenst. Doch ich hoffe, dass es Dir so gut geht wie ich sage. Und dass Du tust, was ich sage.«[48]

Nach intensiven Arbeitsmonaten ging Bachmann erst im Frühsommer des Jahres 1970 wieder länger auf Reisen. Stationen bei der Familie in Klagenfurt, in Berlin, wo sie Uwe Johnson besuchte, und Wien, aber auch der alljährliche Kuraufenthalt im Sporthotel der Familie Auer in St. Moritz gehörten dazu. Wieder einmal kämpfte sie mit gesundheitlichen Störungen: »Ich habe schon alles versucht, Spaziergänge, Gymnastik, Diät, Hagebuttentee, andere Askesen eingeschlossen, aber die Wirkung will nicht edificante werden.«[49] Auch der mit Bachmann befreundete Musiker und Komponist Luigi Bonino, der damals in ihrer unmittelbaren Nachbarschaft in Rom lebte, bestätigte mir 2011, wie sehr Bachmanns Zustand in diesen Jahren schwankte, wie binnen weniger Stunden aus einer unternehmungslustigen Frau und aufgeschlossenen Gesprächspartnerin ein zutiefst verzweifelter Mensch werden konnte. Auch ihm entging der exzessive Umgang mit Tabletten nicht, in Kombination mit häufigem Alkoholgenuss eine verheerende Mischung. Die beiden sahen sich in jener Zeit oft, riefen sich manchmal von ihren Fenstern aus spontane Verabredungen zu – eine aufrichtige Freundschaft, die auch nach Bachmanns späterem Umzug innerhalb Roms weiterbestand und nach ihrem Tod auch ihre Familie einschloss, mit der Luigi Bonino bis heute in herzlichem Kontakt steht.[50]

Der Freitod Paul Celans im April des Jahres 1970 traf Ingeborg Bachmann schwer. Obwohl das Manuskript zu ihrem *Malina*-Roman kurz vor der Fertigstellung stand, arbeitete sie die unter dem Schock des Verlustes entstandene Legende »Die Geheimnisse der Prinzessin von Kagran« in das schon in Reinschrift vorliegende Romanmanuskript ein. In der dicht gewebten motivischen und metaphorischen Korrespondenz dieses Textes mit der Person und den Gedichten Paul Celans findet der lebenslange poetische Dialog des einstigen Liebespaares seinen bewegenden Abschluss: »*Tief in der Nacht, da meinte sie, eine Stimme zu hören, die sang und sprach nicht, die raunte und schläferte ein, dann aber sang sie nicht mehr vor Fremden, sondern klang nur noch für sie und in einer Sprache, die sie bestrickte und von der sie kein Wort verstand. Trotzdem wußte sie, daß die Stimme ihr allein galt und nach ihr rief.*«[51]

Lebensgeschichtliche Erinnerungen an die Zeit ihrer ersten

Verliebtheit in Wien nimmt Bachmann in das Traumkapitel ihres Romans, »Der dritte Mann«, auf, ein Andenken, das der psychoanalytischen Erkenntnis möglicher Traumfunktion entsprechend die damalige Haltung des Geliebten auf den Kopf stellt und ihn nun Trost und Ruhe spenden lässt: »Sei ganz ruhig, denk an den Stadtpark, denk an das Blatt, denk an den Garten in Wien, an unseren Baum, die Paulownia blüht.[52]« Das »Blatt« aus ihrer Wiener Zeit, das er ihr einst geschenkt und das sie in einem Medaillon getragen hat, das er verloren glaubte[53], wird nun zum Erkennungszeichen des verlorenen Geliebten: »Mein Leben ist zu Ende, denn er ist auf dem Transport im Fluß ertrunken, er war mein Leben. Ich habe ihn mehr geliebt als mein Leben.«[54] Mit dem Motiv des »Transports« stellte Bachmann den Freitod Celans in einen unmittelbaren Zusammenhang mit seiner traumatischen Shoah-Erfahrung, eine Einschätzung, die sich aus seinen schweren psychischen Krisen ergab, die ihn in den 60er-Jahren wiederholt heimsuchten und bereits Jahre vor seinem Freitod psychiatrische Behandlungen nötig machten. Mit Celans Frau Gisèle, die zuletzt getrennt von ihm lebte, stand Bachmann bis zu ihrem Tod in engem und herzlichem Briefkontakt. Nie hat Gisèle außer Acht gelassen, dass Bachmann ein Mensch war, der »auch durch Paul gelitten hat und der Paul auch geliebt hat« – eine großmütige Haltung, die all ihre Briefe durchzieht und die die Voraussetzung dieser außergewöhnlichen Frauenfreundschaft war.[55] Von keinem anderen Mann hat Bachmann ihrer Familie gegenüber häufiger gesprochen als von Paul Celan, »in den letzten Jahren mit großer Traurigkeit«[56]. Er blieb die große Liebe ihres Lebens – und er hat in ihrem *Malina*-Roman für immer ein literarisches Andenken gefunden.

Ein mehrwöchiger Aufenthalt in Kärnten im Sommer 1970 lieferte Anregungen zu der unveröffentlicht gebliebenen Erzählung *Gier*. Wie schon in ihren Skizzen zur römischen High

Society in ihren *Römischen Reportagen* aus den 50er-Jahren ließ sich Bachmann nun von den »wirklich Reichen« in ihrer österreichischen Heimat zu scharfsinnigen Gesellschaftsstudien inspirieren. Doch noch immer war die Arbeit am *Malina*-Roman nicht wirklich abgeschlossen. Siegfried Unseld, der so lange Geduld mit der von ihm hochgeschätzten und lang umworbenen Autorin gezeigt hatte, wurde ungehalten. In Briefen, Telefonaten und persönlichen Treffen mahnte der Suhrkamp-Verleger nun immer dringlicher den schon seit Jahren versprochenen Roman an. Im Herbst 1970 war es endlich so weit. Unseld flog nach Rom, um das Rohmanuskript mit Bachmann zu besprechen. Vom 10. bis zum 13. Oktober saßen sie zusammen. Unselds Doppelrolle als Freund und als Verleger wurde zum Problem. Hatte sich Bachmann jahrelang über das Drängen ihres Münchner Verlegers Klaus Piper beschwert, fand sich Unseld nun selbst in dieser undankbaren Rolle wieder. In ihrem Traumkapitel hat Bachmann dieses Dilemma durchaus ironisch kommentiert:»und der Große Siegfried ruft mich, erst leise, und dann doch laut, ungeduldig hör ich seine Stimme: Was suchst du, was für ein Buch suchst du? Und ich bin ohne Stimme. Was will der Große Siegfried? Er ruft von oben immer deutlicher: Was für ein Buch wird das sein, was wird denn dein Buch sein?«[57]

Was Bachmann ihm da geliefert hatte, bescherte auch einem hochambitionierten literarischen Verleger wie Siegfried Unseld keine geringe Herausforderung. Von der in diesen Jahren allgegenwärtigen realistischen Erzählhaltung war *Malina* weit entfernt. Das Manuskript bot eine komplexe Komposition unterschiedlichster Erzählweisen, es spielte mit autobiografischen Motiven, um sie mittels einer virtuos verschränkten, ganz und gar gegensätzlichen Figurenführung in die äußerste Spannung zu treiben, die schließlich den Untergang des weiblichen Ichs zur Folge hatte. Was für ein Buch also sollte das sein? Und vor allem, wie würde die Kritik auf einen solchen Roman Bachmanns reagieren? Unseld holte sich hochkarätigen Rat, er bat Martin Walser und Uwe Johnson, sich der Sache anzunehmen. Beide durften Einsicht in das Rohmanuskript nehmen. Martin Walser reiste im November zu Bachmann nach Rom, um Einzelheiten zur Manuskriptgestaltung zu besprechen. Sowohl er als auch Uwe Johnson berieten Bachmann eingehend bei ihren letzten Korrekturgängen, schlugen Einfügungen und Kürzungen vor und rieten ihr bei abschließenden Lektoratsgesprächen, die zwischen dem 2. und 7. Januar 1971 in Frankfurt stattfanden, beispielsweise die Passage »Besichtigung einer alten Stadt« herauszunehmen, die dann als separater Text in der Juniausgabe der Zeitschrift *Text + Kritik* veröffentlicht wurde. Dieses letzte Verlagsgespräch im Frankfurter Suhrkamp-Haus in der Lindenstraße beendete die langwierige Entstehungsgeschichte dieses einzigen Romans Ingeborg Bachmanns, der zu ihren Lebzeiten veröffentlicht wurde.

Als der Roman im März 1971 erschien, brach ein Mediensturm los. Über Jahre hin war ein neuer Bachmann-Roman immer wieder angekündigt und dann doch verschoben worden. Das hatte – genauso wie die vielen Spekulationen um das Privatleben der Autorin – die Erwartungen in enorme Höhen katapultiert. Der Absturz folgte prompt. Die nun erscheinenden Rezensionen schwankten zwischen Ratlosigkeit und unverhohlener Häme. Von einem »Nachtwald voller Fragen« sprach Gabriele Wohmann, Helmut Heißenbüttel verspottete den Roman als »Bekenntnisse einer schönen Seele« und hielt der Autorin vor, damit ins »19. Jahrhundert« zurückzuweichen. Aber auch so erfahrene Kritiker wie Joachim Kaiser, Günter Blöcker und Karl Krolow stießen mit ihren erprobten literarischen Bewertungskategorien an ihre Grenzen; immer wieder wurde das lyrische Talent der Autorin bemüht, um die erzählerische Herausforderung dieses Romans zu erklären.[58] Einzig Hans Mayer gab den entscheidenden Hinweis, wo der Schlüssel bei dieser Lektüre zu suchen war: »Von der

Komposition dieses Buches sollte man daher vor allem ausgehen. Auf autobiografische Details darf man nicht hineinfallen. Auch sie gehören zur kompositorischen Ironie von Ingeborg Bachmann.«[59] Doch die Ratlosigkeit der professionellen Kritiker war nur die eine Seite der öffentlichen Reaktion. Seine Leser eroberte *Malina* im Sturm, Bachmanns Roman stand wochenlang auf Platz 2 der *Spiegel*-Bestsellerliste, nur übertroffen von der zeitgleich erschienenen *Love Story* des Amerikaners Erich Segal. Was dem Roman in der professionellen Zunft zum Nachteil gereichte, erwies sich für die unbefangenen Leser von Vorteil: *Malina* eröffnete viele Lektürewege, der Roman konnte als Liebesgeschichte genauso gelesen werden wie als »inwendiges Geschehen«. Wer wollte, konnte die zahlreichen Motive entschlüsseln – oder sie ignorieren. Letztlich blieb es dem Lektürevermögen des Lesers überlassen, was ihm dieser Text erzählen würde und was er für immer vor ihm verbarg. In dieser herausragenden kompositorischen Erzählleistung zeigten sich die Früchte jahrelanger harter Schreibarbeit, bei der Ingeborg Bachmann Manuskriptfassung um Manuskriptfassung um die kompositorischen Finessen dieses Werkes gerungen hatte.

Hans Werner Henze, der Bachmann so viele Jahre die Vergeudung ihrer kreativen Kräfte und einen eklatanten Mangel an Konzentration auf das Wesentliche vorgeworfen hatte, trat einen Canossagang an. Am 26. März telegrafierte er nach Frankfurt, wo sich Bachmann bei Unselds im Grüneburgweg aufhielt:»LEKTUERE MALINA BEENDET SEHR AUFGEWUEHLT VON REICHTUM GROESSE TRAURIGKEIT VERZWEIFLUNG DIESER DEINER ERSTEN SINFONIE WELCHE DIE ELFTE VON MAHLER IST.«[60] Der Roman im Rang der elften Mahler'schen Sinfonie – ein größeres Kompliment hatte Henze nicht zu vergeben. Nach diesen Worten wusste Bachmann, dass ihr der Bruder im Geiste nach endlosen Jahren des

Zweifels und der Verzweiflung wieder auf Augenhöhe begegnen würde. Auf das Erscheinen des Romans im Frühjahr 1971 folgten zahlreiche Interviews und ausgedehnte Lesereisen. Noch einmal stand Ingeborg Bachmann im Mittelpunkt der literarischen Öffentlichkeit. Ihre Äußerungen zu den Diskussionen um den Roman lieferten ein weiteres Indiz für die Genauigkeit ihrer Erzählhaltung und ihres hochreflexiven Schreibverständnisses. Die Interviews des Jahres 1971 gehören aus heutiger Sicht zu den wichtigsten Quellen für Ingeborg Bachmanns literarisches Selbstverständnis.[61] Im Anschluss an ihre Lesereisen zog sich Ingeborg Bachmann wieder nach Rom zurück und arbeitete intensiv an den Erzählungen *Simultan, Ihr glücklichen Augen, Probleme Probleme* und *Das Gebell.* Andere Erzählfassungen, die sie ursprünglich auch für eine Veröffentlichung vorgesehen hatte, wurden zurückgestellt. Im Sommer 1971 reiste sie nach London zur Hochzeit ihres Bruders Heinz. Daran anschließend verbrachte sie ihre Sommerfrische wie in den Jahren zuvor bei ihrer Familie in Kärnten. Hier suchte und fand Ingeborg Bachmann die zentralen Motive ihrer letzten Erzählung, *Drei Wege zum See,* in der eine erfolgreiche Journalistin ihr Leben reflektiert. Wie in keiner anderen Erzählung vorher gelingt Ingeborg Bachmann die scheinbar mühelose Verknüpfung österreichischer Erzähltradition mit den traumatischen Gewalt- und Kriegserfahrungen ihrer Generation. Die der *Kapuzinergruft* von Joseph Roth entlehnte Figur des Trotta erinnert in ihrer hoffnungslosen Exiliertheit noch einmal an Paul Celan, sie verkörpert aber auch jene Erfahrungen, die der ihm schicksalsverwandte Jean Améry in seinem Essay *Über die Tortur* bedrängend reflektierte. Ihn benennt die Autorin in ihrer Erzählung ausdrücklich. Améry wusste das zu würdigen und schrieb über *Drei Wege zum See:*[62]

Dem Zauber dieser gestrigen in die unsrige fremd hineinragenden Welt kann zumindest der sich nicht entziehen, der selbst mit diesem Gestern noch auf du und du steht, sei die Duzbrüderschaft auch ironisch gebrochen oder sogar durch Haßliebe entstellt. Wer je mit Leutnant Gustl in der Hauptallee saß, wer mit der jungen Therese durch ein noch ganz provinzielles, vom Festspielrausch noch nicht träumendes Salzburg ›gewandelt‹ ist (jawohl: ›wandeln‹ heißt es bei Schnitzler), wer mit Törleß die Schulbank drückte und uferlose Gespräche mit Musils Walter und Clarissa führte – wer also das literaturgewordene bürgerliche Österreich in sich trägt, der ist der hypnotischen Wirkung, die von diesen Novellen ausgeht, anheimgegeben: […] Sehe ich nämlich recht, dann wird hier der Versuch unternommen, eine österreichische Literatursprache zu schaffen oder wiedererstehen zu lassen. Dieses methodische Zurückschreiten in eine ältere österreichische Sprachwelt, das allerdings von der Verfasserin nicht durchgehalten werden kann, hat, glaube ich, zwei Gründe. Der erste ist unzweifelhaft eine Verbindung mit der österreichischen Vergangenheit, die besonders eng ist, wenn man als freiwilliger oder unfreiwilliger Exilierter im Ausland lebt, da sie in solchem Fall zu einer Form der Ichfindung und Selbstkonstitution wird. Der zweite ist jedem heute deutsch schreibenden Schriftsteller vom eigenen Werkplatz her bekannt: Man kämpft einen verzweifelten Kampf gegen das Neudeutsch der verschiedensten Schattierungen und Bildungsräume.[63]

Anders als bei dem an traumatische Fixierungen gebundenen Kosmos der *Todesarten* gestattete sich Ingeborg Bachmann in ihren Porträts der *Wienerinnen* eine erzählerische Haltung, die sich in der Tradition Hofmannsthals und Schnitzlers eine Leichtigkeit des Tons und eine impressionistische Figurenführung erlaubt. Das Verhältnis der Geschlechter hat seine monströse Zeichnung verloren, das Scheitern aneinander wird mit Gesten von ironischer Hilflosigkeit erzählt. Parallel zum groß angelegten Prosazyklus der *Todesarten*-Texte und der strengen Komposition des *Malina*-Romans, der wie kaum ein anderer Roman seiner Generation den Abgrund von Geschlechtlichkeit, Gewalt und Tod umkreist und mit seiner subversiven Erinnerungshaltung das Erzählen selbst an seine Grenze führt, findet die Autorin Bachmann mit ihrem *Simultan*-Band in die flüchtige Balance des Lebens zurück – so unprätentiös und zauberisch leicht erzählen diese Texte von Liebe und Scheitern, von fliehendem Glück und bleibender Einsamkeit.

Im Oktober 1971 kam innerhalb des alten Stadtzentrums von Rom ein letzter Umzug zustande. Ingeborg Bachmann zog in die Via Giulia 66, jene Wohnung im Palazzo Sacchetti unweit des Tibers, in der sie die letzten anderthalb Jahre ihres Lebens verbrachte. Erleichtert schrieb sie ihrer Schwester, wie »glücklich« sie in der neuen Wohnung sei und dass sie sich seit vielen Jahren endlich auch »gesundheitlich wieder besser« fühle. Anfang Dezember war Ingeborg Bachmann voller Hoffnung: »Vielleicht ist jetzt doch die Wende eingetreten und die Vergangenheit endgültig auf die Misthaufen.«[64] Die neue Wohnung im alten Palazzo, in die die Sonne von allen Seiten hereinflutete, beflügelte sie und schien ihre »Stimmung ins Positive zu wenden«[65]. Doch der vermeintliche Neuanfang war nur von kurzer Dauer, die Dämonen der vergangenen Jahre ließen sich auch von scheinbar undurchdringlichen Mauern nicht zurückhalten.

Bachmanns jahrelange Tablettenabhängigkeit hatte ihr immer wieder Probleme beschert, ihre Wahrnehmung und ihr Lebensgefühl beeinträchtigt. In den römischen Apotheken um die aufgegebene Wohnung in der Via Bocca di Leone hatte man ihr schon länger die gewünschten Medikamente nicht mehr ausgehändigt, was Bachmann mitunter dazu veranlasste, Freunde oder Bekannte vorzuschicken. Das neue Domizil bot auch hier – wenn auch nur vorübergehend – Erleichterung. Wenn alles nichts mehr half, ließ sich Bachmann die für sie notwendig gewordenen Mengen des Tranquilizers Seresta aus der Schweiz beschaffen. Trotz dieser angespannten Umstände arbeitete sie weiter an der Fertigstellung und Korrektur des Erzählbandes *Simultan,* der aus der Konzeption der *Wienerinnen* hervorgegangen war und der im September 1972 vereinbarungsgemäß bei Piper erscheinen sollte.

14. »Asozial, einsam, verdammt« – der Preis einer kompromisslosen Autorenexistenz

Die Verleihung des Anton-Wildgans-Preises der österreichischen Industrie an Ingeborg Bachmann am 2. Mai 1972 in Wien erregte öffentliche Aufmerksamkeit. Aller Inszenierungen müde und radikal wie nie zuvor nutzte Bachmann dieses Forum zu einem kompromisslosen öffentlichen Statement. Im Scheinwerferlicht des kulturellen und wirtschaftlichen Establishments beleuchtete Bachmann die Nachtseite ihrer gefeierten Autorenexistenz: »Es ist eine seltsame, absonderliche Art zu existieren, asozial, einsam, verdammt, es ist etwas verdammt daran, und nur das Veröffentlichte, die Bücher, werden sozial, assoziierbar, finden einen Weg zu einem Du, mit der verzweifelt gesuchten und manchmal gewonnenen Wirklichkeit.«[1]

Die im *Malina*-Roman geleistete Preisgabe des eigenen Abgrunds gehörte zu den großen Leistungen ihres Schriftstellerlebens, doch sie hatte Ingeborg Bachmann auch viel Kraft gekostet. Der im Roman thematisierte Konflikt zwischen Erzählenwollen und Erzählverweigerung zielt auf den Kern ihrer Schreibnot, der die Autorin über Jahre hinweg nur mit einer zunehmenden Medikamenten- und Alkoholabhängigkeit standzuhalten wusste. Von frühester Jugend an hatte sich Ingeborg Bachmann einem Ich-Ideal unterworfen, das in der väterlichen Autorität seine erste Verkörperung fand. In den beherrschenden Ziehvätern der österreichischen Literaturszene trumpfte dieses Ideal noch einmal kurzfristig auf, doch in der poetischen und menschlichen Auseinandersetzung mit Paul Celan und ihrem ebenso schmerzlichen wie befreienden Weg zu einer selbstständigen Autorenexistenz erwuchs daraus ein Kunstideal, gegenüber dem sie sich nur unter Aufbietung aller Kräfte behaupten konnte.

Ingeborg Bachmann hatte in ihrem Schreiben das Absolute gesucht, gerade und weil sie in frühester Jugend die völlige Zerschlagung des Lebens durch Terror und Krieg erfahren hatte. Schon ihre frühen Gedichte wie »Erklär mir, Liebe« und »Mein Vogel« spürten dem schmerzlichen Kampf zwischen Kunst und Leben in eindrucksvollen Metaphern nach, doch erst ihre jahrelange Arbeit am Prosazyklus der *Todesarten*-Texte führte ihr Schreiben an eine Grenze, die ihr den »Riß« im Inneren ihrer eigenen Existenz vergegenwärtigte. Als eine der ganz wenigen Autorenkollegen hat Christa Wolf diese Haltung öffentlich gewürdigt und als Drama einer schreibenden Frau und kompromisslosen Künstlerin klar analysiert: »Ich behaupte, daß jede Frau, die sich in diesem Jahrhundert und in unserem Kulturkreis in die vom männlichen Selbstverständnis geprägten Institutionen gewagt hat – ›die Literatur‹, ›die Ästhetik‹ sind solche Institutionen –, den Selbstvernichtungswunsch kennenlernen mußte.«[2]

Wie kaum eine andere Schriftstellerin ihrer Zeit hat Ingeborg Bachmann ihre scharfe Intellektualität und die poetische Sensibilität ihrer weiblichen Autorenschaft als unüberbrückbaren Gegensatz erlitten. Stellvertretend für viele Frauen ihrer Generation stand sie im historischen Niemandsland und wusste ihre künstlerischen Kräfte nur an männlichen Vorbildern zu messen. Den von ihr lebenslang schmerzlich erfahrenen Konflikt zwischen Emotion und Intellekt übertrug sie auf die Figuren »Ich« und Malina in ihrem gleichnamigen Roman. Der mörderische Kampf beider Figuren, der das weibliche Ich schließlich in »den tödlichen Ausgang« der Wand treibt, liefert nur vordergründig das Bühnenstück einer Geschlechterschlacht. Hinter den Kulissen einer sorgfältigen Romankomposition verbirgt sich der wahre Schauplatz: das Schlachtfeld der poetischen Produktion. So fragt das Ich des Romans: »Verstehst du, meine flammenden Briefe, meine flammenden Aufrufe, meine flammenden Begehren, das ganze Feuer, das ich zu Papier gebracht habe, mit meiner verbrannten Hand – von allem fürchte ich, daß es zu einem verkohlten Stück Papier werden könnte.« Dem hält Malina entgegen: »Die Alten haben von jemand, der dumm war, gesagt, er habe kein Herz. Sie haben den Sitz der Intelligenz in das Herz verlegt. Du mußt nicht dein Herz an alles hängen und alle deine Reden flammen lassen und deine Briefe.« Dem entgegnet das Ich: »Wie viele aber haben Köpfe, nichts weiter als Köpfe? und nämlich kein Herz.«[3]

Als sich Ingeborg Bachmann 1972 zur Radikalität und Einsamkeit ihrer schriftstellerischen Existenz bekannte, waren seit ihren ersten Skizzen zum *Todesarten*-Projekt zehn Jahre vergangen. Der Prosazyklus, den sie unter dem Schock der Trennung von Max Frisch 1962 begonnen hatte, blieb unvollendet, doch es war ihr gelungen, mit ihrem Roman *Malina* ihrem eigenen künstlerischen Anspruch standzuhalten. Ihr noch unter dem Eindruck des ersten Nachkriegsjahrzehnts 1959 formuliertes Credo »Die Wahrheit ist dem Menschen zumutbar« durfte sie als eingelöst betrachten. Sie hatte um diese Wahrheit gerungen mit dem Mut und der Verzweiflung eines Menschen, »der seine Bahn zieht wie den einzigen aller möglichen Wege«. Leidenschaftlich und unbeirrbar hatte sich Ingeborg Bachmann den von ihr selbst so definierten Grundfragen einer modernen Autorenexistenz ausgesetzt: »Warum schreiben? Wozu?«[4] Ihr unerbittlicher Anspruch an sich selbst irritierte manchen ihrer literarischen Zeitgenossen[5], doch es war genau diese Haltung, die sie nicht aufgeben ließ, die sie durch Tausende von Manuskriptseiten hindurch das suchen ließ, was sie als künstlerische Wahrheit empfand.

Die Angst vor dem Verstummen begleitete sie in ihrem letzten Lebensjahrzehnt, die zerstörerischen Erfahrungen bei der Trennung von Max Frisch hatten ihr fast die Sprache geraubt. Verzweifelt versuchte Ingeborg Bachmann über diese Zerreißprobe ihres Schreibens hinwegzukommen, eine Anstrengung, die ihre seelische und körperliche Gesundheit an manche Abgründe führte. Nach einem langen und einsamen Kampf war es ihr gelungen, diesen Konflikt in ihrem Schreiben selbst zur Sprache zu bringen und damit ein künstlerisches Neuland zu erobern, das ihrem Roman *Malina* einen einzigartigen Rang verleiht.

Nach Jahren des Unbehaustseins hatte sie mit der Doppelexistenz eines römischen Lebens und eines österreichischen Schreibens zu der ihr einzig möglichen Lebens- und Arbeitsform gefunden. Das Herzland ihres poetischen Sprechens lag unverrückbar in einem imaginären Wien – aus diesem geistigen Heimatland sollte sie keiner mehr vertreiben. Doch auch diese Doppelexistenz kostete psychische Kraft und wurde zunehmend zur Belastung. Seit Ende der 60er-Jahre hatte sich Bachmann immer weiter von ihrem römischen Leben entfernt und wollte nun, nach zahlreichen gescheiterten Anläufen, Ernst machen mit ihrer Übersiedlung nach Wien.[6] Im Herbst des Jahres 1972, nachdem sie nach einer lieb gewordenen Tradition den Sommer wieder in Kärnten verbracht hatte, trieb Ingeborg Bachmann ihre Übersiedlungspläne so weit voran, dass ihr die Regierung Kreisky eine Wohnung in Wien anbot und der damalige Direktor des Burgtheaters, Gerhard Klingenberg, sie um ein Theaterstück ersuchte. In *Auslöschung* schrieb der mit ihr befreundete Thomas Bernhard:

Maria ist es gelungen, zuerst nach Deutschland, dann nach Paris, dann nach Rom auszubrechen, ihren Dichtungen entsprechend, dachte ich. Aber sie hat immer wieder Versuche unternommen, in Wien seßhaft zu werden, hat sich mit allen möglichen Leuten eingelassen, sie ermuntert, ihr den Rückweg nach Wien zu ermöglichen, aber immer, wenn es tatsächlich soweit war, nach Wien zurückzukehren, *hat sich alles zerschlagen,* dann haben sich alle diese Wien betreffenden Pläne zunichte gemacht, die Leute, die ihr beispielsweise eine Wohnung verschafft hatten, hat sie vor den Kopf gestoßen, mehrere solcher Wohnungen auf Lebenszeit, wie es immer geheißen hat, hat sie aufgegeben, bevor sie sie bezogen hat.

Wie in den Jahren zuvor zog sich die Entscheidung auch diesmal hin. Das römische Leben, in dem sich Bachmann von vielen ehemaligen Weggefährten zurückgezogen hatte, ging weiter. Zu den wenigen in Rom ansässigen Menschen, die damals noch zu ihr Zugang hatten, gehörten Hans Werner Henze, Toni Kienlechner, Luigi Bonino, Christine Koschel, die für sie Schreibarbeiten erledigte, und ihre Haushälterin Maria Teofili. Ein Streik zwischen Weihnachten und Neujahr 1972/73 führte dazu, dass Ingeborg Bachmann an den Feiertagen in Rom praktisch ohne eine Lira dasaß, und so erreichte ihre Familie in Kärnten nach den Weihnachtstagen ein dringlicher SOS-Ruf. Wie immer in solchen Fällen sorgte Ingeborg Bachmanns Vater für die nötige Unterstützung. Es wurde verabredet, dass Isolde Moser, mit der nötigen Barschaft versehen, postwendend nach Rom reiste. In der Silvesternacht stand sie völlig unerwartet für ihre Schwester vor deren Wohnungstür in der Via Giulia. Die heftige Freude Ingeborg Bachmanns über diese rasche Hilfe wie auch über die unerwartete schwesterliche Ankunft in Rom ist Isolde Moser unvergesslich. Die gemeinsam verbrachte Silvesternacht rief in ihrer Improvisation und Spontanität bei beiden Schwestern Erinnerungen an ihre gemeinsamen Wiener Jahre wach – es sollte das letzte unbefangene Erlebnis sein.[7]

Der Jahresanfang nahm seinen Lauf, und die Frage einer endgültigen Übersiedlung nach Österreich blieb ungelöst. Wieder einmal zögerte Ingeborg Bachmann, und als ihr Vater im März 1973 starb, wurden diese und andere Pläne erst einmal auf Eis gelegt. In den Erinnerungen ihrer Geschwister stand Ingeborg Bachmann von allen Kindern dem Vater am nächsten. Seine Leidenschaft für Sprachen und Literatur hatte er an sie weitergeben können, bis zuletzt waren sie durch intensive Gespräche miteinander verbunden. Sein Tod ging ihr sehr nahe, mit ihm war ein Stück der alten österreichischen Welt, der Ingeborg Bachmann mit so vielen Fasern verbunden blieb, von ihr gegangen. Jahre zuvor hatte Ingeborg Bachmanns Freundin Marie Luise Kaschnitz mit wenigen Pinselstrichen ein beeindruckendes Porträt dieses Mannes gezeichnet: »Ein Mann, der die Urbanität des alten Österreich besaß, der im Beisein großer, fremder Akademiker so völlig allein und doch ganz sicher war – ein Herr.«[8] Mit dem Tod des Vaters wurde Bachmanns ohnehin fragil gewordenes Lebensfundament brüchiger denn je.

Obwohl ihr Gesundheitszustand mehr als angegriffen war, hielt Bachmann an der zehntägigen Polenreise fest, die sie auf Einladung des österreichischen Kulturinstitutes in Warschau für Mai verabredet hatte. Ihre Zugehörigkeit zu dem Habsburger Kulturraum beschäftigte sie unter dem Eindruck des jüngsten Verlustes stärker denn je, »obwohl ich geboren wurde, als Österreich schon nicht mehr existierte. Doch unterirdische Querverbindungen gelten für mich immer noch, und die geistige Formation hat mir dieses Land, das keines ist, gegeben.«[9] In Polen nahm Bachmann die Besonderheiten des slawischen Kulturraums wie unter einem Brennglas wahr. Ihre Lesungen in zahlreichen polnischen Städten, vor allem aber ihre Besuche der Konzentrationslager Auschwitz-Birkenau hinterließen in ihr einen unauslöschlichen Eindruck.

Mehr als alles andere beschäftigte sie die ihr auf dieser Reise entgegengebrachte »Offenheit« der Menschen. Sie fand darin etwas wieder, was ihr vor langer Zeit einmal begegnet war. Die »Aufmerksamkeit der Studenten, ihr Wunsch, etwas zu wissen, zu fragen«, erschien ihr als etwas »Seltenes und Schönes«. Und doch stand der Intensität dieser Begegnungen das schweigende Aushalten des Unaussprechlichen gegenüber. Die unheilvolle Vergangenheit und die hoffnungsvolle Zukunft sahen sich unmittelbar miteinander konfrontiert. Auf ihrer Polenreise wurde Ingeborg Bachmann eine geistige Heimaterfahrung zuteil, die sie überwältigte und verändert zurückkehren ließ:[10]

Die meisten Frauen brauchen eine Hoffnung, etwas, was man ihnen noch nie gesagt hat. Ich brauche es nicht, ich weiß es schon lange, nämlich, daß sie fähig sind, genau so zu denken, genau so scharf zu denken, wie die Männer. Daß sie genau so fähig sind, daß sie sogar weniger eitel sind, daß sie zu größeren Leistungen imstande sind als Männer. Daß sie kein Mitleid brauchen und zu jedem Opfer fähig sind, um etwas zu tun. Das war die Lehre, die mir Polen gegeben hat.[11]

Die Zeit der Fluchten war vorbei. Ingeborg Bachmann wollte sich der Wirklichkeit stellen, dafür musste sie kraft und willens sein, die Jahre des freiwilligen Exils endgültig hinter sich zu lassen. Nun suchte Bachmann aktiv nach der endgültigen Verortung in dem weitgespannten Kulturraum ihrer österreichischen Heimat, zu dem seit Kindheitstagen auch das Slawische gehört hatte. Die Reise nach Polen hatte ihr ein lang vermisstes Identitätsgefühl zurückgegeben. Was ihr Besuch in Prag vor Jahren ausgelöst hatte, sah sie in Polen bestätigt: »Denn ich bin ja eine Slawin und Slawen sind anders.«[12]

Im Sommer 1973 telefonierte Ingeborg Bachmann eine ganze Stunde mit der ihr freundschaftlich verbundenen Hilde Spiel und erzählte ihr, wie wenig sie es erwarten konnte, dieses ihr nun verhasste Rom endlich zu verlassen, und dass die lange in Aussicht gestellte Wiener Wohnung nun endlich für sie bereitstand. Diesmal wollte sie daran festhalten. Bis in die Details eines zu bewältigenden Alltages plante sie nun ihre

Wiederkehr.[13] Familie und Freunde waren informiert, doch es sollte ganz anders kommen.

Wie manchmal in den Jahren zuvor hatten Ingeborg Bachmann und Hans Werner Henze ihre nah beieinanderliegenden Geburtstage gemeinsam nachgefeiert, die Party fand am 1. Juli 1973 in Marino statt. Erschrocken registrierte Henze, wie schwer es seiner Freundin fiel,»einen Satz zu Ende zu sprechen oder jemandem zuzuhören«[14]. Auch Alfred Grisel, der Ingeborg Bachmann seit seiner Zeit als Manager des Hilton Hotel in Rom freundschaftlich verbunden war und der immer auch das Vertrauen ihrer Geschwister genoss, zeigte sich bestürzt. Die letzten drei Augustwochen des Jahres 1973 hatte Bachmann in dem von ihm geleiteten Hilton Hotel auf Malta verbracht. Das»Ausmaß ihrer Tablettensucht« war da schon nicht mehr zu verbergen:»Es müssen an die 100 Stück pro Tag gewesen sein, der Mülleimer ging über von leeren Schachteln. Sie hat schlecht ausgesehen, war wachsbleich. Und am ganzen Körper voller Flecken. Ich rätselte, was es sein konnte. Dann, als ich sah, wie ihr die Gauloise, die sie rauchte, aus der Hand glitt und auf dem Arm ausbrannte, wußte ich's: Brandwunden, verursacht von herabfallenden Zigaretten.«[15]

Wie so oft in den letzten Jahren wurde ein Kuraufenthalt erwogen. Ingeborg Bachmann hatte den Beginn ihres Aufenthalts im österreichischen Bad Gastein für den 27. September geplant. Nach Auskunft von Isolde Moser fühlte sich Bachmann durch einen Magen-Darm-Virus geschwächt und hatte ihre Schwester telefonisch gebeten, in Bad Gastein für sie abzusagen. Nur wenige Tage später rief Toni Kienlechner in Kötschach an und berichtete, was vorgefallen war. In der Nacht vom 25. auf den 26. September 1973 hatte sich Ingeborg Bachmann bei einem Brandunfall in ihrer römischen Wohnung schwer verletzt. Zwar war es ihr noch im Morgengrauen gelungen, ihre frühere Haushälterin Maria Teofili, die in der Via Bocca di Leone für sie tätig gewesen war, anzurufen und um eine Brandsalbe zu bitten. Als die Haushälterin eintraf, war Bachmann allerdings nicht in der Lage, ihr die Tür zu öffnen. Bis es gelang, sich Zutritt zu verschaffen, vergingen wertvolle Stunden. Mit einem Rettungswagen wurde Bachmann schließlich in die römische Klinik Sant' Eugenio gebracht. Da Maria Teofili in der Eile keinen Pass gefunden hatte, nahm sie die italienische Ausgabe des *Malina*-Romans mit, um die Autorin auszuweisen.[16]

Der behandelnde Arzt, Paolo Lombardi, diagnostizierte Verbrennungen zweiten und dritten Grades, 36 Prozent der Hautoberfläche waren schwer geschädigt. Von Anfang an war ihr Zustand ernst. Bachmann wurde unter ein Sauerstoffzelt gelegt, um die Gefährdung durch bakterielle Infektionen auszuschließen. Die Wundbehandlung schien Wirkung zu zeigen. In den ersten Tagen gewann sie sogar für Momente das Bewusstsein und konnte einige wenige Worte über eine installierte Sprechanlage wechseln.

Aus der Lage der Verletzungen heraus schloss der Arzt, dass eine Ohnmacht die Schriftstellerin überwältigt haben musste, während sie im Badezimmer eine Zigarette in der Hand hielt. Verkohlte Reste eines Nachthemdes und eine verbrannte Schlafstola wurden in der Wohnung gefunden. Es blieb rätselhaft, wie Ingeborg Bachmann bei der Schwere ihrer Verletzungen noch einmal hatte einschlafen und nach dem Erwachen ohne überwältigende Schmerzzustände hatte ihre Haushälterin telefonisch informieren können.

Isolde Moser flog über Venedig nach Rom, ihren Bruder Heinz Bachmann erreichte die Nachricht während einer Geschäftsreise in Holland. Statt wie vereinbart weiter in den Senegal zu fliegen, machte auch er sich auf den Weg nach Rom. In Ingeborg Bachmanns Wohnung traf er auf Roberto Calasso und Fleur Jaeggy. Gemeinsam fuhren sie mit Calassos Wagen in die Klinik, wo bereits Christine Koschel und deren Gefährtin Inge von Weidenbaum warteten.[17] Aus der Schweiz reiste Heidi Auer an, die im weißen Kittel der Medizinerin im Krankenzimmer ein und aus ging, den römischen Ärzten aber nicht oder nur ungenügend Hinweise auf die Medikamentenabhängigkeit der Schwerverletzten gegeben hatte, ein Umstand, der die Geschwister Ingeborg Bachmanns noch heute mit Fassungslosigkeit erfüllt. Da Heinz Bachmann seine Geschäftsreise in den Senegal nicht unbegrenzt aufschieben konnte, flog seine junge Frau Sheila aus Dakar nach Rom, um ihrer Schwägerin Isolde beizustehen. Auch Siegfried Unseld traf aus Frankfurt ein – fassungslos und erschüttert.

Wer Bachmann in diesem Zustand wusste, stand unter Schock. Keine Hand konnte gereicht, kaum ein liebevolles Wort gesprochen werden. Die ungeheure Hilflosigkeit angesichts der Schwere dieser Verletzungen ist in den Gesprächen mit der Familie bis heute spürbar. Für die Familie Ingeborg Bachmanns sollte das Drama um die verletzte Schriftstellerin nicht der einzige Schicksalsschlag bleiben. Am 8. Oktober 1973 wurde Isolde um acht Uhr morgens von ihrer Mutter Olga Bachmann telefonisch darüber informiert, dass ihr eigener Mann, Franz Moser, mit dem Motorrad tödlich verunglückt war. Gemeinsam mit Sheila flog Isolde nach Klagenfurt zurück, um die Beerdigung in Kötschach vorzubereiten. Nur wenige Tage später saßen beide schon wieder im Zug nach Rom. Als Schwester und Schwägerin in Sant' Eugenio eintrafen, hatte sich die Lage dramatisch zugespitzt. Bachmann war ins Koma gefallen, doch trotz ihrer Bewusstlosigkeit wurde ihr Körper von zerebralen Krämpfen heimgesucht, für die die Brandverletzungen nicht die alleinige Ursache sein konnten. Nun begannen Dr. Lombardi und seine Kollegen Fragen nach möglichen Medikamentengaben zu stellen. Spät, zu spät suchten Freunde in Bachmanns Wohnung nach Medikamentenpackungen, die bei einer Behandlung unbedingt hätten berücksichtigt werden müssen.

Die ungeklärten Umstände ließen unter den Anwesenden

ein Klima gegenseitigen Misstrauens entstehen, Vermutungen wurden unter der Hand weitergereicht, Verdächtigungen ausgesprochen. Dass die Familie durch den Kärntner Unglücksfall nicht beständig vor Ort sein konnte, mag die Missverständnisse weiter geschürt haben. Das Sprachproblem kam hinzu. Obwohl der Zutritt zum Isolationsraum Familie wie Freunden streng verboten war, gelang es Hans Werner Henze, hineinzugelangen. »Eine Nachtschwester ließ Fausto und mich heimlich zu ihr in den Isolierraum. Es war ein Anblick der Vernichtung, von unvergesslichem Grauen. Ich bin laut schreiend hinausgestürzt.«[18]

Als Ingeborg Bachmann am 17. Oktober 1973 an den Folgen ihrer Brandverletzungen in Rom starb, herrschte fassungslose Trauer. Familie und Freunde standen sich sprachlos gegenüber. Während sich Sheila Bachmann um die ganzen organisatorischen Dinge kümmern musste, stand ihr allein Bachmanns langjähriger Freund Luigi Bonino zur Seite. Er half ihr, die Tote zu identifizieren, und begleitete Sheila bei allen Behördengängen. Heinz Bachmann, der nach der Todesnachricht aus Dakar über Frankfurt nach Rom flog, traf beim Besteigen der Maschine auf Siegfried Unseld und andere Bekannte Bachmanns, die ihr in Rom die letzte Ehre erweisen wollten. Kaum in Rom eingetroffen, kam es zum Eklat. Hans Werner Henze konnte und wollte sich mit dem Unvermeidlichen nicht abfinden. Alles in ihm bäumte sich auf, gemeinsam mit seinem Lebensgefährten Fausto, aber auch mit der Unterstützung anderer Bachmann-Freunde wie Pierre Evrard, Heidi Auer, Roberto Calasso und Fleur Jaeggy erwog er eine Mordanzeige gegen Unbekannt. Siegfried Unseld war über diesen Vorstoß entsetzt. Roberto Calasso bemühte sich persönlich, die Unterstützung des Bruders für dieses Vorhaben zu gewinnen, doch Heinz Bachmann weigerte sich.

In dieser Situation wog die Entscheidung, wo Ingeborg Bachmann beerdigt werden sollte, besonders schwer. Die Geschwister unternahmen einen Erkundungsgang auf dem Protestantischen Friedhof und berieten sich mit Unseld, der auch dafür war, Bachmann in Rom zu bestatten. Der Protestantische Friedhof an der Aurelianischen Mauer, den sie einst in den suggestiven Bildern ihres Rom-Essays so eindrucksvoll beschrieben und als letzte Ruhestatt bedeutender Künstler gezeichnet hatte, wäre ein Ort ihrer Wahl gewesen.[19] Dann erreichte das Gerücht um die geplante Mordanzeige die Presse. In dieser Situation entschied die Familie, Ingeborg Bachmanns Leichnam nach Klagenfurt überführen zu lassen. Enttäuscht flog Siegfried Unseld nach Frankfurt zurück. Am 25. Oktober 1973 wurde Ingeborg Bachmann im engsten Familienkreis auf dem Friedhof Klagenfurt-Annabichl beigesetzt. Am 11. November erstatteten die Freunde um Hans Werner Henze bei der römischen Staatsanwaltschaft Mordanzeige gegen Unbekannt.

Das darauf in Gang gesetzte Ermittlungsverfahren wurde von der römischen Justiz im Sommer 1974 eingestellt. Nach einer eingehenden Untersuchung hatte man festgestellt, dass die regelmäßigen Alkohol- und Medikamenteneinnahmen das Schmerzempfinden der Schriftstellerin nachhaltig beraubt und ein verzögertes Reaktionsempfinden ausgelöst hatten. Ein Fremdverschulden konnte nicht nachgewiesen werden.[20]

Als der Tod zu ihr kam, war Ingeborg Bachmann erfüllt von literarischen Plänen und persönlichen Vorhaben. Zweifelsohne war ihr Gesundheitszustand labil, fraglos war sie erschöpft und von ihrem jahrelangen Medikamentenmissbrauch schwer gezeichnet. Und doch hatte sie in den Jahren zuvor so vielen schweren persönlichen und künstlerischen Krisen standgehalten, dass der von ihr so ersehnte Neuanfang auch 1973 nicht unmöglich schien. Eine verhängnisvolle Verkettung unglücklicher Umstände setzte ihrem leidenschaftlich geführten Künstlerleben ein unbegreifliches Ende.

Wie manch anderer literarischer Freund ist auch Heinrich Böll den Rätseln dieses Todes nachgegangen. Dabei verbot er sich einfache Antworten, er haderte mit dem Schicksal und bekannte sich öffentlich zu seiner Trauer: »Ich denke mit Schmerz an sie, mit Zärtlichkeit und in Freundschaft, und ich denke an die siebenundvierzigjährige Frau wie an ein Mädchen, und ich wehre mich gegen etwas, das leicht gesagt ist: der Tod habe sie erlöst. Nein, diese Art der Erlösung suchte sie nicht; ich würde sie gern selber fragen, ob ich mich täusche.«[21]

Bis heute hat das Werk Ingeborg Bachmanns unzählige Leser gefunden, und es gewinnt täglich neue. In der hellsichtigen Klarheit ihres poetischen Sprachempfindens und in der analytischen Genauigkeit ihres Sprachbewusstseins war Ingeborg Bachmann ihrer Zeit in vielem voraus. Ihre eindringlich gezeichneten Bilder von den Abgründen der Liebe und dem ewig wiederkehrenden Drama der Geschlechter treffen ihre Leser bis heute ins Herz. Unnachgiebig und unbestechlich wie kaum ein anderer Schriftsteller ihrer Generation hat sie den Verbindungen von privater, gesellschaftlicher und politischer Gewalt nachgespürt und der Literatur damit einen Auftrag gegeben, an der nachfolgende Generationen gemessen werden.

Dank

Für ihre langjährige Unterstützung und viele intensive Gespräche danke ich Isolde Moser, Heinz und Sheila Bachmann von Herzen.

Mein weiterer Dank geht an die Kollegen der Bachmann-Forschung, die mich über Jahre mit ihrem Rat und ihren Anregungen unterstützt haben. Ein besonders herzlicher Dank gilt Hans Höller für unseren langjährigen freundschaftlichen Austausch. Des Weiteren danke ich meiner Schwester Bettina Reitz-Lübbert für unser immer inspirierendes wie unentbehrliches Sprechen über die Rolle von Frauen in den Künsten.

Last but not least danke ich meinem Schwager Heinrich Lübbert für seine Hinweise und seinen profunden Rat in philosophischen Fragen.

Anmerkungen

1. Diva im Niemandsland – warum eine Biografie?

1 IB: *Das dreißigste Jahr*, IBW 2, S. 104.
2 Eine ganze Reihe von bedeutenden Autoren ist in den 50er- und 60er-Jahren diesen Weg gegangen, unter ihnen Martin Walser als Redakteur beim Süddeutschen Rundfunk und Alfred Andersch als Redakteur beim Hessischen und später auch beim Süddeutschen Rundfunk.
3 IB: Rede zur Verleihung des Anton-Wildgans-Preises, KS, S. 486.
4 Andrea Stoll: »Nervenströme der Erinnerung. Der lange Weg zur Biographie Ingeborg Bachmanns«. In: *Topografien einer Künstlerpersönlichkeit. Internationales Ingeborg-Bachmann-Symposium in der Akademie der Wissenschaften in Wien.* Vortrag, gehalten am 2.6.2006.
5 Vgl. ebd.
6 IB – PC: *Herzzeit. Der Briefwechsel.*
7 Vgl. TKA 1, S. 501 ff. Vgl. auch Heimito von Doderer: *Commentarii*, 1952, Eintrag vom 2.1.; sowie Hans Weigel: *In Memoriam*, S. 26.
8 »Stenogramm der Zeit«. In: *Der Spiegel*, Nr. 34, 18.8.1954.
9 Vgl. »Das erstgeborene Land«. In: *Anrufung des großen Bären*, W1, S. 119f.
10 Jens Rosteck: *Rosen und Revolutionen*, S. 219.
11 Ebd.
12 IB: »Lieder von einer Insel«. In: *Anrufung des großen Bären*, W1, S. 122.
13 IB – PC: *Herzzeit*, Brief Nr. 15, S. 20.
14 Vgl. IB: »Zugegeben«, W4, S. 341.
15 IB – HWH: *Briefe einer Freundschaft*, Brief Nr. 151, S. 244.
16 Vgl. Reinhard Baumgarts Äußerung in: *Der ich unter Menschen nicht leben kann. Eine Recherche.* Fernsehfilm, Regie: Peter Hamm. Koproduktion NDR/SWF/WDR 1980.
17 Ebd., Martin Walser.
18 Toni Kienlechner: Private Aufzeichnungen über ihre Erinnerungen an Ingeborg Bachmann, die sie mir 1991 dankenswerterweise zur Verfügung gestellt hat.
19 IB: Gespräch mit Harald Grass, 1.5.1965, GuI, S. 59.
20 *PC – Klaus und Nani Demus: Briefwechsel*, S. 100.
21 IB: *Die Radiofamilie*, hrsg. von Joseph McVeigh.

22 IB – HWH: *Briefe einer Freundschaft*, Brief Nr. 3, S. 14.

23 IB: [Gruppe 47]. Entwurf, KS, S. 367.

24 Helmut Böttiger: *Die Gruppe 47*, S. 149 ff.

25 Hier vor allem IB: »Rede zur Verleihung des Anton-Wildgans-Preises«, KS, S. 486.

26 HWR: *Im Etablissement der Schmetterlinge*, S. 53.

27 IB – HWH: *Briefe einer Freundschaft*, Brief Nr. 16, S. 35.

28 Helmut Böttiger: *Die Gruppe 47*, S. 285 f.

29 IB: *Briefe an Felician*, S. 41.

30 IB: *Biographisches*, KS, S. 6. Vgl. auch Sigrid Schmid-Bortenschlager: »Die österreichisch-ungarische Monarchie als utopisches Modell im Prosawerk Ingeborg Bachmanns«, S. 21–31. In: *Acta Neophilologica. Sonderband: Ingeborg Bachmann*, Bd. 17. Ljubljana 1984.

31 Vgl. Andrea Stoll: »Kontroverse und Polarisierung. Die *Malina*-Rezeption als Schlüssel der Bachmann-Forschung«. In: Dies. (Hg.): *Ingeborg Bachmanns Malina*, S. 149–167.

32 Ebd.

33 Vgl. Marcel Reich-Ranicki: »Ingeborg Bachmann oder Die Kehrseite des Schreckens«, 1963. In: Koschel/Weidenbaum (Hrsg.): *Kein objektives Urteil – nur ein lebendiges*, S. 69–82.

34 Vgl. Hans Höller: »Sigrid Weigels anti-biographische Biographie. Eine kritische Lektüre«. In: *Mythos Bachmann. Zwischen Inszenierung und Selbstinszenierung*, hrsg. von Wilhelm Hemecker und Manfred Mittermayer, S. 41.

35 IB: KS, Frankfurter Vorlesungen, V.I, S. 257.

36 Ebd., S. 264.

2. Erinnernwollen und Erinnernmüssen – eine österreichische Kindheit und Jugend

1 Vgl. IB: *Kriegstagebuch*, S. 14. Vgl. auch S. 9 ff. Vgl. ebd. das Nachwort und den Editorischen Bericht von Hans Höller, S. 73 ff. und S. 97 ff.

2 Ebd., S. 12.

3 Hierzu habe ich im Lauf der Jahre eine Vielzahl von Gesprächen mit den Geschwistern Ingeborg Bachmanns, Dr. Heinz Bachmann und Isolde Moser, geführt. Im Oktober 2011 hat mir Heinz Bachmann bei einer Ortsbegehung in Klagenfurt die damaligen historischen Umstände detailliert erläutert und die geografisch besondere Lage des Elternhauses an der Klagenfurter Kaserne wie auch die Nähe zu dem in einer Felswand befindlichen Bunker gezeigt, von dem hier die Rede ist.

4 IB: *Kriegstagebuch*, S. 9

5 Ebd., S. 10.

6 Ebd., S. 12.

7 Ebd., S. 15.
8 Ebd., S. 11.
9 IB: »Die Wahrheit ist dem Menschen zumutbar«, KS, S. 246 ff.
10 IB: *Kriegstagebuch*, S. 15.
11 IB: »Musik und Dichtung«, KS, S. 250.
12 Vgl. IB: *Kriegstagebuch*, Nachwort Höller, S. 82.
13 IB: »Das schreibende Ich«, Frankfurter Vorlesung III, KS, S. 306.
14 Die unverändert anhaltende Aktualität dieser Fragen zeigt sich in der von Herta Müller angestoßenen Debatte. Vgl. Herta Müller: »Herzwort und Kopfwort«. In: *Der Spiegel*, Nr. 4/2013, 21.1.2013.
15 Vgl. dazu die These Theodor W. Adornos in seinem Essay »Kulturkritik und Gesellschaft«, der 1949 geschrieben und 1951 zum ersten Mal veröffentlicht wurde. In: *Gesammelte Schriften*, Band 10.1: »Kulturkritik und Gesellschaft I, Prismen. Ohne Leitbild«, Frankfurt a. M. 1977.
16 IBs Schwester Isolde Moser hat mir in vielen Gesprächen die außerordentliche familiäre Vertrautheit und lebenslange Bindung ihrer Schwester an die Familie beschrieben.
17 Uwe Johnson: *Eine Reise nach Klagenfurt*, S. 15 und 18.
18 Heinz Bachmann: »Vortrag zu Ingeborg Bachmann«, gehalten am 17.6.2010 in Klagenfurt.
19 IB: *Biographisches*. In: KS, S. 7.
20 IB: »Jugend in einer österreichischen Stadt«, W2, S. 88 f.
21 Ebd., S. 85.
22 Heinz Bachmann: Vortrag vom 17.6.2010.
23 Ebd.
24 IB: »Jugend in einer österreichischen Stadt«, W2, S. 86.
25 IB: »Gespräch mit Gerda Bödefeld, 24.12.1971, GuI, S. 112.
26 IB: »Versuch einer Autobiographie«, KS, S. 404.
27 Nach Höller 1999, S. 22.
28 IB: »Mein Vogel«, W1, S. 96. Vgl. Höller: *Ingeborg Bachmann*, S. 22.
29 IB: *Ein Wildermuth*, W2, S. 227.
30 Heinz Bachmann hat Mark Andersons Essay »A Delicate Affair« zum Einfluss des Nationalsozialismus auf das Jugendwerk IBs kritisch kommentiert und mir Einsicht in seine im Januar 2013 verfassten Notizen gewährt. Die hier erwähnten Erinnerungen sind in Absprache mit Heinz Bachmann dieser Kommentierung entlehnt.   .
31 Heinz Bachmann: Vortrag vom 17.6.2010.
32 Gespräch mit Heinz Bachmann im Januar 2013.
33 Matthias Bachmann: Feldpostbrief an seine Frau Olga, 1944, PNIB.
34 Heinz Bachmann: Vortrag vom 17.6.2010.
35 IB: »Fragen und Scheinfragen«, Frankfurter Vorlesung I, a. a. O., S. 259.
36 IB: *Biographisches*. In: KS, a. a. O.
37 Heinz Bachmann und Isolde Moser haben mir gegenüber diesen Sachverhalt

detailliert ausgeführt, im Familienarchiv befindet sich dazu ein datiertes Foto vom März 1938, PNIB.

38 IB: Gespräch mit Gerda Bödefeld, 24.12.1971, GuI, S.111
39 Vgl. IB: Nachlass, Blatt 6188. ÖLA. Vgl. auch Höller 1987, der dieses zentrale Motiv eingehend untersucht hat. Vgl. Bothner, S. 103.
40 Vgl. Heinz Bachmann: Vortrag vom 17.6.2010.
41 IB:»Rede und Nachrede«, W1, S. 117.
42 IB:»Hinter der Wand«, W1, S. 15.
43 Vgl. Heinz Bachmann: Vortrag vom 17.6.2010.
44 Vgl. Höller 1999, S.13.
45 IB: Das Honditschkreuz, W2, S. 582.
46 Vgl. ebd., S. 596f. Vgl. auch Höller 1999, S. 13ff.
47 IB:»Der Tod wird kommen«, W2, S. 275.
48 IB: Kriegstagebuch, S. 14.
49 IB: Malina, TKA, Bd. 3.1, S. 502. Vgl. Auch IB: W3, S. 175.
50 Höller 1999, S. 28.
51 IB: Malina, TKA, S. 503.

3. Der »schönste Sommer meines Lebens« – Aufbruch und Unterwerfung

1 Vgl. dazu die Gedichtfassungen im Nachlass. IB:»Melancholie« (Klagenfurt 23.7.1945, N 5787),»Ich frage« (N 145, N 5788), 2.11.1945, W 1624. Vgl. dazu Höller 1999, S. 32. IB:»Klage« (N 148, N 6260, N 6286), 25.11.1945.
2 IB:»Entfremdung«, Erstveröffentlichung in: Lynkeus, Wien Dezember 1948/49.
3 IB: Kriegstagebuch, S. 23.
4 Vgl. dazu das Kriegstagebuch, da heißt die Freundin Liesl, S. 18.
5 IB: Das Buch Franza, TKA, Bd. 2, S. 181f.
6 Vgl. IB: Kriegstagebuch, S. 17ff.
7 Ebd., S. 20f.
8 Vgl. ebd., S. 21f. Vgl. auch das Nachwort von Hans Höller, S. 73.
9 Zu Frank Wedekind (N 5741) vgl. auch Höller 1999, S. 9.
10 Heinz Bachmann: Vortrag vom 17.6.2010.
11 IB: Kriegstagebuch, S. 22.
12 Ebd., S. 23.
13 Ebd., S. 29.
14 Ebd., Brief Nr. 8, Jack Hamish an IB, Tel Aviv, 1.11.1946, S. 52.
15 Ebd., Brief Nr. 2, Jack Hamish an IB, Hermagor 17.6.1946, S. 30.
16 Vgl. IB: Kriegstagebuch, Nachwort Höller, S. 88, und Ingeborg Bachmanns Brief an ihre Eltern vom 15.6.1946, PNIB
17 Ebd., Brief Nr. 2, 16.6.1946, S. 30.
18 Ebd., Brief Nr. 6, Tel Aviv, 24.7.1946, S. 41.

19 Ebd., S. 41 f.
20 Ebd., Brief Nr. 8, Tel Aviv, 1.11.1946, S. 52.
21 Ebd., Brief Nr. 6, 24.7.1946, S. 41.
22 Ebd., S. 39.
23 Vgl. dazu die Dokumente zu inskribierten Vorlesungen und Übungen Bachmanns im WS 1945/46 an der Philosophischen Fakultät der Universität Innsbruck in den Fächern Germanistik, Philosophie, Psychologie und Kunstgeschichte, Universitätsarchiv Innsbruck.
24 IB: *Biographisches*, a. a. O.
25 IB: *Kriegstagebuch*, Brief Nr. 8, Tel Aviv, 1.11.1946, S. 47 f.
26 IB: »Der dunkle Schatten« (Nachlass Bl. 6188).
27 IB: *Briefe an Felician*, Brief vom 10.10.1945.
28 Diese These vertritt Hans Höller, die Geschwister Ingeborg Bachmanns vernei-
   nen dies. Vgl. Höller 1999, IB, S. 34.
29 Heinz Bachmann im Gespräch mit Andrea Stoll, Oktober 2010.
30 Höller 1999, S. 34. Höller bezieht sich auf Inge von Weidenbaum: »Artikulierte
   Offenheit und das Geheimnis einer frühen literarischen Begegnung«. In: *studi
   germanici* (nuova serie) anno XXXIV, 2–3, 1996. Vgl. auch Weidenbaum: »Ist
   die Wahrheit zumutbar?« In: Böschenstein/Weigel (Hg.): *Poetische Korrespondenzen*, S. 23–28.
31 Aussage Heinz Bachmanns im Gespräch mit Andrea Stoll, a. a. O.
32 IB: *Briefe an Felician*, S. 19, Brief vom 27.6.1945.
33 Höller 1999, S. 35.
34 IB: *Briefe an Felician*, Brief vom 27.6.1945.
35 IB: KS, S. 486.
36 IB: »Unter Mördern und Irren«, W2, S. 177.
37 Christa Wolf: *Voraussetzungen einer Erzählung: Kassandra. Frankfurter Poetik-Vorlesungen.*
38 Sigrid Weigel: IB, S. 51.
39 IB: Brief an Rudolf Felmayer vom 23.7.1946. Handschriftenabteilung der
   ÖNB, 716/25 (1).

4. *Die Dämonie der Gemütlichkeit* – eine junge Frau in Wien

1 Vgl. zur gesellschaftlichen Situation Österreichs nach dem Krieg: Ernst Hanisch:
   *Der lange Schatten des Staates. Österreichische Gesellschaftsgeschichte im 20. Jahr-
   hundert*, S. 409. Vgl. auch Sigrid Schmidt-Bortenschlager: »Neuanfang oder
   Wiederbeginn in Österreich«. In: Horst Albert Glaser (Hg.), S. 81 ff.
2 Vgl. Alois Dempf: *Selbstkritik der Philosophie und vergleichende Philosophiegeschichte im Umriß*, Wien 1947.
3 Vgl. Höller 1999, S. 68.
4 Vgl. IB: Dissertation; vgl. Pichl 1986, S. 173.

5   IB: Brief an ihre Eltern vom 18.3.1950, PNIB.

6   Ebd.

7   IB: Interview mit Karol Sauerlandt, Mai 1973, GuI, S. 137.

8   IB:»Sagbares und Unsagbares«, KS, S. 132.

9   IBs Rundfunkessay über den »Wiener Kreis« wurde am 14.4.1953 vom Hessischen Rundfunk in Frankfurt am Main ausgestrahlt, ihr Essay »Ludwig Wittgenstein –Zu einem Kapitel der jüngsten Philosophiegeschichte« erschien in der Juli-Ausgabe 1953 der *Frankfurter Hefte*, der Radioessay »Sagbares und Unsagbares – Die Philosophie Ludwig Wittgensteins« wurde am 16.9.1954 vom Bayerischen Rundfunk gesendet.

10   Vgl. dazu den Nachlass der Literaturzeitschrift *Merkur* von der Ernst H. Klett Stiftung, in: DLM, und IB: Brief an Joachim Moras vom 2.2.1955 in: DLM.

11   IB: Gespräch mit Harald Grass vom 1.5.1965, in: GuI, S.58.

12   Vgl. dazu Hakel 1991. Vgl. auch Hans Weigel: *Unvollendete Symphonie*, Hilde Spiel: *Kleine Schritte. Berichte und Geschichten.*

13   Hans Weigel: *Unvollendete Symphonie*, S. 12.

14   Vgl. ebd.

15   Vgl. Hilde Spiels gleichnamigen Essay zur Mentalität der Wiener und ihrer Stadt. In: *Die Dämonie der Gemütlichkeit. Glossen zur Zeit und andere Prosa*, hrsg. von Hans A. Neunzig, München 1991, S. 15–22.

16   Vgl. Nachwort Weigel: *Unvollendete Symphonie*, S. 197.

17   Ebd., S. 43.

18   Vgl. ebd. u. a. Vgl. auch Jürgen Lütz:»Was bitter war und Dich wachhielt«, IB, Hans Weigel und PC, IB Forum (www.ingeborg-bachmann-forum.de)

19   Hans Weigel: *Unvollendete Symphonie*, S. 50.

20   Ebd., S. 73.

21   Ebd., S. 193.

22   Ebd., S. 76.

23   Ebd., S. 107.

24   IB:»Unter Mördern und Irren«, W2, S. 161 f. und S. 171 f.

25   Vgl. Hanisch, a. a. O., S. 409, und Schmid-Bortenschlager:»Neuanfang oder Wiederbeginn in Österreich«. In: Glaser 1996 (Hrsg.), S. 81 ff.

26   Vgl. Höller 1999, S. 40.

27   Zit. nach Höller 1999, S. 40/41.

28   IB:»Unter Mördern und Irren«, a. a. O., W2, S.173.

29   IB:»Große Landschaft bei Wien«, W1, S. 61.

30   IB: Gespräch mit Karol Sauerland, GuI, S. 141.

31   Ebd.

32   Ilse Aichinger: *Die größere Hoffnung.*

33   Jean Améry:»Wieviel Heimat braucht der Mensch?« In: *Jenseits von Schuld und Sühne. Bewältigungsversuche eines Überwältigten*, S. 75.

34   Vgl. Spiel 1990.

35   Hans Weigel: *Unvollendete Symphonie*, S. 35.

36 Ebd., Nachwort, S. 199.
37 Gespräch mit Heinz Bachmann, a. a. O.
38 Hans Weigel: *Unvollendete Symphonie*, S. 9.
39 Vgl. W1, S. 10–13.
40 Vgl. die Erscheinungsdaten in der *Wiener Zeitung*: »Die Fähre« (24.4.1949, S. 3),
»Das schöne Spiel« (1.4.1949, S. 5), »Das Lächeln der Sphinx« (25.9.1949, S. 5),
»Im Himmel und auf Erden« (29.5.1949, S. 6), »Die Versuchung« (7.8.1949,
S. 6), »Karawane im Jenseits« (25.12.1949, S. 11), »Das Ufer« (3.7.1949, S. 5)
und »Die Mannequins des Ibykus« (16.10.1949, S. 7).
41 IB: W2, S. 91.
42 Vgl. IB: Gespräch mit N.N., GuI, S. 26.
43 IB: Gespräch am 25.3.1971, GuI, S. 79.

5. Tätertochter und Opfersohn – Bachmann und Celan am Abgrund der Geschichte

1 Ob es wirklich im Dezember 1947 oder erst im Januar 1948 zu dieser Begegnung kam, darüber gehen die Erinnerungen auseinander. Nach Basil war es
Januar 1948. Vgl. Otto Basil: »Wir leben unter finsteren Himmeln«. In: *Literatur und Kritik* 52, März 1971, S. 102. Paul Celan aber hatte am 21. Dezember
1947 aus Wien eine Postkarte an Margul-Sperber geschrieben, in der er ihm von
einem Treffen mit Basil berichtete. Nach Felstiner 2000, S. 380.
2 Margul-Sperbers Stellungnahme wurde in der Literaturzeitschrift *Plan* abgedruckt. Vgl. *Plan* 1948, Nr. 6.
3 Vgl. Hans Weigel: *Unvollendete Symphonie*, S. 175.
4 Ebd., S. 175 f.
5 Ebd.
6 IB: Brief an ihre Eltern vom 17.5.1948, PNIB.
7 Ebd.
8 Ebd.
9 Vgl. IB: Brief an ihre Eltern vom 13.4.1947.
10 IB: Brief an ihre Eltern vom 20.5.1948.
11 IB – PC: *Herzzeit*, Brief Nr. 1.
12 Ebd., Brief Nr. 53, 31.10.1957.
13 Vgl. ebd. Brief Nr. 191.
14 Vgl. Felstiner 2000, S. 34 f.
15 Ebd.
16 Ebd., S. 81.
17 Ebd.
18 Nach Felstiner 2000, ebd.
19 Ebd., S. 82.
20 Celan bezeichnete sich selbst in einem Brief an seinen Freund Petre Solomon als

»trauriger Dichter teutonischer Zunge«, 12. März 1948. In: *Zeitschrift für Kulturaustausch*, 32/3 (1982), S. 226.

21 Vgl. IB – PC: *Herzzeit*, S. 362.

22 Ebd., Brief Nr. 53, 31.10.1957.

23 Ebd., Brief Nr. 47, S. 59.

24 Ebd., Brief Nr. 56, S. 68.

25 IB – PC: *Herzzeit*, Brief Nr. 5, S. 10.

26 Ebd.

27 Ebd., Brief Nr. 7, S. 11.

28 Ebd., Brief Nr. 9.

29 Ebd., Brief Nr. 10.1.

30 PC: Brief an Ruth Lackner, 2.12.1949. In: Israel Chalfen: *Paul Celan. Eine Biographie seiner Jugend*, S. 155.

31 Vgl. Felstiner 2000, S. 92 f.

32 IB – PC: *Herzzeit*, Brief Nr. 4, S. 10.

33 Ebd., Brief Nr. 9, S. 13.

34 Vgl. ebd., Kommentare der Herausgeber.

35 Vgl. IB, Brief an ihre Eltern vom 18.3.1950, PNIB.

36 Vgl. IB, Brief an ihre Eltern vom 20.12.1950.

37 Vgl. IB – PC, *Herzzeit*, Brief Nr. 16 und Brief Nr. 17, S. 20 f.

38 IB: Brief an Hans Weigel, Dezember 1950, Handschriftensammlung der Stadtbibliothek Wien. Vgl. auch Steiner 1998.

39 IB, Brief an Isolde vom 20.12.1950.

40 IB, Brief an ihre Eltern, Paris 1950/51.

41 Vgl. IB, Brief an ihre Eltern vom 29.3.1951.Vgl. auch: IB, *Die Radiofamilie*, Nachwort von Joseph McVeigh, S. 343. Der AND (Amerikanischer Nachrichtensender) betrieb nach dem Krieg den Aufbau des Rundfunks in Wien. Neben dem Unterhaltungsaspekt kamen dem Rundfunk im Zuge der Demokratisierung durch die amerikanische Besatzungsmacht auch erzieherische Aufgaben zu. Allerdings ließen die US-Offiziere Bachmann und ihren Kollegen freie Hand bei der Auswahl ihrer Texte und der Gestaltung der Sendungen. Vgl. McVeigh (Hg.) 2011: Nachwort in: *Die Radiofamilie*, a.a.O., S. 341.

42 Vgl. IB: TKA 1, S. 501 ff.

43 Nani Maier war IBs Freundin aus der Maturaklasse, deren späteren Mann Klaus Demus lernte PC zum Ende seiner Wiener Zeit kennen. Vgl. dazu IB – PC: *Herzzeit*, S. 253 und S. 290.

44 Vgl. IB – PC: *Herzzeit*, Brief Nr. 18.3, Beilage, S. 23 f.

45 IB, Brief an ihre Eltern vom 14.8.1951, PNIB.

46 Ebd.

6. Vom *Working Girl* des Rundfunks zum Shooting Star der Gruppe 47

1   IB: Brief an ihre Eltern vom 29.3.1951, PNIB.
2   Vgl. McVeigh 2011, S. 345.
3   IB: Brief an ihre Eltern vom 23.8.1951, PNIB.
4   Vgl. Weiser 1982, S. 102.
5   IB – PC: *Herzzeit,* 10.11.1951, Nr. 26, S. 37.
6   Weiser 1982, S. 104.
7   IB – PC: *Herzzeit,* Brief Nr. 26, S. 38.
8   Ebd., Brief Nr. 27, S. 40.
9   Ebd., Brief Nr. 28, S. 41.
10 Ebd., Brief Nr. 7, S. 11.
11 Ebd., Brief Nr. 29, S. 43.
12 Vgl. IB: *Handbuch,* S. 191.
13 HWR: *Im Etablissement der Schmetterlinge,* S. 16.
14 Ebd.
15 Walter Jens: *Deutsche Literatur der Gegenwart,* S. 150.
16 Vgl. Toni Richter 1997, S. 49.
17 Vgl. Böttiger 2012, S. 109.
18 Ebd., S. 108.
19 Helmut Böttiger:»Gespräch mit Joachim Kaiser«, 18.4.2007. In: ebd., S. 149 f.
20 Ebd.
21 HWR: *Im Etablissement der Schmetterlinge,* S. 48.
22 Ebd., S. 51.
23 Ebd., S. 53.
24 Vgl. Briegleb 1997, S. 54.
25 Vgl. Milo Dor: *Auf dem falschen Dampfer,* S. 214.
26 HWR: *Mittendrin. Die Tagebücher 1966–1972,* 7.5.1970.
27 Vgl. Toni Richter 1997, S. 49.
28 HWR: *Mittendrin,* 7.5.1970.
29 Vgl. ebd.
30 PC – Klaus und Nani Demus: *Der Briefwechsel,* S. 100.
31 Ebd., S. 101 f.
32 Ebd.
33 Vgl. Böttiger 2012, S. 140.
34 PC – Gisèle Celan-Lestrange: *Der Briefwechsel,* Vgl. Briefe 1952/53.
35 HWR: *Im Etablissement der Schmetterlinge,* S. 18.
36 Ebd., S. 19.
37 IB: (Die Gruppe 47), KS, S. 367.
38 IB: Brief an Wolfgang Bächler vom Sommer 1952.
39 Vgl. Ilse Aichinger:»Die Gruppe 47«. In: Toni Richter 1997, S. 51.
40 Vgl. McVeigh 2011 (Hg.), S. 350 f.

41 Ebd., S. 351.
42 Ebd., S. 352f.
43 Joachim Hoell: IB, S. 59.
44 Vgl. Heinz Bachmann: »Vortrag zu Ingeborg Bachmann«, gehalten am 17.6.2010 in Klagenfurt.
45 Als Titel des Erzählbandes hatte Bachmann ursprünglich »Wienerinnen« vorgesehen.
46 Elf Skripte stammen von IB alleine, vier Skripte sind in Zusammenarbeit mit ihren Kollegen entstanden. Vgl. dazu *Die Radiofamilie*, Nachwort von Joseph McVeigh, S. 337 und 357
47 Vgl. ebd., S. 276.
48 IB: Brief an ihre Eltern vom 21.8.1952.
49 Vgl. Felstiner 2000, S. 99f.
50 PC: »So bist du denn geworden«, in: *Mohn und Gedächtnis*, Stuttgart 1952.
51 PC – Gisèle Celan-Lestrange: *Briefwechsel*, a.a.O.
52 IB – PC: *Herzzeit*, Brief Nr. 36, S. 53.
53 Ebd., Brief Nr. 33, S. 50f.
54 Vgl. Felstiner 2000, S. 101.
55 IB – PC: *Herzzeit*, Brief Nr. 34, S. 51.
56 IB: Brief an ihre Eltern vom Sommer 1952, PNIB.
57 Vgl. zu dieser Tagung vom 31. 10. bis 2.11.1952 die Erinnerungen von Hans Werner Richter: *Im Etablissement der Schmetterlinge*, S. 266.

7. Königstochter und Götterliebling – Bachmann und Henze machen die Welt zur Bühne

1 Rosteck 2009., S. 214.
2 Ebd., S. 114.
3 Ebd., S. 216.
4 Vgl. Toni Richter 1997, S. 52.
5 IB – HWH: *Briefe einer Freundschaft*, Nr. 1, S. 11.
6 Ebd., Nr. 3, S. 13.
7 Vgl. ebd., Nr. 2, S. 12.
8 Ebd., Nr. 3, S. 14.
9 Ebd., Nr. 2, S. 11.
10 IB: Brief an Rudolf Felmayer, ÖNB, Nr. 716/25 (4). Vgl. auch Höller 1999, S. 48.
11 IB: Brief an Heinrich Böll vom 5.2.1953.
12 Vgl. Rosteck 2009, S. 216.
13 IB – HWH: *Briefe einer Freundschaft*, Nr. 6, S. 18.
14 Ebd., Nr. 8, S. 20.
15 Ebd., Nr. 9, S. 21.

16 Ebd., Nr. 7, S. 19.

17 IB: Brief an ihre Eltern vom Juli 1953.

18 Vgl. IB – HWH, *Briefe einer Freundschaft*, Nr. 6.

19 Hakel 1991, S. 201.

20 IB – HWH, *Briefe einer Freundschaft*, Nr. 9, S. 21.

21 IB: Brief an ihre Eltern vom 12.8.1953. PNIB.

22 Vgl. ebd.

23 IB – PC, *Herzzeit*, Brief Nr. 41, S. 56.

24 IB: Brief an ihre Eltern vom 12.8.1953.

25 HWH in einem Gespräch mit Hansjörg Pauli, 1971.

26 Vgl. HWH: *Reiselieder mit böhmischen Quinten*, S. 154ff.

27 Vgl. IB: »Lieder von einer Insel«.

28 Rosteck 2009, S. 217.

29 Ebd.

30 IB: W1, S 267.

31 IB: Interview mit Andrea Schiffner, 5.5.1973, GuI, S.124.

32 IB: Handbuch, S. 57.

33 Jens 1962, in: Heinz Ludwig Arnold: *Die Gruppe 47*, S. 271.

34 Andrea Stoll: *Erinnerung als ästhetische Kategorie*, S. 77.

35 IB: »Herbstmanöver«, W1, S. 36.

36 Stoll, a. a. O., S. 79.

37 IB: W1, S. 44f.

38 Günter Blöcker: »Lyrischer Schichtwechsel«, in: *Süddeutsche Zeitung*, 13.11.1954.

39 Vgl. Stoll 1991, S. 132ff.

40 IB: »Musik und Dichtung«, KS, S. 249–252.

41 IB: »Statement für ein Filmportrait 1973«, im Nachlass (K 8271c/N 2354, ÖNB).

42 Vgl. IB – HWH: *Briefe einer Freundschaft*, a. a. O.

43 Zit. nach Rosteck 2009, S. 221.

44 Zit. nach ebd., S. 224.

45 Ebd.

46 IB – HWH: *Briefe einer Freundschaft*, Nr. 14, S. 32.

47 Ebd., Nr. 15, S. 33.

48 Ebd., S. 34.

49 Ebd.

50 Vgl. Toni Richter 1997, S. 58, und Böttiger, *Die Gruppe 47*, S. 183.

51 Vgl. IB: Brief an Wolfgang Hildesheimer vom 13.12.1953.

52 Vgl. IB – HWH: *Briefe einer Freundschaft*, Nr. 20, S. 41. Henzes Anrede »Liebe Eiche« bezieht sich auf diese Adresse, die mit »Platz der Eiche« übersetzt werden könnte.

53 IB: Gespräch mit Gerda Bödefeld, 24.12.1971, GuI, S. 112.

54 IB: Brief an Hans Paeschke vom 30.7.1953.

55 Wie IBs verschiedene Radioessays zu Musil, Wittgenstein, Simone Weil und Proust belegen. Vgl. dazu auch IB: *Handbuch*, S. 89.

56 Johnson hat diese Episode von IB erzählt bekommen, da sich beide 1953/54 noch gar nicht persönlich begegnet waren. IB lernte ihn erst im Oktober 1959 beim Treffen der Gruppe 47 auf Schloss Elmau kennen.

57 Uwe Johnson: *Eine Reise nach Klagenfurt*, a. a. O.

58 IB an Joachim Moras, 6.6.1954.

59 IB: *Römische Reportagen. Eine Wiederentdeckung*, München 1998.

60 IB: Brief an Oswald Döpke, zitiert nach Hoell 2001, S. 79.

61 Vgl. IB: TKA, Bd. 1.

62 HWR: *Im Etablissement der Schmetterlinge*, S. 46.

63 IB: Brief an Gustav René Hocke, zit. nach Hoell 2001.

64 Vgl. IB: Gespräch mit N.N. Anfang 1955, GuI, S. 13 f.

65 Vgl. Böttiger, *Die Gruppe 47*, S. 190.

66 Vgl. Toni Richter 1997, S. 60.

67 Vgl. ebd.

68 Hans Werner Richter: *Im Etablissement der Schmetterlinge*, S. 58.

69 Ebd.

70 Ebd., S. 59.

71 Vgl. Gersdorff 1992, S. 22.

72 Zit. nach ebd., S. 223.

73 Ebd., S. 224.

74 Marie Luise Kaschnitz: »Auf Ingeborg Bachmann«. In: *Gesammelte Werke*, Frankfurt a. M. 1981.

75 IB: Brief an ihre Eltern vom Sommer 1954, PNIB.

76 Vgl. Stoll 1991, S. 9 f.

77 Günter Blöcker: »Lyrischer Schichtwechsel«. In: *Süddeutsche Zeitung*, 13.11.1954.

78 Hans Egon Holthusen: »Kämpfender Sprachgeist. Zur Lyrik Ingeborg Bachmanns«. In: *Merkur*, Stuttgart, Jg. 12, Heft 6, Juni 1958, S. 573.

79 IB: »Herbstmanöver«, W1, S. 36.

80 IB – HWH: *Briefe einer Freundschaft*, Nr. 21, S. 42 f.

8. Die »hundertfache Hydra Armut« – »Nirgendwo sein, nirgendwo bleiben«

1 Vgl. im Gegensatz zu meiner These Sigrid Weigel 1999, die Bachmanns Abwendung von der Philosophie allein aus intellektuellen Skrupeln heraus begründet (S. 87).

2 Vgl. dazu einen Brief von Siegfried Unseld vom 13.12.1960, in dem er anlässlich des Erscheinens des *Tractatus* Bachmann für ihr Bemühen um Wittgenstein dankt.

3 Vgl. Robert Musil: *Der Mann ohne Eigenschaften*, Gesammelte Werke, Bd. IV, S. 88 f.

4 IB: »Der Mann ohne Eigenschaften«, KS, S. 107.

5   IB: *Malina*, TKA, Bd. 3.1., S. 565.
6   Vgl. Sigrid Weigel 1999, S. 107ff.
7   IB: Gespräch mit N.N., Anfang 1955, GuI, S. 13.
8   IB:»Was ich in Rom sah und hörte«, KS, S. 150f.
9   Vgl. dazu Agnese 1996.
10 IB – HWH: *Briefe einer Freundschaft*, Nr. 26, S. 51.
11 Hans Werner Henze, a.a.O., S. 59.
12 Ebd., S. 52.
13 Kaschnitz: Brief vom 12.7.1954, zit. nach Gersdorff 1992, S. 224.
14 IB: Brief an ihre Eltern vom Sommer 1955, PNIB.
15 Henry Kissinger im Gespräch mit Andrea Stoll, Oktober 2007 in New York.
16 Michalzik 2002, S. 94f.
17 Siegfried Unseld:»Amerika. Air-conditioned Wonderland«. In: *Frankfurter Allgemeine Zeitung*, 9.6.1956.
18 Vgl. Sigrid Weigel 1999, S. 292
19 Michalzik 2002, S. 127
20 Auf ihre Vermittlung hin erschienen die Übersetzungen des Werkes von Thomas Bernhard später bei Adelphi und desjenigen von Elsa Morante bei Suhrkamp.
21 Vgl. IB: Brief an Joachim Moras vom 14.11.1955.
22 Vgl. IB: Brief an Marie Luise Kaschnitz vom 15.10.1955.
23 Heinz Bachmann und Isolde Moser haben mir diesen familiären Umgang in unseren Gesprächen immer wieder bestätigt.
24 IB: Brief an Siegfried Unseld vom 6.12.1955.
25 IB: Notizen zum Libretto (*Der junge Lord*), KS, S. 424f.
26 Vgl. Brief an Alfred Andersch vom 9.1.1956.
27 Höller 1999, S. 103.
28 IB:»Hommage à Maria Callas«, KS, S. 409.
29 IB – HWH: *Briefe einer Freundschaft*, Nr. 39 und Nr. 40, S. 73.
30 Zit. nach Rosteck 2009, S. 187.
31 Vgl. IB: Brief an Siegfried Unseld vom 6.12.1955. Vgl. auch IB: Brief an Heinrich Böll vom 28.12.1958.
32 Marie Luise Kaschnitz, Tagebuch 1956. Zit. nach Gersdorff 1992, S. 224.
33 Ebd., S. 224f.
34 Vgl. IB: KS, S. 201f.
35 Vgl. IB – HWH: *Briefe einer Freundschaft*, Nr. 60, S. 105.
36 Vgl. Toni Richter: April 1954 auf Cap Circeo in San Felice, Italien. In: Dies.: *Die Gruppe 47*, S. 60.
37 IB:»Undine geht«, W2, S. 254.

9. »Doch treibt, was wahr ist, Sprünge in die Wand« – die Suche nach dem eigenen poetischen Ort

1 Vgl. Stoll 1991, S. 9.
2 IB: »Die Wahrheit ist dem Menschen zumutbar«. Rede zur Verleihung des Hörspielpreises der Kriegsblinden, KS, S. 247.
3 IB: »Über das Ich«, Frankfurter Vorlesung III: KS, S. 287.
4 Höller 1999, S. 98.
5 IB: »Hôtel de la Paix«, W1, S.152.
6 Vgl. IB – PC: Herzzeit. Der Briefwechsel, »Laß uns die Worte finden«. Nachwort von Barbara Wiedemann und Bertrand Badiou, S. 219.
7 Vgl. ebd.: »Das Briefgeheimnis der Gedichte«. Poetologisches Nachwort von Hans Höller und Andrea Stoll, S. 231 ff.
8 Vgl. ebd., S. 235.
9 Vgl. IB: Brief an ihre Eltern vom Januar 1957. PNIB, IB: Brief an H. Paeschke vom 16.1.1957.
10 IB: Gespräch mit Gustav René Hocke, 24.1.1957, GuI, S. 22.
11 IB: Brief an ihre Eltern vom Januar 1957. PNIB.
12 Ebd.
13 IB: Brief an Hermann Kesten vom 3.9.1957.
14 IB: Brief von Alfred Andersch vom 15.2.1957.
15 IB: Briefe an Joachim Moras vom 16. 6. und 26.6.1957.
16 Briefe Alfred Andersch an IB vom 3.7.1957 und 16.6.1959.
17 IB: »Der gute Gott von Manhattan«. W1, S. 315.
18 Vgl. Hans-Jürgen Baden, in: Kontraste, Jg. 5, Nr. 13, 1964, S. 44 und 50 f.
19 IB: Brief an Siegfried Unseld vom 3.7.1957.
20 IB: Brief an Oswald Döpke von Ende Juli 1957.
21 IB: Brief an Hermann Kesten vom 3.9.1957, vgl. auch Brief vom 3.7.1957.
22 IB: Brief an Hermann Kesten vom 16.10.1957.
23 IB – HWH: Briefe einer Freundschaft, Nr. 98 und Nr. 99, S. 163 f. Henze spielt hier auf das Libretto zu Der Prinz von Homburg an.
24 Ebd., Brief Nr. 59, S. 104.
25 In einem persönlichen Gespräch im Mai 2000 in München hat mir Hans Werner Henze Einblick in diese spätere Einschätzung gewährt. Vgl. auch seine Äußerungen gegenüber seinem Biografen Rosteck 2009, S. 237.
26 Hans Werner Henze: »Was ich suche, ist Wohlklang«. DVD-Mitschrift, 2006. Vgl. auch Rosteck 2009, S. 241.
27 Vgl. Rosteck 2009, S. 236.
28 IB – WH: Briefe einer Freundschaft, Nr. 31, S. 61.
29 IB: »Undine geht«, W2, S. 253.
30 Vgl. Andrea Stoll: Erinnerung als ästhetische Kategorie, S. 135. Vgl. dazu auch Theodor W. Adorno: Kulturkritik und Gesellschaft (1951). In: Gesammelte Schriften, Bd. 10.

31 IB: »Undine geht«, W2, S. 259.
32 IB – HWH, *Briefe einer Freundschaft*, Nr. 92, S. 154.
33 Vgl. IB: »Liebe: Dunkler Erdteil«, W1, S. 158 f.
34 IB – HWH: *Briefe einer Freundschaft*, Nr. 93, S. 155.
35 IB – PC: *Herzzeit*, Brief Nr. 44, S. 57.
36 Ebd., Brief Nr. 47, S. 59 f.
37 Ebd., Brief Nr. 52, S. 62 f.
38 Ebd., Brief Nr. 53, S. 64.
39 Ebd., Brief Nr. 56, S. 68.
40 Ebd.
41 Ebd., Brief Nr. 52.
42 Vgl. dazu IB: »Lieder auf der Flucht«, W1, S. 146.
43 IB – PC: *Herzzeit*, Brief Nr. 53, S. 64.
44 PC – Gisèle Celan-Lestrange: *Briefwechsel*, Bd. 2, S. 100.
45 Vgl. ebd., Brief Nr. 58.
46 Vgl. ebd., Brief Nr. 103, S. 93.
47 Ebd., Brief Nr. 96, S. 89.
48 Brief Klaus Pipers an IB vom 14.5.1958.
49 IB: Brief an Heinrich Böll vom 25.3.1958.
50 Hans Weigel: »Offener Brief in Sachen Unterschrift«. In: *Forum*, Juni 1958.
51 Baumgart 2003, S. 184 f.
52 Ebd.

10. Liebe als Himmelfahrtskommando – Bachmann und Frisch

1   Vgl. dazu die Erinnerungen der Frisch-Tochter Ursula Priess: *Sturz durch alle Spiegel*, S. 56.
2   IB: »Der gute Gott von Manhattan«, W1, S. 317.
3   Vgl. MF: *Montauk*, Frankfurt a. M. 1981.
4   Vgl. ebd., S. 91, und MF: *Mein Name sei Gantenbein*, Frankfurt a. M. 1964 (Ausgabe 1969). Vgl. auch Albrecht 1989.
5   MF: *Montauk*, S. 143.
6   MF: Rede zur Verleihung des Georg-Büchner-Preises 1958.
7   Vgl. Peter von Matt: »Der Schrecken der Vollkommenheit«. In: *Frankfurter Allgemeine Zeitung*, 14.5.2011.
8   Vgl. *Max Frisch – Friedrich Dürrenmatt: Der Briefwechsel*, hrsg. von Peter Ruedi, Zürich 2001.
9   Vgl. Weidermann 2010, S. 269.
10 IB: »Fragen und Scheinfragen«, Frankfurter Vorlesung I, KS, S. 257 f.
11 Vgl. ebd., S. 258.
12 IB: »Poetologische Entwürfe zum *Simultan*-Band.« In: *Todesarten*-Projekt, TKA, Bd. 4, S. 15.

13 . IB – HWH: *Briefe einer Freundschaft*, Nr. 125, S. 203.

14 MF: *Montauk*, S. 142.

15 IB – PC: *Herzzeit*, Brief Nr. 104, S. 94f.

16 Vgl. dazu den Brief Klaus Pipers an IB vom 14.5.1958.

17 IB:»Holz und Späne«. In: *Die gestundete Zeit*, W1, S. 40.

18 IB:»Die Wahrheit ist dem Menschen zumutbar«, KS, S. 246.

19 Priess 2009, S. 76.

20 MF: *Montauk*, S. 142; vgl. ebd., S. 79.

21 Priess 2009, S. 95.

22 IB: Gespräch mit Veit Mölter vom 23.3.1971, GuI, S. 74.

23 MF: *Montauk*, S. 149.

24 Kuno Raeber:»Erinnerungen an Ingeborg Bachmann«. In: *Süddeutsche Zeitung*, 12./13.10.1974.

25 IB – PC: *Herzzeit*, Brief Nr. 106, S. 96.

26 Ebd., Brief Nr. 107, S. 97.

27 IB – HWH: *Briefe einer Freundschaft*, Nr. 151, S. 244.

28 Vgl. Weidermann 2010, S. 248 f.

29 Vgl. IB: Brief an Günter Grass vom 29.3.1959.

30 Nach der Erinnerung von Isolde Moser, Gespräch mit Andrea Stoll im März 2003.

31 MF: *Montauk*, S. 147.

32 Ebd., S. 144.

33 Vgl. IB: Brief an Reinhard Baumgart vom 1.7.1959.

34 IB: Brief an Helmut Heißenbüttel vom 8.9.1959.

35 MF: *Montauk*, S. 145.

36 Vgl. IB:»Undine geht«, S. 259.

37 Ebd.

38 MF: *Montauk*, a. a. O.

39 IB – HWH: *Briefe einer Freundschaft*, Nr. 131, S. 211.

40 IB: »Alles«. In: *Das dreißigste Jahr*, W2, S. 143.

41 IB: Brief an ihre Eltern vom Juli 1959. PNIB.

42 IB: Brief an Hermann Kesten von Ende Dezember 1959.

43 Vgl. hierzu vor allem Sigrid Weigel: IB, Wien 1999

44 IB: Brief an Theodor W. Adorno am 22.12.1959, also nach der zweiten Vorlesung »Über Gedichte«, die am 9. Dezember gehalten wurde.

45 Vgl. Sigrid Weigel 1999, S. 106.

46 Vgl. IB:»Entstehung eines Librettos«, 1960.

47 Vgl. hierzu die Briefe Max Frischs und die Briefe Gisèle Celan-Lestranges in *Herzzeit*.

48 IB – PC: *Herzzeit*, Brief, Nr. 145, S. 127.

49 Vgl. Günter Blöckers Rezension zu Celans Gedichtband *Sprachgitter*. In: *Der Tagesspiegel*, 11.10.1959.

50 PC – Nelly Sachs, 26.10.1959, Briefwechsel, S. 24.

51 Ebd., S. 25.
52 Vgl. MF an PC vom 3.11.1959. In: *Herzzeit*, Brief Nr. 202, S. 167 ff.
53 Vgl. ebd., Brief Nr. 146, S. 128.
54 Ebd., Brief Nr. 163, S. 139.
55 Vgl. *Die neue Rundschau*, Heft 71, Frankfurt a. M. 1960.
56 *Briefe der Nelly Sachs*, Frankfurt a. M. 1984, S. 247.
57 IB – PC: *Herzzeit*, Brief Nr. 161, S. 138.
58 Ebd., Brief Nr. 167, S. 140.
59 Ebd., Brief Nr. 191 vom 27.9.1961, nicht abgeschickt, S. 152.
60 Ebd., S. 153.
61 Ebd., S. 153 f.

11. Höhepunkt und Höllenfahrt –
»Er hat mir mein Strahlen genommen«

1 Vgl. MF: *Montauk*, S. 49.
2 Vgl. Reinhard Baumgart: *Damals*, München 2003, S. 186 f.
3 Ebd.
4 MF: *Montauk*, S. 182.
5 IB: Brief an Annemarie Böll vom 26.5.1961.
6 MF: *Montauk*, a. a. O.
7 IB: Brief an Siegfried Unseld vom 31.5.1961.
8 Vgl. Stoll 1991, S. 135.
9 Vgl. Marcel Reich-Ranicki: »Anmerkungen zur Lyrik und Prosa der Ingeborg Bachmann«. In: *Deutsche Literatur in Ost und West*, S. 133.
10 Vgl. dazu die sehr herzliche Begrüßung durch Walter Höllerer, der Bachmanns literarisches Schaffen der zurückliegenden Jahre außerordentlich würdigt. In: Michael Krüger: »Der Luftgeist im verwinkelten Schloss«. In: *Süddeutsche Zeitung* 25./26.5.2013.
11 Vgl. dazu vor allem Sigrid Weigel 1999, S. 22 ff.
12 Vgl. MF im Interview mit Peter Hamm. Film: *Der ich unter Menschen nicht leben kann*.
13 Vgl. Reinhard Baumgart im Interview mit Peter Hamm. Film: *Der ich unter Menschen nicht leben kann*.
14 HWH: *Reiselieder mit böhmischen Quinten*.
15 MF: *Montauk*, S. 147.
16 IB: *Das dreißigste Jahr*, W2, S. 100.
17 IB an Hannah Arendt, zit. nach Marie Luise Knott: *Verlernen. Denkwege bei Hannah Arendt*, Berlin 2011, S. 7.
18 Nach den Erinnerungen von Marianne Frisch, die ich bei den Recherchen für meinen *Malina*-Materialienband bei einem Abendessen 1992 in Frankfurt a. M. kennenlernen durfte. Vgl. Weidermann 2010, S. 256 f.

19 MF: *Montauk*, S. 16.
20 IB: Gespräch mit Ekkehart Rudolph vom 23.3.1971, GuI, S. 88.
21 Vgl. dazu die Büchner-Preis-Reden MF, 1958, und IB, 1964.
22 MF: *Montauk*, a.a.O.
23 IB: Gespräch mit Veit Mölter vom 23.3.1971, GuI, S. 78.
24 Erinnerung Marianne Frisch, nach Weidermann 2010, S. 257.
25 IB – HWH: *Briefe einer Freundschaft*, Nr. 151, S. 244.
26 Vgl. ebd., Anm. Nr. 151, S. 507.
27 IB: Gespräch mit Ilse Heim vom 5.5.1971, GuI, S. 110.
28 Priess 2009, S. 143. Vgl. auch *Montauk*, S. 152 ff.
29 Vgl. Weidermann 2010, S. 259.
30 MF: *Mein Name sei Gantenbein*, S. 6.
31 Ebd., S. 151.
32 Vgl. IB: *Das dreißigste Jahr*, W2, S. 101.
33 IB – HWH: *Briefe einer Freundschaft*, Nr. 151, S. 244 f.

12. Das »Königreich« des Schreibens gegen das »Schizoid der Welt«

1   IB: Gespräch mit Dieter Zilligen vom 22.3.1971, GuI, S. 70.
2   IB: Brief an Hans Paeschke vom 17.8.1964.
3   IB:»Keine Delikatessen«, W1, S. 172.
4   IB: *Ich weiß keine bessere Welt*, S. 11. Vgl. auch das Vorwort von Isolde Moser,
    S. 6.
5   Ebd., Titel verschiedener Gedichte.
6   Ebd., S. 117.
7   IB: TKA, Bd. 1, 166.
8   Gespräch Inge Feltrinelli und Andrea Stoll, Oktober 2008 in Frankfurt a. M.
9   Vgl. das Gedicht »Zürichsee«. In: *Ich weiß keine bessere Welt*, S. 45.
10 IB:»[Witold Gombrowicz]: Entwurf«, KS, S. 481.
11 IB:»Ein Ort für Zufälle«, KS, S. 101.
12 Vgl. IB:»[Witold Gombrowicz]«, KS.
13 Nach der Erinnerung von Toni Kienlechner.
14 IB:»[Witold Gombrowicz]«, KS, S. 482.
15 Vgl. Hamm: *Der ich unter Menschen nicht leben kann*. Film.
16 Vgl. Peter Michalzik: *Unseld*, München 2002, S. 143.
17 Siegfried Unseld, Brief an Uwe Johnson vom 24.7.1963.
18 Protokoll Otto Best, Piper-Verlagsarchiv, 21.–23.10.1963.
19 IB: Gespräch mit Kuno Raeber vom Januar 1963, GuI, S. 40.
20 Vgl. dazu den Nachlass IBs in der Österreichischen Nationalbibliothek und de-
    ren Handschriftenabteilung, der von Eva Irblich jahrzehntelang betreut wurde.
21 Krankenhausentwurf aus der Arbeitsphase 1962/63, TKA, Bd. 1, S. 87.
22 Vgl. IB: Gespräch mit Veit Mölter vom 23.3.1971, GuI, S. 73.

23 IB: »Flugplatz-Entwurf«, TKA, Bd. 1, S. 87.

24 HWH, in: Joachim Köhler und Sven Michaelsen: »Dandy mit wilden Gefühlen«. In: *Stern*, Heft 23, 30.5.1996, S. 64.

25 HWH im Gespräch mit Klaus Geitel, 1965.

26 Vgl. HWR: *Im Etablissement der Schmetterlinge*, S. 45.

27 Johnsons Gefühle für Ingeborg Bachmann sind auch anderen nicht verborgen geblieben. Nach Bachmanns Tod äußerte Hannah Arendt anlässlich von *Die Reise nach Klagenfurt*: »Wie schön, die letzte Novelle mit ihrer großen Liebe«. Zit. nach Marie Luise Knott: *Verlernen*, a.a.O., S. 7.

28 Ebd., S. 59.

29 Vgl. Adolf Opel: *»Wo mir das Lachen zurückgekommen ist…«*, S. 15 ff.

30 Ebd., S. 31 ff.

31 IB: W1, S. 169. Erstveröffentlicht bei einer Hörfunkaufnahme des Schweizer Rundfunks vom 9.1.1966.

32 IB: Brief an Adolf Opel, zit. nach Hapkemeyer: IB, S. 123.

33 IB: Brief an Adolf Opel vom 5.4.1964. In: Opel, a.a.O., S. 78.

34 IB: *Wüstenbuch*, Textfassung A, TKA, Bd. 1, S. 257.

35 IB: *Das Buch Franza*, TKA, Bd. 2, S. 349.

36 Vgl. dazu auch Ina Hartwigs Studie: *Sexuelle Poetik*, Frankfurt a.M. 1998.

37 Ebd., TKA, Bd. 2, S. 231.

38 Vgl. Opel, a.a.O., S. 193.

39 Ebd., S. 195.

40 Ebd., S. 194.

41 IB: *Das Buch Franza*, TKA, Bd. 2, S. 274.

42 IB: »Ein Ort für Zufälle«, TKA, Bd. 1, S. 232.

43 Ebd., S. 210.

44 Vgl. Höller 1999, S. 139

45 IB: »Eugen Roman II«, TKA, Bd. 1, S. 124 f.

46 HWR: *Im Etablissement der Schmetterlinge*, S. 48.

47 IB: »Wahrlich«, W1, S. 166.

48 HWR, a.a.O., S. 57.

49 Ebd. S. 57 f.

50 IB: Brief an Klaus Piper, März 1964.

51 IB: Gespräch mit Alicja Walecka-Kowalska vom Mai 1973, GuI, S. 130.

52 Vgl. IB: Brief an Klaus Piper, a.a.O.

53 Vgl. IB: Gespräch mit Harald Grass vom 1.5.1965, GuI, S. 59.

54 IB: »Böhmen liegt am Meer«, W1, S. 167.

55 IB: Gespräch mit Harald Grass, a.a.O., S. 56.

56 IB: Gespräch mit Dieter Zilligen vom 22.3.1971, GuI, S. 69.

57 Vgl. hierzu die Ausführungen Peter Goßens in IB: *Handbuch*, S. 204 ff.

58 IB – HWH: *Briefe einer Freundschaft*, Nr. 165, S. 267.

59 Ebd., S. 268.

13. *Todesarten* und Doppelexistenz – neue Wege des Erzählens

1   In den Briefen an ihre Eltern aus den 60er- und frühen 70er-Jahren kommentiert Bachmann diese römischen Lebensumstände immer wieder. PNIB.

2   Brief an Klaus Piper vom 16.6.1966.

3   Nach den Erinnerungen Heinz Bachmanns. Über die Fachkenntnisse des Bruders hinaus fließen auch viele persönliche Motive der von IB immer als bedeutsam empfundenen Bruder-Schwester-Beziehung in das Verhältnis der literarischen Figuren Franza und Martin ein.

4   IB: Interview mit Veit Mölter vom 23.3.1971, GuI, S. 79.

5   Brief IB an HWR vom 14/15.4.1966.

6   IB: Brief an ihre Eltern von Ende Mai 1966.

7   IB:»Paralipomena zu Textstufe IV. Vorreden zu *Das Buch Franza*«, TKA Bd. II, S. 349.

8   Wie die Kritische Ausgabe des *Todesarten*-Projekts (TKA) in akribischer Aufarbeitung von mehreren tausend Manuskriptseiten nachweisen konnte, tauchten im Sommer 1966 Motive in dem *Franza*-Buch auf, die später Eingang in den einzigen zu Lebzeiten veröffentlichten Roman *Malina* fanden.

9   IB: Brief an Otto Best vom 25.11.1966, zit. nach TKA 2, S. 397.

10 IB: Brief an Siegfried Unseld vom 26.6.1967.

11 Vgl. ebd.

12 IB – HWH: *Briefe einer Freundschaft*, Nr. 179, S. 277.

13 Die Fotografin Renate von Mangoldt oder auch die Frisch-Tochter Ursula Priess, die von Bachmann mitunter wie Töchter bei Einkäufen beschenkt wurden, bestätigten dies. Gespräch Renate von Mangoldt mit Andrea Stoll am 27.4.2013 in Berlin. Vgl. auch Priess: *Sturz durch alle Spiegel*, a.a.O. Im Privatarchiv der Familie gibt es allerdings auch brieflich aufgelistete Zahlen, die an Personen aus Bachmanns Umfeld gingen und von diesen nie zurückerstattet wurden.

14 Toni Kienlechner in: Stoll 1992.

15 Vgl. die Briefe Theodor W. Adornos an Gershom Sholem vom 15.11.1966, 1.12.1966 und 10.1.1967.

16 Vgl. Sigrid Weigel 1999, S. 496.

17 Vgl. ebd., S. 5.

18 IB:»Enigma«, W1, S. 171.

19 IB:»Eine Art Verlust«, W1, S. 170.

20 IB: Stellungnahme in einer ORF-Sendung am 29.5.1969. In: GuI, S. 65.

21 Vgl. IB:»Simultan«, TKA Bd. 4.

22 Ebd., statt eines Klappentextes, S. 16.

23 Vgl. Toni Kienlechner in: Stoll 1992.

24 Isolde Moser im Gespräch mit Andrea Stoll, a.a.O.

25 Übereinstimmend haben mir Freunde und Kollegen von solchen Erfahrungen berichtet, u.a. der Schriftsteller Christoph Meckel. Gespräch Andrea Stoll mit Christoph Meckel, Mainz 1982.

26 IB: Brief an Isolde Moser vom 14.12.1971, in denen IB ihre Wohnsituation in der Via Bocca di Leone rückblickend analysiert. PNIB.

27 Toni Kienlechner in: Stoll 1992

28 IB: Gespräch mit Toni Kienlechner vom 9.4.1971, GuI, S.99 f.

29 Vgl. IB:»Ich muß erzählen. Ich werde erzählen. Es gibt nichts mehr, was mich in meiner Erinnerung stört [...]. Wenn meine Erinnerung aber nur die gewöhnlichen Erinnerungen meinte, Zurückliegendes, Abgelebtes, Verlassenes, dann bin ich noch weit, sehr weit von der verschwiegenen Erinnerung, in der mich nichts mehr stören darf.« *Malina*, TKA, Bd. 3, S. 292.

30 Isolde Moser hat mir diesen für Bachmanns Roman so bedeutsamen Satz in einem Gespräch 2003 übermittelt.

31 IB: *Malina*, S. 298.

32 Ebd.

33 Vgl. IBs Essays zu den genannten Künstlerinnen in KS, a.a.O.

34 IB: Gespräch mit Gerda Bödefeld vom 24.12.1971, GuI, S. 115.

35 In ihrem Erinnerungsbuch *Welche Welt ist meine Welt?* berichtet Hilde Spiel von ihrer Freundschaft mit IB und gemeinsamen Unternehmungen. München 1990, S. 173 und S. 258 f.

36 Thomas Bernhard: *Auslöschung*.

37 Gespräch Andrea Stoll – Siegfried Unseld, München 1995.

38 Vgl. Wolfgang Kraus:»Spiegelbilder«. In: *Hilde Spiel. Weltbürgerin der Literatur*, Wien 1999,»Profile«, Bd. 3, S. 136.

39 Rosteck 2009, S. 378.

40 IB – HWH: *Briefe einer Freundschaft*, Nr. 181, S. 278.

41 Susanna Walton, zit. nach Rosteck 2009, S. 238.

42 Vgl. HWH im Interview mit den *Stern*-Reportern Joachim Köhler und Sven Michaelsen:»Dandy mit wilden Gefühlen«. In: *Stern*, Heft 23, 30.5.1996, S. 58–66

43 Vgl. IB: *Undine geht*

44 Nach den Erinnerungen Heinz Bachmanns.

45 Vgl. u.a. IB: Gespräch mit N.N., 1961, GuI, S. 25.

46 Vgl. Siegfried Unseld: *Reisebericht vom 22.–31. März 1969*, Suhrkamp-Archiv.

47 Vgl. IB: Interview mit Karol Sauerland Mai 1973, GuI, S. 140.

48 IB – HWH: *Briefe einer Freundschaft*, Nr. 182, S. 280.

49 Ebd., Nr. 186, S. 282.

50 Gespräch Luigi Bonino mit Andrea Stoll, Cap Martin, 4.4.2011.

51 IB:»Die Prinzessin von Kagran«. In: *Malina*, TKA, Bd. 3, S. 349.

52 IB: *Malina*,»Der dritte Mann«, S. 523.

53 Vgl. IB – PC: *Herzzeit*, Brief Nr. 3, S. 8.

54 Vgl. *Malina*, S. 524.

55 Vgl. Gisèle Celan-Lestrange an IB. In: *Herzzeit*, Brief Nr. 231.

56 Nach den Erinnerungen von Isolde Moser.

57 IB:»Der dritte Mann«. In: *Malina*, S. 505.

58 Vgl. Andrea Stoll: »Kontroverse und Polemik. Zur Rezeptions- und Forschungsgeschichte von *Malina*«. In: Dies.: *Erinnerung als ästhetische Kategorie*, a.a.O.,
   S. 201 ff.
59 Hans Mayer: »*Malina* oder der große Gott von Wien«. In: *Die Weltwoche*, Zürich, 30.4.1971, Beilage »Bücher und Autoren«, S. 35.
60 IB – HWH: *Briefe einer Freundschaft*, Nr. 189. S. 286.
61 Vgl. GuI, a.a.O.
62 Vgl. Jean Améry: »Trotta kehrt zurück. Über Ingeborg Bachmanns Novellen-
   band *Simultan*«. In: *Die Weltwoche*, Zürich, 8.11.1972. Vgl. auch Irène Heidel-
   berge-Leonard: »Ingeborg Bachmann und Jean Améry. Zur Differenz zwischen
   der Ästhetisierung des Leidens und traumatischer Erfahrung«. In: Stoll 1992,
   S. 288–300.
63 Jean Améry: »Trotta kehrt zurück«, a.a.O.
64 IB an Isolde Moser, 14.12.1971, PNIB.
65 Ebd.

14. »Asozial, einsam, verdammt« –
der Preis einer kompromisslosen Autorenexistenz

1 IB: Rede zur Verleihung des Anton-Wildgans-Preises, KS, S. 487.
2 Christa Wolf: *Voraussetzungen einer Erzählung: Kassandra*, Frankfurter Poetik-
   Vorlesungen 1983.
3 IB: »Von letzten Dingen«. In: *Malina*, TKA, Bd. 3, S. 576.
4 Vgl. IB: Frankfurter Poetikvorlesungen. In: KS, a.a.O.
5 Vgl. dazu die Äußerungen von Martin Walser in Peter Hamms Film *Der ich unter Menschen nicht leben kann* oder die Äußerung von Günter Grass, der von einem poetischen »Absolutheitswahn« der Dichterin spricht. Vgl. auch IB: Brief
   an HWH: *Briefe einer Freundschaft*, Nr. 161, S. 259. Vgl. auch HWH: *Reiselieder mit böhmischen Quinten*, S. 248.
6 Vgl. IB: Brief an ihre Schwester Isolde vom 14.12.1971, in der sie ihr von Plänen berichtet, eine Wohnung in Wien zu kaufen. PNIB.
7 Vgl. IB: Brief an ihre Eltern vom 16.2.1973, in dem IB darüber berichtet, dass
   sie sich über den Überraschungsbesuch der Schwester »masslos gefreut« habe.
   PNIB.
8 Marie Luise Kaschnitz: Brief an ihre Tochter Iris, 1964.
9 IB: Gespräch mit Veit Mölter vom 23.3.1971, GuI, S. 79.
10 Vgl. IB: Gespräch mit Karol Sauerland, GuI, a.a.O.
11 IB im Juni 1973, GuI, S. 145.
12 Vgl. IB: *Ich bin eine Polin. Text aus dem Nachlass*. Bl. 2345 f., zit. von Höller
   1999, S. 153.
13 Vgl. Hilde Spiel: *Welche Welt ist meine Welt?*, S. 259. Vgl. IBs Brief an Dr. Haag,
   den sie wegen der für die Übersiedlung nötigen Steuerregelung konsultiert, wo-

bei sie auf ihren Münchner Anwalt Dr. Reinhold Kreile verweist. IB schrieb diesen Brief von einer Wiener Adresse aus, Opernring 19/5. Die dortige Wohnung war ihr von deren Bewohnern Marcel Faust und seiner Frau Christine als »offizielle« Wien-Adresse für die Behörden zur Verfügung gestellt worden. PNIB.

14   Zit. nach Rosteck 2009, S. 381.

15   Die Authentizität von Alfred Grisels Aussage wird in der sehr offen und freundschaftlich unterhaltenen Korrespondenz mit Ingeborg Bachmann und nachfolgend bis heute mit Isolde Moser und Heinz Bachmann bestätigt. Beide Bachmann-Geschwister bestätigen die Glaubwürdigkeit Grisels. PNIB. Zitiert wurde nach Hoell: IB, S. 150.

16   Hans Höller hat zu diesen Vorgängen am 12.3.1998 ausführlich mit Maria Teofili in Rom sprechen können. Vgl. Höller 1999, S. 156.

17   Heinz Bachmann, seine Frau Sheila und Isolde Moser haben mir detaillierte Erinnerungsberichte zu diesen römischen Tagen vorgelegt, in meinem Gespräch mit Luigi Bonino konnte ich darüber hinaus viele Angaben verifizieren. Die Erinnerungen der anderen Anwesenden liegen bereits in vielfacher Weise gedruckt und kommentiert vor. Vgl. Christine Koschel und Inge von Weidenbaum: »Ingeborg Bachmanns Tod. Ein Unfall.« In: *Süddeutsche Zeitung*, 30.12.1980. Vgl. auch Höller 1999, S. 155 ff.

18   HWH im *Stern*-Interview mit Köhler/Michaelsen, 30.5.1996, a.a.O.

19   Vgl. IB: »Was ich in Rom sah und hörte«, KS, S. 150 f.

20   Procura della Repubblica Roma, 15.7.1974 (Atto 7006/1–3e).

21   Heinrich Böll: »Ich denke an sie wie an ein Mädchen. Zum Tode Ingeborg Bachmanns«. In: *Der Spiegel* 43/1973.

Quellen

Archive

- Archiv der Akademie der Künste, Berlin (Nachlass Hans Werner Richter und Günter Grass)
- Bibliothek Ingeborg Bachmann. Privatnachlass der Familie in Kärnten
- Privatnachlass Ingeborg Bachmann, Kärnten (der private Nachlass Ingeborg Bachmanns umfasst etwa 300 Manuskriptseiten aus Tagebuchblättern, literarischen Entwürfen und Briefen)
- Heinrich-Böll-Archiv, Köln
- Nachlassbibliothek Paul Celan (Deutsches Literaturarchiv, Marbach)
- Deutsches Literaturarchiv Marbach (u. a. Nachlass Paul Celan, Marie Luise Kaschnitz, Archiv des Piper-Verlags, Archiv des Suhrkamp-Verlags, Archiv der Zeitschrift *Merkur*)
- Archiv der *Frankfurter Allgemeinen Zeitung*
- Max Frisch-Archiv (Zürich)
- Günter Grass Archiv (Archiv der Akademie der Künste, Berlin)
- Uwe Johnson-Archiv, Frankfurt a. M. (heute Rostock)
- Literaturarchiv Monacensia, München (Nachlass Hermann Kesten und Wolfgang Bächler)
- Archiv des Norddeutschen Rundfunks
- Österreichische Nationalbibliothek, Wien: Handschriftenabteilung
- Österreichische Nationalbibliothek, Wien: literarischer Nachlass Ingeborg Bachmanns mit etwa 8000 Manuskriptseiten
- Archiv der *Süddeutschen Zeitung*
- Archiv des Südwestdeutschen Rundfunks (Korrespondenz von Alfred Andersch und Helmut Heißenbüttel)
- Suhrkamp-Archiv, Frankfurt a. M., heute im Deutschen Literaturarchiv Marbach
- Bibliothek des Wiener Rathauses, Stadt Wien (Briefe Hans Weigel)

Siglen

AND	Amerikanischer Nachrichtendienst in Wien
GuI	Bachmann, Ingeborg: *Wir müssen wahre Sätze finden. Gespräche und Interviews*, hrsg. von Christine Koschel und Inge von Weidenbaum, München und Zürich 1983.
GW	Paul Celan: *Gesammelte Werke in fünf Bänden*, hrsg. von Beda Allemann und Stefan Reichert unter Mitwirkung von Rolf Bücher, Frankfurt a. M. 1983.
IB	Ingeborg Bachmann
IB W	Ingeborg Bachmann: *Werke*, Bde. 1–4, hrsg. von Christine Koschel, Inge von Weidenbaum und Clemens Münster. München und Zürich 1978.
HWH	Hans Werner Henze
HWR	Hans Werner Richter
KS	Ingeborg Bachmann: *Kritische Schriften*, hrsg. von Monika Albrecht und Dirk Göttsche, München und Zürich 2005.
MF	Max Frisch
N	Sigle für Nachlassblätter im Nachlass Ingeborg Bachmanns in der Handschriftenabteilung der Österreichischen Nationalbibliothek Wien.
NDR	Norddeutscher Rundfunk. Der NDR entstand 1954 durch die Spaltung des NWD in NDR und WDR.
NIB	Nachlass Ingeborg Bachmann (Österreichische Nationalbibliothek, Wien).
NWDR	Nordwestdeutscher Rundfunk
ORF	Österreichischer Rundfunk
PC	Paul Celan
PNIB	Privatnachlass Ingeborg Bachmann, Kärnten.
SDR	Süddeutscher Rundfunk Stuttgart
SF	Schweizer Fernsehen
SFB	Sender Freies Berlin
SWR	Südwestrundfunk
TKA	*Todesarten-Projekt. Kritische Ausgabe.* Bde. 1–4. Unter Leitung von Robert Pichl, hrsg. von Monika Albrecht und Dirk Göttsche. München und Zürich 1995.
WDR	Westdeutscher Rundfunk

Biografische Quellen

Briefe und Primärliteratur

Aichinger, Ilse: *Die größere Hoffnung*, Frankfurt a. M. 1949.

Adorno, Theodor W.: *Gesammelte Schriften*, hrsg. von Rolf Tiedemann u. a., 20 Bde., Frankfurt a. M. 1970–1986.

Améry, Jean: »Wieviel Heimat braucht der Mensch?« In: Ders.: *Jenseits von Schuld und Sühne. Bewältigungsversuche eines Überwältigten*, Stuttgart 1966, 2. Aufl. 1980.

Hannah Arendt – Hans Magnus Enzensberger: »Politik und Verbrechen. Ein Briefwechsel«. In: *Merkur*, April 1965, S. 380–385.

Bachmann, Ingeborg: *Briefe an Felician. Mit acht Kupferaquatinta-Radierungen von Peter Bischof. Vorwort von Isolde Moser*, München, Zürich 1991.

Bachmann, Ingeborg: *Die kritische Aufnahme der Existentialphilosophie Martin Heideggers* (Dissertation Wien 1949). Aufgrund eines Textvergleichs mit dem literarischen Nachlass hrsg. von Robert Pichl. Mit einem Nachwort von Fritz Wallner, München und Zürich 1985.

Bachmann, Ingeborg: *Die Radiofamilie*, hrsg. und mit einem Nachwort versehen von Joseph McVeigh, Frankfurt a. M. 2011.

Bachmann, Ingeborg: *Ich weiß keine bessere Welt. Unveröffentlichte Gedichte*, hrsg. von Isolde Moser, Heinz Bachmann, Christian Moser. München und Zürich 2000.

Bachmann, Ingeborg: *Kriegstagebuch. Mit Briefen von Jack Hamish an Ingeborg Bachmann*, hrsg. und mit einem Nachwort von Hans Höller, Berlin 2010.

Bachmann, Ingeborg: *Kritische Schriften*, hrsg. von Monika Albrecht und Dirk Göttsche, München und Zürich 2005.

Bachmann, Ingeborg: *Letzte, unveröffentlichte Gedichte*, Edition und Kommentar von Hans Höller, Frankfurt a. M. 1998.

Bachmann, Ingeborg: *Römische Reportagen. Eine Wiederentdeckung*, hrsg. und mit einem Nachwort versehen von Jörg-Dieter Kogel, München und Zürich 2000.

Bachmann, Ingeborg: *Todesarten-Projekt. Kritische Ausgabe*. Bde. 1–4. Unter Leitung von Robert Pichl hrsg. von Monika Albrecht und Dirk Göttsche, München und Zürich 1995.

Bachmann, Ingeborg: *Wir müssen wahre Sätze finden. Gespräche und Interviews*, hrsg. von Christine Koschel und Inge von Weidenbaum, München und Zürich 1983.

Ingeborg Bachmann – Paul Celan: *Herzzeit. Briefwechsel. Mit den Briefwechseln zwischen Paul Celan und Max Frisch sowie zwischen Ingeborg Bachmann und Gisèle Celan-Lestrange*, hrsg. und kommentiert von Bertrand Badiou, Hans Höller, Andrea Stoll und Barbara Wiedemann, Frankfurt a. M. 2008.

Bachmann, Ingeborg: *Werke*, Bde. 1–4, hrsg. von Christine Koschel, Inge von Weidenbaum, Clemens Münster, München 1978.

Ingeborg Bachmann – Hans Werner Henze: *Briefe einer Freundschaft*, hrsg. von Hans Höller, mit einem Vorwort von Hans Werner Henze, München und Zürich ²2006.

Barnert, Arno: »Paul Celan und die Heidelberger Zeitschrift ›Die Wandlung‹. Erstveröffentlichung der Korrespondenz« [mit Briefen von Marie Luise Kaschnitz]. In: *Textkritische Beiträge*, Heft 6, 2000, S. 111–120.

Barnert, Arno und Wilhelm Hemecker: »Paul Celan und Frank Zwillinger«. In: *Sichtungen* 2000, S. 56–70.

Barnert, Arno: »Eine ›herzgraue‹ Freundschaft. Der Briefwechsel zwischen Paul Celan und Günter Grass«. In: *Textkritische Beiträge*, Heft 9, 2004, S. 65–127.

Benjamin, Walter: *Gesammelte Schriften*, hrsg. von Rolf Tiedemann und Hermann Schweppenhäuser, Frankfurt a. M. 1980 ff.

Bermann Fischer, Gottfried und Brigitte: *Briefwechsel mit Autoren*, hrsg. von Reiner Stach unter redaktioneller Mitarbeit von Karin Schlapp, mit einer Einführung von Bernhard Zeller, Frankfurt a. M. 1990.

Bernhard, Thomas: *Der Stimmenimitator*, Frankfurt a. M. 1978.

Bernhard, Thomas: *Auslöschung. Ein Zerfall*, Frankfurt a. M. 1986.

Thomas Bernhard – Siegfried Unseld: *Der Briefwechsel*, hrsg. von Raimund Fellinger, Martin Huber und Julia Ketterer, Frankfurt a. M. 2009.

Celan, Paul: *Gesammelte Werke in fünf Bänden*, hrsg. von Beda Allemann und Stefan Reichert, Frankfurt a. M. (1983) 1986.

Celan, Paul: *»Mikrolithen sinds, Steinchen«. Die Prosa aus dem Nachlaß, Kritische Ausgabe*, hrsg. von Barbara Wiedemann und Bertrand Badiou, Frankfurt a. M. 2005.

Paul Celan: *Briefwechsel mit den rheinischen Freunden Heinrich Böll, Paul Schallück und Rolf Schroers. Mit einzelnen Briefen von Gisèle Celan-Lestrange, Ilse Schallück und Ilse Schroers,* hrsg. und kommentiert von Barbara Wiedemann, Berlin 2011.

Paul Celan – Gisèle Celan-Lestrange: *Briefwechsel. Mit einer Auswahl von Briefen Paul Celans an seinen Sohn Eric.* Aus dem Französischen von Eugen Helmlé und Barbara Wiedemann, hrsg. von Bertrand Badiou in Verbindung mit Eric Celan, Frankfurt a. M. 2001.

Paul Celan – Klaus und Nani Demus: *Briefwechsel. Mit einer Auswahl von Briefen Gisèle Celan-Lestranges an Klaus und Nani Demus,* hrsg. von Joachim Seng, Frankfurt a. M. 2009.

Paul Celan – Hanne und Hermann Lenz: *Briefwechsel,* hrsg. von Barbara Wiedemann in Verbindung mit Hanne Lenz, Frankfurt a. M. 2001.

Paul Celan – Nelly Sachs: *Briefwechsel,* hrsg. von Barbara Wiedemann, Frankfurt a. M. 1993.

Paul Celan – Franz Wurm: *Briefwechsel,* hrsg. von Barbara Wiedemann in Verbindung mit Franz Wurm, Frankfurt a. M. 1995.

Doderer, Heimito von: *Commentarii 1951 bis 1956. Tagebücher aus dem Nachlaß,* hrsg. von Wendelin Schmidt-Dengler, München 1976.

Eckardt, Uwe: »Paul Celan (1920–1970) und der Wuppertaler ›Bund‹ [Briefe an Jürgen Leep]«. In: *Geschichte im Wuppertal* 1995, Neustadt an der Aisch 1995, S. 90–100.

»fuer Zwecke der brutalen Verstaendigung«. Hans Magnus Enzensberger – Uwe Johnson: *Der Briefwechsel,* hrsg. von Henning Marmulla und Claus Kröger, Frankfurt a. M. 2009.

Freud, Sigmund: *Studienausgabe.* 10 Bde. und Ergänzungsband, hrsg. von Alexander Mitscherlich u.a., Frankfurt a. M. 1969–1979.

Max Frisch – Friedrich Dürrenmatt: *Der Briefwechsel,* hrsg. von Peter Ruedi, Zürich 2001.

Frisch, Max: *Max Frisch – ich lebe in Rom, der herrlichsten Stadt der Welt / vivo a Roma, la città la più bella del mondo: gli anni a Roma 1960–1965*. Istituto svizzero di Roma, Max Frisch-Archiv (Zürich), Rom 2002.

Frisch, Max: *Jetzt ist Sehenszeit. Briefe, Notate, Dokumente 1943–1963*, hrsg. und mit einem Nachwort versehen von Julian Schütt, Frankfurt a. M. 1998.

Frisch, Max: *Gesammelte Werke*, Frankfurt a. M. 1976.

Frisch, Max: *Montauk. Eine Erzählung* (1975), Frankfurt a. M. 1981.

Heidegger, Martin: *Was ist Metaphysik?*, Bonn 1931.

Heidegger, Martin: *Holzwege*, Frankfurt a. M. 1950.

Heidegger, Martin: *Der Satz vom Grund*, Pfullingen 1957.

Heidegger, Martin: *Gesamtausgabe. Ausgabe letzter Hand*, Frankfurt a. M. 1975 ff.

Hildesheimer, Wolfgang: *Briefe*, hrsg. von Silvia Hildesheimer und Dietmar Pleyer, Frankfurt a. M. 1999.

Horkheimer, Max / Adorno, Theodor W.: *Dialektik der Aufklärung. Philosophische Fragmente* (1944), Frankfurt a. M. 1969.

Huchel, Peter: *Wie soll man Gedichte schreiben. Briefe 1925–1977*, hrsg. von Hub Nijssen, Frankfurt a. M. 2000.

Kaschnitz, Marie Luise: *Gesammelte Werke*, Frankfurt a. M. 1981.

Mayer, Hans: *Briefe 1948–1963*, hrsg. von Mark Lehmstedt, Leipzig 2006.

Musil, Robert: *Gesammelte Werke*, hrsg. von Adolf Frisé, Reinbek bei Hamburg 1989.

Pizzingrilli, Massimo: »»Votre aide qui est / m'est si précieuse‹. Paul Celans Mitarbeit an der Zeitschrift ›Botteghe Oscure‹ und sein Briefwechsel mit Marguerite Caetani«. In: *Celan-Jahrbuch 9* (2003–2005) [mit Briefen von und an Eugene Walter und Auszügen aus Briefen von K. L. Schneider, Hans Magnus Enzensberger, Helmut Heißenbüttel und Walter Höllerer], S. 7–26.

Richter, Hans Werner: *Briefe*, hrsg. von Sabine Cofalla, München und Wien 1997.

Briefe der Nelly Sachs, hrsg. von Ruth Dinesen und Helmut Müssener,. Frankfurt a. M. 1984.

Wiedemann, Barbara: *Die Goll-Affäre. Dokumente zu einer »Infamie«*, Frankfurt a. M. 2000.

Wolf, Christa: *Voraussetzungen einer Erzählung: Kassandra. Frankfurter Poetik-Vorlesungen*, Darmstadt/Neuwied 1983 (Frankfurt a. M. 2008).

Erinnerungen

Baumgart, Reinhard: *Damals. Ein Leben in Deutschland*, München 2003.

Dor, Milo: *Auf dem falschen Dampfer. Fragmente einer Autobiographie*, Wien und Darmstadt 1988.

Fried, Erich: *Ich grenz noch an ein Wort und an ein andres Land. Über Ingeborg Bachmann – Erinnerung, einige Anmerkungen zu ihrem Gedicht »Böhmen liegt am Meer« und ein Nachruf*, Berlin 1983.

Gombrowicz, Witold: *Berliner Notizen*, Pfullingen 1965.

Hakel, Hermann: »Karriere und Gesichter der Ingeborg Bachmann«. In: *Dürre Äste.*

Welkes Gras. Begegnungen mit Literaten. Bemerkungen zur Literatur, hrsg. von der Hermann Hakel Gesellschaft, Wien 1991.

Henze, Hans Werner: *Musik und Politik-Schriften und Gespräche, 1955–1975*, hrsg. von Jens Brockmeier, München 1976.

Henze, Hans Werner: *Reiselieder mit böhmischen Quinten. Autobiographische Mitteilungen 1926–1995*, Frankfurt a. M. 1996.

Henze, Hans Werner: *Schriften und Gespräche, 1955–1979*, hrsg. von Hans-Peter Müller, Berlin (DDR) 1981.

Jens, Walter: *Deutsche Literatur der Gegenwart*, München 1961.

Johnson, Uwe: *»Die Katze Erinnerung«. U. J. Eine Chronik in Briefen und Bildern*, zusammengestellt von Eberhard Fahlke, Frankfurt a. M. 1994.

Johnson, Uwe: *Eine Reise nach Klagenfurt*, Frankfurt a. M. 1974.

Kaschnitz, Marie Luise: *Orte. Aufzeichnungen*, Frankfurt a. M. 1973.

Kaschnitz, Marie Luise: *Tagebücher aus den Jahren 1936–1966*, hrsg. von Christian Büttrich, Marianne Büttrich und Iris Schnebel-Kaschnitz, mit einem Nachwort von Arnold Stadler, Frankfurt a. M. und Leipzig 2000.

Kesten, Hermann: *Ein Buch der Freunde. Zum 60. Geburtstag am 28. Januar 1960*, München, Köln, Frankfurt a. M. 1960.

Opel, Adolf: *»Wo mir das Lachen zurückgekommen ist...« Auf Reisen mit Ingeborg Bachmann*, München 2001.

Piper, Klaus: *Lesen heißt doppelt leben. Erinnerungen*. Unter Mitarbeit von Dagmar von Erffa, München, Zürich 2000.

Priess, Ursula: *Sturz durch alle Spiegel. Eine Bestandsaufnahme*, Zürich 2009.

Richter, Toni: *Die Gruppe 47 in Bildern und Texten*, Köln 1997.

Richter, Hans Werner: *Im Etablissement der Schmetterlinge. 21 Portraits aus der Gruppe 47*. Mit Photos von Renate von Mangoldt, Berlin 2004.

Richter, Hans Werner: *Mittendrin. Die Tagebücher 1966–1972*, München 2012.

Schwerin, Christoph Graf von: *Als sei nichts gewesen*, Berlin 1997.

Spiel, Hilde: *Kleine Schritte. Berichte und Geschichten*, München 1976.

Spiel, Hilde: *Welche Welt ist meine Welt? Erinnerungen 1946–1989*, München 1990.

Spiel, Hilde: *Die Dämonie der Gemütlichkeit. Glossen zur Zeit und andere Prosa*, München 1991.

Walser, Martin: *Leben und Schreiben. Tagebücher 1963–1973*, Reinbek b. Hamburg 2007.

Weigel, Hans: *In Memoriam*, Graz, Wien, Köln 1979.

Weigel, Hans: *Unvollendete Symphonie*, Graz, Wien, Köln 1992.

Weiser, Peter: *Wien. Stark bewölkt*, München 1982.

Weiterführende Literatur

Achberger, Karen: *»Musik und Komposition in Ingeborg Bachmanns *Zikaden* und *Malina*.«* In: German Quarterly 61, 1988, S. 193–212.

Albrecht, Monika: »Die andere Seite«. Zur Bedeutung von Werk und Person Max Frischs in Ingeborg Bachmanns »Todesarten«, Würzburg 1989.

Agnese, Barbara: Der Engel der Literatur. Zum philosophischen Vermächtnis Ingeborg Bachmanns, Wien 1996.

Agnese, Barbara, und Robert Pichl (Hrsg.): Topographien einer Künstlerpersönlichkeit. Neue Annäherungen an das Werk Ingeborg Bachmanns. Internationales Symposium Wien 2006, Würzburg 2009.

Aman, Klaus: Denn ich habe zu schreiben. Und über den Rest hat man zu schweigen. Ingeborg Bachmann und die literarische Öffentlichkeit, Klagenfurt 1997.

Anderson. Mark: »A Delicate Affair. The Young Ingeborg Bachmann«. In: Die Waffen nieder, hrsg. von Karl Ivan Solibakke und Karina Tippelskirch, Würzburg 2012.

Arnold, Heinz Ludwig: Die Gruppe 47. Ein kritischer Grundriß. Sonderband aus der Reihe Text + Kritik, München 1980.

Bachmann-Handbuch, hrsg. von Monika Albrecht und Dirk Göttsche, Stuttgart und Weimar 2002.

Ingeborg Bachmann. Neue Beiträge zu ihrem Werk, hrsg. von Dirk Göttsche und Hubert Ohl, Würzburg 1993.

Ingeborg Bachmann. In: Cultura Tedesca, Bd. 25, April 2004, Rom 2004.

Ingeborg Bachmann: Registratur des literarischen Nachlasses. Aus den Quellen erarbeitet von Christine Koschel und Inge von Weidenbaum, hrsg. von Robert Pichl, Wien 1981.

Ingeborg Bachmann: »Todesarten«-Projekt. Neue Teilregistratur des literarischen Nachlasses in der Österreichischen Nationalbibliothek. Unter der Leitung von Robert Pichl hrsg. von Monika Albrecht und Dirk Göttsche, Wien 1995.

Bartsch, Kurt: »Ein Ort für Zufälle. Bachmanns Büchnerpreisrede als poetischer Text gelesen«. In: Modern Austrian Literature 18, Heft 3/4, S. 135–146.

Bartsch, Kurt: Ingeborg Bachmann, Stuttgart 1988.

Bartsch, Kurt: »Ingeborg Bachmanns Wittgenstein- und Musil-Rezeption«. In: Akten des Germanisten-Kongresses Basel 1980, hrsg. von Heinz Rupp und Hans-Gert Roloff, Bern, Frankfurt a. M., Las Vegas 1980, S. 527–532.

Beck, Thomas: Die Libretti Ingeborg Bachmanns für Hans Werner Henze, Würzburg 1997.

Beicken, Peter: Ingeborg Bachmann, Stuttgart 2001.

Böschenstein, Bernhard, und Sigrid Weigel: Ingeborg Bachmann und Paul Celan. Poetische Korrespondenzen, Frankfurt a. M. 1997.

Bothner, Susanne: Ingeborg Bachmann. Janusköpfiger Tod. Versuch der literaturpsychologischen Deutung eines Grenzgebietes der Lyrik unter Einbeziehung des Nachlasses, Frankfurt a. M. 1986.

Böttiger, Helmut (unter Mitarbeit von Lutz Dittrich): »›Mich freuen solche Bitterkeiten und Härten.‹ Die Beziehung zu Paul Celan«. In: Elefantenrunde. Walter Höllerer und die Erfindung des Literaturbetriebs, Berlin 2005, S. 43–51.

Böttiger, Helmut: Die Gruppe 47. Als die deutsche Literatur Geschichte schrieb, München 2012.

Briegleb, Klaus: »Ingeborg Bachmann, Paul Celan – Ihr (Nicht-)Ort in der Gruppe

47 (1952–1964/65). Eine Skizze«. In: Bernhard Böschenstein und Sigrid Weigel (Hrsg.): *Ingeborg Bachmann und Paul Celan. Poetische Korrespondenzen. Vierzehn Beiträge*, Frankfurt a. M. 1997, S. 29–81.

Brinker-Gabler, Gisela und Markus Zisselsberger (Hrsg.):»*If We Had The Word*.« *Ingeborg Bachmann. Views and Reviews*, Riverside, California, 2004.

Brüns, Elke:»Apokryphe Erinnerung. Zu den intertextuellen Bezügen von Ingeborg Bachmanns ›Malina‹ und Hans Weigels Unvollendeter Symphonie«. In: *Zeitschrift für deutsche Philologie*, Bd. 113, S. 277–292.

Der Bremer Literaturpreis 1954–1987. Reden der Preisträger und andere Texte, hrsg. von Wolfgang Emmerich. Eine Dokumentation der Rudolf-Alexander-Schröder-Stiftung, Bremerhaven 1988.

Fremde Nähe. Celan als Übersetzer. Eine Ausstellung des Deutschen Literaturarchivs, Ausstellung und Katalog von Axel Gellaus, Rolf Bücher, Sabria Filali, Peter Goßens, Ute Harbusch, Thomas Heck, Christine Ivanović, Andreas Lohr, Barbara Wiedemann unter Mitarbeit von Petra Plättner (= *Marbacher Kataloge* 50), Marbach am Neckar 1997.

Chalfen, Israel: *Paul Celan – Eine Biographie seiner Jugend*, Frankfurt a. M. 1979.

Dinesen, Ruth: *Nelly Sachs. Eine Biographie* (1991), Frankfurt a. M. 1994.

Dippel, Almut:»*Österreich – das ist etwas, das immer weitergeht für mich*«. *Zur Fortschreibung der*»*Trotta*«*-Romane Joseph Roths in Ingeborg Bachmanns*»*Simultan*«, St. Ingbert 1995.

»*Displaced*«. *Paul Celan in Wien 1947–1948*, hrsg. von Peter Goßens und Marcus G. Patka, Frankfurt a. M. 2001.

Döhl, Reinhard:»Geschichte und Kritik eines Angriffs. Zu den Behauptungen gegen Paul Celan«. In: *Deutsche Akademie für Sprache und Dichtung Darmstadt. Jahrbuch 1960*, Heidelberg, Darmstadt 1961, S. 101–132.

Dusar, Ingeborg: *Choreographien der Differenz. Ingeborg Bachmanns Prosaband* Simultan, Köln, Weimar, Wien 1994.

Eberhardt, Joachim:»*Es gibt für mich keine Zitate.*« *Intertextualität im dichterischen Werk Ingeborg Bachmanns*, Tübingen 2002.

Emmerich, Wolfgang: *Paul Celan*, Reinbek bei Hamburg 1999.

Encarnação, Gilda:»*Fremde Nähe*«. *Das Dialogische als poetisches und poetologisches Prinzip bei Paul Celan*, Würzburg 2007.

Fanta, Walter:»Rückkehr nach Kakanien. Der habsburgische Mythos in der Prosa von Ingeborg Bachmann«. In: *Nicht (aus, in, über, von) Österreich. Zur Österreichischen Literatur, zu Celan, Bachmann, Bernhard, u. a.*, hrsg. von Tamás Lichtmann und Walter Fanta, Frankfurt a. M. 1995, S. 141–170.

Fassbind-Eigenheer, Ruth: *Undine oder die nasse Grenze zwischen mir und mir. Ursprung und literarische Bearbeitungen eines Wasserfrauenmythos*, Stuttgart 1994.

Feldinger, Norbert P.: *Nachkriegsrundfunk in Österreich: Zwischen Föderalismus und Zentralismus von 1945 bis 1957*, München, London, New York, Paris 1990.

Felstiner, John: *Paul Celan. Eine Biographie* (Yale University Press, New Haven und London 1995), München 2000.

Gehle, Holger: *NS-Zeit und literarische Gegenwart bei Ingeborg Bachmann*, Wiesbaden 1995.

Gersdorff, Dagmar von: *Kaschnitz. Eine Biographie*, Frankfurt a.M. 1992.

Glaser, Horst Albert (Hg.): *Deutsche Literatur zwischen 1945 und 1995. Eine Sozialgeschichte*, Bern, Stuttgart, Wien 1996.

Grell, Petra: *Ingeborg Bachmanns Libretti*, Frankfurt a.M., Bern 1995.

Dichter und Richter. Die Gruppe 47 und die deutsche Nachkriegsliteratur. Ausstellungskatalog, hrsg. von der Akademie der Künste, Berlin 1988.

Hage, Volker: *Max Frisch*, Reinbek bei Hamburg 1997 (überarb. Neuaufl.).

Hanisch, Ernst: *Der lange Schatten des Staates. Österreichische Gesellschaftsgeschichte im 20. Jahrhundert*, Wien 1994.

Hapkemeyer, Andreas: *Ingeborg Bachmann. Entwicklungslinien in Werk und Leben*, Wien 1990.

Hartwig, Ina: *Sexuelle Poetik*, Frankfurt a.M. 1998.

Heidelberger-Leonard, Irene: »Ingeborg Bachmann und Jean Améry. Zur Differenz zwischen der Ästhetisierung des Leidens und der Authentizität traumatischer Erfahrung«. In: *Ingeborg Bachmann. Neue Beiträge zu ihrem Werk*, hrsg. von Dirk Göttsche und Hubert Ohl, Würzburg 1993, S. 187–196.

Hemecker, Wilhelm, und Manfred Mittermayer (Hrsg.): *Mythos Bachmann. Zwischen Inszenierung und Selbstinszenierung*. In: *Profile*, 14. Jg., Bd. 18, Wien 2011.

Hoell, Joachim: *Ingeborg Bachmann*, München 2001.

Höller, Hans: *Ingeborg Bachmann. Das Werk. Von den frühesten Gedichten bis zum Todesarten-Zyklus*, Frankfurt a.M. 1987.

Höller, Hans: *Ingeborg Bachmann*, Reinbek bei Hamburg 1999.

Hotz, Constanze: »*Die Bachmann«. Das Image der Dichterin: Ingeborg Bachmann im journalistischen Diskurs*, Konstanz 1990.

Kesting, Jürgen: *Maria Callas*, Düsseldorf 1990.

Klaubert, Annette: *Symbolische Strukturen bei Ingeborg Bachmann. Malina im Kontext der Kurzgeschichten*, Bern und Frankfurt a.M. 1983.

Knott, Marie Luise: *Verlernen. Denkwege bei Hannah Arendt*, Berlin 2011.

Kohn-Waechter, Gudrun: *Das Verschwinden in der Wand. Destruktive Moderne und Widerspruch eines weiblichen Ich in Ingeborg Bachmanns »Malina«*, Stuttgart 1992.

Koschel, Christine, und Inge von Weidenbaum (Hrsg.): *Kein objektives Urteil – nur ein lebendiges. Texte zum Werk von Ingeborg Bachmann*, München und Zürich 1989.

Kraft, Viktor: *Der Wiener Kreis. Der Ursprung des Neopositivismus. Ein Kapitel der jüngsten Philosophiegeschichte*, Wien 1950.

Kristeva, Julia: *Geschichten von der Liebe* (1983), Frankfurt a.M. 1989.

Lacan, Jacques: »Die Bedeutung des Phallus«. In: *Schriften II*, Olten 1975.

Matt, Beatrice von: *Mein Name ist Frisch. Begegnungen mit dem Autor und seinem Werk*, München 2011.

Meyer-Gosau, Frauke: *Einmal muss das Fest ja kommen. Eine Reise zu Ingeborg Bachmann*, München 2008.

Michalzik, Peter: *Unseld. Eine Biographie*, München 2002.

Pichl, Robert: »Dr. phil. Ingeborg Bachmann. Prolegomena zur kritischen Edition einer Doktorarbeit«. In: *Jahrbuch der Grillparzer-Gesellschaft*. 3. Folge, Nr. 16 (1984–1986), S. 167–188.

Pichl, Robert: *Ingeborg Bachmann als Leserin. Ihre Privatbibliothek als Ort einer literarischen Spurensuche* [Druck in Vorbereitung].

Rosteck, Jens: *Hans Werner Henze. Rosen und Revolutionen. Die Biographie*, Berlin 2009.

Sauthoff, Stephan: *Die Transformation (auto)biographischer Elemente im Prosawerk Ingeborg Bachmanns*, Frankfurt a.M. 1992.

Schardt, Michael Matthias (in Zusammenarbeit mit Heike Kretschmer): *Über Ingeborg Bachmann. Rezensionen – Porträts – Würdigungen (1952–1992). Rezeptionsdokumente aus vier Jahrzehnten*, Paderborn 1994.

Schmaus, Marion: *Die poetische Konstruktion des Selbst. Grenzgänge zwischen Frühromantik und Moderne: Novalis, Bachmann, Christa Wolf, Foucault*, Tübingen 2000.

Schneider, Jost: *Die Kompositionsmethode Ingeborg Bachmanns. Erzählstil und Engagement in* Das dreißigste Jahr, Malina *und* Simultan, Bielefeld 1999.

Schmid-Bortenschlager, Sigrid: »Frauen als Opfer – Gesellschaftliche Realität und literarisches Modell. Zu Ingeborg Bachmanns Erzählband *Simultan*«. In: Höller 1982, S. 85–95.

Stoffer-Heibel, Cornelia: *Metaphernstudien. Versuch einer Typologie der Text- und Themafunktionen der Metaphorik in der Lyrik Ingeborg Bachmanns, Peter Huchels und Hans Magnus Enzensbergers*, Stuttgart 1981.

Steiner, Bettina: »›Die größte Wegruhe, das stärkste Zuhause.‹ Briefe Ingeborg Bachmanns an Hans Weigel von 1948 bis 1953«. In: *Die Presse*, Wien 1998, 14.8.1998.

Stoll, Andrea: *Erinnerung als ästhetische Kategorie des Widerstandes im Werk Ingeborg Bachmanns*, Frankfurt a.M. u.a. 1991.

Stoll, Andrea (Hrsg.): *Ingeborg Bachmanns* Malina, Frankfurt a.M. 1992.

Stoll, Andrea: »Nervenströme der Erinnerung. Der lange Weg zur Biographie Ingeborg Bachmanns«. Vortrag zu »Topographien einer Künstlerpersönlichkeit«. Internationales Ingeborg-Bachmann-Symposium am 2.6.2006 in der Österreichischen Akademie der Wissenschaften in Wien.

Text + Kritik, Sonderband Ingeborg Bachmann, hrsg. von Heinz Ludwig Arnold, München 1984.

Weidermann, Volker: *Max Frisch. Sein Leben, seine Bücher*, Köln 2010.

Weigel, Sigrid: *Ingeborg Bachmann. Hinterlassenschaften unter Wahrung des Briefgeheimnisses*, Wien 1999.

Filme über Ingeborg Bachmann (Auswahl):

Ingeborg Bachmann in Italien. Autobiographische und dichterische Notizen. Ein Film von Gerda Haller. ORF, 1973.

Die Wahrheit ist dem Menschen zumutbar. Eine Dokumentation von Gerda Haller. ORF, 1974.

Der ich unter Menschen nicht leben kann. Auf den Spuren Ingeborg Bachmanns. Ein Film von Peter Hamm. SWR, NDR, WDR 1980.
Keine Delikatessen. Ein Film von Martina Zöllner, SDR 1992.
Bachmann gegen Frisch. Eine beispielhafte Liebesgeschichte. Eine Dokumentation von Peter Beringer. Schweizer Fernsehen/ORF 2005.
Partitur einer Freundschaft: Ingeborg Bachmann / Hans Werner Henze. Ein Film von Norbert Beilharz, SWR 2006.

Personenregister

Kursiv gesetzte Ziffern beziehen sich auf die Bildnummern im Bildteil.

A
Achmatowa, Anna 280 f., 295
Adorno, Theodor W. 37, 164, 208, 223,
  225 f., 298
Aichinger, Ilse 22, 90, 96, 109, 115 f.,
  119 ff., 132, 175, 188
Améry, Jean 90 f., 321
Amichai, Yehuda 300
Andersch, Alfred 122, 133, 156, 170,
  187 ff., 220; *13*
Andersch, Gisela 133, 220
Antschel, Fritzi 99
Antschel, Leo 99
Antschel, Paul (Geburtsname
  von P. Celan) 99, s. auch Celan, Paul
Arendt, Hannah 226, 244; *1*
Ariost 178
Ashton, Frederick 194
Auden, Wystan Hugh 136
Auer, Fred 279, 299, 316
Auer, Heidi 279, 299, 316, 334 f.

B
Bachmann, Heinz 33, 37 f., 41, 44, 46,
  48, 51, 60 f., 63, 69, 92, 124, 169,
  206, 218 f., 238, 295, 313, 321, 333,
  335; *5, 6*
Bachmann, Isolde s. Moser, Isolde
Bachmann, Matthias 33, 41 ff., 46 ff.,
  51, 60 ff., 70, 72, 76, 78, 97, 129,
  147, 156, 168, 178, 218, 252, 284,
  306, 329 f.; *2, 5, 15, 31*

Bachmann, Olga 33, 38, 42 ff., 46 ff.,
  51, 53, 60, 62, 97, 129, 147, 156,
  168, 178, 218, 334; *2*
Bachmann, Sheila 334 f.; *31*
Basil, Otto 95
Baudelaire, Charles 33, 286
Baumann, Hans 295
Baumgart, Reinhard 117, 202, 235 f.,
  241
Beckett, Samuel 286
Benjamin, Walter 164, 208, 226
Bernhard, Thomas 19, 308 ff., 328
Best, Otto F. 262
Bloch, Ernst 208, 226, 228
Blöcker, Günter 157, 228 f., 319
Bobrowski, Johannes 227
Boehlich, Walter 260
Böll, Annemarie 237
Böll, Heinrich 114, 123, 133, 175, 196,
  239, 337; *12*
Bonino, Luigi 316, 329, 335
Brandt, Willy 283, 287 f.; *22*

C
Caetani, Marguerite 186, 200
Calasso, Roberto 297, 308, 333, 335
Callas, Maria 23, 170 f., 202, 307
Calvino, Italo 297
Cassian, Nina 99
Celan, Eric 199
Celan, Paul 14, 16, 21, 80, 83, 90, 95 f.,
  98–110, 112 ff., 118 ff., 126 ff., 132,

373

Sach- und Werkregister

Bildnachweis

Bachmann Erben: 2, 3, 4, 5, 7, 9, 14, 15, 20, 24, 29, 31
BPK, Berlin/Abisag Tüllmann: 30
Max Frisch Archiv, Zürich: 16
Foto Gisèle Celan-Lestrange/Suhrkamp Verlag, Berlin: 11
Deutsches Literaturarchiv Marbach/Fred Stein (1962): 1
Deutsches Theatermuseum/Fotosammlung München/Heinz Köster: 13, 17
Imagno, Wien/Franz Hubmann: 8
Stefan Moses: 22, 23
Picture Alliance, Frankfurt/Roland Witsch: 21
Garibaldi Schwarze: 25, 26, 27, 32, 33
DER SPIEGEL: 10
Andrea Stoll: 6
Ullstein Bild, Berlin: 12

Aus: Ingeborg Bachmann: Ich weiß keine bessere Welt, Unveröffentlichte Gedichte. Herausgegeben von Isolde Moser, Heinz Bachmann, Christian Moser. Piper Verlag, München, Zürich 2000: 18
Aus: Andreas Hapkemeyer: Ingeborg Bachmann, Bilder aus ihrem Leben. Piper Verlag, München, Zürich 1983: 28